企业绩效管理体系构建：
方法·步骤·案例

陈方亮　编著

ZHEJIANG UNIVERSITY PRESS
浙江大学出版社
·杭州·

图书在版编目(CIP)数据

企业绩效管理体系构建:方法·步骤·案例/陈方亮编著. —杭州:浙江大学出版社，2023.7
ISBN 978-7-308-24021-5

Ⅰ.①企… Ⅱ.①陈… Ⅲ.①企业绩效－企业管理 Ⅳ.①F272.5

中国国家版本馆 CIP 数据核字(2023)第 127445 号

企业绩效管理体系构建:方法·步骤·案例

陈方亮　编著

责任编辑	石国华
责任校对	汪　潇
封面设计	周　灵
出版发行	浙江大学出版社
	（杭州市天目山路 148 号　邮政编码 310007）
	（网址：http://www.zjupress.com）
排　　版	杭州星云光电图文制作有限公司
印　　刷	杭州高腾印务有限公司
开　　本	787mm×1092mm　1/16
印　　张	16
字　　数	380 千
版 印 次	2023 年 7 月第 1 版　2023 年 7 月第 1 次印刷
书　　号	ISBN 978-7-308-24021-5
定　　价	68.00 元

序　一

改革开放以来，伴随着中国经济的腾飞与发展，我国企业整体管理能力和水平取得了长足的进步。人力资源管理是企业管理的重要组成部分，绩效管理则是人力资源管理的核心内容之一。

企业绩效管理工作的开展能够促进企业总体战略目标的达成，也是对企业业务战略实现的有力支撑。同时，科学、有效的绩效管理能够最大限度地激活企业活力，激发团队工作积极性，激励员工持续提升工作业绩，并且能够使员工明确本岗位的工作目标、责任和要求，最终实现企业长期发展战略目标。

陈方亮老师以专业的绩效管理理论为基础，结合长期的企业管理咨询实践，将自己多年的企业管理咨询实践经验通过《企业绩效管理体系构建：方法·步骤·案例》这本书分享给读者。我对该书的架构和内容进行了仔细的阅读，它具有的系统性、专业性、实用性，以及通俗易懂和易于实操等特点给我留下了深刻的印象。

一、系统性

该书内容具有很强的系统性，这是它的显著特点。该书从绩效管理的发展阶段、绩效与绩效管理的概念和联系、绩效指标的概念和提取方法、绩效标准及其应用、绩效指标库的构建、绩效管理制度的建立等方面，全面系统地阐述了绩效管理的相关基础概念和内容。同时，又从绩效管理的四个阶段（即绩效计划、绩效实施、绩效考核、绩效结果应用和绩效改进）介绍了绩效管理的实施步骤和内容。因此，通过该书的学习，读者能够全面、系统、具体地了解企业构建绩效管理体系的方法、工具、步骤等。

二、专业性

该书在对绩效管理的相关知识点、实施步骤及绩效管理工具应用等内容进行讲解时，无一不体现专业性的特点。专业性是专业类工具书的一大特点，同时也是专业类书籍的价值所在。统观该书内容，从绩效及绩效管理概念的表述，到绩效指标和关键绩效指标的区别，再到考核标准、指标库、绩效管理制度的讲解，其用词、表述、专业术语、逻辑关系、层级关系等均具有很强的专业性，对经常阅读管理类书籍的读者来说，基于该书专业性特点，读者在阅读该书的时候可以完全与已知的知识点进行无障碍融合。

三、实践性

陈方亮老师具有多年的企业战略管理、流程管理、人力资源管理咨询实践经验，主持过各类型企业的管理咨询工作，他对大型生产制造型企业、特大型集团化企业的咨询经验颇为丰富，尤其在绩效管理领域的实践经验和专业性，受到众多企业家的高度认可。

在该书各章内容讲解中，读者可以很深刻地感受到，陈方亮老师将其实践过程中的经验总结在该书中进行了充分的分享。

2014年，浙江省委、省政府推出联动实施标准强省、质量强省、品牌强省战略，省政府办公厅发布了《关于打造"浙江制造"品牌建设的意见》。为贯彻落实省委、省政府的决策部署，实施"浙江制造"品牌培育工程，浙江省市场监督管理局（原浙江省质量技术监督局）联合浙江大学质量管理研究中心（原浙江大学管理学院质量与绩效管理研究所）连续五年共同举办"浙江制造"品牌培育训练营，陈方亮老师作为浙江大学质量管理研究中心的外聘专家组成员，参与了本项目的推进和实施工作，并为参会企业进行专业化的培训，以及提供企业诊断和管理专项改进工作咨询，他丰富的管理咨询经验得到了众多企业家的一致好评。这些为企业服务过程中的方法、工具和经验也都在该书中进行了展现。该书的内容来源于咨询实践，又是对管理咨询实践的升华，因此，实践性强是该书的又一特点。

四、可用性

源于该书的系统性、专业性、实践性特点，该书的可用性特点就显而易见。该书以"绩效管理体系建设"为主线，并将绩效管理体系建设过程中应用到的方法、步骤、工具和案例穿插到各章中。这样的安排，既可以使读者沿着绩效管理体系建设这一主线有步骤地阅读，又能身临其境般体验实战化的经验。

五、参考性

由于陈方亮老师企业管理咨询顾问职业的特殊性，加之丰富的企业管理咨询经验，该书无论在理论的专业性，还是内容的实操性上，都具备很强的实用价值和参考价值。

强烈推荐各行业的人力资源从业者，尤其是负责绩效管理的专业人士认真阅读该书，相信会受益颇丰。

另外，也强烈推荐高校从事企业管理研究与教学的教师、企业管理和人力资源管理专业的学生阅读该书，以增强和丰富绩效管理的实践经验，为后续的教学工作、教育培训和学生就业提供帮助。

熊　伟

浙江大学质量管理研究中心主任
浙江大学管理学院教授、博士生导师
2023年3月于紫金港

序　二

十五载耕耘，收获正当时

最近收到方亮的书稿，是电子版，似乎不能用"沉甸甸"来形容，但是在阅读过程中，却又有"沉甸甸"的感觉。我认识方亮有十多年，他从事企业管理咨询工作有十五年之久，为大量企业提供战略分析与战略规划、流程优化与流程再造、人力资源管理的咨询服务，颇受客户赞誉。经验积累越来越多，就有了整理出版的意愿，我是非常支持的，我认为这既是对自己的交代，将多年的丰富经验记录、概括与总结，免得随着岁月而流失，又是一个知识工作者对社会的贡献，为这一行业的从业人员提供实践导向很强的指引与帮助。

绩效管理是企业管理的核心环节，可以说，不会做绩效管理就不可能是一个优秀的管理者。它承载了管理的核心任务——通过其他人来完成工作、实现目标。但是，围绕着绩效管理的实践又存在很多的误区和盲区，颇需要既懂理论又对实践非常了解的高手进行解析。方亮就恰好具备这样的背景与特质。

当然，受益于前人的努力，绩效管理已经发展成为一门有着比较成熟的框架的学问。当然面向未来，它也一定会不断引入新的理论与方法。这本书遵循了经典的绩效管理的理论框架，细致地介绍了相关的概念和理论，从人力资源管理的发展历史开始，到绩效、绩效管理的基本概念，再到绩效考核指标的筛选与设计、考评标准、指标库等，后半部分则是围绕绩效管理循环展开，包括绩效计划、绩效辅导、绩效考核、绩效改进与结果应用等。

这本书力求在每一个基础的部分做到精准，为此作者颇费了一番功夫，查阅相关的文献，进行梳理和辨别。比如，针对 SMART 原则中的 A（attainable），就识别出两种不同的看法，一种是"可实现的"，另一种是"可获得的"，并且给出了自己的解读，即从指标设定而不是标准设定的角度看，后一种理解更合适。

如果说这些还是基本功的话，中间穿插的各种案例就能显示出作者积累的丰富经验了。据不完全统计，穿插于全书的各种大小案例共有几十个之多，这些案例的表述方式都很有现场感，非常生动地传递信息，帮助读者理解对应的概念或者观点。比如，在 SMART 原则中的"R"（relevant，即关联性）中，作者介绍了自己的亲眼所见："该企业将销售额、产值这两个指标用来对企业里面所有岗位进行考核。"这个案例读来让人几乎忍俊不禁！

但凡提到案例的地方，都很有趣，可读性很高。一位曾经参与方亮讲座的学员在自己企业主持 KPI 指标的提取时遇到困难，"她将自己这种状态比喻成在一个网络信号比较差的地方，打开一个视频文件，屏幕一直显示'正在打开'，信号'一直转圈圈'但就是弹不出视频！不能正常播放"。在谈到非正式沟通时，作者介绍了非正式沟通的四种方式，包括走动式管理、开放式办公、工作间歇沟通、非正式会议等，对每一种方式都进行了详细讲解，并给出了很恰当生动的例子。

坦白地说，绩效管理的很多内容实际上是比较抽象和枯燥的，有这些案例的"助攻"，对读者理解和把握绩效管理的理论方法一定会大有益处。

当然，这本书最大的特点，就是它的实操性和指导性。这不仅体现在书中镶嵌的那些鲜活案例上，而且体现在详细展示的操作步骤和方法上。这个特点在绩效指标设计、绩效管理的每一个环节中都有体现，就我个人来说，印象最深的应该是鱼骨图和战略地图这两个部分。

应该说，这是两个非常经典的工具，关于它们的原理的介绍无论在各种工具书中还是网络上，都是俯拾皆是，但是这本书的与众不同之处在于，作者结合自己的经验从操作的角度，对于如何运用它们进行了非常细致的说明。就拿鱼骨图来说，作者提出五个步骤：(1)组建指标提取小组；(2)对指标提取小组成员进行鱼骨图法操作培训；(3)确定公司或部门目标；(4)输出关键成功因素；(5)输出绩效指标。其中的每一个步骤，作者都给出了明确的提示和建议，甚至连头脑风暴的桌子应该怎么摆放还画了示意图，足以见其著书的用心程度。

这本书的副标题是"方法·步骤·案例"，应该说书中内容在这部分体现得淋漓尽致。有心的读者还会发现，这两个工具所在的第三章有将近 100 页之多，它们各自的"方法、步骤与工具"都有二三十页之多。从这点足以看出作者的用心与细致。

能够体现出作者丰富经验的，还有在运用工具时对其适用性、局限性的提醒。这样的案例在书中非常多，如关于 360 度评价法的使用等。这里仅提出一例，很多企业会采用外部客户的评价维度作为评估员工服务质量的重要来源，但是作者指出这种做法可能存在"营私舞弊"的嫌疑，原因是由员工发起这样的顾客评价的话，他就会有选择性地请那些可能打高分的客户进行评价，过滤掉那些服务体验不好、可能打低分的客户。这样打出来的分值是不是会偏高，并偏离绩效考评的初衷？

工具好不好用，不仅在于工具，还在于怎么用。因此，光知道工具的目的、用途还不够，还必须具备大量的"know-how"，也就是面向情境的灵活创新，有时候是即兴创作的方法。书中有一个例子，在提取"蒸饭主管"这个岗位的绩效指标时，因为员工的文化素质不高、方言很重，没办法通过文字和讨论的方式来确定，方亮团队的人就采用了现场观察当事人工作流程的方法来梳理，最终达到目的。

这样的"know-how"的积累，对于每个绩效管理与人力资源管理的实践中人来说，都是必须走的路，但如果旁边有经验资深、说理透彻的"导师"予以提点，学习的速度和质量自然会大有提升。对于那些在绩效管理上还有很多不明晰甚至迷茫的人来说，这本书能够起到这样的作用,厘清理念,掌握工具和步骤,更加高效、精准地完成工作。要知道,绩效管理不仅对于管理者来说是重要的,对于作为管理对象的人来说,也是重要的,关系到大家的幸福感。从这个意义上说,这本书的社会价值也是很突出的。

　　最后,我想祝福方亮,在企业管理咨询这条路上走得更远、更稳、更高,也能够帮助更多的企业,为社会作出更大的贡献。

程兆谦

浙江大学管理学博士
清华大学工商管理博士后
浙江工商大学管理案例中心主任

前　言

管理不是经验,管理更不是艺术,管理是实践。这句话是我早些年在管理课堂上听到的,当时对这句话的理解不是很深刻,甚至有些疑惑和不解,总感觉这句话与平时大多数人对管理的理解是不同的,甚至是相反的。此后的多年里,我从事了企业管理咨询工作,职业的特性和工作原因让我接触了很多企业,在为企业提供管理咨询服务的过程中,我对这句话的理解发生了质的转变,从不惑,到认同,再到笃信。或许只有经历过、实践过,才能够对这句话感同身受。看山是山,看山不是山,看山还是山,这是我对"管理是实践"认知的过程。

鲁迅先生说,"其实地上本没有路,走的人多了,也便成了路"。我本无意写书,咨询的经验积累多了便"堆积"出了一本书。

起初,对于写书、出书这件事,我是没有计划的。在我固有认知中,我认为这事与我是"不搭边"的。通常人们出书的缘由有很多,有些是名人为实现"自我实现"的人生价值出书,有些是学术研究结题出书,还有些是为了职称评定等需要出书,至于我,为什么要出书?我没想过。一次偶然的机会,我的老朋友浙江工商大学程兆谦教授建议我抽时间写本书并出版,"就算为自己的咨询实践做个梳理和总结"。这句话启发了我,给了我一个写书的理由。

这本书的核心"骨架"是围绕绩效管理的全过程展开论述和讲解的。

本书第一章,结合企业管理咨询实践,分三个阶段概括了我国人力资源的发展历程,并从个人角度对我国企业不同时期和阶段的人力资源管理工作特征进行了概括分析。

本书第二章至第六章,重点并详细介绍了绩效管理的相关基础知识、概念、方法和工具。内容包含绩效指标及其分类、绩效指标权重、绩效指标输出路径和方法、绩效考评标准及分类、绩效指标库、绩效管理制度的制定等。

本书第七章至第十章,依照绩效计划、绩效辅导、绩效考核、绩效面谈和改进四个环节内容展开。除了详细地讲述四个环节的操作步骤、操作方法,同时也将企业咨询实践中的经验、方法和心得体会融入各章内容中,使读者在学习绩效管理理论知识和推行方法的过程中,能够受益于我从企业管理咨询实践中带来的"红利"。这也是本书的显著特色。

本书第十一、十二章,通过我咨询和服务过的客户企业案例,透视国内部分企业绩效管理的现状以及存在的问题。我从自身咨询师的视角分析了部分企业人力资源管理现状及问题,并对企业人力资源从业人员的职业发展给出了建议。

总之,本书以人力资源管理常识为基础,以绩效计划、绩效辅导、绩效考核、绩效结果应用和改进等绩效管理的四个环节为主线展开本书的编写和讲述。本书对于专业绩效管理理论知识的讲解贯穿始终，以"守正出奇"的思路，将我多年积累的企业管理咨询实践经验融入本书中，使读者不但能够学习到正统绩效管理理论，还能够透过绩效管理咨询实践案例得到实操方法和经验。

习武之人常说"武术的本质是技击"，那么，在读书人看来，读书的本质则是"学以致用"。"看得懂、学得会、用得上"是我编写本书的初衷和坚守的原则。本书在写作过程中无论是行文、图片还是表格，均经过反复推敲和修订，力争以最简洁的语言、最通俗的表达方式、最明了直观的图表满足不同读者的阅读习惯。

本书内容源于企业管理咨询实践，作为本书的作者，我的初心是通过本书的发行和流通实现两个愿望：(1)帮助全国各类型和规模的企业提升绩效管理水平，助力企业经营发展战略目标的实现。哪怕是对企业的经营发展有些许帮助，我也会倍感欣慰。(2)我诚挚地希望所有阅读本书的读者，能够将书中内容和经验运用到企业绩效管理工作中去，从而给企业带来收益。

我认为从事人力资源管理工作的读者、企业人力资源管理类咨询师、企业高层管理者、从事绩效管理教学和培训的老师均适合阅读本书。

本书编写之初，恰逢新冠疫情肆虐，突如其来的疫情打乱了大多数人的工作和生活节奏，我也是恰巧利用这个可以减少出差的机会，以"见缝插针"的工作节奏，阶段性地将自己封闭在办公室里潜心"笔耕"。本书的初稿撰写，可谓是"5＋2"和"白加黑"的节奏。久坐的写作姿势，让我尝到了前所未有的肩颈疼痛；固定的坐姿让我"腰肌劳损"的毛病又升级成了"腰椎间盘突出"；高考那年发生过的"脑神经衰弱"再次光临，"安神补脑液"的味道再次品尝。

本书的出版非一己之力，从撰稿、成稿再到出版离不开众多良师益友和同事的帮助，作为本书的作者和主编，感谢艾志朋老师作为同事和至交在工作中及本书编写中的付出；由衷地感谢王娜老师在本书策划、编撰、校稿中的辛勤付出。同时也感谢所有老师、同事、故友对于本书出版的大力支持！

感谢浙江大学管理学院熊伟教授，感谢您在开展质量与绩效管理的教学、研究、咨询、培训中给予的机会和帮助，感谢您对本书出版的支持。

感谢浙江工商大学管理学院程兆谦教授，感谢您一如既往对我咨询工作的大力支持和管理知识的传授，也是您鼓励和激发了我写书、出书的决心。

感谢浙江大学出版社石国华副编审及各位编辑老师的辛勤付出，有了你们的严格把关、认真审稿、细致打磨，才会有本书高质量的出版。

本书在阅读过程中如出现疏漏、不完善之处，敬请指正。

陈方亮（153154393@qq.com）

2023 年 3 月 23 日于杭州

目　录

第一章　人力资源管理发展的三个阶段特征分析

1978年至今,我国改革开放已走过了40多个年头。随着改革开放的深入推进,我国的经济发展日新月异,经济高速发展的同时也激发了企业管理的创新和发展,人力资源管理理论和方法也伴随着改革的步伐不断迭代并日趋成熟。

人力资源(human resources,HR)这一说法是由奥地利人(后加入美国国籍)彼得·德鲁克于1954年在其名著《管理的实践》中首次提出的。1965年,美国学者雷蒙德·迈勒斯在《哈佛商业评论》上发表的一篇论文中又提出了"人力资源模型"的说法,由此"人力资源"作为概念引起了学术界和企业管理者的关注。

纵观国际人力资源管理的发展进程以及我国人力资源的发展进程,笔者结合人力资源管理咨询实践经验并参考众多人力资源类文献,将我国人力资源管理的发展进程分为三个阶段。

一、第一阶段:人事管理阶段

在20世纪50—80年代的近30年时间里,我国企事业单位的人力资源管理均处于人事管理阶段;从另外一个时间维度也可以区分和界定,即1978年改革开放以前,我国的人力资源管理均处于人事管理阶段。甚至在改革开放后相当长的一段时间内,国内部分地区的企业仍然处于人事管理阶段。

从时间上来看,这个时期我国正处于计划经济时代,这个时代所谓的人力资源管理更多地趋向于"人事管理""行政命令式管理"。这时的人力资源管理部门,也就是当时称作"劳资科""人事科"的部门,主要从事人事调配、工资发放、福利发放、人事档案管理等事务性工作。此时,这些部门工作内容僵化且重复,缺乏有效的考核、激励和竞争机制。人事管理阶段的人力资源管理工作多数为简单化的、事务性的工作,而且人事管理与行政管理"混杂"在一起。通俗地讲,当时人力资源管理部门的核心工作职能就是八个字:发发工资、管管劳保。

截至1992年,我国仍处于计划经济体制时期,绝大多数企业也还是处于人事管理阶段。现在看来,当时的人力资源管理现状,理念、方法、工具都略显几分"老旧落伍"。但这也不能称作落后或"不先进",应该说这就是当时的时代特点,国计民生和经济基础决定了那个年代更适用人事管理的方法。笔者认为没有最好的人事管理，只有最适合的人事管理，适合的就是最好的。

以东北地区为例，新中国成立初期我国物资匮乏，百废待兴，尤其是人民生活的物资需求和国家发展对工业品的需求日益增长等问题和矛盾非常突出。基于当时国家战略考虑，我国选择了距离苏联比较近的东北地区兴建工业企业和大型厂矿，"共和国长子"由此诞生。由于体制原因，当时的企业类型分得很细，有国有企业、市办企业、县办企业、乡办企业、校办企业以及"大集体"企业。但无论是哪种性质和所有制的企业，整个东北地区企业的人力资源管理均属于并符合人事管理的特点，它们具有以下共同特征：企业的组织架构多数属于"直线制"结构，当时管理人力资源的部门多数被称作"劳资科"，劳资科隶属企业厂长直接管理，其主要职能无外乎员工考勤、工资核算和发放、员工福利和劳保用品管理等。

笔者从事企业管理咨询工作多年，常常有机会和当时"东北地区"的企业界管理者、职工进行沟通和访谈，在那个年代，每个劳动者的工作都是比较单一的，这种"单一"主要体现在两个方面：首先是工作内容单一，一人一岗，分工简单。其次是思想单一，借用一个退休工人的原话，很能描述那个时代大多数人的思想现状，他说："俺们那时候就是领导分配啥俺干啥，工资给多少那就是多少。按时上下班，按时领工资，房子也都是单位分的。"或许是时代能够影响一个人的行为和思想，这种无比单纯、单一的思维模式或许正好适应当时"人事管理阶段"的企业管理模式和需要。有时候我们会反复思考一个问题：是时代造就了人事管理阶段的管理模式，还是人事管理阶段的管理模式正好适应了时代？无论怎样，"人事管理阶段"的管理模式在一定时期内终究是成就和推动了当时企业的发展，这是一个不可否认的事实。但时代的车轮永远是向前的，这也注定"人事管理阶段"的管理模式必定被更先进、更适应时代发展的另一种模式取代，"人力资源管理"阶段由此拉开帷幕。

二、第二阶段：人力资源管理阶段

1992年，党的十四大报告把建立社会主义市场经济体制作为我国经济体制改革新的目标，我国就此逐步转型，向社会主义市场经济体制发展，直至2001年，我国正式加入WTO（World Trade Organization，世界贸易组织），国外的"人力资源"理念开始逐步引入我国，国内的很多学者、专家、管理者开始以书籍、网络等途径接触和学习国外的人力资源管理理念和方法；也正是在这个时期，引进和学习了很多西方人力资源的管理理论、方法和工具，为后来我国学术界人力资源类学术论文、书籍的发表和撰写以及企业界对人力资源管理理论和方法的应用奠定了基础。

有些读者或许会问，人力资源管理阶段和人事管理阶段的最大区别是什么？其实这个问题不难回答，如果说人事管理阶段人事部门的核心工作职能是"发发工资、管管劳保"的话，那么人力资源管理阶段职能部门工作最大的不同则是：工作内容更加细分。这种细分体现在人力资源管理的职能和内容的细分化、职能化和专业化。

人力资源管理的职能和内容细分化。其最突出的体现是在人力资源管理阶段，人力资源部的工作不再是原先简单的人事管理和行政管理工作，并且将行政管理工作从人力资源部门职能里"剥离"出去，人力资源管理和行政管理就此分开；从工作内容上看，开始将人力资源管理工作细分为人力资源规划、招聘管理、培训管理、薪酬管理、绩效管理、劳动关系管理等模块。

人力资源管理的职能和内容专业化。人力资源部门开始设置招聘专员、培训专员、薪酬管理专员、绩效管理专员、劳动关系管理专员等专业岗位。

人力资源管理阶段工作内容更加丰富和专业化。可以通过人力资源管理阶段的理论发展和实践发展进行说明和证实。

首先是人力资源管理阶段理论层面的发展。伴随着我国改革开放的推进和经济的快速发展,国内有关人力资源管理理论和方法的探索也取得了长足的进步。国内多所高等院校增设了人力资源专业,培养了大批人力资源管理专业人才,并从不同角度和渠道展开对组织人力资源管理的多方面研究,取得了大量有价值的学术成果。这为我国日后的人力资源研究、应用、理论发展奠定了坚实基础。在这个时期,理论探讨与研究的主题主要围绕以下几个方面:企业效益与人力资源管理、人力资源管理与企业发展、企业薪酬制度设计、绩效管理、企业组织架构设置与调整、员工需求供给与结构分析、企业人力资源管理制度研究和实践等。与此同时,人力资源管理相关的理论也如雨后春笋般相继出现,如人才测评理论、招聘与面试理论、性格测试理论、职业发展方向测评理论、绩效管理相关理论等。总的来说,国内的人力资源管理已经从原来的计划经济体制下的传统人事行政管理演变成了现代人力资源管理;"人是资源""以人为本""人才是第一资源"等观念渐渐深入人心。宏观层面上看,人力资源已上升至国家战略层面的高度,已经被看作国家未来的竞争力来源;微观层面上看,人力资源规划、培训与开发、招聘与配置、薪酬管理、绩效管理、劳动关系管理等理论和方法也逐渐在以企业为代表的各类组织中广泛应用和实践。

其次是人力资源管理阶段实践层面的发展。实践层面上,政府和企业对人力资源管理的理解发生了本质的改变。从国家层面看,政府已经认识到人力资源工作是关乎国家发展和企业兴亡的重要工作,重视程度提高的同时,与人力资源有关的管理也在不断地完善。典型的成果有:劳动力市场普遍建立,并在人力资源的供求方面发挥着重要的作用;《中华人民共和国劳动法》于1994年7月5日通过,与此相关的《中华人民共和国劳动争议调解仲裁法》《中华人民共和国劳动合同法实施条例》《中华人民共和国就业促进法》《中华人民共和国劳动合同法》得以相继颁布并实行,形成和优化了调整劳动关系以及与劳动关系密切联系的系列法律法规体系。从企业层面看,人力资源管理工作已经成为企业管理的重要工作和核心管理工作,人力资源管理与企业的营销管理、生产管理、研发管理、财务管理等进行同等重要性管理。更为明显和突出的变化是相对于人事管理阶段,企业的人力资源管理部门的职能逐渐转变,人力资源管理部门工作职能开始朝着企业和人力资源战略规划、员工培训开发体系建设与实施、员工职业生涯规划、员工招聘与配置、薪酬福利管理、绩效管理、员工关系管理等方向细分和深挖。由此不难发现,人力资源管理的专业性更强,对人力资源从业者的要求更高;另外,越来越多的企业开始将行政类事务管理工作从人力资源管理部门职能中剥离,这更加体现了人力资源管理阶段相对于人事管理阶段人力资源部门职能分工的职能化和专业化。

三、第三阶段:战略性人力资源管理阶段

这个阶段是人力资源管理的更高阶段,在具体讲述这个阶段的内容之前,我们先解答一

个问题:战略性人力资源管理阶段与人力资源管理阶段的区别是什么? 答案是:在战略性人力资源管理阶段,人力资源部门是企业战略的参与部门,而不仅仅是企业战略的执行部门。

关于上述问题的解答,我们还可以通过进一步分析,进行两个阶段人力资源部门的职能、角色对比和区分来找到答案。

(1)人力资源管理阶段,人力资源部门工作最大的特点是开始进行部门职能细分,将人力资源部的工作归类和划分成人力资源规划、招聘与配置、培训与开发、薪酬管理、绩效管理、劳动关系管理等模块;从部门角色和定位来看,人力资源管理阶段的人力资源部门定位仍然是政策和制度的执行部门。

(2)战略性人力资源管理阶段,该阶段人力资源部门的职能和工作内容既涵盖人力资源管理阶段所有模块和内容,又新增了参与企业战略分析与制定的职能。我们知道,企业战略是经过企业内外部环境分析后做出的短期或长期经营策略,当一个企业经营范围、人员数量、产品种类发展到一定规模的时候,企业管理者的管理思维随之也必将开始有战略的概念。在以往的人事管理阶段和人力资源管理阶段,企业战略都是由企业高层领导及核心股东合议决策制定的,人力资源管理部门的角色仅仅是战略决策的执行部门。至于企业领导为什么做这样的决策,决策的依据是什么,决策对企业人力资源管理有什么影响,这些内容人力资源管理部门一概不知。决策者通常认为战略是企业最高领导者和股东的事,没有必要让人力资源部门参与甚至知晓,即使是愿意让人力资源管理部门参与,企业高层自己都不知道应该让人力资源管理部门说些什么,提供些什么,参与进来做些什么。为什么会出现这样的状况? 这个问题其实不难解答,首先是习惯原因,我国很多企业,尤其是民营企业的战略决策习惯上都是由企业最高领导者凭"一己之力"决定的,因为他们自认为最了解企业;其次是企业普遍缺乏战略管理知识和方法,企业负责人或企业高管层对于企业战略制定的方法、流程、工具知之甚少,无法通过企业内外经营环境分析、SWOT 分析等制定出适合企业发展的战略规划,更不用谈让人力资源部门参与企业战略制定了。江浙地区的民营企业多数如此。

(3)与人力资源管理阶段不同,战略性人力资源管理阶段企业的决策工作变得更加民主化、集体化、数据化、专业化、科学化了。如果说人力资源管理阶段企业的决策由领导班子制定的话,那么企业发展到了战略性人力资源管理阶段,企业战略制定和决策的参与者就不仅仅是几个高层领导班子成员了,它可能会由企业高层领导者,各部门负责人,企业的生产、研发、技术、销售、人力资源等部门人员共同参与,这充分体现了企业决策民主化的特点。由此也会发现,战略性人力资源管理阶段,人力资源部门不仅仅是一个决策的执行部门了,而是企业决策和战略制定的参与部门。

举个例子,一家多元化经营的集团公司拟建房地产开发公司,如果这家集团公司的人力资源管理已经上升到了战略性人力资源管理阶段,那么,从企业有这个想法开始,人力资源部就已经参与进来了。人力资源部需要解决如下一系列问题:新拟建的房地产开发公司的战略发展定位是什么,最适合的组织架构类型是什么,需要设立几个部门,每个部门配置多少个岗位,每个岗位设立多少个编制,岗位说明书内容是什么,适用什么样的薪酬体系,如何进行绩效考核,这些问题都是在房地产开发公司设立的前期、中期、后期等不同阶段人力资源部需要进行的前瞻性思考和设计。由此可见,企业的人力资源管理上升到战略性人力资源管理以后,人力资源管理部门的职能定位不再仅仅是单一的政策制度执行部门,而是真正转变成参与企业战略制定、战略实施的部门。

战略性人力资源管理阶段是人力资源管理的更高阶段。伴随着我国改革开放的更加深入以及受国外管理思想和理念的影响，笔者相信越来越多的企业开始朝着战略性人力资源管理的发展方向迈进。一般来讲，企业人力资源管理部门和人员如果成了企业战略的制定者和推进者，开始制定人力资源战略，成了企业内部战略专家、公司业务发展的战略伙伴、企业发展的顾问等一系列角色，我们基本上就可以认定该企业已经进入了战略性人力资源管理阶段。

战略性人力资源管理阶段对人力资源管理者提出了更高的要求。在战略性人力资源管理阶段，企业人力资源管理者已经成为企业战略与决策制定的参与者。在思维层面，这就要求企业人力资源管理者具备企业战略管理的眼光、思维和胸怀，要从战略管理者的角度制定企业管理制度及处理日常管理事务。在技能层面，企业人力资源管理者不仅仅要熟知人力资源管理的技术、方法和工具，还要更加熟悉公司业务，了解公司各个模块的运营管理内容，在此基础上，增加企业生产管理、营销管理、财务管理、物流管理等（包括但不限于上述模块）方面的企业管理知识，并具备和熟练掌握企业战略分析、战略规划、战略实施、流程优化与流程再造（BPI/BPR）、人力资源规划、招聘与配置、培训与开发、绩效管理、薪酬管理、劳动关系管理等企业管理实操技能。

纵观上述人力资源发展的三个阶段，即从简单的人事管理阶段过渡到专业的人力资源管理阶段，再从人力资源管理阶段上升到战略性人力资源管理阶段，人力资源管理部门的工作职能始终在不断变化和升级。为了使读者更加清晰地区分这三个阶段，笔者通过表1-1来进行详细的展示和区分。

表 1-1　人力资源发展三阶段对比分析

阶段	阶段名称	在我国运行年代	人力资源部门职能特征
第一阶段	人事管理阶段	1992 年以前	聚焦人事、行政事务管理
第二阶段	人力资源管理阶段	1992 年及以后	工作模块化、专业化
第三阶段	战略性人力资源管理阶段	根据企业发展阶段	参与企业战略制定和决策

第二章 绩效与绩效管理

一、绩效

(一)绩效的概念

绩效(performance)一词来源于西方国家,属于管理学范畴的一个概念,本义是指工作的表现和成绩。

"绩效"作为绩效管理工作体系建设的逻辑起点,对其进行确切的、正确的、科学的定义和诠释至关重要。然而,在现实当中,不同的学科及领域、不同性质的社会组织、不同组织的发展阶段,人们对"绩效"这一概念的理解、认知存在着很大的差异。

在企业日常经营管理过程中,多数管理者认为"绩效"就是指工作的效果和效率。为了使表达和理解更加通俗易懂,也有人采用"业绩""成绩""工作结果"等相近或相似的词来表述。运用这些替代词来表述,一定程度上确实显得通俗易懂,但通过实践应用可以发现,这些替代词的运用领域狭窄,意思表达不够完整,概括性不强。"绩效"一词无论是其运用场景、词语表述完整性还是运用的范围等,都能准确地反映英文 performance 一词的本义和内涵,同时"绩效"一词通过在各个领域多年的运用和发展,也逐步被国内外的学者和管理者广泛接受和采纳。因此,本书在后续章节的行文过程中,均采用"绩效"一词进行表述,并在此基础上,延续和讨论绩效管理问题。

为了从不同的渠道和角度来解释和理解"绩效"的本义和概念,笔者通过多种信息渠道来获取和整理不同学者、专家和文献书籍对"绩效"的解释,具体内容详见表 2-1。

表 2-1 绩效观点分类

观点类别	观点描述	评价内容
结果观	1.《韦氏词典》将"绩效"定义为:完成某种任务或达到某个目标。 2.Bernardin 和 Beatty(1984)认为,"绩效"是:在特定时间范围内,特定工作职能、活动或行为所产出的结果记录。 3.Kane(1996)指出,"绩效"是一个人留下的东西,这种东西与目的相对独立存在。 4.《现代汉语大辞典》将"绩效"解释为业绩。	结果/产出
行为观	1.《牛津现代高级英文词典》中对"绩效"的解释是"执行、履行、表现、成绩",具体体现为工作过程执行、履行、表现及结果成绩。 2.Katz 和 Kahn(1978)将绩效分为三个方面:员工加入组织并留在组织中;实现或超越组织对员工所规定的绩效衡量标准;自动自发地参加岗位职责以外的活动。 3.Murphy(1990)给绩效定义为:绩效是与一个人在其中工作的组织或组织单元的目标相关的一组行为。 4.Borman 和 Motowidlo(1993)提出了"绩效二维模型",认为行为"绩效"包括任务绩效和关系绩效两方面,其中任务绩效指所规定的行为或与特定的工作熟练度有关的行为,关系绩效是指自发性或超职责行为。	行为/态度
综合观	1.Otley(1999)指出,"绩效"是工作的过程及其达到的结果。 2.Mwita(2000)认为,"绩效"是一个综合的概念,它应包含三个因素:行为、产出和结果。	行为＋结果

纵观上述观点和内容,不难发现,不同时期、不同地域、不同行业及不同职业的专家或学者,对于"绩效"的理解有相同的认知部分,但也存在着一定的差异。俗话说"管理无定论",上述一系列对于"绩效"的认知、解释和表述本质上是不存在对与错的,且都具有很强的参考和使用价值。

结合管理咨询实践,笔者对"绩效"的理解是这样的:绩效是员工工作态度、工作行为和工作结果的"集合体"。

1.绩效是一种态度表现

以服务行业为例,对于从事服务行业的员工来讲,工作态度在很大程度上就能体现和说明员工的工作绩效。比如酒店行业,无论是酒店的前台接待,宾客关系经理(也称大堂经理),客房服务员或者餐厅服务员岗位,他们亲切的服务态度、灿烂的微笑服务、专业化的客户服务过程能够为客人留下美好印象,从而赢得口碑。因此,从这个角度分析,绩效就是工作态度。

2.绩效就是工作行为

在企业日常管理过程中,对于管理者来说,可以通过员工的沟通与面谈、授权与检查、工作指导和培训、技能传授和示范等具体的行为和举措实现企业工作计划和目标,这些行为对于管理者来说就是绩效。同理,对于员工来讲,不折不扣地执行工作任务,保质保量地完成任务的过程和行为也是绩效。因此,工作行为也是绩效的表现形式。

3.绩效是工作的结果

专业化的工作行为能够产生良好的绩效结果。所以说,工作态度和工作行为是产生绩效成果的必需要素,而工作结果又是工作态度和工作行为的具体体现。因此,绩效是员工工作态度、工作行为和工作结果的"集合体"。另外,在企业的绩效管理阶段,也常常将态度、行为、结果作为员工绩效考核的三个维度,从侧面佐证了笔者对"绩效"概念解释的合理性。

(二)绩效的两个层面

1.组织绩效

组织绩效,准确地说应该称为"组织层面的绩效"。其概念是指一个组织在一个考核周期内,绩效目标的执行情况和绩效结果的好与坏。反映的是一个团队整体的工作成绩、工作结果和成效。

从企业管理的角度来看,组织这一概念包含的范围很广,组织的范围可以是整个集团公司、单一分(子)公司、一个部门、一个业务单元、一个小组。因此,组织绩效也是建立在组织范围和大小的基础上的。

虽说有关组织的概念和范围很广,可大也可小,但在实际的绩效管理工作中,通常所说的组织绩效一般是指公司层面的组织绩效和部门层面的组织绩效。

(1)公司层面的组织绩效是反映公司在一个考核周期内,总体战略目标和工作计划以及年度工作目标和计划的整体完成情况。同时,这也是反映公司负责人领导能力、团队协作能力、团队工作成果的概念。

(2)部门层面的组织绩效是反映企业内部一个部门所有员工在一个考核周期内,对于既定绩效目标的整体完成情况,是反映下属部门负责人领导能力、团队协作能力、团队工作成果的概念。

在此,需要提前说明一点,为了便于读者理解,本书后续章节叙述过程中对组织绩效的讲解,均定位在公司层面的组织绩效或部门层面的组织绩效的范畴。

2.个人绩效

个人绩效,也叫岗位绩效,属个人层面的绩效。是反映某岗位的任职者在一个考核周期内工作态度、工作行为的表现情况以及工作目标的完成情况和工作结果。

(三)影响绩效的因素

1.影响组织绩效的因素

(1)团队成员的素质。素质包括工作态度(素养)、知识、技能等。这个是影响和决定组织绩效的最核心因素。优秀的员工队伍能够产生卓越的绩效;相反,工作态度(素养)、知识和技能参差不齐的团队会是影响组织绩效的障碍。心理学上有句名言:与其找一只火鸡学上树,不如直接抓只猴子过来。说的就是这个道理。

(2)最高领导者的领导能力。领导能力包括领导力、授权能力、激励能力、抗压能力、管理技能、专业知识及知识多样性、识人能力等。一个领导者的综合领导能力一定程度上影响和决定了这个团队的整体"战斗力",也决定着组织绩效水平。在电视剧《亮剑》中,李云龙就是一个很有能力的领导者,有勇有谋,有胆量有魄力,在他的领导下,"狭路相逢勇者胜"的精神和信念得到了很好的执行和传承,也因此成就了一个神话般的团队。俗话说"兵熊熊一个,将熊熊一窝",其实讲的就是领导者的领导能力与组织绩效的关系。

（3）团队的目标。对于一个团队来说,有目标那叫团队,没目标那就是一群男人和女人。所以,一个团队设立一个目标很重要,目标对于团队成长、团队激励、团队管理都起着至关重要的作用。团队的绩效目标可以有多种形式,包括数量、速度、质量、成本、客户满意度等类别,可以根据团队实际情况确定。

2.影响个人绩效的因素

（1）员工对待工作的态度、技能、知识、IQ（智商）、EQ（情商）、AQ（挫折商）等;

（2）工作的吸引力,即员工对自己承担的工作是否感兴趣;

（3）工作本身的目标高低、工作计划、资源支持、过程控制等;

（4）工作涉及的组织流程、部门间协调、工作方法;

（5）工作环境,包括文化氛围、自然环境以及人际关系环境;

（6）企业的管理机制,包括计划、组织、指挥、监督、控制、激励、反馈等。

二、绩效管理

（一）绩效管理的概念

绩效管理是以实现员工绩效目标、激励员工持续提高、最终实现企业战略目标为目的,通过绩效计划、绩效辅导、绩效考核、绩效改进和结果应用四个阶段实现并持续循环的过程。

从绩效管理的技术和方法论角度来解释绩效管理的概念,则是指管理者与员工首先确定绩效目标,然后进行关键绩效指标（KPI）提取和确定、绩效考核标准制定、绩效指标库建立、绩效考核管理制度制定,并在绩效实施过程中通过绩效辅导工作,对员工的工作态度、行为进行纠偏,不断发现员工工作中的不足和"短板",并协助员工找到弥补工作"短板"的方法,以此激励和帮助员工实现绩效目标,同时实现组织战略目标的管理方法。

从绩效管理实施的过程和内容来看,绩效管理在绩效计划、绩效辅导、绩效考核、绩效改进和结果应用四个阶段实施过程中,会遇到以下问题,这需要重点关注和解决。对下列问题的理解也能解释绩效管理。

（1）管理者与员工需要就目标及如何达到目标达成共识;

（2）绩效管理特别强调绩效辅导、绩效面谈和员工能力的提高;

（3）绩效管理不仅关注绩效结果,也重视绩效目标达成的过程;

（4）绩效管理是对达成的绩效进行评价,同时关注绩效改进。

(二)绩效管理的分类

依照绩效的概念和分类,结合管理咨询实践经验,在绩效管理实施过程中,通常将绩效管理分成两大类别的管理:组织绩效管理和个人绩效管理。其中组织绩效管理又细分为部门层面的组织绩效管理和公司层面的组织绩效管理,如表 2-2 所示。

表 2-2 绩效管理层次分类

类别	细分类别
组织绩效管理	部门层面组织绩效管理
	公司层面组织绩效管理
个人绩效管理	无

1.组织绩效管理

(1)部门层面的组织绩效管理简称"部门组织绩效",是由企业高级管理层(如董事会或总经理),依照公司总体战略目标和工作计划、部门职能定位、部门年度(或更长时间)工作目标和计划的要求,将目标部门的工作目标和工作计划转化成具体的绩效考核指标和考核标准,并定期对部门进行绩效考核的一种绩效管理办法。部门组织绩效的考核对象可以是整个部门,也可以是部门负责人。

(2)公司层面的组织绩效管理简称"公司组织绩效",是由企业董事会或出资人,依照公司总体战略目标和工作计划、年度(或更长时间)工作目标和计划的要求,将公司长期或短期的工作目标和工作计划转化成具体的绩效考核指标和考核标准,并定期对公司的目标达成情况进行绩效考核的一种绩效管理办法。公司层面的组织绩效的考核对象通常是总经理。

2.个人绩效管理

个人绩效管理,也叫岗位绩效或个人层面的绩效。是部门管理者依照部门的经营管理目标和经营计划,并结合岗位职能,对岗位任职者进行绩效考核指标提取、考核标准制定、绩效辅导、绩效考核、绩效改进和绩效结果应用的管理过程。

3.组织绩效和个人绩效的区别

从绩效管理理论和绩效管理实践经验分析,组织绩效和员工绩效存在着诸多不同之处,具体可从以下四个方面区分。

(1)考核对象不同

通常情况下,组织绩效是对一个组织或团队进行的绩效评价,这里所说的组织可以是一个企业、一个团队、一个业务单元、一个部门和一个小组。

个人绩效考核的则是一个岗位,比如企业总经理岗位、部门经理岗位、某员工岗位等。

(2)绩效指标提取方法不同

在企业绩效管理实践中,组织绩效的考核指标来源于企业的战略规划和年度工作计划,提取组织绩效指标的途径和方法是企业总体战略目标分解、业务战略分析、战略地图制定和部门鱼骨图绘制等,这些是最有效、最常用、最科学的指标提取途径。而员工层面的绩效考核指标来源就比较多了,包括部门鱼骨图提取的绩效考核指标,从职位说明书提取的 PRI(岗位职责指标),来源于岗位胜任力要求的 PCI(岗位胜任特征指标)、态度及行为类的 WAI(工作态度指标)、NNI(否决指标)等,都可以作为岗位层面的 KPI 指标使用。

（3）考核周期不同

由于组织绩效的考核对象是一个组织,因此,在实际绩效考核过程中,会根据组织的架构和层级、组织规模、组织人数、管理幅度、业务类型、业务特点的不同制定适用的绩效考核周期。通常情况下组织绩效的考核周期可以是一个季度、半年度或年度。

员工绩效考核对象是单个员工,通常情况下,员工绩效考核的周期以月度或季度为宜。但是也存在一些特殊情况,比如总经理岗位、事业部总经理岗位、研发总监和研发工程师岗位等,由于岗位和岗位工作的特殊性原因,考核周期不适用月度和季度,可能会考虑半年度、年度,甚至是更长的考核周期。

（4）考核结果应用对象不同

关于组织绩效和员工绩效考核结果应用对象不同,实则很容易解释,即组织绩效的考核结果应用对象是组织,员工绩效的考核结果应用对象是员工,这是直观的理解。但是,在绩效管理实践过程中,组织绩效的考核对象往往是该组织的第一负责人,比如部门经理,这就造成了一种现象和结果,组织绩效的考核对象是某个组织,但考核结果的应用会落实到组织的第一负责人头上。这是一种特殊情况,如果不经过绩效实践,是很容易将这个问题忽略掉的。

（三）绩效管理的作用

1.促进企业战略目标的达成

绩效管理其本质是一个遵循 PDCA[plan(计划)、do(执行)、check(检查)和 act(处理)]循环的过程,通过绩效计划、绩效辅导、绩效考核、绩效改进和结果应用四个阶段持续的循环管理,提升员工绩效和组织绩效。在此过程中,持续关注员工工作过程中的态度、行为、方法,及时发现员工工作过程中的不足和“短板”,并通过绩效辅导,帮助员工提升绩效,从而实现员工绩效目标,实现部门工作计划,实现公司总体战略目标和经营规划。

2.发现问题和解决问题

由于绩效管理是一个不断制订计划、执行计划、检查计划和改进计划的 PDCA 循环过程,因此,纵观整个绩效管理的执行过程,在具体的绩效目标确定、绩效指标制定、考核标准制定、绩效实施与辅导、绩效面谈、绩效改进等环节,都能够发现与企业战略目标、企业经营计划、部门及个人绩效目标达成有关的问题。所以,绩效管理也是一个不断地发现问题、确定问题、解决问题的过程。

3.分配利益和激励员工

通过绩效管理工作,能够评定出一个考核周期内组织或员工的绩效表现和结果,通常情况下,为了使绩效管理工作发挥激励员工持续提高的作用,绩效考核结果会与员工切身利益挂钩,将考核结果应用到薪酬管理、奖金分配、职位晋升、员工培训等诸多方面。比如员工的工资总额一般都会分成两个部分:固定工资和绩效工资。员工绩效工资的分配与员工的绩效考核结果是密切联系的，这是绩效管理过程中绩效结果的一种典型应用。

4.促进企业与员工共同成长

绩效管理实施的最终目的并不仅仅是进行员工利益分配和其他方面的应用，而是通过绩效管理持续循环和螺旋提升的过程，实现企业与员工的共同进步和成长，为企业战略目标的达成奠定基础。换句话说，只有员工的态度、行为、技能提升了，企业的战略目标才有可能达成和实现。

(四)绩效管理的执行过程

从绩效管理的咨询实践和相关书籍中对于绩效管理的执行过程分类来看，一般对于绩效管理的执行过程有以下两种观点。

(1)一个完整的绩效管理执行过程，应该包括绩效计划、绩效辅导、绩效考核、绩效反馈与申诉、绩效结果应用等五个方面。

(2)绩效管理的整个过程包括绩效计划、绩效辅导、绩效考核、绩效改进和结果应用等四个阶段。

上述两种观点唯一的不同在于最后一个阶段对于工作内容的界定。从现实的绩效咨询实践来看，这两种观点都是正确的，其原因很好解释，由于企业的发展阶段不同、规模不同、人数不同、业务类型不同等多种原因，企业会根据自身的需求和现状对绩效反馈、绩效面谈、绩效申诉等工作进行时间调整，有些工作可能要提前做，有些工作可能要延后做，也有些工作本来是要集中在 1～2 天内完成的，但由于客观原因需要将其完工时间拉长，在半个月甚至是一个月内完成，比如绩效面谈工作。关于最后一个阶段的诸多问题，本书的绩效考核和绩效改进和结果应用章节会详细讲述。

从咨询实践经验来看，绩效管理是一个遵循 PDCA 循环的工作过程。通过绩效管理每个考核周期的持续循环，不断地发现问题和"短板"，并不断地解决问题，实现绩效管理螺旋上升的过程。因此，笔者认为将绩效管理分为绩效计划、绩效辅导、绩效考核、绩效改进和结果应用四个阶段更易于表述绩效管理的过程和逻辑，如图 2-1 所示。

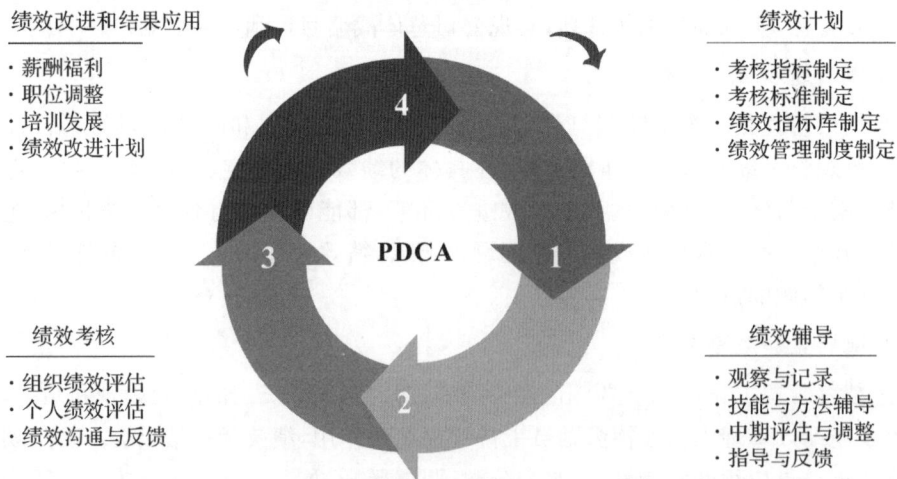

图 2-1 绩效管理 PDCA 循环关系

1.绩效计划

绩效计划是绩效管理PDCA循环的起点,是考核者与被考核者双方就考核目标、关键绩效指标、考核标准、绩效结果及其应用等方面进行面谈、确定和签订绩效合同的过程。从绩效管理的全过程来看,实际上绩效计划阶段需要完成所有绩效考核过程中前期需要准备的内容,如考核指标制定、考核标准制定、绩效指标库制定、绩效管理制度制定等工作,为后续的整个绩效管理工作的有序开展打下基础。

2.绩效辅导

绩效辅导是绩效管理体系中的第二个环节。绩效辅导是指管理者与员工在执行绩效计划的过程中,讨论有关达成绩效目标和指标的工作安排和进展情况、达成工作目标潜在的障碍和问题、寻找解决问题的办法措施、员工取得的成绩以及存在的问题分析、管理者如何帮助员工才能有效达成绩效目标等信息的过程。

3.绩效考核

绩效考核是绩效管理体系中的第三个环节。从绩效考核这个环节的工作内容来看,进行考核信息及数据汇总,考核信息提报和对接,考核评分、考核结果的汇总和分析是本环节的核心工作内容。由此可以总结得知,绩效考核的过程就是通常意义上人们对狭义的"绩效考核"概念的理解,即企业组织考核评分和实施的过程。

4.绩效改进和结果应用

绩效改进和结果应用是绩效管理一个考核周期的最后一个环节,同时又是下一个考核周期的起点,是链接绩效考核阶段和下一个绩效管理循环绩效计划阶段的关键环节。

从绩效管理的内容分析,绩效改进是通过确认员工工作绩效的不足和"短板",管理者协助员工找出产生绩效差距的原因,并与员工一起制定有针对性的改进措施和改进计划,通过改进方案的实施,不断提升员工工作技能和绩效结果的过程。

绩效考核结果运用是依照员工绩效考核的结果,进行员工之间绩效成绩的横向对比,对于绩效考核结果表现优秀的员工进行各种形式的激励和奖励,并对绩效考核结果表现较差的员工进行负向激励的过程。绩效结果一般情况下会运用到以下五个方面,具体包括薪酬管理、奖金分配、岗位调整、培训开发、职业发展。

最后,需要提前交代一下,由于绩效管理的绩效计划、绩效辅导、绩效考核、绩效改进和结果应用等四个阶段内容在本书后续会以独立章节的形式进行详细讲解,在此就不再过多讲述。

三、绩效管理相关知识和误区

(一)绩效考核不等于绩效管理

坦率地讲,讨论"绩效考核不等于绩效管理",这是一个很无趣的话题。但是,之所以要谈这个问题,是因为在职场当中时常听到有些从事人力资源管理工作或与人力资源有关的人员谈起这个话题,并且还有很大一部分人对于"绩效管理与绩效考核"的概念和关系是模糊的。那么,下面就结合绩效管理理论和实践,讲述一下"绩效考核不等于绩效管理"这个问题,实则是讲述"绩效管理与绩效考核"的概念和关系。

1. 绩效管理是一个遵循 PDCA 循环的过程

所谓绩效管理,是指企业各层级管理者和员工,为了达到组织战略目标和完成工作计划,通过企业各部门或各岗位的绩效计划制定、绩效辅导沟通、绩效考核评价、绩效改进和结果应用,完成绩效目标提升和持续循环改进的过程,绩效管理的目的是持续提升和改进个人层面、部门层面和组织层面的绩效,并以此实现组织经营发展目标和计划。通常绩效管理遵照 PDCA 循环的原则,分为四个步骤和过程,如图 2-2 所示。

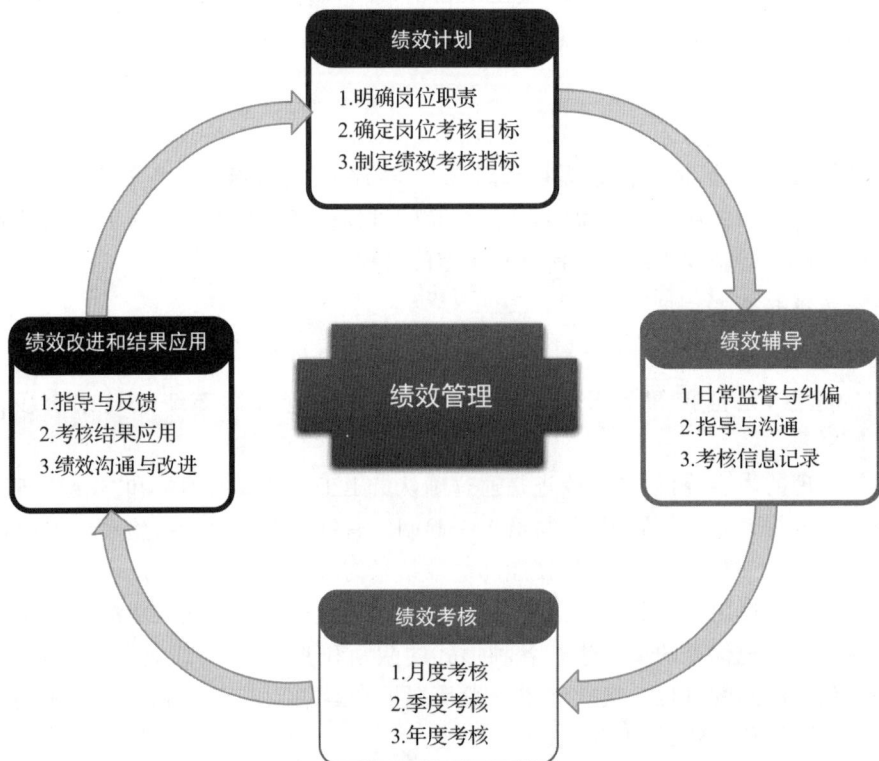

図 2-2 绩效管理就是一个 PDCA 循环

2. 绩效考核是绩效管理的一个环节

绩效考核,是指企业各层级考核者对照工作目标和绩效考核指标、考核标准,采用科学的绩效评定方式,评价员工在一个考核周期内的工作任务完成情况、工作绩效结果、技能和能力提升情况,并且将绩效评价结果反馈给员工的过程。通过绩效管理 PDCA 循环可以清楚地看出,绩效考核是企业绩效管理中的一个环节。即绩效管理 PDCA 循环中的 C(检查)环节。

3.绩效管理与绩效考核的关系

绩效管理是一个整体，是一个系统。通过绩效计划的制定、绩效过程的监督和辅导、绩效执行情况的评价和绩效改进及结果应用等步骤和过程，实现企业经营发展目标和战略规划。纵观绩效管理全过程内容，并结合上述绩效 PDCA 循环图，不难发现绩效管理与绩效考核存在以下关联：

(1)绩效考核是绩效管理四个过程中的一个环节。

(2)绩效管理包含绩效考核的内容。

(3)绩效考核支撑绩效管理的 PDCA 循环。

4.绩效管理与绩效考核的区别

(1)绩效管理是一个系统，遵循 PDCA 持续循环的原理和过程。

(2)绩效考核是一个阶段，该阶段仅仅是完成考核、评价、评分工作。

(3)绩效管理不等于绩效考核，反之绩效考核也不等于绩效管理。

5.总结

通过对"绩效管理与绩效考核"概念的讲解，以及对"绩效管理与绩效考核"关系和区别的细致分析，想必关于"绩效考核不等于绩效管理"的内容已经十分清晰了。反过来，我们再细想一下这个问题，现在看来如此清晰的问题，为什么很多 HR(人力资源)朋友，还把它当成问题呢？究其原因，笔者认为大概率是因为多数 HR 朋友缺乏绩效管理与绩效考核的工作实践。没有绩效管理的实践，单凭书籍上的理论讲解，是很难深刻地领悟到"绩效管理与绩效考核"的关联和区别的，因此，应了那句话：管理不是经验，管理更不是艺术，管理是实践。绩效管理，何尝不是如此呢？

(二)360 度考核法不是考核方法

所谓的 360 度考核方法，其考核结果不能用来评价员工的工作绩效和工作成果，更不能用 360 度考核的结果进行员工与员工之间的横向绩效对比。

360 度考核法：通过员工的上级管理者、同级同事、下级同事(无下级该维度则不评)、客户和员工自评的方式与方法进行的考评。由于是对岗位进行多维度、全方位的考评，因此，形象地称为 360 度考核法。

在人力资源圈内，每当谈起绩效考核的方法，很多人力资源管理者会如数家珍般说出很多考核方法，尤其是对于所谓的 360 度考核法，很多人力管理从业者还都能够说出一些用法、心得和技巧，并且对该方法在绩效管理工作中的应用普遍性、适用性和科学性深信不疑，顶礼膜拜。

曾经使用 360 度考核法在企业内部进行过考核的人力资源管理者或许会有这样的体会，首先这种方法很复杂，工作量很大，对于一个岗位的考核至少需要 4～5 名同事的评分；其次，在进行一系列复杂、烦琐、费时费力的多维度评价之后，发现使用该方法评定出来的结果并不能够真实反映出员工的真实绩效，甚至会出现"老好人"评分高，"老实人"评分低的状况。这是为什么呢？

先通过一张图看一下 360 度考核法的架构和评分维度，如图 2-3 所示。

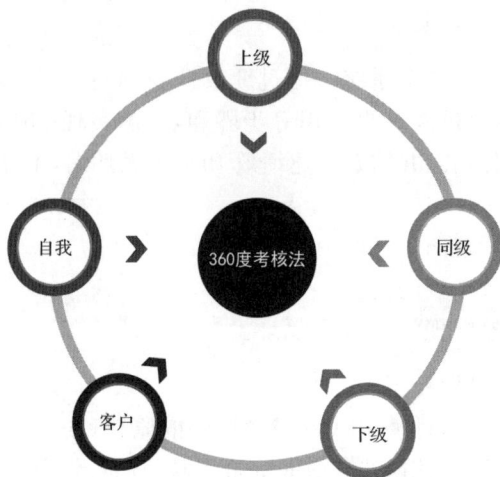

图 2-3　360 度考核法的架构和评分维度

下面，就 360 度考核法，逐项解释它的考评维度以及各个考评维度在实操中的应用和细节。

1.上级评价

上级评价，即通过员工的直接上级对员工的工作表现进行的评价方法，有些企业也会通过上级的上级来进行评分。

2.同级评价

同级评价，即通过与被考评岗位有工作联系的同级别人员对其进行的考评。360 度考核法建立在同事之间比较了解工作情况的基础上。

3.下级评价

下级评价，即对有下属员工的管理者，授权其下属对其进行绩效考评。大家可以试想一下，作为下属员工，由于是上下级关系，出于碍于面子或者怕上级管理者打击报复等考虑，该维度的考核结果真实性不是很强。

4.客户考核

客户维度的考核对于岗位不是普遍适用的，很有局限性。准确地说，只有与客户有接触或有工作联系的岗位才适用客户维度的考核。需要说明的是，这里的"客户"通常泛指外部客户。一般情况下，销售人员、售后服务人员、客服人员适用该维度的考核。

从现实的咨询实践得知，客户维度的考核数据真实性和适用性也是很可能产生水分的。笔者曾经咨询的一家企业，售后服务工程师说："老师，不瞒您说，客户维度的考核我永远满分，原因很简单，我手头一共 10 个大客户，这 10 个客户我都服务 7～8 年了，熟悉得跟亲兄弟一样，他们好意思不给我满分？"

5.自我评价

关于自我评价，实际的评价结果让人看后真可谓哭笑不得，从曾经咨询实践的评分结果看，实际情况是这样的：

第一种，脸皮厚的：永远给自己满分，没啥不好意思，看在钱的分上。

第二种,脸皮薄的:象征性地给自己扣1~2分,算是自己谦虚的一种表现。

第三种,多数员工:80%~90%的员工都认为自己工作干得好,理应满分。

从事过人力资源管理的读者,尤其是使用过360度考核法的人力资源管理者应该对该考核法的考核指标和考核标准有些印象,通常情况下,使用该考核法进行员工评价的时候,对相同性质的岗位大都使用统一模板的考核表单,即管理层使用一张表单,普通员工使用一张表单或某类岗位使用一张表单。换句话说,管理层的考核指标是一样的,普通员工的考核指标是一样的,同类岗位考核指标是一样的。由于使用的是360度考核法,就不可能出现"一个岗位一套指标"的情况,如表2-3所示。

表 2-3　360度考核法样张

考核维度:上级□　　同事□　　客户□　　下级□　　自评□

被考核者姓名		被考核者职务		所属部门	
考核日期					
评价标准及分数	1分:有待提高　　2分:可以接受　　3分:一般　　4分:良好　　5分:优秀				
考核内容	考核评分参考维度			得分	备注
专业知识	1.精通本岗位涉及的产品及工艺内容				
	2.能够发现工艺及产品不足,并提出改善意见				
	3.对产品的材料属性十分了解				
	4.能够熟练使用工作中所需要的软件和设备				
工作态度	1.遵守公司的规章制度,以身作则,廉洁自律				
	2.热爱自己的工作,并且能够形成带动团队工作的氛围				
	3.能够主动学习与创新,积极接受同事的建议				
	4.工作协同性高,积极配合同事工作				
沟通协作	1.能够通过沟通解决工作中出现的问题				
	2.沟通及时、描述准确、逻辑清晰				
	3.积极听取同事意见并给予及时反馈				
	4.能及时、准确搜集工作中存在的问题点,并进行分析、反馈				
团队协作	1.能积极促进团队成员间的协作				
	2.能主动配合领导、同事及其他相关部门工作				
	3.能接受和支持团队决策并付诸行动				
	4.乐于分享工作经验与成果,帮助同事解决工作中的难题				
工作责任	1.善于制定可行的工作计划,且工作井井有条				
	2.能够主动发现工作中的问题及改进点				
	3.工作效率高,并能够高质量交付				
	4.责任心强,不推诿、勇于担当				
考核者意见:				总计:	

总结:360度考核法不是一种绩效考核方法,不能用来进行员工的绩效评价,更不能用该考核法的结果进行员工之间绩效的横向对比。

360度考核法的评价结果只能评价员工与岗位的胜任性,评价员工的人岗匹配度,而且评价结果也只能作为参考。

第三章 绩效考核指标体系

一、绩效考核指标

(一)绩效考核指标的概念及案例分享

绩效考核指标通常简称为"绩效指标"或"考核指标"。广义的绩效考核指标具有明确的目标和指向,以指数、规格、标准等反映一个组织在公司层面、部门层面或岗位层面业绩目标的完成情况和工作态度、能力等级,是高度概括性的定义描述,是绩效考核体系的基本单位。狭义的绩效考核指标是指对员工体现绩效的态度、行为、能力和业绩等因素进行考核与评价的项目。

从企业绩效管理运行过程来看,绩效考核指标是从绩效计划、绩效辅导、绩效考核、绩效改进和结果应用等四个环节出发,以具体的、明确的考核项目和内容,在规定的考核周期内对企业层面、部门层面、业务单元层面(BU)、单个岗位层面工作目标的完成情况、完成效果和效率、结果错误情况等进行衡量和评价的因素。通俗地讲,绩效考核指标解决的是考核对象"考什么"的问题。

接下来,笔者将管理咨询过程中实际提取的一些指标进行展示,通过具体的绩效考核指标展示,使读者直观地了解什么是绩效考核指标。下面展示的绩效考核指标一部分是笔者积累和总结的企业职能部门经常用到的绩效考核指标;另一部分是在咨询过程中的绩效考核指标提取环节,由企业员工参与共同提炼出来的,这些指标带有明显的企业自身和行业特征。笔者将这些指标进行分类、罗列并制表展示,便于读者理解什么是绩效考核指标。由于企业类型不同、管理重心和要求不同,不同企业提出的指标也五花八门,不尽相同。因此,对于不同企业而言,指标本身没有好坏和对错之分,只是不同的指标适用于不同的企业。下列指标仅供读者用于理解绩效考核指标的概念。

案例 3-1:人力行政部常用绩效考核指标。

以下绩效考核指标是在汇总和整理多家咨询客户企业绩效指标的基础上形成的。需要特别说明的是,表格中所展示的绩效指标均在笔者现场讲解指标提取方法并提供指导的前提下,完全由企业人力行政部员工自主讨论后输出,具体内容如表 3-1 所示。

表 3-1 某企业人力行政部绩效考核指标示例

序号	职能模块	绩效考核指标名称
1	招聘管理	简历搜集下载量、超编违规发生次数、招聘渠道新开发量、招聘计划达成率、初试预约达成率、面试合格率、人员录用率、试用期人员面谈完成率、试用期员工流失率、人员到岗及时性、试用期员工转正率、人员招聘费效比、招聘预算控制率、招聘岗位薪资体系吻合度、招聘记录完整性
2	培训管理	培训调研完成率、培训计划达成率、培训评估达成率、受训满意度、培训出勤率、员工培训合同签订完整率、培训合格率、培训档案完整率、培训及时性、人均培训成本、培训预算控制额、培训流程违规次数、入职培训完成率、转岗培训完成率
3	薪酬与福利管理	考勤统计差错次数、工资核算差错次数、薪酬福利制度违规次数、薪酬调整差错次数、福利发放及时性、保险办理及时性、福利发放的满意度、考勤数据统计及时性、薪酬档案的完整性、福利预算控制率
4	劳动关系管理	员工离职手续办理差错次数、劳资纠纷发生次数、劳动纠纷处理及时性、劳动合同签订及时性、劳动合同签订完整性、员工离职面谈完整率、劳动合同续签完成率、入职手续办理及时性、入职手续办理完整性
5	行政及后勤管理	企业文化活动组织及时性、企业文化活动组织满意度、食品安全事故发生次数、消防安全事故发生次数、办公设备完好性、车辆事故发生次数、车辆违规发生次数、消防安全设施完好性、投诉发生次数、公共区域卫生投诉次数、公共设施设备未关闭次数、行政工作满意度、车辆调度及时性、出车登记台账完整性、车辆维保台账及时性、消防安全台账的完整性、消防安全整改及时性、办公用品采购及时性、公共设施完好性、会议通知及时性

案例 3-2:某外资生产型企业绩效考核指标。

该企业是欧洲某著名设备品牌制造企业在中国的全资投资公司,对于该企业职能部门的绩效指标提取,笔者当时采用"鱼骨图"法。现将该企业技术研发部当时提取的绩效考核指标初稿部分内容进行分享,如表 3-2 所示。

表 3-2 某企业技术研发部绩效考核指标示例

序号	职能模块	绩效考核指标名称
1	研发类工作	1.新产品研发建议采纳次数 2.专利申报成功次数 3.研发计划未达成次数 4.重大产品研发缺陷发生次数 5.产品研发技术资料交付文件错误数 6.BOM(物料清单)错误发生次数 7.PCB(印制电路板)错误发生次数 8.SOP(标准作业程序)制作的及时性 9.SIP(标准检验指导书)制作的及时性 10.技术资料的完整性

续表

序号	职能模块	绩效考核指标名称
2	技术类工作	1.来料及产品检验合格率 2.模具资料的完整率 3.备件无库存发生次数 4.产品结构成本控制额度 5.设备费效比 6.部门费用预算达成率 7.量产通过率 8.产品清单更新完整率 9.备件质量合格率 10.设备维修预算达成率

(二)绩效考核指标提取及设计的原则

企业在提取绩效考核指标的过程中由于企业类型不同、业务不同、部门设置不同、岗位职能不同,因此提取的绩效考核指标的类型、考核指标的内容、考核指标的属性均存在很大差异。比如说互联网企业业务部门的绩效考核指标与生产性企业业务部门的绩效考核指标内容和类型会存在很大的差异,行政事业单位与民营企业提取的绩效考核指标会存在很大的差异,甚至同行业、同业务类型、同产品的企业提取的绩效考核指标也会存在很大的差异。总结各类型企业指标提取的经验,无论什么类型、什么性质的企业在提取绩效考核指标时,大多都会遵循共同的原则。这也就意味着,无论用什么方法、什么途径、什么方式提取绩效考核指标,只要遵循原则,就能够确保提取出来的指标方向不跑偏、指标实用性强,符合岗位考核要求并达到有效考核的目的。

结合以往为各类企业提供咨询服务的经验和心得,现以个人绩效层面(相对于组织绩效层面)的绩效考核指标提取为例,就个人层面绩效考核指标提取及设计时应当遵循的原则做以下总结。

1.依照考核对象不同,有针对性地提取绩效考核指标

如标题所示,企业需要根据不同考核对象有针对性地提取绩效考核指标。笔者认为这一点非常重要,也是绩效考核指标提取过程中必须遵守的原则,不然绩效考核就没有任何意义,也不具备对员工的激励作用。具体可以这样理解:俗话说"术业有专攻",企业内因为部门不同、岗位不同,工作内容必然不同。基于工作内容不同的原因和特点,企业不同部门和不同岗位之间的绩效考核指标也应该是不同的。不排除极少数绩效考核指标存在通用性,但绝大部分绩效考核指标是因部门和岗位不同而存在差异性的。

举个极端案例来说明上述问题和观点,销售部业务员这个岗位,核心的绩效考核指标通常包括销售额、利润率、应收款回笼率、新客户开发个数、老客户流失个数、客户有效投诉次数等指标;比如人力资源部招聘专员这个岗位,核心的绩效考核指标包括招聘信息发布及时性、招聘信息发布错误次数、面试邀约计划达成率、初始通过率、招聘计划达成率等。不难看

出,这两个不同部门的不同岗位绩效考核指标完全不同,存在很大的差异,但是这些绩效考核指标对于本岗位来说是非常适合的,这就是所说的依照考核对象不同必须提取有针对性的绩效考核指标。

部分企业绩效考核过程中存在不同岗位使用同一个绩效考核指标的错误现象。笔者很多次看到企业不同部门、不同岗位的员工错误使用同一个绩效考核指标的现象,甚至见到过企业所有部门、所有岗位都使用同一个绩效考核指标的现象。有一次,笔者为一家企业进行咨询前期项目诊断,在查阅该企业以往绩效考核原始表单的时候发现:企业里面所有岗位都要考核"销售额""生产产值"这两个指标。笔者问该企业的负责人为什么要这样考核,企业总经理是这样回答的:"千斤重担千人挑,人人身上有指标。"这句话是该企业负责人参加培训时,培训老师告诉他的。坦率地讲,企业负责人的出发点是不错的,目的和导向性也能够理解,他是想让企业所有员工都关注企业的销售额与生产产值。他认为企业销售额和产值的达成是有赖于全体员工努力的。但从绩效管理的角度来看,这种方法是错误的,而且是绝对不可行的。说得极端点,考核该工厂的保洁、保安、食堂大师傅"销售额"和"生产产值"这两个绩效考核指标有意义吗? 能起到激励员工的作用吗? 答案是否定的。相反,对员工进行没有针对性的且与本职工作没有直接关联的绩效考核,反倒挫伤员工的积极性,让员工反感、排斥绩效考核工作。

2.必须将岗位关键及核心的工作内容纳入绩效考核指标范围

企业内部每个岗位都有自己的核心工作、辅助工作、协助性工作和阶段性工作。从绩效管理的角度分析,对岗位的考核更多的是关注一个岗位最核心的、最主要的、花费时间较多的、完成工作有一定难度的、代表本岗位80%工作内容的工作。这些工作是考核的方向、重点和提取绩效考核指标的范围。只有把这些工作内容提取成岗位的绩效考核指标并进行考核,才能真正检验出员工绩效考核周期内工作的实效和结果,才能真正起到对员工工作的激励作用。

以企业销售部门的业务员岗位为例来说明上述问题。众所周知,业务员岗位是企业的核心岗位,从岗位胜任能力和素质要求来分析,业务员岗位需要具备多方面的业务技能和素质要求。从现实角度来讲,他们需要具备良好的沟通能力、较好的亲和力、博学的知识、较强的抗压能力、较强的社交能力、专业的商务礼仪、职业化的着装与审美、熟练的专业产品知识等。结合上述业务员岗位工作职能、技能和素质要求,业务员岗位可能提取出的量化和非量化绩效考核指标有:沟通有效性,亲和力,知识丰富性,抗压能力,着装不合规次数,客户接待礼仪违规次数,产品知识完整率,销售额,利润率,应收款回笼率,死账坏账呆账产生率,客户流失率,新客户开发率等。那么问题来了,上述这么多绩效考核指标不可能全部都用来对业务员进行考核,到底哪些绩效考核指标最适合业务员岗位进行绩效考核呢? 这个时候就会使用到将岗位关键性及核心的工作内容纳入绩效考核指标范围这个考核原则。依照这个绩效考核指标筛选原则,可以将产品知识完整率,销售额,利润率,应收款回笼率,死账、坏账、呆账产生率,客户流失率,新客户开发率作为关键绩效指标进行考核;将沟通有效性、亲和力、知识丰富性、抗压能力、着装不合规次数、客户接待礼仪违规次数等指标选择性地作为态度、能力类定性指标进行考核,降低分数权重,甚至排除在外。

3.绩效考核指标提取时需要使用专业的、适用的方法和工具

根据多年的咨询实践经验，笔者运用专业的理论和工具提取绩效考核指标，能够确保绩效考核指标的全面性、专业性和针对性。随着人力资源绩效管理学科的发展，出现了很多类型和途径的绩效考核指标提取方法，无论是高校学者还是从事咨询服务的专业咨询公司，都有自己独特的指标提取方式和方法。常见的绩效考核指标提取方法、工具和渠道包括基于平衡计分卡（balanced score card，BSC）应用的战略地图、鱼骨图、职位说明书、基于流程的SIPOC模型［supplier（供应者）、input（输入）、process（流程）、output（输出）、customen（客户）］、QQTC模型［quantity（数量）、quality（质量）、time（时间）、cost（成本）］、专家评估法等。上述工具和方法会在本书的后续章节进行详细讲解。

我们知道，任何一个职业做的时间长了，经历和实践多了，都会积累出非常多的经验和方法。俗话说"条条大路通罗马"，就指标提取方法来讲，除了上述比较常见的方法和工具以外，笔者相信不同的绩效管理资深人士也会总结和积累出自己独特的指标提取方法和方式，这一点是肯定的。

笔者在多年的企业管理咨询职业生涯中，遇到过各式各样的企业和员工，在绩效考核指标提取环节，会依照不同企业、行业、企业氛围、思维模式、做事方式、文化层次采用不同的绩效提取方法，最大限度适用企业的实际情况，否则就可能会出现咨询方法"水土不服"现象。以个人经验来看，提取指标绝对不能拘泥于书本理论，也不能拘泥于以往指标提取的经验，用什么样的方法以及方法如何使用，都必须结合企业的实际情况而定。有的企业指标提取过程中适用战略地图法，也有些企业适合用鱼骨图法，但是对于一些管理者和员工文化层次比较低的企业就要改变策略了，继续使用战略地图或鱼骨图可能效果就比较差，这个时候你就要考虑和选择使用更加符合他们的考核方式和方法，比如专家经验评估法、访谈法、观察法、"头脑风暴"等，只有这样才会收到最佳的成效。

关于指标提取的时候应该选用哪种方法和工具的问题，下面列举两个案例进行说明，这两个案例也是多年前的人力资源咨询项目。

案例3-3：这是一家科研技术类企业，为国家电网提供输电线路在线监测和辅助控制设备。企业约90%的员工文化水平是本科及以上学历，超过50%的员工具备硕士或博士研究生学历。该企业的人力资源项目涵盖组织架构设计、岗位分析及职位说明书汇编、岗位价值评估、绩效管理体系构建、薪酬管理体系构建等模块。以往在其他企业的咨询过程中，咨询老师就好比一个资深"运动员"，带领着企业各部门员工进行指标提取、指标修订等工作，耗时耗力且收效很慢。在该企业的绩效考核指标提取环节，笔者将指标提取方法进行调整，虽然该企业不论用战略地图法、鱼骨图法还是从岗位说明书里输出绩效考核指标，都能够轻松、高效、高质量地完成该阶段的工作，但是笔者决定将上述方法变相地应用，发挥他们的长处，因地制宜，转变咨询老师的角色，将咨询老师的角色由"运动员"变成"教练员＋裁判员"。在项目的前期接触中，笔者发现这些员工有一些良好的特质和共性特征，这便是长期的技术和研发工作让他们养成了独立思考、团队协作的习惯，并且他们学历高、素质好。有了这些团队的特征，笔者对改变指标提取方式信心倍增，更加坚信了改变指标提取方法和转换咨询师角色这一决定的正确性。具体做法是这样的：先将咨询老师改变绩效指标提取方法的思路毫不避讳、绝不隐瞒地告知企业负责人和各事业部总经理，并告知他们这样做的好处和风

险,值得欣喜的是,该公司以100%赞同的表决结果通过了该思路。这个好的开端更是给笔者吃了个"定心丸",接下来要做的工作就是对他们进行系统化培训,培训内容包括什么是绩效考核指标、如何提取绩效考核指标、绩效考核指标提取的步骤、具体操作要求、注意事项、可能会出现的错误、以往的指标提取案例分享等。进行详细的培训后就将任务布置下去,企业各部门员工以部门为单位自行组织进行指标提取工作。接着,笔者监督及实时辅助他们进行绩效考核指标提取工作,尽可能不直接参与绩效考核指标提取,只是进行指导和纠偏,核心工作是对他们提取的绩效考核指标进行可行性判定,当好"裁判员"角色。就这样,刚开始的时候由于他们对步骤、工具、方法不是很熟悉,绩效考核指标提取速度很慢、很谨慎。但是,没过多久,随着对方法和工具的逐步熟练,无论速度还是质量都快速提升了上来,而且,由于他们对自己的工作熟悉、专业性强,对比常规的绩效指标提取方法和方式,他们自己组织提取的绩效指标质量更加具备可行性和专业性。这也证明了前期笔者的预判和决定是正确的、可行的。

案例3-4:浙江某集团下属餐饮企业,其产品和服务是为集团下辖企业进行餐饮制作和配送服务,服务对象将近8000人。该企业的员工学历层次相对较低、管理人员较少,人员多集中在后厨岗位,一岗多人现象比较明显,岗位包括炒菜厨师、切菜厨师、配菜厨师、打荷厨师、凉菜厨师,另外还有行政总厨、厨师长及传菜工、厨房帮工等。企业负责人要求主管及以上岗位均纳入绩效考核对象。对于这家企业的咨询工作,尤其是如何进行指标提取工作,当时笔者是经过煞费苦心的推敲和研究的。客观地讲,由于该企业员工学历层次较低,且存在各岗位员工不能集中时间开会的情况,因此绩效考核指标提取的方式、方法选择上沿用以往的经验和做法是万万不行的。这里需要的不是高大上的绩效指标提取工具和方法,实用的才是最好的。下面以该企业一个很有特色的岗位来举例说明当时采取的应对措施和方案,这个岗位也是笔者在多年的咨询经历中遇到的很有代表性的岗位。岗位名称叫"蒸饭主管",其工作内容是带着一批员工每天洗米、淘米、浸泡、蒸煮等。由于该企业服务的企业数量多,每天需要蒸制近千克的大米饭,岗位具有工作内容单一、工作节奏单一的特点。蒸饭主管任职人是一个年纪较大的老同志,没读过书,不会写字,更不会深入沟通,即使愿意多说几句,也都是浓厚的地方方言,着实听不明白他说的是什么。但是,他在管理上很有自己的一套方法,做事比较严谨。咨询团队在为这个蒸饭主管岗位进行绩效指标提取的时候煞是费心,传统的绩效考核指标提取方法对这个岗位不适用。无奈之时,笔者就安排咨询团队的一个同事采用特殊的方法完成了这个工作,具体做法是,在岗位分析和职位说明书制定环节,安排一名咨询老师以"观察法"的形式一直跟着他并和他一起劳动,时间是一个礼拜左右,由此,这位同事就从头到尾理清楚了这个蒸饭主管的工作内容、流程和工作要点。同样,在绩效考核指标提取环节,笔者就安排这位熟悉蒸饭主管工作职责的同事依照职位说明书制定环节对该岗位的了解,提取出蒸饭主管的核心绩效考核指标,然后与蒸饭主管的上级主管领导进行核实、讨论、修订后完成了这个岗位的指标提取工作。

4.绩效考核指标一定要表述明确、表述清晰、易于理解

绩效考核指标的分类复杂,指标的类型也比较多,在咨询过程中经常遇到企业因自身的产品和行业特点,提取出一些有别于其他企业绩效甚至外行人根本不明白什么意思的指标。

因此，从实用和通用性的角度分析，这就要求每个企业在提取绩效考核指标时，文字表述尽可能做到明确、清晰、容易理解且不会产生歧义。

依照以往众多类型企业咨询的经验，现将咨询过程中常用的指标表述方法进行统计、汇总、分类，方便读者理解和应用，详见表3-3。

表3-3　绩效指标属性与后缀量词应用示例

类别	绩效指标内容属性	指标常用的后缀量词	绩效指标举例
第一类	数量	数量属性的指标一般的指标后缀量词有：额度、个数、次数、人数、时数等	销售额、不合格个数或次数、招聘到岗人数、逾期天数
第二类	质量	质量属性的指标一般的指标后缀量词有：比率、考核结果、满意度、准确率、达成率、完成情况、合格次数、周转次数等	产品合格率、一次抽检合格率、培训完成情况、仓储周转率
第三类	时间	时间属性的指标一般的指标后缀量词有：及时性、完成时间、逾期天数等	招聘及时性、交期完工时间、报表上交逾期天数
第四类	成本	成本属性的指标一般的指标后缀量词有：费用额、预算控制额、费效比、人均效率等	投资回报率（ROI）、招聘预算控制额、市场推广活动费效比

表3-3是结合企业咨询过程中的实践经验总结汇总而成的，企业在提取绩效考核指标的时候，通过上述数量、质量、时间、成本四个维度的指标属性索引均能轻松应对和满足指标提取需要，确保指标表述的明确性和专业性。

另外，除了符合绩效考核指标表述明确、清晰，指标容易理解且不会产生歧义的原则和要求外，笔者认为在遵循上述原则的基础上，指标的定义和表述还应当做到"入乡随俗"。改革开放以来，很多欧美、日本企业进入中国，也有很多中国台湾企业在大陆设厂，这对中国企业的管理思维和方法产生较大影响。以绩效考核指标为例，同样内容的一个指标，欧美、日本、中国台湾企业与中国大陆企业的叫法、称呼是存在很大区别的。

大多数生产型企业，对车间设备管理和使用岗位或车间管理岗位进行考核的时候，经常会考核到车间设备的利用效率，即是否最大化地利用设备、提升设备的使用效率和运行时长等。上述需要考核的内容，用最准确、最科学、最专业的绩效考核指标名称描述是"设备稼动率"。但是在咨询实践中发现，多数企业的车间主任或班组长对于设备稼动率指标是懵懂的，不理解这个词的意思。这个时候我们就应当"入乡随俗"地改变一下绩效考核指标的表述方法，用"设备运转率""设备运行效率"甚至是"设备连续运行时间"等字眼表述可能更好理解。我们暂且把这种处理方式称为"转洋为中"。

再举一个"转中为洋"的例子，一家生产智能卫浴的企业，主要为国内外知名卫浴品牌进行 OEM（原始设备制造商）代工以及进行少量的 ODM（原始设计制造商）生产，是一家集智能卫浴研发、生产和销售于一体的集团化企业，笔者的咨询团队为该企业相继进行了人力资源咨询项目和流程优化/流程再造项目。咨询过程中，在对研发部门进行绩效指标提取的时候遇到一个比较有代表性的事情。众所周知，研发产品在定型前都会少量制造一些验证样件。浙江及广东很多企业都会把这种样件称为"手板"，把这个环节称为"手板制作"。这是研发环节的专业术语,研发部门都比较清楚"手板"的含义。但从绩效考核指标的表述角度分析,"手板制作"这个用词有些口语化,存在中国其他地方企业不称呼"手板"的情况。因此,遇到类似的情况和问题,将绩效考核指标的称呼"转中为洋"更通俗易懂,比如将"手板"称为样件、验证件、样板、等比例模型等,更容易理解。

5.绩效考核指标必须完整、全面地覆盖岗位核心职责和工作内容

绩效考核指标只有完整、全面地覆盖每一个考核岗位核心职责和工作内容,才能真正衡量出考核周期内员工对工作的完成情况和绩效优劣。反之,片面的绩效考核会让绩效考核结果缺乏说服力,不能够真实地通过考核结果反映出员工的真实工作绩效。

此外,对任何一个岗位进行绩效考核指标提取的时候,都应该包含品质特征指标、行为特征指标和结果类指标,这也体现了岗位绩效指标的完整性和全面性原则。

6.绩效考核指标应确保考评者能够对考评指标进行评分

当大家看到这个标题的时候,似乎会觉得拗口和难以理解,什么叫作"确保考评者能够对考评指标进行评分"?难道还有指标无法评分的情况?答案是肯定的。严格意义上来说,这里所谓的绩效指标说的是结果类指标,也就是通常意义上可量化的关键绩效考核指标(KPI)。这类指标在日常考核的时候经常会发生指标看似很准确、很专业,但就是无法考核的情况。笔者在为企业进行绩效管理体系构建的时候也时常会遇到这样的情况,最让人头疼的是,通常只能在企业绩效试运行阶段通过实际的评分才会发现问题。那么,这种情况能否完全避免?回答是绝对不可能的。这就好比一个程序员写了一个几十万字符的程序代码,在没有做最后的综合调试之前,你让程序员确保程序代码完全可行,不出现 bug(程序漏洞),这是万万做不到的。下面就以一个真实的、典型的案例来说明这个经常出现的情况。

案例 3-5: 这是一家电池制造企业,电池的类型就是我们平时手电筒、遥控器和儿童玩具上用到的 5 号或 7 号碱性电池。该企业也是国内老牌的电池生产加工企业,该企业引进和拥有 30 条国内外先进的高速自动化碱性电池生产线。每条生产线产能是 800 节/分钟,那么按照 30 条生产线实际综合产能计算,理论上该企业一分钟的产能就是 24000 节电池,按照一天 8 个小时工作时间计算,该企业一天的产量几乎是一个天文数字。假设要对生产线的车间主管岗位、各条线的班组长岗位进行有关产品质量的考核,那么产品合格率可能是最先想到和用到的一个关键绩效指标。从指标的专业性、准确性、岗位相关性分析,这个指标均符合要求,但在实际考核时发现,这个绩效考核指标却是不可行的。主要原因如下:企业的产品检验不是全自动化检验,需要人工检验。如果要对一天的产量进行检验,可能需要组织许多员工对几亿节电池的合格情况进行检验,检验结果和产品合格率的数据当然能够取得,但是为了一个考核指标数据,需要动用如此多的员工,想必付出的劳动力代价实在是太大了,有些得不偿失。因此,这个指标就是上述提到的典型情况:绩效考核指标没问题,看似也能考核,但真正要去执行的时候会发现考核的支撑数据很难取得,获取数据的成本太高。上述类似情况在日常指标提取的过程中时有发生,因此在进行指标提取的时候要特别注意,尽可能避免该情况的发生。

下面再延伸讨论一下上述这个问题,假设上述企业仍然需要考核产品的品质合格情况,仍然是人工检测,那么有没有一种方法或者变更一个指标能够解决这个问题,最终实现指标

既能够考核又无须投入大量人力进行数据获取？答案是肯定的,只需要将"产品合格率"改为"百节电池抽检合格率"即可。

总体来讲,绩效考核指标提取是一个技术活,笔者认为无论用什么途径、渠道、方法、工具提取绩效考核指标都应当遵循上述原则,才能确保指标的专业性、科学性、适用性,才能为绩效考核工作奠定一个良好的基础和开端。

条条大路通罗马,做管理不能拘泥于一种方式,只要是适用的,那便是好的。笔者认为绩效考核指标的提取方法和原则也应该在原有常规方法的基础上不断积累、突破和创新。可以使用A方法,也可以使用B方法,抑或"A＋B"的方法也是可行的,甚至可以A、B方法单独无法完成的任务。比如SIPOC模型＋QQTC模型、价值链分析＋矩阵模型等。由于不是常规的方法和工具,具体的提取方法和步骤这里不做详细讲解,但原理即如此。

二、关键绩效指标

在现代企业经营管理过程中,无论什么性质的企业,无论多大规模的企业,绩效管理工作都已经成为众多企业人力资源管理的核心,甚至是企业整体管理工作的核心,绩效管理在企业发展和日常管理中的重要性日渐凸显。在绩效管理工作中,永远绕不开的一个话题就是关键绩效指标,到底什么是关键绩效指标？关键绩效指标从哪里来？关键绩效指标的作用是什么？针对这一系列问题,笔者将在接下来的内容当中逐个进行剖析,用专业理论、事实依据、咨询实践案例深度解析关键绩效指标的相关内容。

(一)关键绩效指标的概念

针对关键绩效指标的概念,笔者翻阅了很多高校出版的教科书,也查阅了许多咨询公司出版的专业类工具书,参考上述图书关于关键绩效指标的解释,结合对关键绩效指标的理解和咨询实践,下面用最通俗易懂的语言表达方式来解释一下关键绩效指标这个词。

关键绩效指标(key performance indicator,KPI)是从众多的绩效考评指标体系中提取的具有重要性和关键性的指标,能够体现被考核部门或被考核岗位的核心职能,能够解释和展示出被考核部门或被考核岗位80％以上的核心工作。

(二)关键绩效指标的来源

关键绩效指标是绩效指标筛选后的产物,是根据一定的原则和采用一定的方法从众多的绩效指标中筛选出来的。通常情况下,可以通过基于平衡计分卡(BSC)应用的战略地图、鱼骨图、专家经验评估法、岗位说明书等方法和途径,将一家公司、一个部门或者一个岗位的绩效指标进行全面输出,那么,输出后的绩效指标是否全部都是关键绩效指标呢？是否都能作为关键绩效指标应用到考核中呢？答案是否定的。下面通过实际咨询过程来解释一下这个问题,以某生产型企业技术研发部应用鱼骨图法输出的绩效指标结果为例,如表 3-4所示。

表 3-4　某企业技术研发部鱼骨图法指标提取初稿示例

序号	职能模块	绩效考核指标名称
1	研发类工作	新产品研发建议采纳次数、专利申报成功次数、研发计划未达成次数、重大产品研发缺陷发生次数、产品研发技术资料交付文件错误数、设计因素生产工艺改良发生次数、中试项目计划完成率、项目推进计划达成率、产品原理图功能缺失及漏项发生次数、BOM 错误发生次数、PCB 错误发生次数、产品开发计划逾期次数、产品技术培训满意度、研发图纸设计逾期次数、样机装配不合格次数、新项目开发个数、图纸出差错次数、产品设计的及时性、产品设计的准确性、设计方案的可行性、工程物料清单的准确性、样品确认的及时性、产品资料的完整性、工程报价的准确性、工程报价的及时性、试产作业指导书制作的及时性、有效客户沟通的及时性、试产会议的及时性、试产记录的完整性、产品开发计划的达成率、客户满意度、SOP 制作的及时性、SIP 制作的及时性、技术图纸准备的及时性、技术图纸准备的准确性、技术资料的保密性、技术资料的完整性、产品异常处理的及时性、设计变更处理的及时性、设计变更资料的完整性。
2	技术类工作	模具方案制定/供应商选择的合理性、模具合同拟订的及时性、开模报告确认的及时性、模具加工进度跟踪的及时性、模具试模记录的完整性、试模样品检测及报告发出的及时性、模具调整方案确认的及时/准确性、模具验收报告出具的及时性、来料及产品检验合格率、模具资料的完整性、新设备设计方案的合理性、设备进度跟踪的及时性、设备调试记录的完整性、设备验收的及时性、设备移交培训的及时性、设备合同制作的及时性/准确性、设备资料的完整性、设备维护的及时性、备件无库存发生次数、产品结构的成本控制额度、产品结构优化的经济性、新工艺流程经济性、设备费效比、员工流失率、员工满意度、绩效考核工作及时性、部门费用预算达成率、量产通过率、产品清单更新及时性、模具清单更新及时性、产品清单更新完整性、模具清单更新完整性、返工次数、标准作业程序更新及时性、备件质量合格率、设备维修预算达成率。

　　观察表 3-4 不难发现,仅仅是一个生产型企业的技术研发部,一个部门就能提取出近百个绩效指标,如果将整个公司各个业务和职能部门的绩效指标全部提取出来,少说也有千余个指标,这一千多个指标显然不可能全部用来进行绩效考核。那么,如何从众多的绩效指标里面提取出关键绩效指标呢? 总不能凭感觉、凭主观经验来决定吧? 因此,这时候就应该找一个"漏斗"来进行筛选,在咨询实践过程中,经常使用的关键绩效指标筛选"漏斗"就是 SMART 原则。

　　SMART 是 5 个英文单词首字母的缩写:

　　S 代表具体的(specific),指绩效考核指标必须是具体的工作指标,不能笼统。

　　M 代表可衡量(measurable),指绩效指标是数量化或者行为化的,验证这些绩效指标的数据或者信息是可以获得的。

　　A 代表可实现(attainable),指绩效指标在被考核者付出努力的情况下可以实现和达成,企业应避免设立过高或过低的目标。

　　R 代表关联性(relevant),指绩效指标与岗位的工作职责内容具有明确的关联性。

　　T 代表有时限(time bound),注重绩效指标完成的时间和期限。

　　企业提取的众多绩效考核指标通过上述"漏斗"筛选过后才是可执行的关键绩效指标,也就是说,一个普通的绩效指标只有符合 SMART 五个原则,才能称得上是关键绩效指标,所以,关键绩效指标是绩效指标筛选后的产物。下面通过一张表格来了解一下 SMART 这个"漏斗"的作用,如表 3-5 所示。

表 3-5 SMART 原则应用示例

岗位名称	指标名称	SMART 原则筛选关键绩效指标					备注
		具体的 (specific)	可衡量 (measurable)	可实现 (attainable)	关联性 (relevant)	有时限 (time bound)	
培训专员	培训计划达成率	√	√	√	√	√	采用
	培训有效性	√	×	√	√	×	排除
	培训评估结果	×	√	×	√	×	排除

关于 SMART 原则这个"漏斗"的具体用法和注意事项,将会在本书后续章节中详细讲解。

(三)提取关键绩效指标的目的

为了更透彻地了解关键绩效指标,在此有必要说明一下在绩效考核过程中提取关键绩效指标的目的。下面从三个维度来回答这个问题。

(1)从绩效管理的全过程看,没有对岗位提取并设定关键绩效指标,就无法对员工绩效目标完成情况进行管理,就无从提高组织或员工个人的绩效。关键绩效指标是工作的核心和重点,企业关注关键绩效指标及其考核结果,在很大程度上能够促使组织和个人绩效向企业既定的目标方向发展,有利于企业整体经营目标和战略的达成。

(2)对于管理者,只有提取并设定关键绩效指标,才能够对组织或员工个人的绩效进行考评,把握企业工作全局,明确工作目标,划定岗位工作重点,简化管理程序,满足企业绩效管理的需要。

(3)对于一个组织或者一个岗位,明确关键绩效指标有利于清晰地知道组织的目标是什么,自己将要为组织目标做什么,以及工作需要做到什么程度,甚至明白做好或做坏对组织目标的达成有什么影响,对自己有什么影响。

(四)关键绩效指标概念的理解误区

虽然现阶段企业的人力资源管理已经发展到了很高的阶段,绩效管理理论和实践更是日趋完善和成熟,但是仍然有很多企业的人力资源从业人员对于关键绩效指标(KPI)存在误解、曲解和不解的情况。

笔者曾经多次在绩效管理公开课培训中对于"KPI 是什么"的问题进行现场提问,得到的答案多数都是错误或不完全正确的,甚至有人对 KPI 是什么表示"不太清楚"。有人说 KPI 是一种绩效考核方法,有人说 KPI 是一种有效的绩效考核工具,也有人说 KPI 是一种绩效管理理论。其实,上述答案都是错误的、片面的,都是企业人力资源管理者在日常的工作中,通过书籍、培训、交流、网络信息得来的一种人云亦云的错误结果。接下来,笔者换个角度来解释一下什么是 KPI。如表 3-6 所示,通过各种类型指标的对比,能够清楚地说明 KPI 是什么。

表 3-6 绩效考核指标类型对比分析示例

序号	指标类别	英文名称	英文简称	指标性质和来源
1	岗位职责指标	position responsibility indicator	PRI	根据部门和岗位的说明书中岗位职责和工作内容归纳总结提炼而成的指标
2	工作态度指标	work attitude indicators	WAI	反映和考评员工工作态度的指标
3	岗位胜任特征指标	position competency indicators	PCI	从岗位胜任力素质（岗位任职资格）模型中提取的指标
4	否决指标	no-no indicators	NNI	对于组织或岗位工作的考核起到一票否决、一票分数清零作用和性质的指标
5	关键绩效指标	key performance indication	KPI	从众多绩效指标中筛选出来的符合 SMART 原则的指标，是组织或岗位重要性和关键性的指标

通过表 3-6 的对比以及各类指标概念、特征和用途分析，按照指标的来源和类型进行分类后，我们能够清楚地发现和总结出一个结论：KPI 仅仅是一种指标类型。KPI 不是考核工具，更不是考核方法。

(五)绩效指标和关键绩效指标的联系和区别

(1)"艺术来源于生活而高于生活"，这句话用来形容绩效指标和关键绩效指标的联系再恰当不过了。绩效指标和关键绩效指标可以理解为：关键绩效指标来源于绩效指标而重要程度又高于绩效指标。

(2)按照绩效指标提取的步骤分析，首先要通过基于平衡计分卡的战略地图、鱼骨图、SIPOC 模型、岗位说明书等专业的工具和途径输出绩效指标，然后根据 SMART 原则进行筛选，最后才能输出关键绩效指标。

(3)关键绩效指标一定是绩效指标，绩效指标未必就是关键绩效指标。关键绩效指标是通过各类方法和渠道提取，并经 SMART 原则筛选后输出的绩效指标，所以关键绩效指标一定是绩效指标。但很多绩效指标未必符合关键绩效指标筛选的 SMART 原则，因此绩效指标未必就是关键绩效指标。

(4)企业管理者因为工作实际需要或特殊情况，在特殊的工作状态下可以将普通的绩效指标认定为关键绩效指标。比如，某部门员工在日常工作中经常迟到，如果按照公司的考勤管理制度"迟到一次罚款 5 元"对该员工进行考核，那么这样的管理和处罚力度是无法对该员工起到"震慑"作用的。在这种特殊情况下，部门经理完全可以将"迟到次数"这个指标作为该员工特有的关键绩效指标进行考核，以实现有效管理的目的。

在绩效管理工作中，关键绩效指标的提取、筛选、确认是绩效管理工作的一个重点，也是一个技术难点。关键绩效指标提取得好与坏直接影响整个绩效管理工作的质量和效果，因此，在理解关键绩效指标概念的前提下，掌握关键绩效指标的提取、筛选技术和过程是绩效管理工作的关键点。

三、绩效考核指标的分类

在企业绩效管理实施过程中，企业会根据考核对象不同、考核周期不同、考核的目的和导向不同，使用不同性质、不同来源以及不同量化程度的绩效考核指标，对被考评对象进行绩效考核。笔者查阅并整理了许多有关绩效考核指标分类的文献资料，关于绩效考核指标的分类，一部分的资料有共识的部分，比如说，依照绩效考核指标的适用对象不同，将绩效考核指标分为公司层绩效考核指标、部门层绩效考核指标、个人绩效考核指标，无论是高校的专业教科书，还是咨询公司出版的工具类书籍，两者对这种分类的认知都基本一致。除此之外，很多文献资料都有各自不同的理解和说法，会因书籍或文章作者的观点不同、知识储备不同、实际操作经验不同、应用场景不同，出现不同类型和不同方法的绩效考核指标分类。

另外，从企业对绩效考核指标的实际应用角度分析，笔者认为企业实际情况不同、应用的场景不同，绩效考核指标出现不同类型的分类是正常的，也是科学的。这说明绩效考核指标在使用过程中需要因地制宜，不能拘泥于固定式、教条式的分类方法。所以对于绩效考核指标分类而言，没有最科学的分类，只有最适用的分类。

通过参考大量绩效管理方面的教科书、文献资料和专业咨询公司出版的工具类书，结合自身的企业管理咨询实践经验，对绩效考核指标做表 3-7 所示的分类，并就不同类别绩效考核指标的含义、用法和在实际应用实践中对不同类别指标的理解、认知进行总结和分享。

表 3-7　绩效考核指标分类

序号	分类依据	指标类别
第一类	指标适用层级不同	1.组织绩效考核指标
		2.岗位绩效考核指标
第二类	指标适用对象不同	1.公司层绩效考核指标
		2.部门层绩效考核指标
		3.个人（岗位）绩效考核指标
第三类	依照考核周期不同	1.年度绩效考核指标
		2.季度绩效考核指标
		3.月度绩效考核指标
第四类	依照指标性质不同	1.品质特征类指标
		2.行为特征类指标
		3.工作结果类指标
第五类	依照指标量化程度不同	1.量化类绩效考核指标
		2.主观类绩效考核指标
第六类	依照绩效考核指标来源不同	1.岗位职责指标（PRI）
		2.工作态度指标（WAI）
		3.岗位胜任特征指标（PCI）
		4.否决指标（NNI）
		5.关键绩效指标（KPI）

对于上述不同分类的指标,其含义、内容和应用场景存在很大差异,为了进一步对各类指标进行说明,下面结合咨询实践中的应用情况对以上各类型指标进行详细讲解。

(一)根据指标适用层级不同进行指标分类

在解释组织绩效考核指标之前,有必要先对组织绩效的概念下个定义,然后再来解释组织绩效考核指标,这样或许更能够讲清楚组织绩效考核指标的含义,也能够区分出什么是组织绩效和组织绩效考核指标。

组织绩效是指一个组织在某一时期内任务完成的数量、质量、效率及盈利情况。通常情况下会将绩效分为组织绩效和个人绩效,组织绩效和个人绩效有着紧密的联系,组织绩效的实现和目标的达成应建立在个人绩效实现的基础上,但是,个人绩效的实现并不一定保证组织有绩效结果产生。如果组织绩效按一定的逻辑关系被层层分解到每一个工作岗位以及每一个人,只要每一个人达成了组织的要求,组织的绩效就能实现了。

1.组织绩效考核指标

组织绩效考核指标也可以称为"组织层面的绩效考核指标",是考量一个组织在某一时期内任务完成的数量、质量、效率的一个或一组指标。这里所讲的组织可以是一个企业、一个部门或一个班组,是由多名成员组成的非个体性单位。比如,一家企业一个年度、一个季度或一个月度整体业绩指标达成数量和质量的考核指标就是组织绩效考核指标。常见的组织绩效考核指标有生产产值、销售额、人均产值、业绩增长率、毛利率、净利润等。

2.岗位绩效考核指标

岗位绩效考核指标通常是对承担某岗位的员工在工作态度、工作行为、工作结果等维度进行考核的指标。岗位绩效考核指标是最常用、最常见的绩效考核指标类型。

(二)依照指标适用对象不同进行指标分类

在企业日常绩效考核当中,大多数企业的组织治理模式和人员结构存在明显的层级性,以浙江部分民营企业为例,通常企业按照员工类型将其分为高层管理者、中层管理者和普通员工层三个层级和类型。由于员工在企业中的角色不同、承担的管理幅度不同,这就势必要求在绩效考核当中对不同类型、不同角色、不同分工的人员进行区别考核。比如,企业总经理承担着整个企业日常经营管理工作,这就要求对总经理的考核应该上升到整个组织的层面,那么,在对总经理岗位进行绩效考核指标设定的时候,其岗位的指标内容必须覆盖整个公司经营及管理。再比如,一个普通岗位的员工,日常工作中只需要对自己职责范围内的工作负责即可,因此,在设定绩效考核指标的时候,只需要关注和考核岗位层面的工作内容就可以了。由此即产生了依照考核对象不同而进行的指标分类,其分类的具体内容如下。

1.公司层绩效考核指标

通常在组织绩效考核中,公司层组织绩效考核是最高层面的考核,在公司层绩效考核过程中经常会遇到一个疑问:公司层绩效考核指标的完成情况由谁具体负责?众所周知,企业经营管理的最高领导者是总经理,企业的总经理一般由企业的所有者或外聘的职业经理人担任,因此,在以往的企业咨询案例中,通常会将公司层绩效考核指标放在企业总经理岗位的绩效考核上。这也就意味着公司层绩效考核的对象虽说是一个公司,但在实际的考核运行中,具体的考核指标是落实在公司层最高管理者这个职位上的。一般情况下,公司层最高管理者年薪中的"年度效益风险收入工资"部分通常也会与公司的年度绩效完成情况挂钩,以此体现组织绩效结果的完成情况与管理者收入之间的联系。在以往咨询过程中,笔者经常会碰到部分浙江民营企业还会在年度末与公司的第一经营负责人签订《年度经营目标责任书》,对来年的核心经营方向、经营收益或管理目标以组织绩效考核指标的形式进行明确,以此方法将年度公司绩效考核指标的考核工作落在了实处,并以书面化的形式约定和体现。

公司层绩效考核指标的考核不适用于公司经营管理最高管理者是企业所有者的情况(即企业所有者和最高管理者是同一个人),大多数情况下,适用于企业所有者与企业经营管理最高管理者分离的情况。

2.部门层绩效考核指标

部门层绩效考核指标通常是企业总经理岗位对企业各个部门某一时期内部门任务完成的数量、质量、效率等情况进行考量的指标类型。部门绩效考核指标的最大特点是指标的内容更多地反映一个部门考核周期内整体工作绩效的好坏。部门绩效考核指标通常的考核对象是部门负责人。

以企业人力资源部为例,从管理咨询的角度和经验来分析一下部门绩效考核指标的用法和注意事项。人力资源部的工作职能通常包括人力资源规划或计划、企业招聘管理、培训管理、绩效管理、薪酬管理和劳动关系管理等 6 个模块,在提取人力资源部部门绩效考核指标的时候,部门绩效指标的内容要体现"完备性和全面性"特点,即绩效考核指标既要有体现人力资源规划的指标,又要有体现企业招聘管理、培训管理、绩效管理、薪酬管理和劳动关系管理的指标,只有这样,才能从绩效管理的绩效考核指标角度和渠道呈现人力资源部一个考核周期内整体的绩效完成数量、质量、效率等情况。因此,从上述人力资源部的举例不难得出这样一个结论:在提取部门绩效考核指标的时候,绩效考核指标务必全面、最大限度概括出一个部门所有的工作内容,考核指标确保齐备、全面。

绩效考核指标提取环节,尤其是关于部门绩效考核指标,一定要确保齐备性和全面性。在全面了解企业发展战略和部门职能的前提下,关于如何做到和确保部门绩效考核指标的齐备性和全面性,笔者的经验如下。

(1)在提取部门绩效考核指标的过程中,不能狭隘地只聚焦本部门的工作职能和任务,应该上升到企业层面的高度,从企业层面以俯视的角度为部门层面提取绩效考核指标。企业战略目标的实现有赖于各部门工作的积极推动和各部门目标的实现,因此,笔者在日常咨询实践中发现,从公司层面的高度提取一部分公司战略层面的指标下达到部门,并作为部门的"部门绩效考核指标"进行考核,更符合企业实际运营需要,更能体现部门目标与企业战略的一致性,更有助于企业年度战略目标和业绩指标的达成,也有助于实现部门绩效考核指标的齐备性和全面性要求。

(2)基于部门职能提取"部门绩效考核指标",将部门关键的、核心的、重要的职能囊括在部门绩效考核指标内。在以往的管理咨询过程中,笔者碰到过诸如部门绩效考核指标避重就轻、避难就易、没有覆盖部门核心职能、过于单一等情况。一旦出现上述情况,除了不能通过绩效考核科学、全面地反映部门的真实绩效结果,也会在绩效结果的应用环节造成部门间考核不公平,对考核结果存在抱怨的情况。这种指标缺乏齐备性和全面性的考核结果完全不能用来进行部门与部门之间绩效好坏的横向对比,也不能将绩效结果应用在薪酬管理中。

3.个人绩效考核指标

个人绩效考核指标也称为岗位绩效考核指标,通常是部门经理对本部门各岗位员工进行绩效考核的指标类型,个人绩效考核指标主要考量一个考核周期内员工的工作态度、工作行为和工作结果。个人绩效考核指标应体现指标与岗位的相关性、指标的针对性、指标的全面性等特点。

(三)依照绩效考核周期不同进行指标分类

1.年度考核指标

年度绩效考核指标是指对考核对象进行考核周期为一年一次的绩效考核的指标类型。通常这类绩效考核指标在两种情况下应用,也可以理解为两种应用方法或场景。

(1)对考核对象进行一年一次的绩效考核,这类考核的对象有很强的局限性,通常是针对公司层面或者部门层面的考核。

(2)有些企业对员工进行完月度考核或者季度考核以后,年底会再进行一次年度绩效考核,这类情况暂且不评论其合理性、科学性、专业性,从笔者的咨询从业经验来看,江浙部分区域的企业有采用上述方式进行绩效考核的情况。

在以往的企业咨询实践过程中,也遇到过有些绩效考核实施方法比较夸张的企业,他们对部门层面或员工层面实施月度考核+季度考核+年度考核的考核管理办法,并且将考核结果与工资密切挂钩,员工的工资结构也被分割得七零八碎。诸如此类烦琐的考核方法对于考核对象的激励并不是最好的,反倒让考核对象感觉到烦琐和复杂,实际情况往往是过多次数的考核,导致他们对考核工作产生"麻痹对待"的消极态度。绩效考核的方式和方法并不是越复杂越好,简单的绩效考核更加具有激励作用。

对于"年度绩效考核指标"这类指标,结合咨询工作实践经验,笔者谈谈自己的看法。对于岗位层面的绩效考核周期不应该有年度绩效考核这种说法和做法,原因很简单,在本书第二章已经阐述过,绩效考核的目的是什么? 是激励员工持续提高工作效率。这也就意味着绩效考核就是给企业管理者的一种管理工具,通过绩效考核不断发现员工考核周期内工作的不足和短板,在绩效辅导环节和绩效改进工作中促使员工不断弥补短板、错误和不足,进而持续提升工作绩效,实现个人工作目标并推动部门和公司层面工作目标和战略的达成。因此,倘若把绩效考核周期规定为一年考核一次,那么势必就完全违背了绩效考核的目的。一年对考核对象考核一次,失去了不断激励员工持续提高工作效率的作用和目的。如果这样对员工进行考核,与其说是为了考评年度工作情况,倒不如理解为秋后算账更确切。

2.季度考核指标

季度考核指标是指对考核对象按照一个季度考核一次的考核周期进行考核的指标类型。从考核对象上来说,季度绩效考核指标多数会应用到部门经理的考核,以及因工作特殊性无法完成月度周期考核的岗位中。

在为众多企业进行绩效管理体系构建的咨询过程中,笔者发现在两种情况下会应用到季度绩效考核指标。

(1)当企业完成了绩效考核指标提取、绩效标准制定、绩效考核指标库建立、绩效管理制度建立等绩效管理体系构建的前期绩效计划环节后,进入绩效试运行阶段,由于企业的基础考核数据不完善,部门间绩效数据对接不娴熟,在评分者对于整套绩效体系不熟悉的情况下,通常可以进行一次以季度为考核周期的绩效考核工作。该类型的考核实质是压缩考核频率,将原本是月度的考核周期压缩为季度,以便考核者与被考核者在此过程中熟悉绩效制度、熟悉考核流程。其具体做法是将三个月的绩效考核指标的目标值累加成季度绩效考核指标目标值,这种短期的、临时的、变相的做法是在绩效试运行阶段采取的一种特殊做法,其目的也仅仅是让绩效管理体系平稳地试运行。

(2)在大量的生产型企业咨询案例中,笔者总结发现,生产型企业个别部门会运用到季度绩效考核指标。生产型企业源于新产品开发的需要,在组织架构中一般都设立研发部门,研发部门是绩效考核中一个比较特殊的部门,也是绩效考核中提取指标环节相对比较头疼的部门。不论是大型集团化企业,还是小型生产型企业,研发工作都存在一个共性问题:研发周期长。通常,一般的产品研发工作大都经历以下环节:研发产品市场调研、项目评审、项目立项、研发团队建立、产品设计、手板制作、模具开发、修模、样品试产、量产等。由此看出,一般类型的产品研发工作周期短则数月,长则几年。因此,研发人员的工作成果和绩效结果很难进行以月度为周期的评定和考量,基于这种实际状况,拉长考核周期以适应研发岗位考核需要,采用以季度考核为周期的绩效考核指标进行考核。

3.月度考核指标

月度考核指标是以一个月为周期对绩效考核对象进行绩效评定的指标类型。该类型的指标经常用在对单个岗位员工的绩效考核工作中,同时也会用在对部门负责人的绩效考核中。

从年度、季度、月度等考核周期角度分析,月度绩效考核指标是最常用的指标,也是在绩效考核中比较核心的指标类型。月度绩效考核指标提取得好与坏在很大程度上影响着考核对象月度工作评定的准确度。以月度为周期的绩效考核也是很多企业最常使用的考核类型,通过月度绩效考核指标的评价能够客观、准确、及时地反映出员工月度考核周期内工作的完成情况和效果,能够及时地发现员工考核周期内的优点和不足,且能够及时地进行绩效考核结果的兑现和员工激励。

(四)依照指标的性质不同进行指标分类

1.品质特征类指标

品质特征类指标是指在考量和评价员工在考核周期内有关品质方面的表现的指标类型,一般以评估员工的个性、品质、潜能、兴趣为主要评价维度和方向。在实际的绩效考核应用中,管理人员的品质特征类指标和普通员工的品质特征类指标是不同的,这是两类岗位。管理岗位侧重于与管理工作相关的品质表现,而普通员工更多的是侧重于与做好本职工作相关的品质表现。常见的管理岗位和普通员工岗位品质特征指标,如表3-8所示。

表3-8　品质特征类指标示例

岗位类别	品质特征类指标举例
管理岗位	语言表达能力、思维判断能力、逻辑思考能力、综合分析能力、独创见解和创新能力、应变能力、原则性与纪律性等
普通员工	团队精神、学习能力、责任感、言谈举止、理解想象能力、计算能力、自学能力、进取精神、人际关系、成本意识、服务意识、积极性、纪律性、原则性等

2.行为特征类指标

行为特征类指标旨在考察和衡量员工在日常工作或劳动过程中的行为表现情况。在对员工进行行为特征类指标考核的时候,同样也需要注意管理人员的行为特征类指标和普通员工的行为特征类指标是不同的。常见的管理岗位和员工岗位行为特征类指标,如表3-9所示。

表3-9　行为特征类指标示例

岗位类别	行为特征类指标举例
管理岗位	领导能力、授权能力、策划组织能力、组织管理能力、沟通协调能力等
普通员工	执行能力、独立操作能力、团队协作能力、知识转化能力、工作主动性等

3.工作结果类指标

工作结果类指标反映被考核岗位在一个考评周期内有关本岗位核心工作、重点工作、紧急工作以及领导指定安排的工作的完成情况。通常也将这类反映工作结果的指标称为结果类关键绩效指标。很多企业在日常考核过程中对各个岗位进行定量化考核的指标大多是工作结果类指标,这类指标最大的特点是指标都是本岗位的关键绩效指标,且指标可量化,符合 SMART 原则。常见的工作结果类指标,如表3-10所示。

表3-10　工作结果类指标示例

岗位类别	工作结果类指标举例
销售员	销售额、利润率、新客户开发数、老客户流失数、应收款回笼率、死账、坏账、呆账产生率、客户有效投诉次数等
招聘专员	招聘计划达成率、招聘费效比、试用期离职率、薪资超额数、简历投递量等

(五)依照指标量化程度不同进行指标分类

1.量化类考核指标

量化类考核指标也称作"定量考核指标",是指在对考核对象进行评价的过程中以数字信息和数据形式为评价依据和方式的评价指标。这类指标的最大特点是指标后缀量词都是以百分比、比率、数额、个数、次数等显示。如:销售额、招聘到岗率、费效比、报表逾期次数、产品报废数等。常见的量化类指标,如表3-11所示。

表3-11　量化类指标示例

部门	岗位	指标后缀量词	量化类指标举例
销售部	销售员	额	1. 销售额 2. 利润额
人力资源部	招聘专员	率	1. 招聘计划达成率 2. 试用期离职率
市场部	市场专员	费效比	1. 广告投放费效比 2. 渠道开拓费效比

续表

部门	岗位	指标后级量词	量化类指标举例
财务部	会计	次数	1.报表错误发生次数 2.报表逾期次数
生产部	班组长	个数	1.产品报废数 2.人员流失数

2.主观类考核指标

主观类考核指标也称"定性指标"，是相对于定量指标来说的。是指不能直接量化、不能类似于定量指标以具体数据表示的指标类型。

定性指标其缺点是考核过程中考核者的主观因素很大程度上会影响评价结果，指标的区分度和信度较差，影响评估的客观性。由于定性指标无法像定量指标那样精确地加以衡量和考核，因此在很多企业中，对定性指标的考核往往是凭考核者的主观印象，导致很多偏差情况出现，例如：考核结果出现偏差，不能真实反映被考核者的实际业绩情况，引起被考核者的不满；考核结果趋中，拉不开被考核者之间的差距。上述情况无论哪种情况发生，如果长此以往，造成的最终后果都是不能起到"激励优秀者，鞭策后进者"的作用，丧失了绩效考核本来应该发挥的激励作用。除此之外，这样的考核往往会在管理工作中引发一系列的矛盾和争议，造成上下级关系紧张。

定性类考核指标一般又分为两类：品质特征类指标和行为特征类指标，具体内容如表3-12所示。

表 3-12　定性类指标分类

序号	类别	指标举例
第一类	品质特征类指标	团队精神、成本意识、服务意识、积极性、纪律性、原则性、责任感等
第二类	行为特征类指标	执行能力、学习能力、沟通协调能力、授权能力等

(六)依照绩效考核指标来源不同进行指标分类

根据绩效考核指标的性质和来源不同可将绩效考核指标分为岗位职责指标(PRI)、工作态度指标(WAI)、岗位胜任特征指标(PCI)、否决指标(NNI)、关键绩效指标(KPI)。下面以表格形式进行区分，同时对表格中不同来源和类型的绩效考核指标做一个简单解释，有助于各位读者更清晰地了解不同指标的特征和用途。具体指标的分类和详细描述详见表3-6。

四、绩效指标权重分配

(一)绩效指标权重的概念

绩效管理当中权重也被称作"指标权重""权重系数""权重分数"，特指绩效指标的相对重要性。它不同于一般的比重,体现的不仅仅是某一因素或指标所占的百分比,强调的是因素或指标之间的相对重要程度,权重设定的出发点倾向于指标的贡献度或重要性。按统计学原理,在绩效指标权重分配过程中,将绩效考核对象所有关键绩效指标权重之和视为1(即100%),而其中每个指标的权重则用小数或百分比表示,称为"权重系数",简称"权重"。

下面通过一个案例解释指标权重在实际绩效考核中的应用。比如某企业销售员岗位共有5项关键绩效指标(KPI),其关键绩效指标名称和权重系数,如表3-13所示。

表 3-13　销售员岗位关键绩效指标及指标权重明细

岗位名称	KPI 指标名称	权重	目标值	量化公式
销售员	销售额	30%	100 万元/月	实际值/目标值×100%
	利润率	25%	≥15%	每降低 1%扣除 2 分
	老客户流失率	20%	0 流失	出现流失,本项 0 分
	资金回笼率	15%	100%	实际值/目标值×100%
	新客户开发量	10%	1 个/月	新增满分、不增 0 分

从表3-13中,我们能够清晰地看出,依据岗位职能和绩效考核需要,该企业销售员岗位共计输出了5项关键绩效指标(KPI),这5项指标分别为:销售额、利润率、老客户流失率、资金回笼率和新客户开发量。另外,从指标权重系数分配可以看出这5项指标的权重大小是各不相同的,而且指标与指标的权重比例相差很多,以自上而下的顺序看,指标的权重系数呈现逐项递减的趋势。

需要特别说明的是,指标权重不但可以使用百分比进行计算,还可以用分值进行计算,同样可以将上述表格的权重计算方式转换为分值形式,如表3-14所示。

表 3-14　销售员岗位关键绩效指标及指标权重分数

岗位名称	KPI 指标名称	权重	目标值	量化公式
销售员	销售额	30 分	100 万元/月	实际值/目标值×100%
	利润率	25 分	≥15%	每降低 1%扣除 2 分
	老客户流失率	20 分	0 流失	出现流失,本项 0 分
	资金回笼率	15 分	100%	实际值/目标值×100%
	新客户开发量	10 分	1 个/月	新增满分、不增 0 分

在企业绩效管理中,影响指标权重高低的因素有很多,不同的企业性质、规模、发展阶段以及领导者主观因素都能影响到指标权重的设定。

(二)影响绩效指标权重的因素分析

绩效指标权重的配比和确定是绩效管理中的一个重要环节,绩效指标权重的分配比例直接影响到员工绩效考核结果,不同的权重分配比例对于绩效考核结果影响还是比较大的。

在企业制定绩效考核指标权重的过程中，有很多因素会影响到绩效考核指标的权重分配，结合咨询实践，现将影响和决定绩效指标权重的因素做以下分析。

1. 企业发展阶段和管理导向因素

企业会根据自身发展阶段不同，确定不同的业务发展方向以及管理重点，因此，企业不同发展阶段的关键绩效指标会存在差异，关键绩效指标的权重也会存在差异。

为了说明企业发展阶段对关键绩效指标权重产生的影响，仍然以某企业销售员岗位的关键绩效指标权重分配为例进行说明，如表 3-13 所示。

从表 3-13 中关键绩效指标的权重分配和高低排序来看，目前该企业销售员岗位销售额、利润率和老客户流失率 3 项绩效考核指标权重分配比例较大，由此可以推断，该企业现阶段销售管理方面的核心任务是完成销售目标、创造目标利润以及做好老客户的维护工作。而对于资金回笼和新客户开发 2 项工作，企业则是放在相对次要的位置。这或许是企业资金回笼本身状况就比较好，或许是目前的客户量已经满足了生产产能，造成暂时无须进行新客户开发的状况。

假设同样是该企业，目前处于初创阶段，那么，再反观企业销售员岗位的绩效考核指标的权重系数就是另外一种排序了。通常情况下，对于新成立的企业，新客户开发量将是销售工作的重头戏，其次是资金回笼率和销售额的达成。因为只有不断开发新客户才能不断地增加销售额，同时在新客户开发过程中不断筛选优质客户、淘汰不良客户，最终让优质客户沉淀下来实现销售额的稳定。由此可见，企业不同的发展阶段、不同的业务发展和管理导向，会导致不同的关键绩效指标的权重分配方式。下面结合图 3-1 来解释说明。

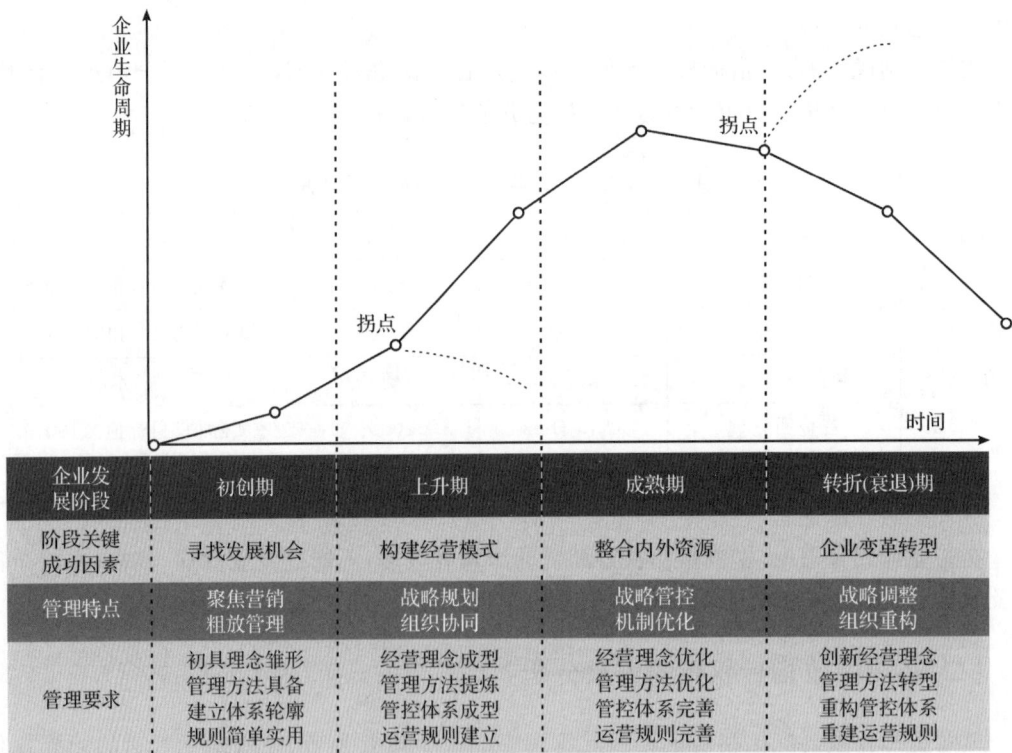

企业发展阶段	初创期	上升期	成熟期	转折(衰退)期
阶段关键成功因素	寻找发展机会	构建经营模式	整合内外资源	企业变革转型
管理特点	聚焦营销 粗放管理	战略规划 组织协同	战略管控 机制优化	战略调整 组织重构
管理要求	初具理念雏形 管理方法具备 建立体系轮廓 规则简单实用	经营理念成型 管理方法提炼 管控体系成型 运营规则建立	经营理念优化 管理方法优化 管控体系完善 运营规则完善	创新经营理念 管理方法转型 重构管控体系 重建运营规则

图 3-1　企业发展四阶段

图 3-1 分别将企业初创期、上升期、成熟期和转折期(又称衰退期)各个阶段的企业业务发展重点和管理重点进行了罗列,结合图 3-1 并以某企业销售员岗位为例,对比分析一下企业不同阶段销售员岗位的绩效指标权重变化情况,详见表 3-15 所示。

表 3-15 企业不同阶段关键绩效指标及权重分配差异对比

企业发展阶段	岗位名称	KPI 指标名称	权重系数
企业初创阶段(初创期)	销售员	新客户开发量	0.30
		资金回笼率	0.30
		销售额	0.25
		利润率	0.10
		老客户流失率	0.05
业务稳定阶段(上升期)	销售员	销售额	0.30
		利润率	0.25
		老客户流失率	0.20
		资金回笼率	0.15
		新客户开发量	0.10

2.工作内容的重要程度因素

关于工作内容的重要程度影响关键绩效指标权重的情况,主要集中反映在除业务和生产部门以外的企业职能类部门,比如人力资源部、财务部等职能部门。以人力资源部为例,假设人力资源部下辖 5 个岗位,分别是:招聘专员、培训专员、绩效管理专员、薪酬管理专员和劳动关系管理专员,每个岗位的工作职责都有几项或十几项。但是在这些工作职责中,肯定有主要职责和次要职责之分,如培训专员岗位主要的工作职能是完成培训调研与分析、培训计划制定、培训实施和培训评估等。除此之外,由于培训专员的工作任务忙闲不均,从时间角度分析具有阶段性和周期性特点,因此,除了本职培训工作以外,人力资源部经理可能会安排培训专员兼职承担招聘专员岗位的简历筛选或招聘面试工作,用于缓和招聘岗位忙闲不均的工作节奏。所以,培训专员岗位的工作职责就由主要工作职责和次要工作职责(兼职任务)组成,主要职责权重系数高,次要职责权重系数低。表 3-16 展示了培训专员的关键绩效指标(KPI)及指标权重系数。

表 3-16 工作内容重要程度因素与指标权重系数对照

岗位名称	KPI 指标名称	权重系数	目标值	量化公式
培训专员	新员工培训计划达成率	0.30	100%	实际值/目标值×100%
	外训工作完成率	0.30	100%	实际值/目标值×100%
	培训评估缺失次数	0.30	0 次	缺失一次,本项 0 分
	初试邀约计划达成率	0.05	100%	实际值/目标值×100%
	招聘面试缺失次数	0.05	0 次	缺失一次,本项 0 分

3.考评者主观倾向因素

从咨询实践来看，在企业关键绩效指标选取和指标权重确定的过程中，一部分的考评者在兼顾企业整体发展战略和经营计划指标的前提下，会根据部门管理需要，主观将部分考核指标指定为关键绩效指标，或者主观增加和降低某一项或几项关键绩效指标的权重，以此达到部门管控的目的。这种情况在企业绩效管理中是普遍存在的，而且经常遇到。

某企业是外贸出口型企业，因经营需要，每年会定期参加美国高点家具展、广州琶洲展和上海国际会议中心展等国际性展会。该企业的技术研发部经理对于参展工作非常重视，为了确保顺利参展，他会在展会前期将参展的一些重点工作认定为该考核周期内的关键绩效事项，将关键事项输出为关键绩效指标，对参展相关岗位人员进行绩效考核，并增大有关参展工作任务指标的权重系数。这就是典型的考评者主观倾向因素影响关键绩效指标权重的案例，上述情况多数具有特殊性、偶发性和阶段性特点，但在一定程度上也符合企业的经营管理需要，提升了工作效率。

(三)确定指标权重系数的方法

关于绩效考核指标权重确定的方法非常多，很多学术类文献资料、专业书籍和管理咨询公司都提出了不同的绩效考核指标权重确定的方法。统观绩效考核指标权重确定的方法，通常由主观权重确定法和客观权重确定法组成。下面结合咨询实践，分享两类确定绩效考核指标权重系数的方法。

1.常规性绩效指标权重确定方法

（1）主观经验法

考核者凭借自己以往的工作经验直接给绩效指标设定权重，一般适用于考核者对考核客体非常熟悉和了解的情况。

（2）主次指标排队分类法

这是比较常用的一种方法，也称 A、B、C 分类法。顾名思义，其具体操作分为排队和设置权重两个步骤。首先，排队是将被考核岗位的所有指标按照一定标准进行排列，比如按照指标重要性排列。其次，在排队的基础上，按照 A、B、C 三类指标归类赋分的形式设置权重，比如 A 类指标统一赋予 20% 的权重。严格意义上讲，这种方法也是对主观经验法的变相应用。

（3）专家评估法

专家评估法，也叫"专家经验评估法"，有些国外书将其命名为"德尔菲法"。这种方法是聘请一组绩效管理方面的专家，对考核指标体系进行深入研究，先由每位专家独立地对每一个绩效考核指标分别设置权重，然后取专家评分的平均值作为每个考核指标的最终权重。需要重点说明的是，这里所说的专家可以是真正意义上绩效管理领域的专家，也可以是企业内部或外部熟悉绩效管理的人员。

2.咨询实践过程中总结的权重确定方法

除了上述确定指标权重系数的理论方法外，笔者在咨询实践过程中也积累和总结了一些关键绩效指标权重系数确定方法，并且与常规性绩效指标权重确定方法存在很大差异。咨询过程中确定指标权重系数的方法更简单，更贴近企业实际情况。下面讲述咨询实践过程中确定绩效考核指标权重系数的方法,仅供读者参考使用。

(1)关键绩效指标权重由考评者确定

关键绩效指标权重在绩效计划阶段由考评人和被考评人商议确定,人力资源部门人员可参与各部门关键绩效指标权重制定。部门经理对于部门内部各岗位的工作内容、工作目标和工作重点都十分清楚,所以,部门负责人在为下属岗位制定关键绩效指标的过程中,就能够结合被考核岗位工作的实际情况,准确地判定出每个绩效考核指标的重要程度,确定每个考核指标权重系数以及平衡各个考核指标之间的权重比例。

在管理咨询实践中,大多数企业考评者确定绩效指标权重的时候,采用由考评者初步拟定各个指标的权重分配方案,然后再与被考评者讨论确认的方法。这样既表明了考评者对于指标权重系数分配的主导意见,同时,在很大程度上又听取了被考评者的意见和建议,这样的方法和方式为后续绩效管理工作的顺利开展奠定了良好基础。同时,让员工参与到绩效指标权重制定的过程中,员工提出意见和建议,也起到了绩效承诺的作用,更有利于达成员工自我遵守承诺和实现承诺的目的。

(2)有些企业对于关键绩效指标采用平均赋分的方式

基于管理理论,每个岗位的工作职责都有重点工作和非重点工作之分,因此,每个岗位基于工作职责输出的关键绩效指标理应存在权重系数的高与低之分。但基于咨询实践,我们发现有些企业分配考核指标权重的时候采取的是平均赋分的方法,即赋予每一个指标相同的分值和权重系数。针对这个问题笔者曾经多次正式地与企业的考评人员进行深入沟通和探讨,他们的回答大致有以下几种类别。

①考评者认为但凡是纳入考核的指标都重要,平均赋分更加合理。

②对关键绩效指标进行权重高低分配后,考评的结果相差不大。

③平均赋分员工容易理解,更容易接受。

④平均赋分不需要针对单个指标与员工就权重的多少讨价还价,尤其是态度和行为类指标更无须进行权重高低赋分。

⑤平均赋分对于考评者来说操作简单,省心省力。

管理是实践,存在即合理。实践证明,上述看似粗放的平均赋分方式在企业绩效考核过程中确实能够让大部分员工认可和接受。有些企业一直使用该方法进行绩效考核,且取得了较好的成果。这也证明了该方法对于有些企业来说具备有效性、实用性甚至是科学性。

(四)指标权重系数设定实操经验总结

绩效考核指标权重可以凭经验分配系数,但也要遵循一般的规律和原则,结合咨询实践,现将绩效指标权重系数分配的规律和原则做如下总结。

1.指标权重系数设定在5%～30%

一般情况下,单个岗位的关键绩效指标(KPI)数量控制在5～8个为宜,而每一指标的权重系数一般设定在5%～30%。指标权重不能太高,也不能太低,如果某个指标的权重太高,可能会使员工过多关注高权重指标的达成和实现而忽略其他指标;反之,如果考核指标权重过低,则不能引起员工的足够重视,甚至导致员工放弃这个指标,这样权重低的指标就失去了考核的意义。具体指标权重设定内容,如表3-17所示。

表 3-17　关键绩效考核指标及权重设定经验汇总

序号	成功经验	原因
1	单个岗位的绩效考核指标数控制在 5～8 个	过多的考核指标导致员工注意力分散，多数指标可能重复，造成考核成本过高
2	单个绩效考核指标权重一般不高于 30%	过高的权重易导致员工抓大头扔小头，对其他与业绩密切相关的指标不予关注；过高的权重会使员工的考核风险过于集中，万一不能完成指标，则整年的业绩回报受很大影响
3	单个绩效考核指标权重一般不低于 5%	权重太低会对考核得分缺少影响力，也易导致员工抓大头扔小头
4	指标权重一般取 5 的整倍数	可简化计算的难度。如 5%、10%、15%、20%、25%、30% 等。权重区间为 5%～30%，且不超过 30%

2.定量指标权重大于定性指标权重的原则

在咨询实践过程中，一般优先设定定量类指标权重，并且定量类指标总的权重系数要大于定性类指标权重系数，原因在于定量类指标有数据支撑、客观性强，考核结果较少存在异议；反之，定性类指标主观性强，无法进行指标量化，考核结果受评分者主观影响大。下面以销售员岗位为例，模拟定量指标和定性指标的权重分配，如表 3-18 所示。

表 3-18　定量类与定性类绩效指标的权重系数分配示例

岗位名称	指标性质	KPI 指标名称	分值	目标值	量化公式
销售员	定量类指标（70%权重）	销售额	30	100 万元/月	实际值/目标值×100%
		利润率	25	≥15%	每降低 1% 扣除 2 分
		老客户流失率	20	0 流失	出现流失，本项 0 分
		资金回笼率	15	100%	实际值/目标值×100%
		新客户开发量	10	1 个/月	新增满分、不增 0 分
	定性类指标（30%权重）	执行能力	20	/	考评标准详见《品质与行为特征绩效评估标准》
		团队精神	20	/	
		学习能力	20	/	
		沟通协调能力	20	/	
		责任感	20	/	

五、绩效指标提取实践经验分享

在具体讲解提取绩效指标的方法、步骤、工具之前，先阐述一下在绩效指标提取过程中总结出来的一些实践经验和观点。笔者认为有了这些观点和经验的阐述，读者能够更系统、更清晰、更明确地了解绩效指标提取是怎么一回事，以及直观地了解绩效指标提取环节与整个绩效管理体系构建的关系。有了这些介绍，就能够为后续整个绩效管理体系建设工作奠定良好的基础。

(一)绩效指标提取是绩效管理体系建设的第一步工作

在日常的管理咨询过程中以及在一些绩效管理的公开课授课期间,经常会有企业人力资源从业人员或课堂学员问一个很有趣的问题:"老师,我们企业计划建立绩效管理体系,第一步该做什么呢?"在回答这个问题之前,有必要来回顾一下如图 2-2 所示的绩效管理体系,结合这个图进行讲解,能够更清楚地回答这个问题。

从图 2-2 可以明确地看出,绩效管理是在遵循 PDCA 循环原则的基础上,不断循环执行、不断优化完善和提升的一个过程。绩效管理包括四个环节(绩效计划制定、绩效跟踪辅导、绩效考核实施、绩效结果反馈和改进),其内容概述如下。

1. 绩效管理的第一个环节是绩效计划

绩效计划是绩效管理 PDCA 循环过程的起点。绩效计划工作分为两种情形。

一是企业首次构建绩效管理体系,第一步就是要进行绩效计划。

二是企业已经有了绩效管理体系,在绩效管理体系实施过程中,当开启新一轮的绩效循环的时候,也会进行绩效计划工作。

无论是企业绩效管理体系构建之初,还是新的一轮绩效管理循环开启,在绩效计划阶段,管理者都要与员工进行充分的沟通,明确公司或部门的经营计划与管理目标,制定并与员工确认关键绩效指标。管理者与员工对于在绩效周期内应该做什么事情以及事情应该做到什么程度达成共识,并对为什么做、应何时做完等相关问题进行讨论、达成共识以及签订绩效协议。

2. 绩效管理的第二个环节是绩效监控和辅导

在绩效计划制定完毕后,员工就开始按照计划开展工作。在工作过程中,管理者要持续对员工进行指导和监督,及时解决发现的问题,并根据实际情况及时对绩效计划进行调整。这个过程是管理者不断地关注员工、帮助员工,为员工的工作方式和方法纠偏的过程。只有不断地辅导员工,员工才能在绩效考核周期结束时尽可能地达成绩效目标。很多企业在绩效管理实施过程中有一种错误认知,认为只要绩效考核开始之前将员工的绩效指标和目标值定好就万事大吉了,其实这种做法是完全错误的。

3. 绩效管理的第三个环节是绩效考核

绩效考核就是绩效评价环节,绩效评价就是通过收集能够说明被评价者绩效表现的事件或数据,判断员工的绩效结果是否达到绩效目标要求。绩效评价是绩效管理过程的核心环节,也是技术性最强的一个环节。

4. 绩效管理的第四个环节是绩效反馈和改进

绩效反馈和改进是指在一个绩效考核周期结束时,管理者与员工进行绩效面谈,使员工充分了解和认可绩效评价的结果,并由管理者与员工讨论和确认下一考核周期如何改进工作绩效的过程。该环节的另外一个重点工作就是管理者与员工共同修订下一考核周期的绩效指标和目标值。

从上述绩效管理 PDCA 四个环节循环过程的分析可以看出,绩效指标提取是绩效管理工作的重点,也是企业建立绩效管理体系第一个需要解决的问题和完成的工作内容。另外,对于已经实施绩效管理工作的企业,绩效指标提取也是新一轮绩效管理循环开启之前需要完成的工作,因此,通过绩效管理 PDCA 四个环节循环内容及关系的简述,能够清晰、直观地看出绩效指标提取是绩效管理体系建设的第一步工作,也是绩效管理循环的第一步工作。企业各部门应该基于企业、部门和岗位的职责并以合适的工具和方法提取关键绩效指标,以便为后续绩效管理工作奠定基础。

(二)绩效管理体系建设的最后一步工作才是绩效管理制度制定

为什么不是先制定绩效管理制度后提取考核指标呢？这是在平时咨询和培训授课过程中经常被问到的第二个问题。很多人力资源从业者对绩效管理体系建设的认知是:既然要建立绩效管理体系,那么肯定要先建立一套绩效管理制度,然后根据绩效管理制度再去完成其他相关工作。就笔者看来,这是一种惯性思维和直观的想法,也是一种典型的错误思路和做法。结合管理咨询实践经验,分析一下绩效管理体系建设的最后一步工作才是绩效管理制度制定的具体原因:如果事先建立了绩效管理制度,那么后期大概率需要返工。在咨询服务过程中经常听到很多企业人力资源管理者抱怨,由于先制定了绩效管理制度,后期再完成绩效指标提取、绩效标准制定、绩效周期确定、数据提交与对接等内容,会发现有许多未知的情况,导致很多指标无法按照先期制定的绩效管理制度运行,必须对绩效制度修订后才符合指标运行的要求。从咨询的众多案例和实际绩效管理体系建设的经验来看,绩效管理制度放在绩效计划环节的最后阶段制定更具备可行性,更符合绩效管理体系建设的步骤和逻辑。

(三)绩效指标的提取方法和途径有很多

山顶只有一个,但通往山顶的路却有很多条,绩效指标的提取方法也一样。伴随着绩效管理理论和绩效管理技术的持续发展,国内外绩效指标的提取方法和途径有了长足的进步,许多科学的、实用的、易操作的绩效指标提取方法如雨后春笋般涌现出来。除了专业人力资源学科内使用和推行的方法外,许多专业人力资源咨询公司也在咨询实践中不断总结出新的理论和方法,并在持续实践过程中总结经验和弥补不足。常见的绩效指标提取方法有标杆基准法、鱼骨图法、目标分解法、矩阵图法等。这些方法笔者在实际咨询过程中有些是经常用到的,有些是选择性使用,也有些是基本不用的。下面将这些方法进行概括性解释,以便读者能够更好地理解它们的概念和内容。

1. 标杆基准法

顾名思义就是寻找本公司对标的同类型标杆企业,并将标杆企业的考核指标进行选择性引用的方法。标杆基准法也可以理解为企业将自身的关键绩效行为作为基准,在此基础上与最强企业、竞争对手企业或那些在行业中领先的、管理水平较高的企业关键绩效行为进行比较,分析这些对标企业的卓越绩效形成原因,在此基础上制定出自身企业适用性的关键绩效指标、绩效标准及绩效改进的最优策略与方法。这种方法在实践中使用得相对较少,原因在于企业之间经营现状与发展阶段不同,真正可以参照和对比的绩效考核指标非常少。

2. 鱼骨图法

该方法是 1953 年由日本管理学大师石川馨博士提出的一种把握结果(特性)与原因(影响特性的要因)的方法,故又名"石川图"。因其形状很像鱼骨,也称为"鱼骨图"或者"鱼刺图"。其本质是一种发现问题根本原因的方法,是一种透过现象看本质的分析方法。在企业运营管理过程中,问题的特性总是受到一些因素的影响,通过头脑风暴法找出这些因素,并将问题的诱因和结果放置在一起,按相互关联性整理成排列有序、层次分明、因果导向的图形。这就是鱼骨图的实际应用场景。

鱼骨图原本是企业用来分析产生产品质量问题的常用方法,比如一个注塑件出现了飞边和毛刺现象,可以通过鱼骨图分析并找到造成上述不良现象的原因。但在绩效指标提取过程中,鱼骨图也是一种常用、好用、实用的工具和方法(见图 3-2)。

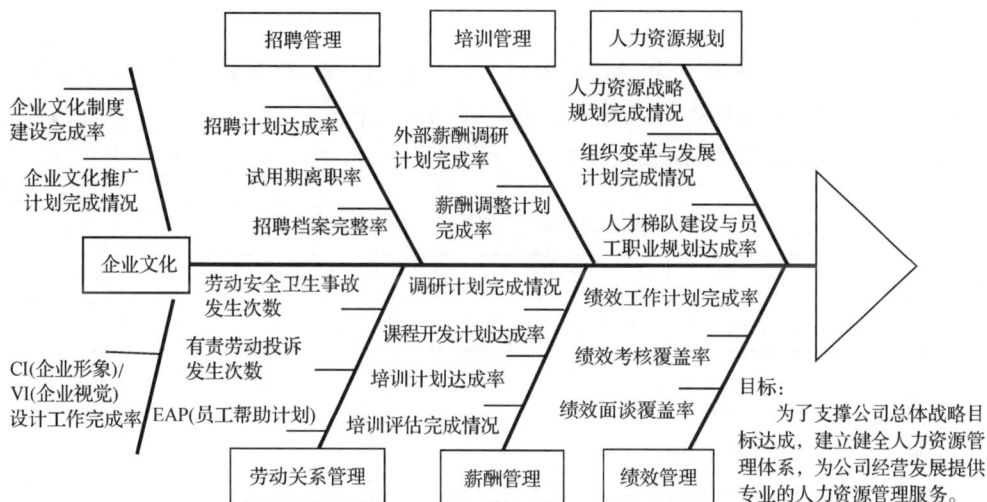

图 3-2　某企业人力资源部鱼骨图

通过鱼骨图我们能够直观、快速地提取出人力资源部各个模块的绩效指标。在本书后续绩效指标提取方法章节,会详细介绍鱼骨图的使用方法。

3.目标分解法

目标分解就是通过纵向或横向两个维度,将企业的总体工作任务目标分解到各部门和各岗位,并由此形成企业总目标＋部门目标＋岗位目标的目标体系过程。如图 3-3 所示。

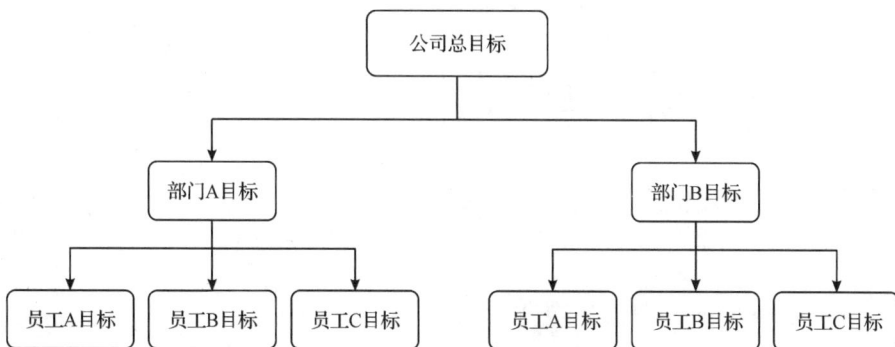

图 3-3　某公司目标的分解

常用的目标分解法除了图 3-3 自上而下的纵向目标分解法以外,还可以按照时间顺序进行横向目标分解。比如某企业人力资源部 2022 年绩效管理体系建设的目标是完成绩效管理体系建设并试运行。表 3-19 列出了该部门以横向目标为分解形式的工作安排。

表 3-19 某企业 2022 年绩效管理体系试运行计划

时间	1—3 月	4—6 月	7—9 月	10—12 月
步骤	指标提取	绩效指标库建设	绩效管理制度制定及评审	绩效体系试运行
责任岗	绩效管理专员	绩效管理专员	绩效管理专员/人力资源部经理	绩效管理专员

4.矩阵模型法(也称矩阵图法)

该方法是首先确立目标、分析达成该目标有哪些影响因素,然后选出其中关键的成功因素(key sucessful factors,KSF),也有人称为 CSF(critical success factors)。最后针对这些关键影响因素提取出绩效指标,如表 3-20 所示。

表 3-20 矩阵模型法提取绩效指标步骤

步骤	第一步	第二步	第三步	第四步
内容	确定总目标	识别指标影响因素	确定 KSF	确定绩效指标

矩阵模型法主要包含以下几个步骤:

(1)确定企业总体战略目标;

(2)识别所有与企业总体目标关联的成功因素:主要是分析影响企业战略目标实现的各种因素和影响这些因素的子因素;

(3)确定关键成功因素(KSF)。不同行业和企业的关键成功因素各不相同。即使是同一个行业的组织,由于各自所处的外部环境的差异和内部条件的不同,其关键成功因素也不尽相同;

(4)明确各关键成功因素的核心指标和评估标准。

矩阵模型法的使用方法详见图 3-4。

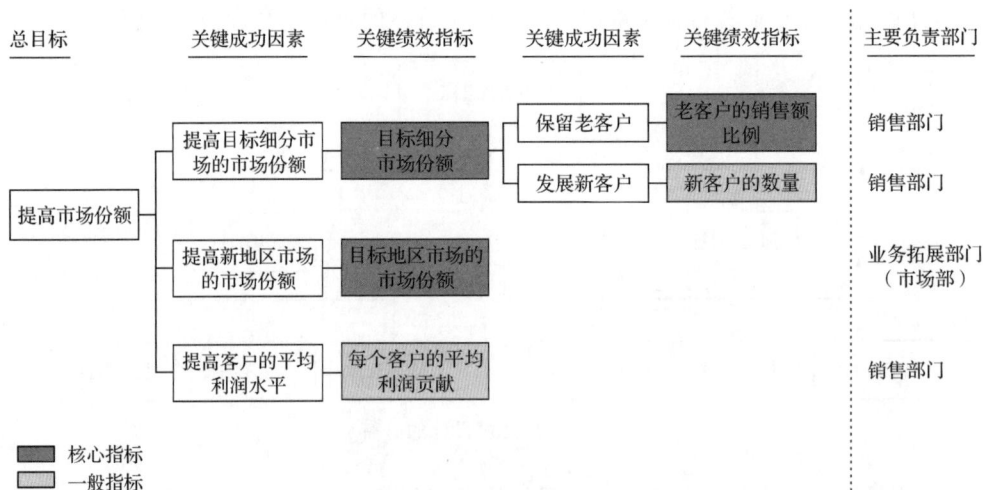

图 3-4 矩阵模型法示例

上述四种方法严格意义上说是各类学术类资料文献当中经常提到的绩效指标提取的方法。基于多年的企业管理咨询实践,在绩效指标提取过程中我们发现,企业很少单独使用其中一种方法进行绩效指标的提取,用单一的方法几乎无法完成一家企业全面的、完善的、系统的绩效指标提取工作。综合来看,在日常咨询服务过程中,实际上多通过鱼骨图＋QQTC法、BSC＋战略地图法、SIPOC模型以及职位说明书等渠道进行绩效指标的提取。对于这些方法的使用,本书后续章节会从概念、内容、方法、步骤、技巧、案例等方面进行系统化和全方位的讲解,在此不再赘述。

(四)绩效指标和关键绩效指标的提取需要经历多个步骤

在前面内容中,笔者严格区分了目标、绩效指标、关键绩效指标等概念及其应用规则。之所以这样,原因在于从绩效指标和关键绩效指标的提取过程来分析,绩效指标和关键绩效指标是两个截然不同的阶段性产物。接下来解释一个知识点:关键绩效指标的提取不是一步到位的。在咨询实践过程中,不论是鱼骨图法、战略地图法还是矩阵模型法都是需要经过多个步骤,借助多个工具才能实现绩效指标和关键绩效指标的提取。为了方便说明这个问题和阐述清楚这个观点,就以鱼骨图法为例进行讲解,企业使用鱼骨图法进行绩效指标的提取,大致可以分为以下几个步骤:

(1)确定企业或部门目标,在咨询实践中笔者将这个步骤称为"定鱼头",下面以一家企业的实际咨询案例为例分步骤演示,该企业是以部门为单位进行绩效指标提取的。详见图3-5,某企业人力资源部以鱼骨图法分解绩效指标。鱼头部分是该企业人力资源部的年度部门目标,其目标是:为了支撑公司总体战略目标达成,建立健全人力资源管理体系,为公司经营发展提供专业的人力资源管理服务。

公司名称:＿＿＿＿＿＿＿＿＿
部门名称:＿＿＿＿＿＿＿＿＿

> 目标:
> 　　为了支撑公司总体战略目标达成,建立健全人力资源管理体系,为公司经营发展提供专业的人力资源管理服务。

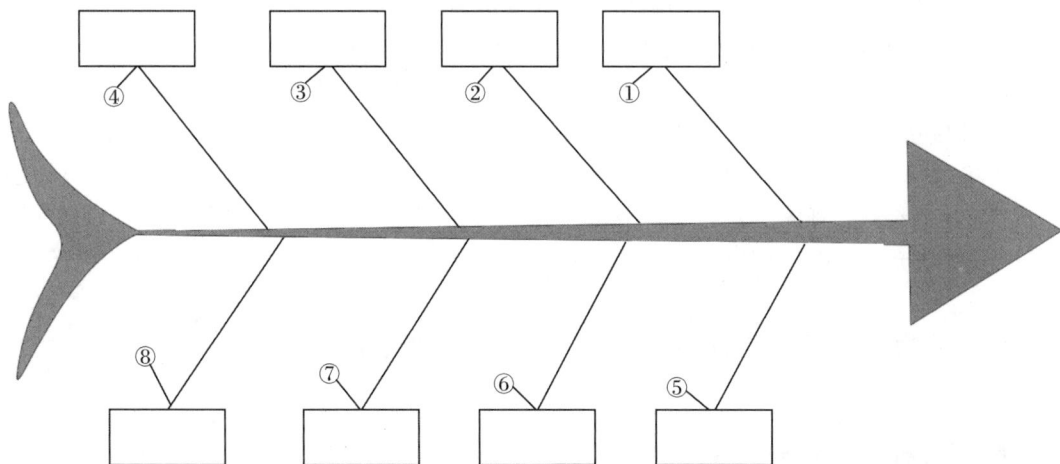

图3-5　鱼骨图目标制定方法

（2）确定实现目标的关键成功因素（KSF）。关键成功因素在鱼骨图法提取绩效指标的过程中起到分解和输出绩效指标的桥梁作用。从图 3-6 中可以明确看到和解释一个问题：要实现该企业人力资源部的目标，该企业需要做好哪些方面的工作或者说出台哪些关键举措呢？这些举措换个叫法就是关键成功因素（KSF）。

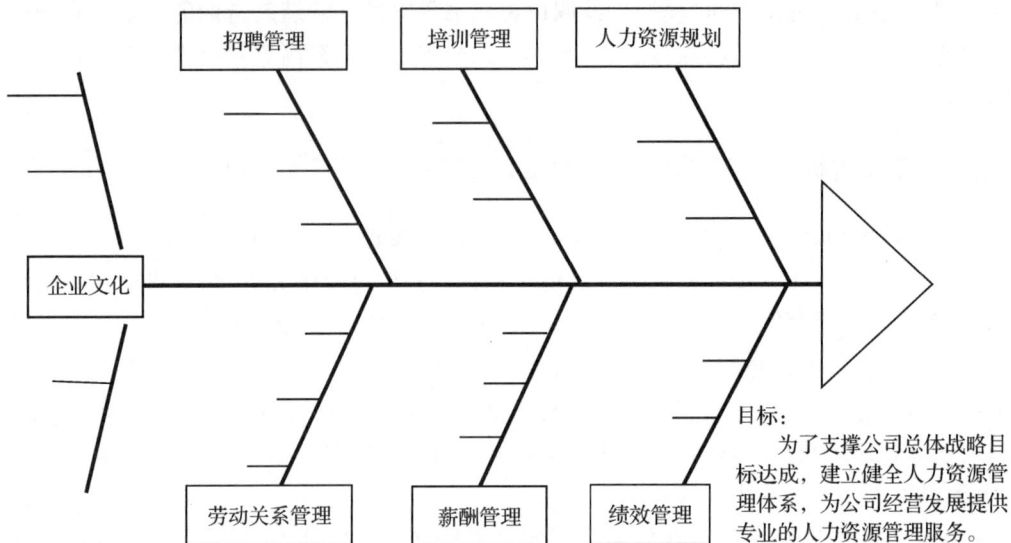

图 3-6　某企业人力资源部关键成功因素示例

（3）从关键成功因素（KSF）导出绩效指标。从学术理论层面上来讲，绩效指标可以通过关键成功因素导出，但是关键成功因素（KSF）是无法直接导出绩效指标的，这里需要借助QQTC 模型这一过程性工具，关于这个过程性工具的详细用法会在后续章节具体讲解。通过关键成功因素（KSF）导出的绩效指标可详见图 3-2。

从上述指标提取的全过程不难看出，使用鱼骨图法进行绩效指标的提取工作需要经历三个步骤，首先是确定企业或部门目标或者称为"定鱼头"，其次是导出关键成功因素（KSF），最后则是通过 QQTC 模型输出关键绩效指标。

各位细心的读者如果仔细观察和推敲，就不难发现截至第三步也仅仅是提取出了人力资源部的绩效指标，至于这些指标能否使用、能否作为关键绩效指标使用等问题仍然需要进一步考量和分析。如何从众多的绩效指标中筛选出关键绩效指标，这又是一个步骤。

上述内容，是笔者在众多的管理咨询案例中总结出的一些心得体会和实践经验，在具体学习和掌握本书绩效管理的相关工具、方法之前，预先概括性地了解一下上述内容，对后续的深入学习和内容研究会起到很大的帮助。本章节的内容就相当于本书后续知识点讲解的预热环节。

六、鱼骨图法提取绩效指标的方法、步骤、工具

（一）鱼骨图的基本概念

鱼骨图又称"鱼刺图"或"特性因素图"，是由被誉为 QCC（品管圈）之父的日本管理学大

师石川馨博士倡导、应用而发展起来的,故又名"石川图"。鱼骨图是一种发现问题根本原因的方法,也可以称为"因果图"。鱼骨图原本用于质量管理,是分析质量问题产生原因的工具。如图 3-7 所示。

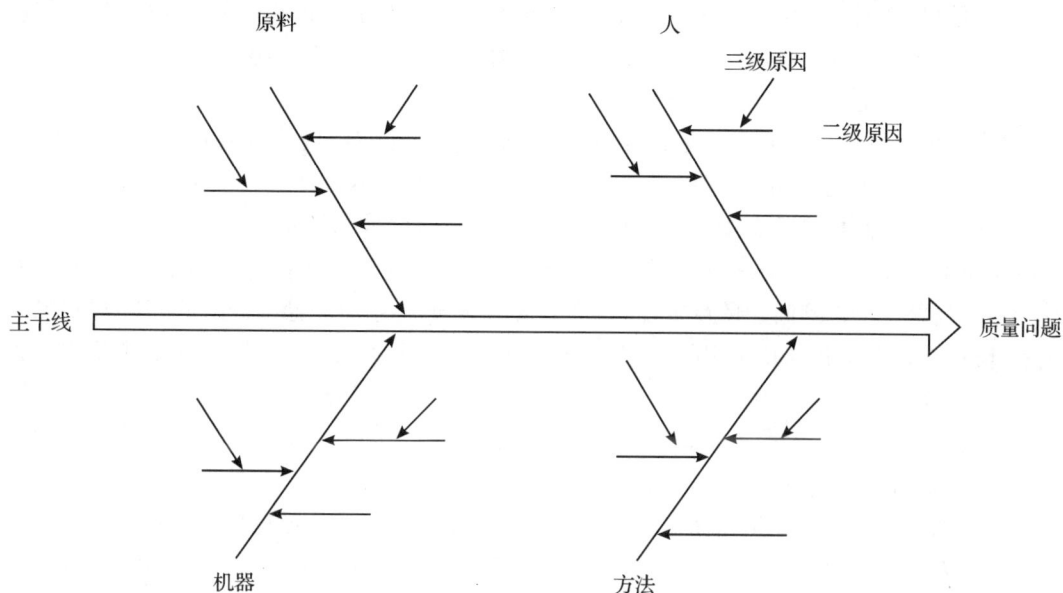

图 3-7 质量分析鱼骨图模板

(二)鱼骨图在生产质量管理中的应用

鱼骨图是企业质量管理及质量问题分析经常用到的一种管理工具,鱼骨图在分析质量问题的过程中,实际上是以鱼骨图的形式进行展现,并引用归因理论对造成质量问题的影响因素进行分析。需要特别说明的是,在整个鱼骨图的应用以及对质量问题分析的过程中,始终会引入另外一种管理方法与鱼骨图配合、协同使用,这种方法就是"头脑风暴"。也就是说,鱼骨图在使用过程中必须与头脑风暴法搭配使用,离开头脑风暴法,鱼骨图是无法独立使用的,就好比大海中行驶的帆船,船和帆是搭配使用的,没有帆船也无法行驶。因此有必要介绍一下头脑风暴法。

从管理学角度看,头脑风暴(brain storming)法,又称"头脑激荡法"。所谓"头脑风暴",是一种比喻式的形象描述,实质是集思广益的另外一种说法。头脑风暴法由美国 BBDO 广告公司(天联广告公司)的奥斯本首创,该方法主要由参与某项工作的小组成员在正常、融洽和不受任何限制的气氛中以会议形式进行集体讨论和座谈,且座谈的形式是打破常规、积极思考、畅所欲言,充分发表个人看法和观点,以寻求问题解决的最佳和最终方案。

从心理学角度看,头脑风暴法则是出自"头脑风暴"一词。所谓头脑风暴最早是精神病理学上的用语,指精神病患者的精神错乱状态,如今转化为无限制的自由联想和讨论,其目的在于产生新观念或激发创新设想。

从决策理论看,头脑风暴属于管理决策过程中群体决策的一种方法论范畴。在群体决策中,群体成员心理相互作用影响,导致易屈服于权威或大多数人意见,形成所谓的群体思维。群体思维削弱了群体的批判精神和创造力,损害了决策的质量。为了保证群体决策的创造性,提高决策质量,管理上发展了一系列改善群体决策的方法,头脑风暴法是较为典型的一个。

下面用鱼骨图＋头脑风暴法的理论框架和表现形式进行一个案例分享,通过分享使读者能够清楚地了解到鱼骨图法在生产过程、质量管理中的实际应用场景。

浙江某企业是一家跨国和上市企业,该企业是集矿山开发、矿石冶炼、钢铁加工、钢管生产、钢管销售于一体的相关多元化、全产业链企业。该企业在国内设有钢管生产加工基地,品质部 IPQC(制造过程品质控制)岗位员工发现生产过程中存在严重的批次质量问题,该问题可能因产品不合格导致影响客户使用。于是 IPQC 岗位员工将问题情况以书面报告形式上报品质部经理,品质部经理收到报告并现场察看后,决定组织人员进行问题分析和处理。基于上述问题及考虑到问题的严重性,品质部发出通知,邀请生产总监、车间主任、焊接班组代表、设备部技术主管、PE 工程师(产品工程师)、IE 工程师(工业工程师)及全体品质部人员参加,会议由品质部经理主持,以"管道焊接裂缝原因分析"为主题,参会者以"头脑风暴"的形式通过各个角度、各种渠道进行问题分析,最终分析和总结出造成管道焊接裂缝的原因,并以鱼骨图形式展现。

具体原因分析结果详见图 3-8,从图中可以直观地看出造成管道焊接裂缝这一质量问题的影响因素。其归因包含人为因素、扩产因素和管道原料自身缺陷等三大影响因素,且每一个大的影响因素里面又有许多小的因素,这些大的因素和小的因素集合在一起,就是造成管道焊接裂缝这一质量问题的全部影响因素。接下来需要做的就是各个部门依照鱼骨图显示出来的因素清单逐项排查和改进,管道焊接裂缝这一质量问题就能够彻底解决。如图 3-8 所示。

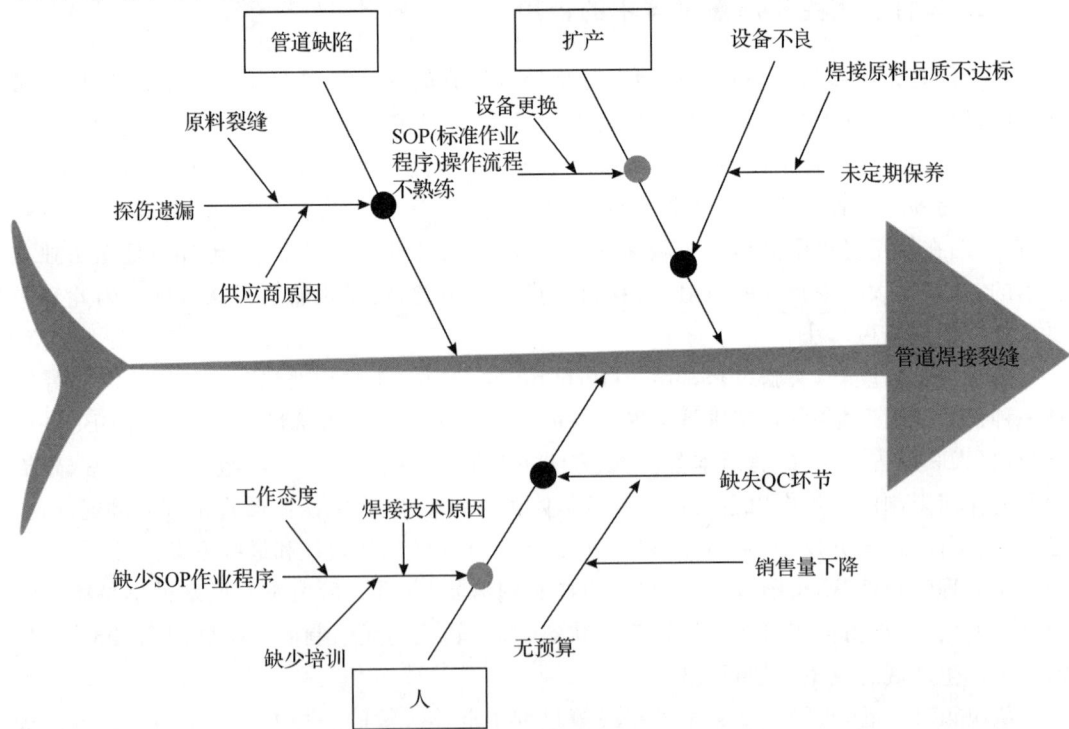

图 3-8　管道焊接裂缝问题鱼骨图分析

(三)应用鱼骨图法输出绩效指标过程的特征分析及经验总结

鱼骨图法是笔者在多年的企业管理咨询实践中最常用到的一种工具和方法。粗略统计一下,有半数以上的企业在指标提取过程中都应用到了鱼骨图法。之所以热衷于该方法,可概括为以下几点原因。

1. 这种方法很实用且适用于不同类型企业

与其他指标提取方法相比,鱼骨图法可以满足几乎所有类型企业的指标提取工作之需。无论是生产型企业、工贸一体企业、出口型企业,还是科研院所及事业单位,这种方法都能够得到很好的应用。从咨询服务实践和鱼骨图法应用结果分析,但凡通过前期判定适用鱼骨图法进行指标提取的咨询客户企业,无一出现因鱼骨图法自身特性不适用而造成无法提取指标的情况,这就足以充分说明,在实践当中,鱼骨图法提取指标是普遍适用的。

2. 鱼骨图法容易理解,易于讲解,参与者协作性强

2014年,笔者带领团队为浙江某知名影视基地和景区进行人力资源管理咨询时,深刻地感受到了鱼骨图的这一特点。这是一个航母级集团化企业,集团下属企业有三个主板上市公司,我带队咨询的是该集团影视基地和景区产业模块,当时影视和景区产业板块下辖26家子公司,咨询内容包括组织架构梳理及再造、岗位分析及职位说明书制定、岗位价值评估、薪酬管理体系建设(含股权激励)、绩效管理体系建设、培训管理体系建设等模块。在绩效管理环节,笔者带领咨询团队对绩效指标的提取方法做了充分的分析和推演,基于子公司众多和产业类别区分度强这一明显特点,决定采用鱼骨图法进行该企业所有子公司的指标提取工作。最终的结果是:机场模块业务、汽车站模块业务、景区模块业务、艺术团模块业务、专业制景模块业务和道具租赁模块业务均通过使用鱼骨图法轻松、快速、高效、全面地输出了该产业板块26家子公司的绩效考核指标,指标数量有2万余个。

值得一提的是,在对26家子公司进行绩效指标滚动提取期间,因为工作量太大,笔者患了严重感冒,无法继续主持指标提取会议。在任务重、人手缺的关键时刻,团队中几名在读博士生顶了上来,而且能够很快上手。后来笔者专门对这个事情进行了复盘总结,认为首先得益于他们都是高才生,理解能力强;其次得益于前期对他们系统性的培训;再则是他们在独立实操鱼骨图法指标提取前参与了10余个由笔者亲自操作主持的指标提取会议;最后得益于鱼骨图法工具本身的特性,即好理解、易上手,并且参与者容易参与进来。

3. 鱼骨图法提取的指标能够适用和满足企业考核需要

鱼骨图法提取指标过程中一方面需要专业咨询老师引导,另一方面则需要企业相关人员的参与,由此,通过鱼骨图法提取出来的指标大概率是符合企业实际需求的。

举例讲,一家企业用鱼骨图法进行部门层面的组织绩效考核指标提取。以人力资源部为例,在对人力资源部门进行指标提取过程中,参与者除了人力资源部的全体人员以外,平日里与人力资源部打交道比较多的财务、生产、销售、技术研发等相关部门的人员都会派出代表参加。无论是人力资源部所有参与者还是相关部门参与者,他们都有一个共同的特征:熟悉人力资源部各模块内容和各岗位的工作内容。因此这就从根本上决定了由这些人员参与,加上专业人员引导和主持,提取出来的绩效指标很大程度上是适用的,是贴近人力资源部实际工作的,指标大概率是能够满足人力资源部考核需要的。

4.应用鱼骨图法进行指标提取,可以以一个公司为单位,也可以以单个部门为单位

鱼骨图法应用的方法论,无论是对学术界、专业咨询公司还是企业来说,基本上是一致的,但是,在应用鱼骨图法进行指标提取的实践中,具体的用法和细节却又是不同的。这种不同大致分为两个层级的不同,一种是在应用鱼骨图法进行指标提取过程中以一个公司为单位进行提取,另一种是以单个部门为单位提取。这两种方法最大的区别是切入的角度不同,以公司为单位进行指标提取相对更加宏观,以部门为单位进行指标提取则更加具体。但无论哪种角度或高度,实操的过程和结果都是大致相同的。

笔者在为企业进行绩效指标提取的过程中,无一例外用到的全部是以部门为单位进行指标提取。从方法论的角度来说,以部门为单位是一个化整为零的过程,就好比一个人要吃掉整个蛋糕,可以拿着整个蛋糕吃,也可以先将蛋糕切成小块,一块一块地吃。以部门为单位应用鱼骨图法进行绩效指标提取,聚焦度更集中,且提取出来的指标更加具体、更加细化。另外还有一个关键点就是很少出现指标遗漏。从笔者以往咨询过的企业来看,以部门为单位进行指标提取,参与者大都是熟悉某一部门工作的行家里手,大多对目标部门的工作了解到细节层,因此,在他们的参与下,部门的绩效指标想有漏网之鱼是不可能的,这一点在实际咨询当中已经得到充分印证。

5.鱼骨图法在提取绩效考核指标的过程中存在明显的缺点和不足

实践得知鱼骨图法虽然优势突出,优点众多,但不可否认它也存在着明显的缺点。其短板是:鱼骨图法提取的指标无法兼顾和涵盖公司层面战略类指标。即鱼骨图法提取的绩效考核指标以企业日常管理类、事务类相关的指标居多,涉及企业战略的绩效指标相对较少。

分析鱼骨图的实践和应用不难发现,无论是以公司为单位进行指标提取还是以部门为单位进行指标提取,均属于"为了提取指标而提取指标"的情况,也就是说用鱼骨图法能够很容易、很全面地提取出大量绩效指标,但这些绩效指标均存在"没有兼顾和涵盖公司层面战略类指标"的缺点。

倘若你是一个人力资源从业者,在公司应用鱼骨图法提取绩效指标的时候,你很难发现它的缺点,原因在于你身处企业内部,样本量太少,无法进行横向对比。但是,作为企业管理咨询工作者,笔者接触的企业类型多、案例多,将咨询过的企业案例归集到一起进行分析、总结时,就能够明显地发现鱼骨图法的严重缺陷。这种缺陷就好比一个缺了一条腿的人站在你面前,你能直观、明显地发现这一缺陷,对此我感受颇深。

如何弥补这个严重的缺陷?经过深入研究、对比、分析,笔者终于找到了一种方法,以此来补充鱼骨图法的不足。其实方法很简单,就是用另外一种指标提取方法来进行弥补,这种方法就是战略地图。经过对以往众多指标提取案例的深入研究和对比,发现战略地图恰恰很巧妙地弥补了鱼骨图法的这一缺陷。关于战略地图提取绩效指标的方法、步骤、内容,笔者会在本书后续章节详细讲解,请各位读者在本书后续章节阅读或以本书目录为索引,查找对应章节提前阅读。

咨询实践中也遇到过不需要战略类绩效考核指标的情况,应用鱼骨图法提取出来的指标就已经满足了绩效考核的需要。这种情况多发生于中小型民营企业,以浙江为例,似乎在为很多浙江中小型民营企业提取指标的时候,鱼骨图法完全可以满足企业绩效考核的需求,

企业从来没有想过或提出绩效指标要体现企业战略,没有绩效指标当中要有战略类指标的诉求。

不需要战略类绩效考核指标的情况也曾在非企业类组织中遇到过。笔者在为某非企业类组织进行绩效管理体系构建过程中,提取绩效指标用的也是鱼骨图法,无论是在绩效指标提取环节还是在绩效管理试运行环节、绩效管理正式运行环节,各个部门及岗位都没提到战略类绩效考核指标这个问题,甚至整个咨询团队也惊讶地发现该类单位似乎也确实不需要战略类指标。

原因何在? 为什么会出现这样的特殊情况? 笔者团队一度百思不得其解,后来跳出固有的管理思维模式,用最简单的思维模式找到了答案:或许是这类客户的性质、规模、所处的阶段的原因,也可能是管理者的思维模式暂时还没有战略的概念。似乎这种解释更符合上述客户的实际情况,这种角度的解释或许更站得住脚。

(四)鱼骨图法提取绩效考核指标的步骤和实践

1.组建指标提取小组

鱼骨图法提取绩效指标期间会有大量的"头脑风暴"环节,组建指标提取小组是使用鱼骨图法的一个重要前提条件。团队组建得好与坏,团队成员的选择是否符合要求,直接决定着指标提取工作能否顺利展开,很大程度上也影响着指标提取的质量和数量。因此,组建指标提取小组的工作需要企业非常慎重地对人选进行考虑、选择和对比。在以往的咨询实践过程中,笔者曾在多行业、多类型的企业使用鱼骨图法提取绩效指标,接下来,就将咨询实践中鱼骨图应用和操作的一些细节、技巧、经验和注意事项进行分享。

(1)指标提取小组成员的选择应该深思熟虑,确保参与人员符合指标提取要求。

该环节主要解决每个部门由哪些员工参与指标提取更合适的问题。在以往的咨询过程中,笔者通常建议由企业的人力资源部负责人按照咨询老师的要求,预先拟定一份指标提取小组成员名单初稿,并与人力资源部人员进行一个封闭式讨论。由于人力资源部人员对企业内部各部门的人员都比较熟悉,对于各部门员工的工作态度、行为、沟通能力、专业技能等情况比较了解,因此,人力资源部员工预先对名单初稿进行一个封闭式讨论非常有必要,咨询实践中,该过程也确实能够提出一些富有参考意义的意见和建议,多数情况下,讨论完毕后会对名单初稿进行一些人员增减。

指标提取小组名单初稿经人力资源部内部封闭式讨论并修订后形成名单二稿,并报公司高层主管领导审阅,一般情况下依照企业情况不同,高层领导者或多或少会提出一些人员增删的建议,但在大多数情况下还是以人力资源部的二稿为准。

(2)指标提取工作对参与者的素质和能力是有严格要求的。

实际上,指标提取小组组建环节就是对参与者的素质和能力把关的环节,首先,笔者要求参与者表达能力强,能够清晰地表达出想要提取的指标的大致含义;其次,参与者应该对指标提取部门的工作比较熟悉,工作当中有频繁的联系和对接;最后,固定性思维的人员应该避开,技术能力强但不善表达的人员应该避开,看问题不客观且有偏见的人员应该避开。基于以往的咨询实践经验分析,参与者通常具备以下特质:业务及专业能力强,熟悉指标提取部门工作内容且有日常工作对接,为人正直,看问题客观公正,善于总结和表述,善于分析问题,有一定的创新思维能力。

(3)指标提取小组参与成员人数一般以 10～15 人为宜。

运用鱼骨图法进行绩效指标提取,从会议的形式、步骤和性质分析,就是一个"头脑风暴"的过程,而且这种"头脑风暴"会贯彻会议的始终。如果参与的人数过少,会议没有氛围且思路少、建议少、指标数量少,很大程度上会造成指标提取不完善,甚至会出现重大漏项;如果参与的人数过多,会议过程中会出现人多嘴杂的情况,进度慢、效率低,而且很多人员提出的指标都是重复的,另外对于会议主持人的控场能力也会提出很高要求,甚至会对会议主持者造成很大心理压力,会议会因意见不同造成一度失控的局面。从咨询实践经验分析,指标提取小组参会人数并不是越多越好,在以往的咨询过程中,笔者会控制在 10～15 人,这样既能满足指标提取工作的要求,又能够高效率地按照计划完成全面的指标提取工作。

这里有种特殊情况需要说明一下。有些企业的人数相对较少,甚至由于公司业务类型、发展阶段或性质问题,整个公司总共也就 20～30 个人,在这种情况下从中选择 15～20 个合适的人参加指标提取会议就会出现困难。在这种比较特殊的情况下,唯一的做法只能是减少人数,精简指标提取小组成员,对人力资源部的组织者来说这将是一个很痛苦的过程,只能在有限的人员里面选择合适的人。另外,这种特殊情况下组成的指标提取小组在指标提取过程中有两点注意事项:其一,总经理一定要参加每个部门的指标提取工作,因为一般情况下,尤其是规模较小的企业,总经理对每个部门、各个环节都比较熟悉,总经理的参与起到了"一个顶三个"的作用,很大程度上弥补了人数不足、参与者对其他部门工作职能了解不全面的情况;其二,主持人需要非常细致地主持每个部门的会议,争取最大限度地听取每位参与者的提议,并且组织和引导参会人员认真讨论、认真分析,确保提取出来的绩效指标都是高质量、高契合度的指标,确保指标的完整度、完善性。

(4)需要由一名专业人员主持会议。

主持人的选择对于整个会议能否顺利进行、能否提取出足够多的指标、指标是否能满足实际考核需要等问题都起到至关重要的作用。主持人应当具备以下几个特质。

①专业。这里说的专业是指对绩效指标的提取方法、过程、工具、注意事项务必专业。

②控场能力。因为鱼骨图法提取指标的过程本质就是一场"头脑风暴"大会,因参与者扮演着不同的角色,有不同的理解、不同的关注点、不同的思维模式、不同的沟通方式,势必要求主持人具有很强的控场能力。

③总结和归纳能力。这一点至关重要,而且也是使用鱼骨图法进行"头脑风暴"过程中的一个显著特点。在实践当中,参与者对指标提取部门的工作是熟悉的,也清楚哪些指标是需要提取出来进行考核的,但他们在现场告诉你最多的就是"我认为某某方面应该提取一个指标""我想提一个某某环节应该考核的指标",或者是"某某岗位的某项工作是个重点,应该提取这方面的指标"。你会发现,由于他们不是专业的人力资源从业人员,因此参会者口中通常不会说出很精确、很专业的指标名称,诸如销售额、招聘到岗率、产品不良率、合格品数量等标准考核指标。因此,这就要求主持人具备很强的语言理解和总结能力,将参会者想表达的大致想法转换为标准的绩效考核指标。这个环节的工作对于主持人来说绝对是一种挑战,这种挑战的根源在于主持人要了解各个部门的具体业务内容和运行流程。

笔者曾在浙江宁波讲了一堂有关绩效管理的大型公开课,其间也讲到了鱼骨图法提取绩效指标,部分学员回到自己企业后也尝试着将学到的知识点进行应用。有一个学员打电话咨询:陈老师您好,我是您宁波的学员,听完您的课程之后感触很深、受益很多,按照我们总经理要求,我们企业正在着手操作和建设绩效管理体系,但是在使用鱼骨图法进行指标提取过程中遇到了一个很大的坎,难点在于绩效指标怎么也提不出来。她将自己这种状态比喻成在一个网络信号比较差的地方,打开一个视频文件,屏幕一直显示"正在打开",信号"一直转圈圈"但就是弹不出视频,不能正常播放。她在指标提取现场和参会者一直互动、一直讨论,整个会议就是大家围着想要表达的想法"转圈圈",但始终无法将参会者的想法转换成标准且专业的绩效考核指标。上述这个案例太典型了,她在电话当中表述的状态太形象、太真实了。这位主持人之所以无法引导参会者完成绩效指标提取工作,表面上看是她无法将参会者的描述和想法用专业的术语转化为标准的绩效指标,但深层次的原因则在于主持人不懂业务,不了解各个部门的日常工作内容和专业知识,因此,按照她目前的知识水平和工作经验,距离担任指标提取主持人这一角色还是存在差距的。

　　总结以往的企业管理咨询经验,人力资源部的员工要想做好人力资源工作就必须了解公司业务,仅仅掌握常规的人力资源规划、招聘与配置、培训与开发、绩效管理、薪酬管理、劳动关系管理等六个模块的知识是远远不够的,更重要的是要熟悉和掌握公司各个业务单元的工作内容、专业知识和运营流程,只有这样才能更好地发挥人力资源部的作用。这就是现在越来越多的企业在各个部门或BU(business unit,业务单元)中开始设立HRBP(HR business partner,人力资源业务合作伙伴)岗位的原因了,其目的就是帮助人力资源部门了解公司各个模块业务,更加专业地做好人力资源管理工作。

　　(5)部分人员适合参与多个部门的绩效指标提取工作。

　　一般情况下,针对某一个部门提取绩效指标,应该挑选熟悉该部门工作内容的人员组成绩效指标提取小组,部门不同,参加指标提取的人员也应当不同。也可以理解为一个部门对应一个不同人员组合的指标提取团队。原则上和理论上是这样要求的,但是在现实咨询过程当中会有很多巧合,可能出现部分人员连续参加多个部门的绩效指标提取工作甚至整个公司所有部门的绩效指标提取工作的情况。为什么会出现这样的情况?下面通过一个案例来分析和解答。

　　在以往服务的咨询案例中,江浙的民营企业居多,大部分江浙民营企业的特点和共性就是规模不是很大,因此在绩效指标提取小组组建的时候,由于部门经理岗位与企业内部各个部门都有频繁、密切的工作往来,且对各个部门的工作内容、工作要求、工作流程大都很熟悉,因此担任部门经理的这批人会成为各部门提取绩效指标小组的成员,参与所有部门的绩效指标提取工作。这种状况在咨询过程中经常发生,从咨询实践过程来看是很正常的,也完全符合指标提取小组成员的原则性要求,实际操作过程中没有任何问题。

　　2.对指标提取小组成员进行鱼骨图法操作培训

　　鱼骨图法的操作培训包括三个环节,分别是鱼骨图理论知识培训、问题答疑和实操模拟。具体步骤和内容如下。

　　(1)鱼骨图理论知识培训

　　鱼骨图理论知识培训是绩效指标提取工作中一个重要环节,好比一座桥梁,让参会者通过理论知识的培训和辅导,完成"从知到做"的一个过渡。本环节培训的内容应该包括鱼骨图的概念、鱼骨图的用法、鱼骨图提取绩效指标的步骤以及操作过程当中需要完成的核心任务,另外还包括鱼骨图提取指标期间每个阶段的时间要求。因为指标提取工作一般是有时限性的,有了时限性,参与的学员才会有节奏感。否则,没有时间约束,就会造成整个会议遥遥无期,讨论没完没了。时限性要求这个观点来自咨询实践经验。通常情况下,管理咨询团队进驻一家企业进行咨询的时候都会有一个项目工作推进计划,计划内容包括做什么、怎么做、输出哪些成果以及需要花费多长时间,因此,咨询团队进驻企业对时间的要求和把控是非常严格的,正是基于严格的时间要求,才能让整个咨询工作的推进过程严谨有序,同时,无形当中让咨询师资团队及企业参与者都有了一种自觉的时间节奏感和紧迫感。就以指标提取环节为例,时限性的要求使整个指标提取计划的完成时间得到了保障。笔者认为人力资源管理者在自身企业进行绩效考核指标提取的过程中,虽说时间方面自由且没有具体时限的要求,但是沿用这个原则终归有利于整个工作的推进。

(2)问题答疑

这个环节实际上是对上阶段理论培训工作的一个补充,从另一个角度看,这是对培训者培训课件是否完善、培训讲解是否到位、培训内容有无盲点的一个检测。在这个环节的实操过程中,有以下几点实践经验可以分享给读者,以供参考。首先,如果培训者对培训内容讲得很细致、很充分、很到位且通俗易懂,那么提问就会少很多,答疑环节就会变得简单、高效;反之问题会层出不穷。另外,问题的多少除了与培训者的培训水平、经验有关外,还与听课者的接受能力、知识结构和知识水平有很大关系。学历层次越高,知识面越广,听课者的接受能力就越强;反之就很弱。这是笔者个人的心得体会和实际感受。

从咨询实践经验的总结分析来看,在问题答疑环节中听课者的问题主要集中在两个方面,其一是针对培训的内容进行再次提问,也可以理解为需要重复给听课者解答刚讲过的知识点,而且是用通俗的语言并结合企业自身的情况讲解,这样效果会更好,这类学员主要是平时接触的管理类知识和理念比较少。其二是学员会问一些与培训无关的问题,且这些问题具有一个共同点:问题与提问者的工作岗位和利益密切相关。诸如某某指标提取出来之后,是不是会影响到年底奖金,是不是指标完不成就会降低薪资等级类的问题。假如你有机会实操这个环节,你会有深刻的体会。

(3)实操模拟

这是一个比较关键但又容易被忽视的环节。从实践经验来看,实操模拟环节组织和模拟得好坏,直接决定正式提取指标环节绩效指标的质量。这就好比一个舞者(或武者)在台下没有充分练习,上台之后的表演效果和结果也不理想。因此,这个环节主持人应当以严肃、严谨、严苛的态度和要求对待,确保每一个参与者都实实在在地掌握了指标提取的要点。该环节实操过程当中还有一个细节需要说明,这个细节性的问题笔者在很多企业的实操模拟过程中也多次被问到,这个问题就是:模拟环节已经被当作样本模拟操作过的部门,在正式的指标提取环节还需要对其重复进行一次指标提取吗?这句话的意思可以用一个案例来解释:比如在使用鱼骨图法进行实操模拟时,经过一系列操作,完成了人力资源部的目标制定、关键成功因素制定、绩效指标提取工作。那么问题来了,用来模拟的人力资源部在正式指标提取阶段还需要重复提取一次吗?答案是:必需的。原因在于模拟环节参与者只是掌握了指标提取的基本“套路”,未必充分和熟练掌握,无论是提取的指标质量还是指标数量,充其量算是及格的水平,因此,仍然需要再来一遍。

实操模拟环节完毕后,受训者对鱼骨图法提取绩效考核指标的步骤、要求、要点基本上都能够掌握了,接下来就进入了正式操作环节。

　　3.确定公司或部门目标

　　从鱼骨图的框架结构来看,确定公司目标又通俗地被称为"定鱼头"的环节。这个环节的主要目的是确定一个企业层面或一个部门层面的工作目标,内容涵盖"这个企业或部门到底是干什么的,核心工作内容是什么,年度的工作任务是什么"等。这里所说的目标可以将其确定为一个企业的愿景或部门的作用和任务,也可以将其确定为一个企业或一个部门年度的工作计划目标,在实际应用中后者居多。为了更好地解释"定鱼头"这个环节的具体工作内容,下面以图 3-9 为例进行讲解,另外需要说明一点,"定鱼头"这个环节由于确定的是一个企业层面或一个部门层面的工作目标,两个层面对于鱼骨图法的应用步骤和方法都是相同的,因此,为了使知识点讲解更加简单和容易理解,后续章节内容均以部门为单位进行讲述。

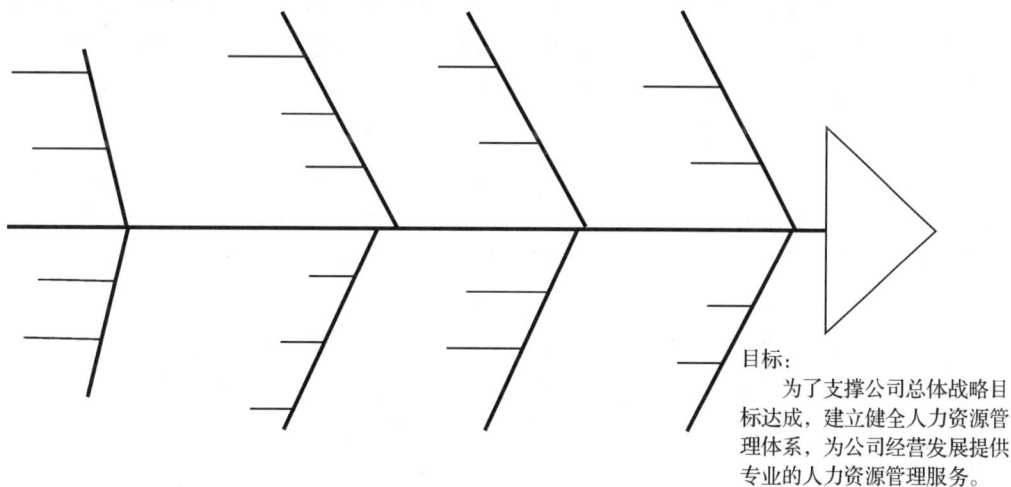

目标:
　　为了支撑公司总体战略目标达成,建立健全人力资源管理体系,为公司经营发展提供专业的人力资源管理服务。

图 3-9　某企业人力资源部鱼骨图(目标制定)

　　从图 3-9 某企业人力资源部的鱼骨图可以看到,该企业人力资源部的部门目标是:为了支撑公司总体战略目标达成,建立健全人力资源管理体系,为公司经营发展提供专业的人力资源管理服务。从这个部门目标里面能够很清晰地了解到该企业人力资源部的核心工作主要涵盖三个方面,分别是为了支撑公司总体战略目标达成,建立健全人力资源管理体系,为公司经营发展提供专业的人力资源管理服务。上述部门目标制定的过程即使用鱼骨图法确定"鱼头"的过程。

　　(1)部门目标的描述形式及要求

　　部门目标的描述形式没有固定的格式或者具体要求,且句子可长可短,总结咨询实践经验,部门目标的文字表述尽可能符合以下特点。

　　①用语简洁。用最短的、最明确的语句表达出部门的目标即可。

　　②内容表述过程中词语概括性要强。在使用简洁的语句进行部门目标表述的前提下,语句的表达尽可能突显较强的概括性,让参会者能够模块化地看懂部门的目标到底是什么。就以图 3-9 为例,该企业人力资源部的目标就是三句话,这三句话概括性地、模块化地表达出了该部门三个方面的核心工作:为了支撑公司总体战略目标达成,建立健全人力资源管理体系,为公司经营发展提供专业的人力资源管理服务。

③兼顾内容全面性。要求主持人和参会者将部门的核心工作总结、概括后全面地表达出来,不能遗漏重要的工作内容。本环节如果出现部门核心工作内容遗漏,那么将直接导致后续输出的关键成功因素(KSF)必定有遗漏,势必造成输出的关键绩效指标遗漏。

(2)部门目标制定的过程

部门目标制定的过程是真正意义上启用头脑风暴法的过程,鱼骨图法和头脑风暴法第一次协同使用。在咨询实践中,这个过程非常具有仪式感和程序性,从表面上看这只是一个不断讨论、不断总结的过程,且没有节奏感,但实质上,如果仔细分析该过程,还是可以划分出头脑风暴法实施过程中目标制定的步骤。下面结合以往的咨询经验,通过场景设置、步骤说明、现场过程文件引用的形式复盘一下这个过程。

①会场准备

首先,要在企业内部找到一个能够容纳 20 个人就座的会议室,会议桌位的排列形式以围成一个圆形或长方形为宜,会场现场要求有手持无线话筒和扩音设备,其原因在于一个主持人的声音永远压不过 20 个人讨论的嘈杂声,有了话筒更利于做好现场场控工作。

其次,会议室需要配备笔记本电脑一台、投影仪一台、激光笔一支,同时配备一名熟练使用 Word 办公软件的助理人员协助主持人操作笔记本电脑。参会人员的每个座位上要放置铅笔或圆珠笔一支,每人约 5 张 A4 纸,但需要提前将 A4 纸一撕两半,之所以这样做,是因为多年的咨询经验告诉我们二分之一大小的 A4 纸能满足整个过程的需要,同时不浪费纸张。

最后,补充一点笔者在咨询实践中的经验和技巧。在使用头脑风暴法进行绩效指标提取的环节中,长时间动用脑力,很辛苦,用个时髦的词来形容就是这个环节十分"烧脑",因此,在条件允许的情况下准备些零食、水果、饮料,用于调节现场节奏和气氛,效果会更佳。在实际的企业咨询过程中咨询老师都会要求企业这么做,这对工作的推进确实能起到很好的作用。

大致的会议现场形式如图 3-10 所示。

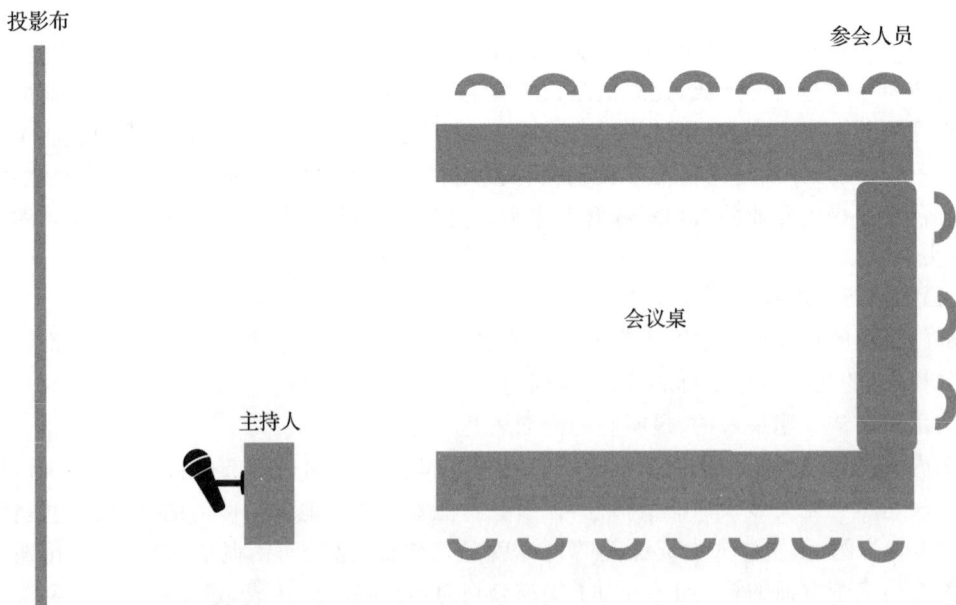

图 3-10　会场座次布局

②参会人员入席

假设以 15 个人的绩效指标提取小组为例,由企业人力资源部经理担任主持人,共计 16 个人员。所有参会人员在对应的座位入座,主持人站立的会议桌靠近投影仪的一头。这里必须强调说明一下,因为是全程"头脑风暴"的形式,为了使现场互动和发言氛围达到最佳效果,因此要求主持人全程站立,不能就座。

③头脑风暴启动

主持人授意助理将鱼骨图原始模板投放到屏幕上,投放的目的是使大家能够直观地看到现在进行到了哪个步骤,这样做会使整个会议具有很强的节奏感,不至于造成过程混乱、步骤混乱的情况。如图 3-11 所示。

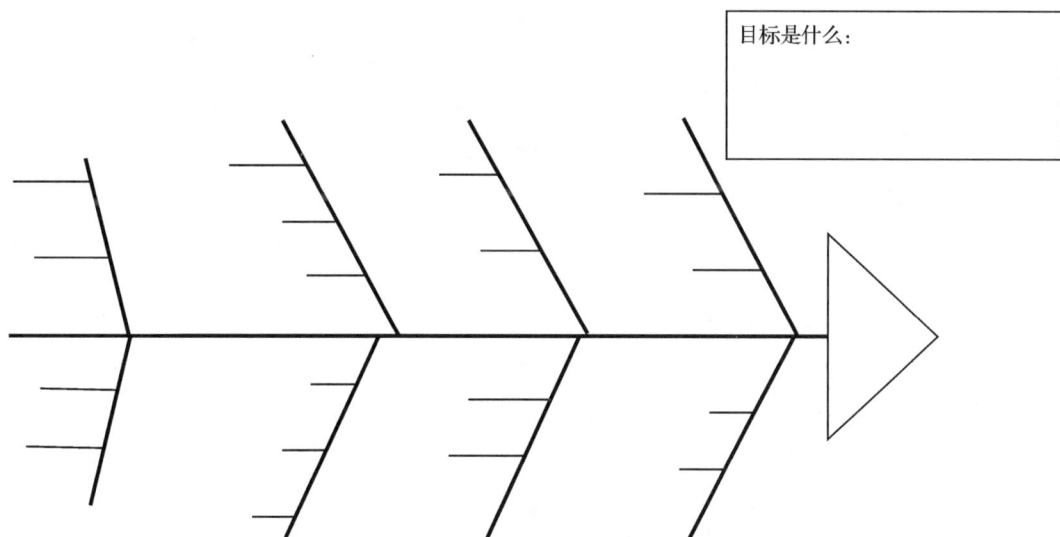

图 3-11　鱼骨图原始模板

鱼骨图原始模板投放出来后,在主持人的把控和引导下,依照下列步骤循序进行。

首先,要求参会人员按照自己对部门工作职能的了解,对该部门的工作目标进行概括性总结,并将总结结果以书面形式书写在草稿纸上,本环节完成时间是 10 分钟。

其次,保持全场安静,禁止说话并且禁止相互交流,等待 10 分钟。在这 10 分钟内,会陆续有人上交目标总结,这个时候需要做的就是让助理将每个人的上交内容以 Word 电子版本的形式输入电脑并同步投影,该环节要求对上交内容署名。尤其需要注意的是,这个环节要绝对保持会场静默,禁止交流,因为在这个环节中,头脑风暴法的本身性质和用法就要求每个人的答案和想法要有差异性,如果发生了相互交流的情况,那么收集上来的结果在很大程度上就有了雷同性,这种结果不应该出现。

最后,当助理将所有的总结结果收上来并输入电脑后,此时需要处理两种状况和问题,其一你会很直观地发现,15 个人的总结结果具有很强的雷同性,比如说多数人认为人力资源部需要做好人才供给工作等;其二是 15 条总结结果不可能在没有做任何删减及合并的前提下使用。无论哪种情况,都需要有一个归类和汇总的过程。在为企业操作这个环节工作的时候,笔者会将这个环节形象地称为"合并同类项",既形象又好理解,这种叫法也得到很多企业的认可。"合并同类项"的过程是一个检验、考量和锻炼主持人专业知识能力和语言组织能力及水平的过程,主持人要结合自己对目标制定部门工作内容的理解,从上交的15份总结果中预先挑选出能概括该部门工作目标和任务的核心关键词和语句,然后逐项询问现场参会者某一个核心关键词和语句是否需要保留。现场以举手的形式进行投票示意,主持人根据举手的多少决定是否保留,原则上有2/3的人同意才能作为保留内容。这么一个互动的过程,其实就是对15条目标总结进行"瘦身"及"合并同类项"的过程,同时也是统一15个参会者意见的过程。这个过程时间短、任务重,一个主持人要随时应对15个人的发问并进行互动,最后还要导出语句通顺、概括性强、内容完善的部门目标总结。因此,这个过程对主持人来说是一个能力与压力的双重考核。

4. 输出关键成功因素

结合咨询实践,笔者个人认为关键成功因素这个词从字面上理解起来过于学术化,改用"关键举措"这个词进行表述,理解起来可能更容易些。举措就是解决一个问题所采用的具体方法和具体行动。举个例子,一名刚入门的人力资源从业者想要成长为资深的人力资源经理,他应该怎么做呢？他应该采取哪些举措呢？比如说他可以多看人力资源的专业书籍、参加各类专业培训、与资深人力资源从业者交流、在企业里尝试应用人力资源工具和方法等。这些都是他成长为资深的人力资源经理应该采取的方法和行动,也是决定他走向资深的人力资源经理的关键成功因素。

关键成功因素(KSF)原本用于信息系统开发与规划,1970年由哈佛大学教授威廉·泽尼(William Zani)提出。关键成功因素指的是对企业或部门成功起关键作用的因素。关键成功因素法就是通过分析找出使企业或部门成功的关键因素,然后再围绕这些关键因素来确定系统的需求,并进行规划。后来该方法在绩效管理的指标提取环节被广泛应用,比如在使用战略地图法提取绩效指标的过程中,同样也会接触和用到关键成功因素(KSF),具体使用方法与鱼骨图法提取绩效指标的过程和用法异曲同工。

接上个步骤的内容继续进行。在完成部门目标制定工作后,也就是"定鱼头"工作完工之后,接下来的工作就是解决如何通过部门目标输出部门关键成功因素(KSF)的问题,从部门目标输出关键成功因素(KSF)的关键步骤如下：

首先,将上个步骤输出的带有部门目标的鱼骨图展示出来,目的仍然是让参会者清楚地了解"我们进行到哪一步",很直观地看清楚已经做了什么,接下来要做什么。

其次,要求参会者依照上一步骤已经确定的部门目标并按照自己的理解导出关键举措。该过程即解答"要完成部门目标,应该采取哪些举措"。主持人要求参会者在15分钟时间内完成问题解答和文字输出,并依照自己的理解和观点将答案书写在草稿纸上,15分钟内将结果递交至助理处。在这个环节中主持人一定要强调：对于关键举措的概括和表述不能太广,也不能太细。从以往的咨询经验得知,如果前期交代得不够清楚明了,很多参会者交上来的关键举措要么内容概括得过于宽泛,要么交上来的内容概括得过于细微。如何把握这个"度",坦率地讲没有办法用数据化的公式进行描述和表示,但是,为了使读者能够直观地理解这个"度",笔者举例说明一下。比如在对人力资源部进行关键成功因素输出的过程中,有参会者认为人力资源部倘若要完成部门目标,需要做好招聘管理、培训管理、薪酬管理、绩效管理、工资报表管理、培训评估等。那么这样的概括实际上已经出现问题了,招聘管理、培训管理、薪酬管理、绩效管理这些内容作为关键成功因素是没有问题的,然而,工资报表管理虽说重要,但它完全属于薪酬管理里面一个很小的内容。同样道理,培训评估也只是培训管理工作里面很小的一个环节。因此,工资报表管理、培训评估两个内容概括得过于细微,应该合并到薪酬管理和培训管理这两个关键成功因素里面,而不需要单列。

再举一个案例,某企业将人力资源管理和行政管理合并设立一个部门,称作"人力行政部"。在为这家企业人力行政部门输出关键成功因素的时候,有参会者认为人力行政部要完成部门目标需要做好人力资源管理和行政管理两个模块工作,这样的概括过于宽泛。假如硬性认定人力资源管理和行政管理是该企业完成人力行政部门目标的两个关键成功因素,那么后续从关键成功因素(KSF)导出绩效指标环节就会出现问题,不便于绩效指标的提取。这个细节和知识点会在后续章节讲解,届时读者能够很清晰地理解和明白这个症结所造成的问题。工作中如遇到诸如此类的问题,需要做的就是"化大为小"或"化广为窄",结合企业的实际情况将人力资源管理和行政管理两个外延过宽的关键成功因素进行化解,人力资源管理化解为招聘管理、培训管理、薪酬管理、绩效管理、劳动关系管理等;将行政管理化解为行政采购管理、劳资发放管理、公司纪律管理、食堂宿舍管理、厂区基建管理、卫生保洁管理等。一般情况下,习惯用"管理"一词对工作进行归类后输出关键成功因素。

为了使读者更能身临其境地感受上述环节,下面以图 3-6 为例进行说明和展示,便于大家理解和参考。从图 3-6 中能够很清晰地看出,该企业人力资源部要完成部门目标,输出了人力资源规划、招聘管理、培训管理、薪酬管理、绩效管理、劳动关系管理和企业文化 7 个关键成功因素,也就是说该企业采取了 7 项关键举措用于实现部门目标。

5.输出绩效指标

上一章讲了企业可以通过组建绩效指标提取小组,以头脑风暴的形式确定部门目标,然后,再将部门目标以鱼骨图框架模式输出影响部门目标达成的关键成功因素(KSF)。如何从关键成功因素(KSF)导出绩效指标呢？这是鱼骨图法输出绩效指标的一个关键环节,在这个环节中必须借助一个工具来完成,这个工具就是 QQTC 模型。QQTC 模型的出现将起到一个桥梁的作用,完成从关键成功因素(KSF)向绩效指标的过渡和转换。

QQTC 模型是管理学几百个理论模型当中的一种模型。诸如:企业价值链分析模型、SIPOC 模型、PEST 分析模型、波士顿矩阵、波特五力模型等。依照 QQTC 模型理论的定义和使用方法,其核心理论是将关键成功因素(KSF)转化成绩效指标时,可以通过数量、质量、时间和成本四个维度进行绩效指标的提炼。QQTC 模型是管理学上比较成熟的一种指标制定和输出方法。

下面以图 3-6 为例,从方法、过程、案例和经验总结、分享等多个维度来分析 QQTC 模型在绩效指标输出过程中的应用。

如果说用鱼骨图法提取绩效指标的过程中将部门目标制定视为第一波"头脑风暴",将关键成功因素输出视为第二波"头脑风暴"的话,那么,以 QQTC 模型为桥梁,可以将关键成功因素导出绩效指标的过程视为第三波"头脑风暴"。具体操作方法和过程如下。

首先,将已经确定的关键成功因素逐项罗列出来,且确保没有遗漏。从关键成功因素中导出绩效指标的过程是以单个关键成功因素为单位逐个输出的,那么可以有顺序地从已经输出的关键成功因素中选择单个关键成功因素利用 QQTC 模型进行指标输出。下面以某企业人力资源部为例进行详解。

从图 3-6 中能够很清晰地看到,该企业人力资源部门输出了人力资源规划、招聘管理、培训管理、薪酬管理、绩效管理、劳动关系管理和企业文化等 7 个关键成功因素，选取大多数人力资源管理从业者熟悉的"招聘管理"这个关键成功因素为例进行指标输出。

其次，组织参会人员以 QQTC 模型进行指标分解。这个环节完全不同于第一步的"定鱼头"和第二步的关键成功因素输出，上面两个环节从形式上看都是由参会者依照自己对问题的理解，独立地将个人的意见和答案通过书面的形式进行提交、汇总、整理、输出。但在运用 QQTC 模型环节，则同时需要以主持人引导、参会人员口头表述、主持人将参会者的想法转换为绩效指标、主持人当场评估指标的可行性的互动形式进行。尤其是主持人将参会者的想法转换为绩效指标和主持人当场评估指标的可行性环节，是非常考验主持人的专业度、对公司业务熟练程度、总结概括能力和指标可用性判断能力的。

主持人将参会者的想法转换为绩效指标这个环节，在上面章节已经提前讲过，参会者在现场告诉你最多的，是诸如"我认为某某方面应该提取一个指标""我想提取一个某某环节应该考核的指标""某某岗位的某个工作是个重点，应该提取这方面的指标"之类的话。你会发现，参会人员不是专业的人力资源从业人员，大多数情况下不必期望从参会者口中说出很精确、很专业的考核指标，诸如销售额、招聘到岗率、产品不良率、合格品数量等，这是不现实的，也是不大可能的。因此，这就要求主持人具备很强的语言理解和总结能力，把参会者想表达的大致想法转换为标准的绩效考核指标。

另外，主持人要当场评估指标的可行性这个环节，在现实"头脑风暴"互动过程当中，提出的很多绩效指标是无法使用的，甚至经过长时间的沟通，主持人将参会者想要表达的意思转换为绩效指标后，发现辛辛苦苦提取的指标用来考核是没有意义的，或者由于企业自身原因提取出来的指标无法在实际考核中应用。因此这个环节的工作比较耗时耗力。

为了使读者更直观地了解 QQTC 模型法的应用，现将咨询实践中的过程文件作为案例进行展示，如表 3-21 所示。

表 3-21　某企业 QQTC 模型指标分解过程性文件示例

KSF 维度	数量（Q）	质量（Q）	时间（T）	成本（C）
	简历搜集下载量	招聘计划达成率	人员到岗及时性	人员招聘费效比
	超编违规发生次数	初试预约达成率		招聘预算控制率
	招聘渠道新开发量	面试合格率		岗位薪资吻合率
KSF-1 招聘管理		人员录用率		
		试用期人员面谈完成率		
		试用期员工流失率		
		试用期员工转正率		

从表 3-21 某企业 QQTC 模型指标分解过程性文件可以发现，QQTC 模型应用的实际内涵和作用是在对关键成功因素（KSF）进行指标提取时，给出了一个更加细化而且有明确导向的指标输出渠道，这便是 QQTC 模型应用的精髓和秘诀。换个角度，可以这样理解这个秘诀，假如通过鱼骨图法提取了企业某部门的关键成功因素（KSF），并且在没有应用 QQTC 模型的前提下，主持人说"各位小组成员，现在给你们 20 分钟时间，各位利用这 20 分

钟时间将'招聘管理'这个关键成功因素分解成绩效指标吧",笔者相信 20 分钟过去后,大部分的参会人员是无法完成这个工作的,大部分的参会人员都会感到困惑、迷茫,没有思路、没有方向,不知道从哪里下手。原因其实很简单,因为他们不知道从哪个渠道将"招聘管理"这个关键成功因素分解成绩效指标。相反,如果主持人换种说法,"各位小组成员,现在给你们 20 分钟时间,各位利用这 20 分钟时间通过数量维度、质量维度、时间维度、成本维度将'招聘管理'这个关键成功因素分解成绩效指标"。笔者相信,按照这样的表述方法将任务传达下去,结果虽然不是很完美和完整,但至少要比第一种说法结果好很多。其原因在于参会者至少明白在将"招聘管理"这个关键成功因素分解成绩效指标的时候有了 QQTC 模型的指引,可以从数量、质量、时间、成本四个方向和渠道下手。

如果在上述仅仅是主持人告知参会者可以使用 QQTC 模型的基础上,主持人预先对 QQTC 模型的使用方法和思路做一个详细的培训,再加上主持人的专业引导和总结,是不是输出的绩效指标就更加完善和全面了呢? 答案是肯定的。因为 QQTC 模型在指标提取环节的应用的确就是这样一个过程。

最后,在使用 QQTC 模型进行绩效指标提取的过程中,经常遇到或被问到两个典型的共性问题,现将这两个问题进行分析和解答。

第一个问题:使用 QQTC 模型提取绩效指标的过程中,绩效指标在数量、质量、时间、成本四个维度里能够混放吗? 如表 3-21 所示。

比如表 3-21 中原本在质量维度中的绩效指标"招聘计划达成率",在提取的时候能放在第一个数量维度里吗? 答案是可以的,可以混放且对于后续指标的应用没有任何影响。QQTC 模型实际上是从数量、质量、时间、成本四个维度给出了提取绩效指标的方向和渠道,因此,无论从哪个维度提取绩效指标,指标混放对后期的应用都没什么影响,这是从绩效指标的提取过程来解释的。此外,通过 QQTC 模型完成所有关键成功因素的指标提取工作后,最终还是要将所有的绩效指标进行归集,只不过在后续环节从众多绩效指标中确定关键绩效指标的时候需要进行筛选。这个过程就好比一个农户种了 10 亩苹果树,无论哪块田地收获的苹果,最终都会被放到同一个仓库里面去,卖的时候也无须分清楚是哪块地长出来的,只是在取的时候会挑出哪些果子是大的,哪些果子是小的。区分仅此而已。

第二个问题:在利用数量、质量、时间、成本四个维度提取绩效指标的时候,指标的后缀量词如何区分使用? 这个问题笔者在本书前面章节已经有过描述,在此引用前面章节内容进行复述。

从理论上说,QQTC 模型的后缀量词使用和归类一般可以总结如下。

数量(quantity),通常可以使用个数、时数、次数、人数、项数以及额度等作为后缀量词。

质量(quality),通常可以使用比率、满意率、达成率、完成情况、合格率以及周转次数等作为后缀量词。

时间(time),通常可以使用及时性、完成时间、批准时间、开始时间、结束时间、最早开始时间、最迟开始时间、最早结束时间和最迟结束时间等作为后缀量词。

成本(cost),通常可以使用费用额、预算控制率、费效比等作为后缀量词。

依照以往为众多类型企业进行管理咨询的实践,并结合笔者的理解和经验,现将咨询过程中常用的指标后缀量词表述和应用方法进行简单统计、汇总和分类,以方便读者理解和应用。表 3-22 主要通过指标的内容属性(维度)不同和后缀量词不同进行分类。

表 3-22　QQTC 模型指标后缀量词统计、汇总和分类

指标内容属性	常用的后缀量词	指标举例
数量（quantity）	数量维度的指标一般的指标后缀量词有：额度、个数、次数、人数、时数等	销售额、不合格个数或次数、招聘到岗人数、逾期天数
质量（quality）	质量维度的指标一般的指标后缀量词有：比率、满意度、准确率、达成率、完成情况、合格次数、周转次数等	产品合格率、一次抽检合格率、培训完成情况、仓储周转率
时间（time）	时间维度的指标一般的指标后缀量词有：及时性、完成时间、逾期天数等	招聘及时性、交期完工时间、报表上交逾期天数
成本（cost）	成本维度的指标一般的指标后缀量词有：费用额、预算控制额、费效比、人均效率等	投资回报率（ROI）、招聘预算控制额、市场推广活动费效比

对上述内容做个总结，同时来算笔账，在应用 QQTC 模型提取绩效指标过程中，笔者始终是以某企业人力资源部为例进行内容讲解的，而且在提取指标环节，仅仅从该企业人力资源部输出的人力资源规划、招聘管理、培训管理、薪酬管理、绩效管理、劳动关系管理和企业文化等 7 个关键成功因素中选取了"招聘管理"因素，分解出的绩效指标数量 15～20 个，试想，如果将人力资源部的 7 个关键成功因素都进行分解呢？再比如，将该企业的所有部门的关键成功因素都进行分解呢？很显然会得出数以千计的绩效指标，结合以往的咨询实践和经验分析，这是很正常的一个数据。

2014 年年初，笔者主持并带领咨询团队为某大型集团化企业进行绩效指标提取，在这过程中，曾经用鱼骨图＋QQTC 模型的方法为该集团 26 家子公司提取了 20000 余个绩效指标。那么问题来了，这么多的绩效指标都能作为关键绩效指标使用吗？换个角度理解就是20000 多个指标不可能都用来进行绩效考核，如何从这么多的指标当中选取出关键绩效指标？笔者从多年的咨询实践中摸索出了一种模式和方法，能够很好地解决从众多的绩效指标中筛选出关键绩效指标的问题，该内容将在本书后续详细讲解。

为了使读者更好地理解和掌握本章节的内容，笔者结合本章节"鱼骨图＋QQTC 模型"的知识点，选取一些实际咨询过程中提取出的绩效指标案例（未做删减和修订）进行分享。表 3-23 是某企业人力行政部利用鱼骨图＋QQTC 模型提取的绩效考核指标。

表 3-23　绩效指标（初稿）汇总示例

关键成功因素（KSF）	绩效指标
KSF-1：招聘管理	简历搜集下载量
	超编违规发生次数
	招聘渠道新开发量
	招聘计划达成率
	初试预约达成率
	面试合格率
	人员录用率

关键成功因素(KSF)	绩效指标
KSF-1:招聘管理	试用期人员面谈完成率
	试用期员工流失率
	人员到岗及时性
	试用期员工转正率
	人员招聘费效比
	招聘预算控制率
	岗位薪资吻合率
	招聘记录完整性
KSF-2:培训管理	培训调研完成率
	培训计划达成率
	培训评估达成率
	受训满意度
	培训出勤率
	培训合同签订完整率
	培训合格率
	培训档案完整率
	培训及时性
	人均培训成本
	培训预算控制额
	培训流程违规次数
	入职培训完成率
	转岗培训完成率
KSF-3:薪酬管理	考勤统计差错次数
	工资核算差错次数
	薪酬福利制度违规次数
	薪酬调整差错次数
	福利发放及时性
	保险办理及时性
	福利发放的满意度
	考勤数据统计及时性
	考勤数据统计错误次数
	薪酬档案的完整性
	福利预算的控制率
KSF-4:劳动关系管理	离职手续办理差错次数
	劳资纠纷发生次数

续表

关键成功因素（KSF）	绩效指标
KSF-4:劳动关系管理	劳动纠纷处理及时性
	劳动合同签订及时性
	劳动合同完整性
	离职面谈完整率
	劳动合同续签逾期次数
	入职手续办理逾期次数
	入职手续办理错误次数
KSF-5:行政后勤管理	食品安全事故发生次数
	消防安全事故发生次数
	办公设备完好性
	车辆事故发生次数
	车辆违规发生次数
	消防安全设施完好性
	投诉发生次数
	公共区域卫生投诉次数
	公共设施设备未关闭次数
	物品失窃发生次数
	波峰焊预热操作及时性
	行政工作满意度
	车辆调度及时性
	出车登记台账完整性
	车辆维保台账及时性
	消防安全台账的完整性
	消防安全整改及时性
	行政信息通知完整性
	文件传达及时性
	生产辅助用品采购及时性
	办公用品采购及时性
	公共设施完好性
	会议通知及时性
	公共费用审核准确性

关键成功因素(KSF)	绩效指标
KSF-5:行政后勤管理	废品处理及时性
	文化活动组织及时性
	文化活动组织满意度
KSF-6:外围关系维护	接待工作完整性
	项目申报资料完整性
	项目申报及时性
	项目申报回报额
	项目申报成功率
KSF-7:本部门管理	员工流失率
	员工满意度
	绩效考核工作完成情况
	部门费用预算达成率

七、战略地图法提取绩效指标的方法、步骤、工具

战略地图法是基于企业战略目标(或称为"长期股东价值"),利用战略地图管理工具提取公司层面绩效考核指标的方法。通过战略地图提取的绩效考核指标具有非常明显的企业战略导向和战略高度,该类型指标能够指引和支撑企业战略目标的达成,指标涵盖的内容能够满足企业层面绩效考核需要,是企业组织考核(也称为"组织层面考核")绩效指标的重要输出渠道。

在企业管理咨询实践中,使用战略地图导出的"战略导向"的绩效指标,再加上使用诸如鱼骨图等方法导出的"日常业务导向"的绩效指标或称为"事务性的绩效指标",这两类指标合并在一起构成了企业的整体绩效指标内容。通过上述两种途径导出的绩效指标,无论是指标类型、指标数量还是指标内容等,均涵盖了公司经营的所有方面,这些指标能够满足企业公司层面、部门层面和岗位层面的绩效考核需要。

运用战略地图进行绩效指标提取的方法,应该准确定义为"基于平衡计分卡的战略地图法",原因在于,战略地图的构建是基于平衡计分卡的思想和理论。从平衡计分卡的发展和应用过程来分析,战略地图是平衡计分卡理论的发展和延伸应用,是平衡计分卡延伸应用到企业战略管理和绩效管理的具体体现。因此,在讲述通过战略地图提取绩效指标方法之前,需要讲解一下平衡计分卡和战略地图的概念、应用及其发展过程,以及两者之间的联系,这是后续理解和应用战略地图理论工具的基础。

(一)平衡计分卡概述

哈佛商学院的教授罗伯特·S.卡普兰(Robert S. Kaplan)和复兴全球战略集团(Renaissance Worldwide Strategy Group)的创始人兼总裁戴维·P.诺顿(David P. Norton)在1992年《哈佛商业评论》发表的论文《平衡计分卡：驱动绩效的量度》(The Balanced Scorecard：Measures that Drive Performance)中提出了一种新的绩效评价工具，这就是平衡计分卡。

平衡计分卡自诞生之日起就展现出强大的生命力，通过平衡计分卡理论的不断发展和应用，在企业管理实践中它能帮助企业有效地解决绩效管理和战略实施等问题。目前，很多国家和地区的不同类型组织都应用了平衡计分卡进行绩效评价和战略管理，其应用范围广、实用性强，且不受组织类型和行业的限制，涉及的行业诸如制造业、银行、政府机构和互联网行业等。

平衡计分卡是基于平衡的战略管理思想，从财务、客户、内部流程、学习与成长等四个维度对企业的经营态势和经营结果进行评价和度量，兼顾企业内部和外部平衡，财务维度和非财务维度评价的平衡。

基于平衡计分卡理论工具的战略地图应用及发展阶段，又将组织的战略目标转化为可操作和衡量的关键举措(也称"关键成功因素"，KSF)、绩效指标和目标值，它是一种新型的绩效管理理论体系。同时，在此阶段，基于平衡计分卡理论工具的战略地图以企业战略目标为引领，并将企业战略目标分解成可以执行的举措和指标，所以它有利于企业战略的有效执行和实施，是实施和执行企业战略管理、落实企业战略目标、加强企业战略执行力的最有效的工具。

平衡计分卡的四个评价维度，如图3-12所示。

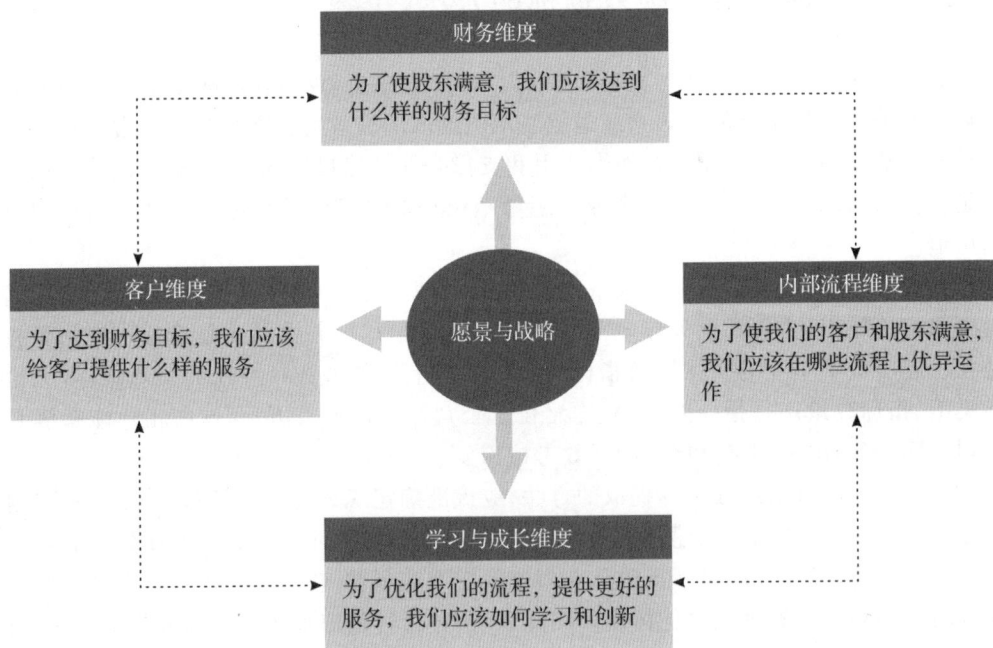

图 3-12 平衡计分卡的四个评价维度

1. 财务维度

财务维度的目标是解决"我们具体做好哪些方面工作，才能够使企业所有者满意"这一问题。公司财务性绩效指标能综合地反映公司绩效，体现公司所有者的利益，财务维度显示出来的经营成果能够反映企业战略的实施和执行情况。典型的财务指标主要包括收入增长指标(如销售额、利润额)、成本减少或生产率提高指标(如资产负债率、流动比率、速动比率、应收账款周转率、设备稼动率)等。财务维度是平衡计分卡其他三个维度的出发点和最终导向。

2.客户维度

客户维度主要是解决"我们具体做好哪些方面工作,顾客才会对我们满意"这一问题。顾客是企业经营之本,是企业成长和发展的基石和利润源头。要提高企业绩效,必须重视顾客满意度;顾客满意度也决定新客户增长率和老客户复购率,从而决定市场份额的大小。要提高客户满意度,必须以满足客户需求为目的和出发点,从价格、时间、质量、服务几个方面来关注客户的诉求和满意程度。顾客方面的测量及评价指标主要包括市场份额、老客户流失率、新客户增长率、客户满意度、客户利润贡献率等。

3.内部流程维度

内部流程维度的目标是解决"我们企业自身需要做好哪些方面的工作,才能够使客户满意"这一类问题。企业要想实现财务营收增加,吸引和保留顾客,需要不断地强化自身内功修炼,这是提升客户满意度的关键与核心。方法则是依靠企业内部流程梳理、优化、改进和再造,来提高企业运营效率和行为有效性。内部流程是指从确定顾客的需求开始,到研究开发出能满足顾客要求的产品与服务项目,制造并销售产品或劳务,最后提供售后服务,满足顾客要求的一系列活动。根据内部价值链划分,内部流程分为产品或服务的研究与开发、生产制造过程、售后服务三个阶段。内部流程所关注的是企业内部运营效率,关注影响企业整体绩效的过程、决策和行动,特别是对顾客满意度有重要影响的企业管理过程和能力。例如,新产品开发能力、设计能力、技术水平等。

4.学习与成长维度

学习与成长维度的目的是解决"我们如何在员工层面下功夫,才能使企业长久发展"这一问题。从长远角度来看,企业唯有不断地强化学习与创新,才能实现企业长远的发展。组织及员工的学习与成长有三个主要的动力来源:人才发展、信息系统建设、组织氛围与程序(也称"人力资本、信息资本和组织资本建设")。具体来讲,其含义和它们之间的关系就是:新产品和新设备的研究与开发,以及组织面临的市场竞争等问题的解决,都要求企业不断地对员工进行新技术、新知识的培训,形成一支稳定的、高素质的员工队伍,以适应企业经营发展的需要。与此同时,企业应建立有效的信息收集、处理和反馈系统,让员工了解企业的战略意图,及时获取有关客户、内部流程及财务决策等方面的信息,明确员工工作与企业战略之间的关系,这样更加有利于员工工作效率的提升。此外,还要建立良好的员工激励机制,激发全体员工的工作积极性和创造性。

学习与成长维度的评价指标因企业而不同,具体应结合企业经营现状和战略地图财务、客户、内部流程三个层面的逻辑及内在联系进行指标输出。员工流失率、员工满意度、人均培训费用、信息化投入费用等都是比较常见的学习与成长维度绩效考核指标。

(二)平衡计分卡理论的设计初衷

目前很多人对于平衡计分卡是什么、做什么用的、如何使用等问题存在很多疑问甚至是误解。每当说起平衡计分卡，大部分人直观地认为它是用来做绩效考核的，具体内容是什么不清楚；也有小部分人仅仅能够说出平衡计分卡由财务、客户、内部流程、员工学习与成长四个维度组成，但是，平衡计分卡这四个维度到底是做什么用的，它们之间的关系是什么，如何使用，只有少数人能够准确地回答出这些问题。

对于平衡计分卡，先来普及一个知识点，这是一个冷知识，这个知识点是被很多人忽视的，但它能够解答一个非常重要的问题：平衡计分卡最初是做什么用的，或者说最初是用来解决什么问题的。长久以来，评价一家企业经营得好与坏经常会使用一些可量化的财务类数据和指标。比如，当你和身边的朋友或同事交流，问起某家企业怎么样的时候，他们的回答往往是以这样的方式和内容描述企业的：该企业一年多少个亿的收入、有几千名员工、有几百亩的厂房、员工平均工资多少、一年开发多少新产品、有多少个分/子公司等。不难看出，这些回答的字里行间无不是从财务数据的角度进行衡量和评价企业的。事实上，在平衡计分卡出现之前，大多数人评价一家企业经营得好与坏，大都用诸如上述财务维度的数据进行描述。

平衡计分卡理论提出和应用的初衷是这样的，卡普兰和诺顿认为单一地使用"财务维度"对企业的经营状况进行评价是片面的、不科学的，不能全面地反映企业实际经营状态和企业发展潜力。比如一家企业的销售额、产值、利润率等指标实际状况很好，那么是否就能表明这家企业的实际运营状态是良性的呢？平衡计分卡的理论思想认为，应当从财务、客户、内部流程、员工学习与成长四个维度进行评价，才能全面、客观、科学地反映出企业实际运营状态。也就是说除了"财务维度"指标反映企业的运营状态之外，还应该从"客户维度"指标如客户满意度、新客户增长率、客户投诉率，"内部流程维度"指标如原料采购计划达成率、交期履约率、库存周转率，"员工学习与成长维度"指标如员工满意度、员工流失率、培训计划达成率、企业信息系统覆盖率等四个维度的指标进行评价和衡量。

综上所述，不难得出结论：平衡计分卡的设计初衷是全方位衡量公司的经营状态和绩效，解决和优化最初以单一的"财务维度"评价企业而出现的评价过程、方法和结果不全面、不客观的问题。客观地说，平衡计分卡理论与方法设计的出发点是很单一的，还没有考虑到将平衡计分卡应用到绩效考核、战略实施和战略分解等环节中。平衡计分卡理论发展及应用到绩效管理、战略地图、战略中心型组织等管理思维和方法中，均是后期对于平衡计分卡理论思想的延伸使用。

(三)平衡计分卡四个维度的逻辑关系

虽然平衡计分卡理论工具中财务、客户、内部流程、学习与成长这四个相对独立的评价维度，系统地对企业的经营绩效进行评价，但必须指出的是，平衡计分卡的四个维度并不是完全相互独立的，而是在逻辑上存在着紧密的联系，具有明确的、清晰的因果关系和平衡关系，因果链布满了平衡计分卡应用理论的各个方面。

下面举例说明一下平衡计分卡四个维度之间的联系及因果关系，为了增加企业经营业绩，企业就必须采取措施和行动，使客户满意于自己的产品或服务。企业如果想在时间、质量、成本、服务上赢得客户，就需要对企业内部管理过程和流程进行梳理、优化、改进。而以上过程和目标的实现，最终需要公司持续地投资于员工的培训和学习，开发新的信息管理系统以及进行组织优化和管理提升。平衡计分卡四个维度之间的逻辑关系详见图3-13。

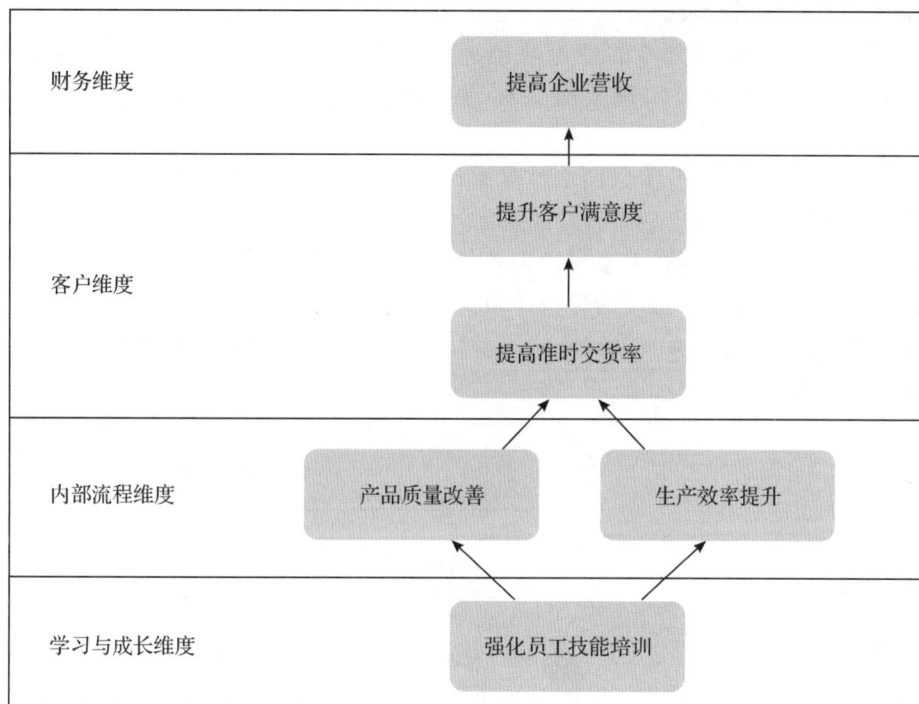

财务维度	提高企业营收
客户维度	提升客户满意度 提高准时交货率
内部流程维度	产品质量改善　生产效率提升
学习与成长维度	强化员工技能培训

图 3-13　平衡计分卡四个维度之间的逻辑关系

(四)战略地图

1.战略地图的相关概念

战略地图是一种形象称呼和通俗的叫法,从战略地图的作用和应用逻辑关系角度分析,其准确的叫法应该是"战略目标分解及关键举措逻辑关系推导展示图",简称"战略地图"。战略地图的作用是将企业一个阶段和周期的战略目标进行分解,将虚无缥缈的战略目标转变成可以描述、可以执行、可以测量、可以评价的关键举措(也称"关键成功因素", key successful factors,KSF),后期还可以通过 QQTC 工具,将关键举措转换为绩效考核指标。

战略地图是平衡计分卡理论的第二阶段或者称为"第二层次"的应用,是平衡计分卡理论的发展和延伸应用,是平衡计分卡理论应用的"升华"。

战略地图由罗伯特·S.卡普兰(Robert S. Kaplan)和戴维·P.诺顿(David P. Norton)提出。他们是平衡计分卡的创始人,在对应用和实行平衡计分卡评价的企业进行长期的指导和研究过程中,他们总结发现,企业由于无法对战略进行全面的描述,管理者之间及管理者与员工之间无法就战略问题进行沟通,因此,也就无法对企业战略达成共识。平衡计分卡最初的理论思想及应用实践只是建立了一个企业绩效评价框架,不涉及企业战略层面的应用,该理论应用之初无法对企业战略进行具体、系统、全面的描述。2004 年 1 月,基于平衡计分卡理论的"第二层面"应用成果和理论方法面世,两位创始人的第三部著作《战略地图——

化无形资产为有形成果》出版。这也标志着平衡计分卡理论进入其实践应用的第二阶段，即平衡计分卡＋战略地图阶段。

战略地图是在平衡计分卡的理论基础上发展来的，是平衡计分卡理论的延伸开发和应用，用来描述组织如何实现战略目标、如何创造价值以及价值创造的过程和具体举措。

前面已经讲过，平衡计分卡以四个维度来评价企业绩效和经营成果。战略地图源于平衡计分卡，是基于平衡计分卡四个维度的应用，但需要说明的是，同样是四个维度，在平衡计分卡阶段四个维度的评价逻辑关系可以形象地称为"圆形逻辑关系"，进行的是全方位的评价，但在战略地图阶段，四个维度的评价逻辑关系则演变成了"梯形逻辑关系"，这是一种自上而下的逻辑关系、承接关系。其称呼应该由"四个维度"转换为"四个层面"（见图 3-14），这样表述似乎更加准确。

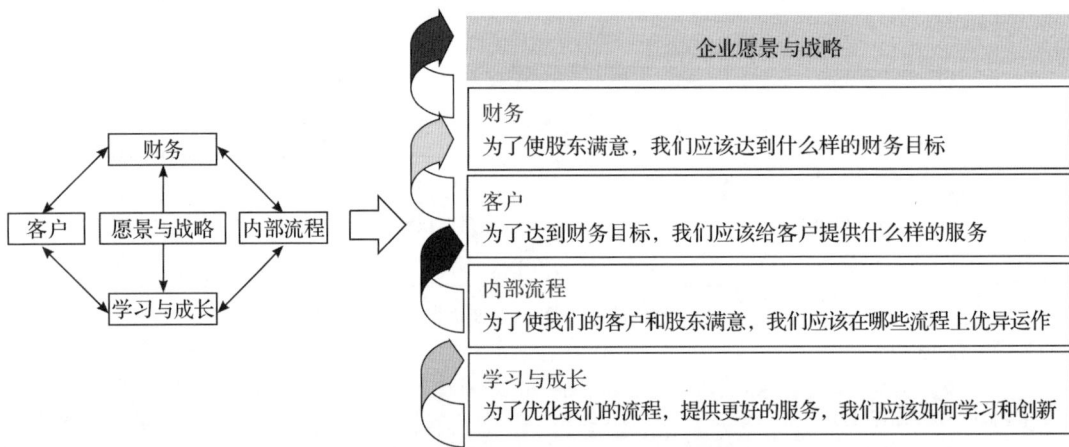

图 3-14　四个维度转换为四个层面的过程

战略地图以平衡计分卡的四个层面目标（财务层面、客户层面、内部流程层面、学习与成长层面）为核心，通过分析研讨这四个层面目标和内容的相互逻辑关系以及上下支撑关系，导出以展示图为表现形式，呈现企业战略目标实施与执行情况的因果关系图。战略地图提供了一个描述战略、展示战略、呈现战略实施过程的方法和渠道，并使企业战略目标得以有效实施和管理。

战略地图解决了战略目标与战略目标实施、执行之间过渡的难题，在战略目标和战略实施之间架起了一座桥梁。最初只是用来解决企业绩效评价完善性、全面性、合理性问题的平衡计分卡，现在则发展成了一个描述和实施组织战略及战略目标的工具。依照战略地图理论框架，通过对组织价值创造四个层面逻辑关系的建立和描述，为企业管理者提供了一种可视化的讨论企业战略任务、发展方向、执行过程、关键举措、优先任务的语言和交流平台。

卡普兰和诺顿在其著作《战略地图——化无形资产为有形成果》中明确表述,对于企业战略及战略管理,如果不能描述,那么就不能衡量;如果不能衡量,那么就不能管理;如果不能管理,自然无法完成目标。因此,可以清醒地认识到,战略地图是对组织战略的可视化展现方法,战略地图是实现战略制定者与战略执行者有效沟通的载体。

战略地图有了定义战略目标、描述企业战略目标、实施和执行战略目标的基础和前提,而且,战略地图能够直观、清晰地展示和传达取得未来绩效的关键举措是什么,企业战略目标实现过程中的核心任务是什么,以及如何通过对客户、内部流程、学习与成长等方面的有效管控来确保企业长期价值(财务层面目标)的实现。

2.战略地图的框架及逻辑结构

(1)战略地图框架解析

从战略地图框架结构和逻辑关系分析,它有一个相对固定的、通用的逻辑关系框架,为使读者能够更加直观和清晰地理解和记忆战略地图逻辑框架,把通用版的战略地图逻辑框架形象地比作一个"房子",如图 3-15 所示。

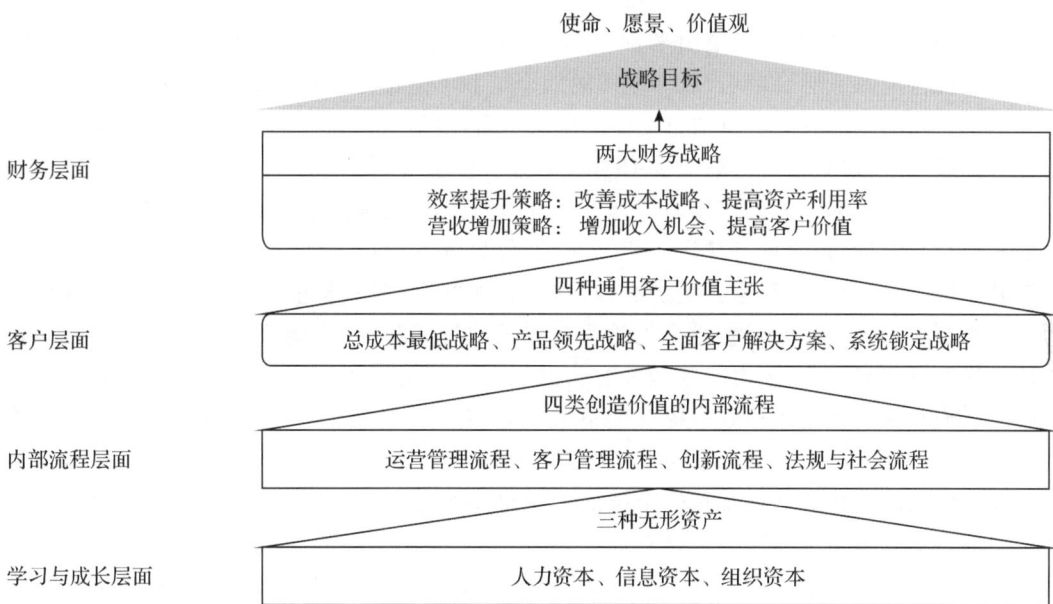

图 3-15　战略地图"2443"框架模型

资料来源:李浩(2017)。

房子最顶层的"屋脊"部分由企业的使命、愿景、核心价值观和战略目标构成,这是构建企业战略地图的方向、指引和基础。屋脊部分下面由四部分组成,这四部分构成了战略地图的整体,从上到下依次是财务层面、客户层面、内部流程层面、学习与成长层面。对四个层面每一层所包含的内容和模块分析,可以将其称为"2443 框架模型","2443 框架模型"具体内容如下。

首先,"2"指的是财务层面为实现"长期股东价值"而通常采用的两大经营策略,即营收增加策略(开源)和效率提升策略(节流),俗称"开源节流"。

第一个"4"指的是为实现财务层面目标而采用的四类通用的、供企业参照和选择采纳的客户价值主张，分别是总成本最低战略、产品领先战略、全面客户解决方案和系统锁定战略。

第二个"4"指的是四类满足和实现客户诉求并创造价值的内部管理流程，即运营管理流程、客户管理流程、创新流程、法规与社会流程；

最后一个"3"指的是学习与成长层面三种无形资产和资本，即人力资本、信息资本、组织资本。

（2）战略地图逻辑结构

"2443框架模型"不仅结构化地展示了战略地图的构成要素，还将战略地图构成要素的逻辑关系串联了起来，战略地图不是由相互孤立的模块堆积而成的，它是层级和内容相互联系、相互支撑，并且有密切逻辑关系的系统，各层面之间对于"长期股东价值"的达成，具有支撑性、关联性和一致性的特点及作用。

首先，从"屋脊"部分说起，企业的使命、愿景和价值观引领企业的所有工作。在企业战略地图构建的过程中，使命、愿景和价值观处于战略地图的顶层，并以纲领性、指导性、方向性的要求，为战略地图的制定和构建指明了方向，因此，任何企业在构建战略地图的过程中，首先要明确解答三个问题：企业的使命是什么，愿景是什么，价值观是什么。

其次，从战略地图的四个层面来看，它们具备自上而下层层牵引，自下而上层层支撑的特点。先说自上而下层层牵引，战略地图的四个层面不是由相互孤立的模块堆积而成的，而是存在着密切的逻辑关系。所谓自上而下层层牵引，通俗点讲，可以理解为企业有什么样的财务目标和策略（财务层面），就需要有对应的客户价值主张和服务方式（客户层面），接着，就需要企业进行内部管理流程梳理、优化、再造和创新，以此满足客户的价值主张和诉求（内部流程层面），最后，企业只有在人力资本建设、信息资本建设、组织资本建设与管理方面不断提升，才能够使企业内部运营更加高效，这是企业"长期股东价值"实现的根本和基础（学习与成长层面）。反之，做好企业员工学习与成长的管理和提升，能够使企业的内部流程和管理更加顺畅和有效，由于内部流程及运营的完善能够最大化地满足客户的诉求，最后，企业财务层面有关营收增加和效率提升的策略才能够达成，企业的长期股东价值目标才能够得以实现。这便是战略地图自下而上层层支撑的特点。

在弄明白战略地图框架及其四个层面的逻辑关系之后，将顶层使命、愿景、价值观及其四个层面构成要素通过因果关系整合起来，就形成了战略地图的通用模板。这个模板是卡普兰和诺顿通过对众多企业的研究、分析和实践应用而搭建起来的，具有普遍适用性的特点，可以供多种类型行业的企业组织参考使用。对于政府机关、事业单位和非企业性质的公共组织，战略地图的基本模板则需要根据组织属性及相应的运营实际情况进行适当的调整，如图3-16所示。

由于战略地图在平衡计分卡的基础上发展而来，是平衡计分卡的延伸开发和使用，其最根本目的是描述组织如何创造价值，因此，基于平衡计分卡延伸应用的战略地图，其逻辑关系和展示方法具有很强的层级性和逻辑性，目前很多企业在应用战略地图的时候也通常使用另外一种模板的战略地图（见图3-17），该模板逻辑关系和层级关系与图3-16雷同，但显示的逻辑性和层次性更加清晰、明了，利于后期使用。本章节后续环节关于战略地图的讲解也将基于此版本进行。

使命、愿景、价值观

战略目标

财务层面

长期股东价值

提升效率(节流)　　　　增加营收(开源)

改善产品结构组合　　提高资产利用率　　增加营业收入　　提高客户价值

客户层面

四种客户价值主张
总成本最低战略、产品领先战略、全面客户解决方案、系统锁定战略

产品/服务特征	客户关系	形象
价格、质量、选择、功能	服务、伙伴关系	品牌

内部流程层面

运营管理流程	客户管理流程	(产品/服务)创新流程	法规与社会流程
生产与交付产品/服务流程	提高客户价值流程	创造新产品/服务流程	改善社区和环境流程
·获得原材料 ·生产 ·分销产品或服务 ·风险管控	·选择目标客户 ·获得目标客户 ·保留目标客户 ·增长客户业务	·机会识别 ·R&D组合 ·设计/开发 ·推向市场	·环境 ·安全和健康 ·招聘 ·社区投资

学习与成长层面

人力资本 (知识、技能、价值)	信息资本 (信息系统、数据库、技术基础系统)	组织资本 (文化、领导力、协调一致、团队工作)

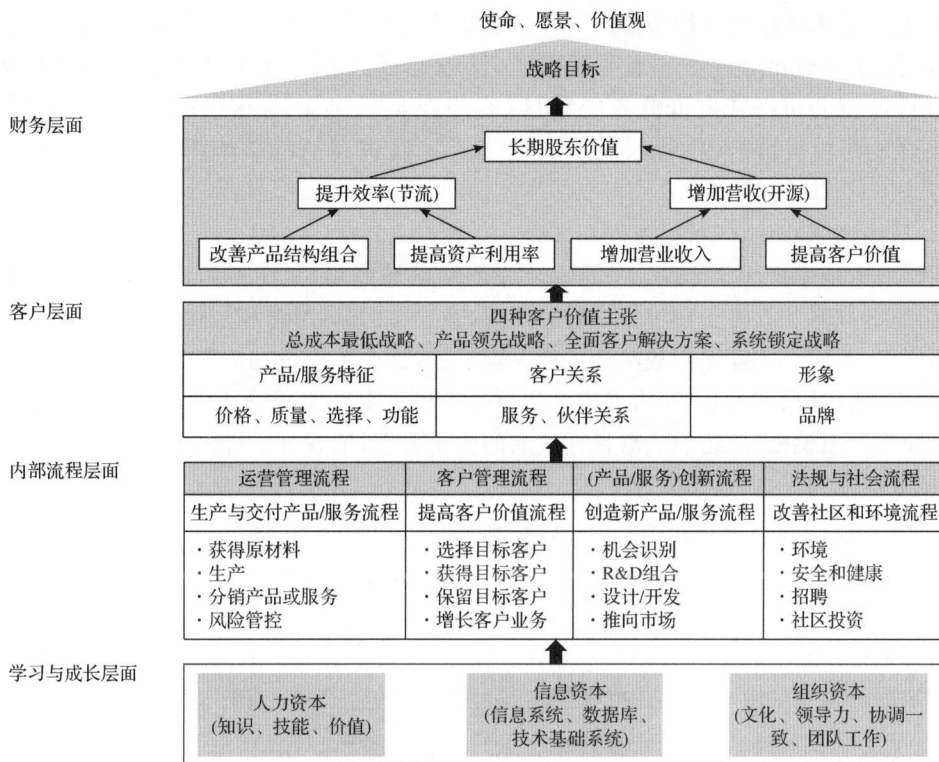

图 3-16　战略地图框架及其四个层面逻辑关系

资料来源:罗伯特·S.卡普兰和戴维·P.诺顿(2005)。

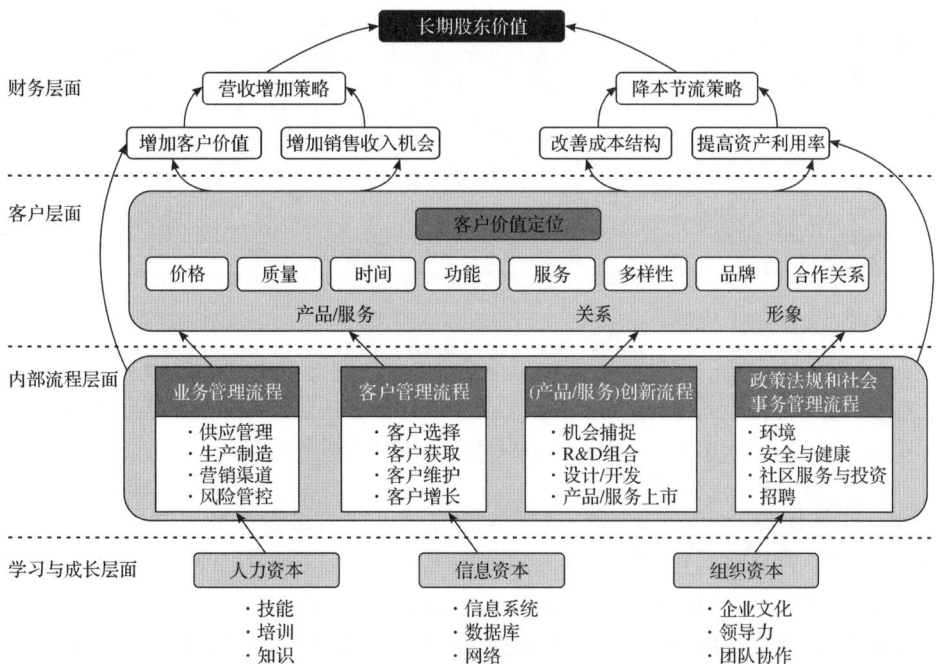

财务层面

长期股东价值

营收增加策略　　　　降本节流策略

增加客户价值　增加销售收入机会　　改善成本结构　提高资产利用率

客户层面

客户价值定位

价格	质量	时间	功能	服务	多样性	品牌	合作关系

产品/服务　　　　关系　　　　形象

内部流程层面

业务管理流程	客户管理流程	(产品/服务)创新流程	政策法规和社会事务管理流程
·供应管理 ·生产制造 ·营销渠道 ·风险管控	·客户选择 ·客户获取 ·客户维护 ·客户增长	·机会捕捉 ·R&D组合 ·设计/开发 ·产品/服务上市	·环境 ·安全与健康 ·社区服务与投资 ·招聘

学习与成长层面

人力资本	信息资本	组织资本
·技能 ·培训 ·知识	·信息系统 ·数据库 ·网络	·企业文化 ·领导力 ·团队协作

图 3-17　战略地图通用模板

资料来源:罗伯特·S.卡普兰和戴维·P.诺顿(2005)。

通过上面战略地图通用模板,我们不难发现战略地图的核心内容:企业通过运用人力资本、信息资本和组织资本等无形资产(学习与成长),才能创新和建立战略优势(内部流程),进而公司把特定价值带给市场(客户层面),从而实现股东价值(财务层面)。这个战略地图模板恰恰也展示、说明和佐证了上面讲到的战略地图自下而上层层支撑的特点。

(3)战略地图的建立逻辑、流程和思路

战略地图是平衡计分卡理论的进一步发展和延伸应用,是在平衡计分卡理论思想基础上,将组织的战略及战略实现过程在财务层面、客户层面、内部流程层面、学习与成长层面四个层面展开,并输出支撑组织战略达成的关键举措,这些关键成功因素(KSF)分布在战略地图的四个层面,且相互关联、互为支撑。从而明确和建立起"以平衡计分卡为工具,以战略地图四层面为展现模板"的组织战略目标达成的因果关系,笔者将这种因果关系绘制成一张简图,形象地称之为"战略地图",详见图 3-18。

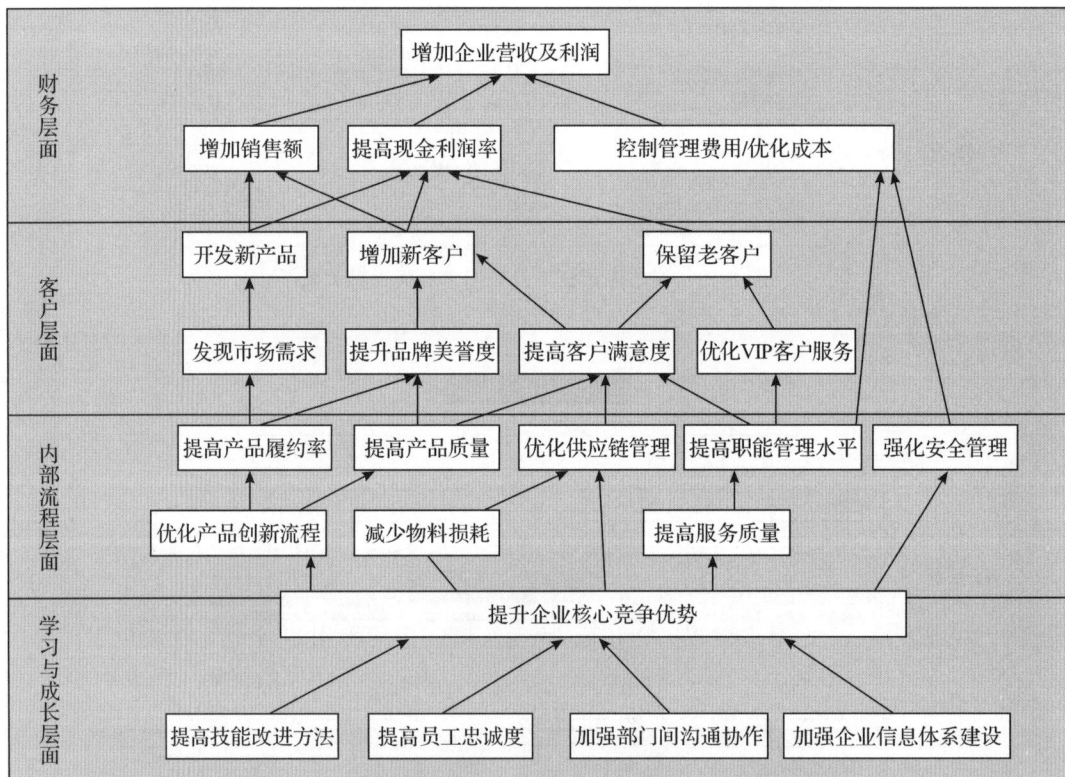

图 3-18　某企业战略目标实现与达成的因果关系

从图 3-17 和图 3-18 中不难发现,战略地图的制定过程通常是自上而下进行的,也就是说,先以组织的经营战略目标为出发点开启战略地图绘制,以此为起点,逐步、分层描绘出企业达成和实现战略目标的战略路径、层次、步骤和具体的举措。

有一个细节需要特别说明,虽然战略地图模板没有显示,但在现实的战略地图制定过程中,使命、愿景和价值观是战略地图制定的根源和基础。因此,决策层首先应该对组织的使命、愿景与价值观进行回顾、梳理和完善,并于战略地图制定之初在组织内部进行进一步的明确、阐述和解释。我们经常说,使命回答了组织存在的最终目的和意义的问题;愿景明确了组织未来的发展方向,即解答了我们将成为一个什么样的企业这个问题;价值观是企业全体成员的行为准则和价值取向,是企业做人、做事的"范儿";战略地图详细说明和展示了企业基于使命、愿景和价值观达成战略目标的逻辑、过程和具体举措。

财务层面是战略地图的最顶层,参照战略地图模板,可以很清晰地看出,在战略地图构建过程中,财务层面通常视为创建战略地图的起点,而确定"长期股东价值"则是财务层面构建首先要解决的问题。创造股东价值是任何企业发展和战略制定所追逐的目标,企业应选择一个最主要的目标作为其长期成功的象征,一般可选择的通用指标为:投资回报率(ROI)、使用资本回报率(ROCE)、经济附加价值(EVA)或是各种类型的折现现金流量(DCF)等(包括但不限于上述内容),其实质是确定企业在未来的一个发展周期内明确的财务目标。要实现和达成财务目标,组织可以在两个方面下功夫:开源或节流,即采取营收增加策略或效率提升策略。营收增加策略可以通过开拓和开发新市场、新产品、新服务和新客户的举措来实现,也可以通过扩大现有产品或服务的销售机会和销售量来实现。降本节流策略通常通过减少企业日常开支、改进产品成本结构或优化服务流程、降低企业运营成本和提升资产利用效率等举措得以实现。

在企业咨询实践过程中,生产率提升策略和举措相比收入增长策略和举措,其对"长期股东价值"(财务目标)的实现见效更快,所以多数组织经常将生产率提升策略和举措作为企业绩效和财务目标提升的短期手段。基于战略地图的思想和构建意图,则更加强调营收增加策略,其指导思想是强调组织要更加注重用营收增加策略来提升企业经营业绩和财务营收,而不能过多地依赖节约成本或是提高资产利用率来支撑财务目标的实现。因此,组织应该结合自身实际和发展阶段,在这两项策略之间进行平衡,这将更有助于组织的长期发展。

客户层面则是财务层面目标实现的"承接者"之一,换言之,财务层面战略目标、经营策略和关键举措的达成有赖于客户层面的支撑,只有下层客户层面的目标、策略和举措实现了,上层财务层面的目标、策略和举措才有可能实现。

在阐述客户层面具体内容之前,先解释一个关键词:客户价值主张。这是在客户相关层面内容讲解过程中需经历和明确的一个重点内容。笔者认为,任何组织经营战略和策略的核心部分都应该是客户价值主张。客户价值主张描述的是一个组织向目标客户提供的一种差异化的且符合客户喜好和需求的价值定位。它是由企业的产品或服务属性、客户关系、企业形象组成的一种独特的混合体,即组织通过其产品或服务所能向客户提供的价值定位。

客户价值主张这个概念和知识点似乎在客户层面出现得有些突兀,很多读者往往在这个节点上不太理解,其知识和内容的展示在逻辑上与上一个财务层面不大一样。财务层面的逻辑结构是呈现三角形的支撑型逻辑关系,即营收增加策略和降本节流策略支撑财务目标的实现。那么,在客户层面,也按照三角形的支撑型逻辑关系阐述不就好了吗?为什么又非常突兀地多出来一个价值主张呢?用一个比较通俗易懂的例子来解释这个问题,这就好比南北方饮食习惯,通常情况下,如果家里要招待来自南方沿海的客人,那么,主人就比较清楚,在菜品的选择上基本以黄鱼、大虾、梭子蟹、牡蛎等海味为主;相反,如果家里要招待来自北方的客人，那么，主人在选择菜品的时候，可能偏向于土猪肉、跑山鸡、榛蘑、木耳等山味。那么，这里的南方或北方就好比是客户层面的价值主张，为客户层面具体内容的制定拟定了一个前提。

明确的、正确的客户价值主张定位对于企业长期经营发展非常重要，具体表现如下。

①它可以帮助组织识别目标客户及明确客户关系处理；

②可以通过客户价值主张定位的确立，明确组织与竞争对手的区别；

③明确的、正确的价值主张定位还能帮助组织将支撑业绩达成的内部运营流程与客户需求紧密地联系在一起。

一般情况下，差异化的价值主张定位分为四种类型，分别如下。

①成本领先，即向目标客户提供一致的、及时的和低成本的产品或服务。通常该类型的价值主张定位表现为其产品或服务具有较明显的价格竞争优势、产品良好且品质稳定、较短的交货期、产品或服务具备一定的选择性等。

②产品领先，通常特指产品的特征和性能领先同行业水平。他们以持续创新为引领，能够提供性能出众且品质卓越的产品或服务，该类型公司通常是"产品领袖"或"品牌领袖"型企业。其价值主张目标强调的是独特的、差异化的产品特征和性能，通常这些特征和性能是某产品和行业领域最前卫的，是客户所看重的，因此，客户愿意付出高价得到，并且购买价格是同类型产品或服务价格的几倍甚至几十倍。产品领先的衡量指标可以是研发或上市速度、产品尺寸、产品准确性、产品功率或其他超出竞争产品并被客户看重的性能和特征。产品特征和性能的持续创新和率先上市是产品领先公司的两大特征，时间、性能和品牌是产品领先型客户比较关注的三个核心点。

③提供全面解决方案，也称为"客户至上型价值主张"。即最大化地利用企业的资源和发挥人力资本效能，向客户提供最优的、全面的解决方案。"想客户之所想、做客户之想做"是该类型价值主张的最典型特点和表现。该类型价值主张表现为向客户提供质量和性能良好的产品、定制化的产品或服务、良好的客户服务关系、较好的口碑和品牌。服务、关系和品牌是"客户至上型价值主张"客户比较关注的三个核心点。

④系统锁定，可将其简单理解为：客户转换成本高。系统锁定型价值主张最典型且独有的特点是：向终端客户提供产品或服务的同时，持续增强自身产品或服务的不可替代性，提高产品或服务的转换成本。通过长期的、持续的产品和服务转换成本的提升，倒逼企业无法或需要付出很高的成本和代价才能实现产品或服务的转变和替换（更换供应商）。

上述是企业通常采用和可供选择的四种价值主张，但是需要说明的是，对于上述四种价值主张，组织一般采取"选择一种、聚焦核心、全面兼顾"的使用原则。也就是说，一般情况下，组织必须努力争取在其中一种价值主张上表现得出类拔萃。每一种价值主张其内容都会涉及价格、品质、时间、选择、服务、关系、品牌等内容，因此，需要聚焦已经选择的价值主张的核心内容，如时间、性能和品牌是产品领先型客户比较关注的三个核心点，但是这不代表企业采取了产品领先型价值主张就只关心时间、性能和品牌了，仍然需要关注其他方面，不过不需要重点关注。详情见图3-19。

1.总成本最低	提供一致、及时和低成本的产品和服务			
	成本最低的供应商	一贯高质量	快速采购	适当选择
2.产品领先	突破现有的业绩边界，提供令人高度满意的产品和服务			
	表现优异的产品：速度、尺寸、精确度、重量		首先进入市场	新细分市场渗透
3.完善客户解决方案	为客户提供最优的解决方案			
	已提供方案的质量	每位客户的产品和服务数量	客户保持率	客户生命周期盈利性
4.系统锁定	最终用户的高转换版本		为辅助厂商增加价值	
	提供多种选择方案	提供广泛的使用标准	产品稳定性方面的创新	提供大量客户基础	提供易用产品和标准

图 3-19　四种差异化价值主张

　　战略地图的客户层面，当组织确定了"客户价值主张"之后，则可以按照战略地图单个层面三角形的支撑型逻辑关系进行构建。简言之，企业选择不同的价值主张，就需要选择和建立与之相对应、匹配和支撑的战略举措，在战略地图客户层面支撑该层面价值主张的关键举措从价格、品质、时间、选择、服务、关系、品牌等方面输出，具体内容依企业自身特点和具体需求而定。

　　内部流程层面则是财务层面和客户层面目标实现和达成的主要"承担者"。在组织战略地图的整个构建过程中，内部流程层面是核心、关键，对战略地图最"顶层"即财务目标的实现起到决定性作用，究其原因，一个组织战略目标、经营计划和财务目标的达成一方面受到国内外政策、经济、技术和社会文化因素等外部环境因素的影响，而另一方面，也是最关键的，则是依靠企业对于自身所拥有的资源、能力的运作能力。组织一旦明确了财务层面的财务目标及客户层面的"价值主张"，接下来，在内部流程层面，组织就势必分析和考虑采用什么样的方式、方法和具体举措来实现自身独特的客户价值主张，从而通过企业内部流程和流程管控"支撑"财务层面和客户层面目标实现，最终达成组织战略目标。内部流程层面指明了组织"价值链"范围内所包含的关键活动，通常组织的内部流程层面可以分为四大类管理流程，并依照这四类流程为"主线"完成内部流程层面的活动管理工作。

　　运营管理流程，即通过加强运营管控和优化运营管理流程，改善组织供应链管理，降低运营成本，提升产品质量和服务响应速度，提高组织资产利用效率，提升产能，最终实现卓越的组织运营效率和效果。运营管理流程的具体内容主要包括四个方面（或称为过程）：开发及维护供应商关系、生产产品和服务、向客户分销和提供产品或服务、运营风险管控。

　　客户管理流程，即通过深入了解客户的诉求，争取获取新的客户或通过深化现有客户合作关系来提高客户价值，扩大销售。客户管理流程主要包括四个方面：选择客户、获取客户、保留客户、培育客户关系和保持客户增长。

创新管理流程，即组织通过产品或服务创新和创造，挖掘新的市场机会和新的客户群体，以此促进销售业绩的增长。创新管理流程主要包括四个方面：识别新产品或服务机会、选择和管理项目组合、设计和开发新产品或服务、新产品或服务的推出或上市。

法规与社会管理流程，即组织通过与外部利益相关者（比如，五大利益相关方：股东、员工、顾客、合作方和社会）建立良好、互动、和谐的"战略伙伴"关系，为企业长期发展赢得良好的经营环境、人文环境。法规与社会管理流程主要包括四个方面：环境管理与保障、安全与职业健康管理、员工招聘管理、社区关系维护。

学习与成长层面是组织战略和财务目标实现的"根基"，是战略地图上面三个层面的基础。学习与成长层面包括了支持战略和财务目标实现的人力资本、信息资本和组织资本三方面关键内容，通常情况下，将这三方面内容"归类"为企业的无形资产。它们是支持组织战略达成和财务目标实现所需的核心技能、关键技术以及组织文化的关键因素，因此，在学习与成长层面，组织就要考虑如何积累、强化和完善人力资本、信息资本和组织资本建设，用来满足内部流程层面的要求及组织财务目标实现的要求。

（五）战略地图制定的内容及步骤

卡普兰曾经说过，"战略困扰你，把它画成图"。通过上述章节关于战略地图的描述和讲解，认识到战略地图是对组织战略要素之间因果关系的可视化表示方法，战略地图就是实现战略制定者与执行者有效沟通的载体，战略地图用来描述组织如何创造价值及价值创造的过程和内容。对于战略地图建立的逻辑、思路和流程，上述章节已经做了讲解，现将笔者在咨询实践过程中对战略地图绘制环节及绘制过程的一些心得体会和经验与读者进行分享，有助于大家更好地应用于实操。

战略地图是在平衡计分卡的理论基础上发展来的，是平衡计分卡的延伸开发和使用，用来描述组织如何创造价值，如何实现战略目标的过程。战略地图绘制的理论方法和步骤具体如下。

1. 确立企业的愿景、使命和价值观

这是建立战略地图的首要步骤，也是战略地图构建的根基和出发点，愿景明确了企业最终要成为一个什么样的企业，使命明确了企业存在的意义，价值观指明了企业全体员工为人处世的原则和信条。

在咨询实践过程中，通常会以战略研讨会的形式完成企业愿景、使命和价值观的制定工作，具体来讲，其实操过程如下。

首先，由企业人力行政管理部门拟定一份战略研讨会参与者名单，通常情况下，参会者由企业董事长或总经理、企业高管、中层管理者和核心员工代表组成。原则上董事长或总经理和企业高管务必参加，中层管理者选择性参加（企业规模小的情况下可全部参加），核心员工代表少数人员参加。参会总人数控制在15人左右为宜。

其次，选取一名会议主持人，并制定一份战略研讨会议程，在主持人的引导和带领下，经过全体参会人员头脑风暴形式的互动与讨论，完成企业愿景、使命和价值观的初稿输出。在此过程中，特别需要说明的是，由于该过程是一个需要充分"头脑激荡"的过程，因此，要坚决避免领导全程"一言堂"、避免等级差别产生的发言受阻、避免因观点差异产生的语言抨击等

情况,尽可能让参会者充分发言、充分表达自己的意见和建议,由此才能输出有价值、有意义且符合企业实际情况的内容。

最后,在完成并确定企业愿景、使命和价值观之后,人力行政部门人员需要结合企业愿景、使命和价值观产生的过程、背景和企业实际情况,对愿景、使命和价值观的具体内容和含义进行深度阐述和解释,并形成文字性的制度文件。如图 3-20 所示。

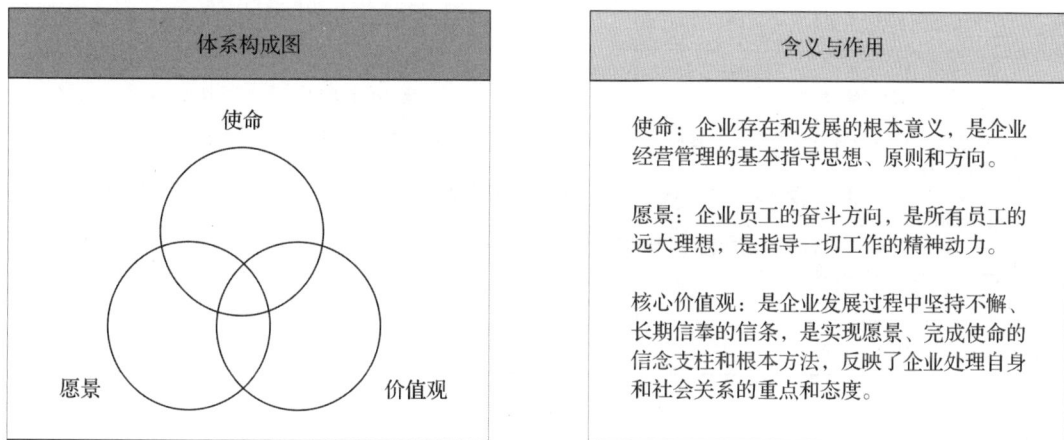

体系构成图	含义与作用
使命 / 愿景 / 价值观	使命:企业存在和发展的根本意义, 是企业经营管理的基本指导思想、原则和方向。 愿景:企业员工的奋斗方向, 是所有员工的远大理想, 是指导一切工作的精神动力。 核心价值观:是企业发展过程中坚持不懈、长期信奉的信条, 是实现愿景、完成使命的信念支柱和根本方法, 反映了企业处理自身和社会关系的重点和态度。

图 3-20　企业使命、愿景和价值观构成、含义和作用

2.战略地图财务层面的构建

首先需要在财务层面最顶端确定长期股东价值,即确立一定周期内企业发展的财务目标,如:组织营收目标、产值目标、利润目标、投资回报率、企业规模和人数增加等(包括但不限于上述内容)。其实质是确定企业在未来的一个发展周期内明确的财务目标。

在确立了长期股东价值(财务目标)之后,企业需要选择和确定在战略地图的财务层面,应该采取什么样的经营策略,才能实现财务目标的达成。实现财务目标通常包括两大策略:营收增加策略和效率提升策略,俗称"开源"和"节流"策略。其中,营收增加策略一般会采取的关键举措有开发新的市场、产品和客户,开创新的营收来源和提升现有客户的获利水平等;效率提升策略则会通过降低运作成本和提高资产的利用效率等来实现。因此,企业就需要结合企业性质、需要和运营情况思考上述问题,并作出选择和决策,如图 3-21 所示。

需要特别说明的是,基于战略地图模板,战略地图的财务层面构建过程中,无论是实现财务目标的营收增加策略和效率提升策略,还是两大策略所包含的关键举措,都只是为企业战略地图的构建提供了一个模板,指明了战略地图财务层面构建的方向,解决财务层面架构、组成和方向等问题。实则在具体应用和战略地图构建的时候,企业仍然需要根据上述内容,结合企业实际情况选择和输出符合企业实际情况和真实需求的经营策略和关键举措,为了更加清楚和直白地说清楚这个问题,下面结合咨询实践,模拟一家企业战略地图财务层面的最终成果,方便读者理解,如图 3-22 所示。

通过图 3-22,可以清晰地看到企业创造和实现长期股东价值(财务目标)的具体过程、策略和关键举措,同时也弄清楚了战略地图模板中的策略和关键举措只是给了一个战略地图构建的方向和框架,企业需要基于这个战略地图模板、方向和框架进行深挖,依照企业自身的实际情况输出具体的策略和关键举措。

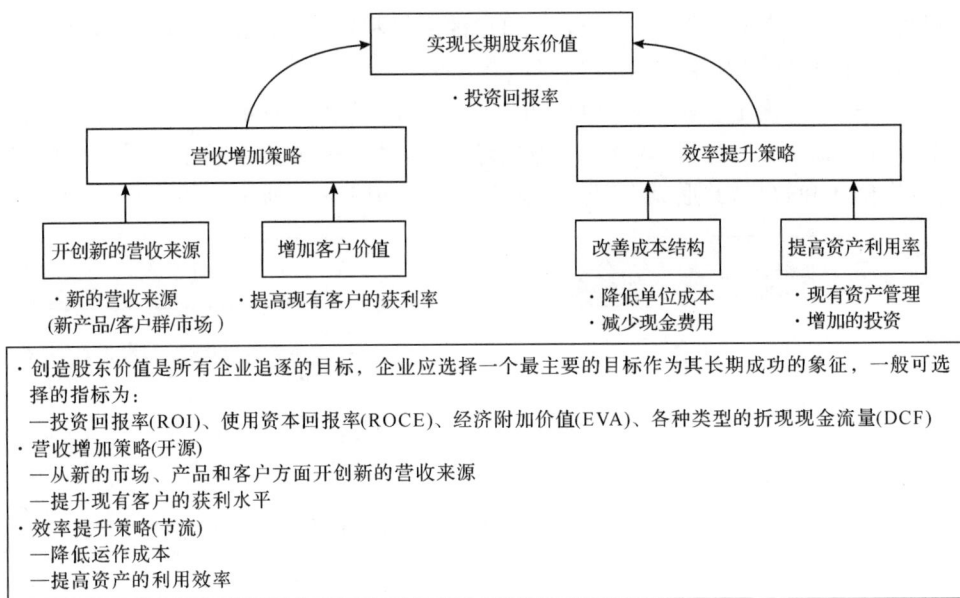

图 3-21　战略地图财务层面内容构成

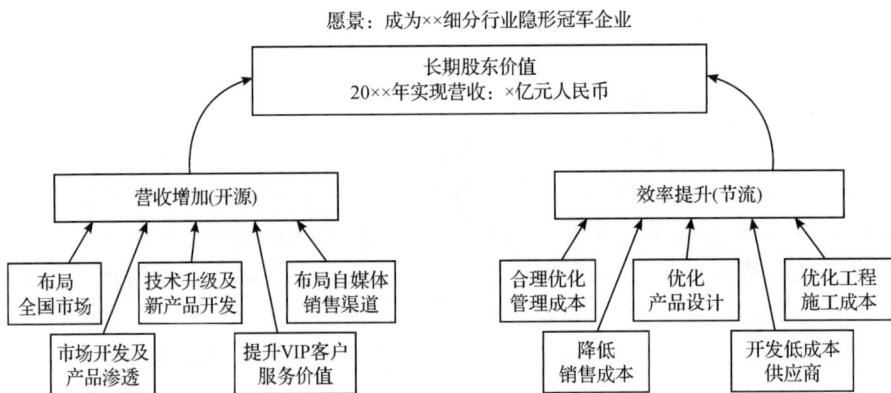

图 3-22　某企业战略地图财务层面内容构成

如图 3-22 所示的战略地图财务层面的构建和讲述过程中，笔者按照先给出框架图，再举例给出企业实际成果图的逻辑结构进行阐述，由于战略地图四个层面的逻辑关系和框架类似，且在本环节已经通过实际案例解释清楚了框架图和成果图的含义和区别。因此，在战略地图的后续三个层面讲解过程中，由于企业间情况不同，无法展现通用版的成果图，就不再对成果图进行举例，只通过框架图的讲解来叙述战略地图构建的过程和步骤。

3.战略地图客户层面的构建

战略地图客户层面的构建与财务层面、内部流程层面及学习与成长层面略有不同，该层面在构建过程中，首先要根据企业的需要、运营特点以及在对现有客户进行分析的基础上，选择和确立客户价值主张。客户价值主张主要有四种类型：第一种是追求总成本最低，第二种强调产品创新和领先，第三种强调提供全面客户解决方案，第四种是系统锁定。四类客户价值主张的内容在上面章节已经作了详细解释，企业需要确定客户价值主张后，才能选择和建立差异化的竞争因素和关键举措,用于支撑差异化客户价值主张的实现。

企业确定了其差异化的客户价值主张(定位)的同时,实则也确定了企业的目标客户群体和重点服务对象。通常情况下,四种差异化的价值主张,在其服务过程中为满足顾客需要,所采取的具体策略、竞争因素、关键举措是不同的,存在一定的差异化和侧重点,具体区别如图 3-23 所示。

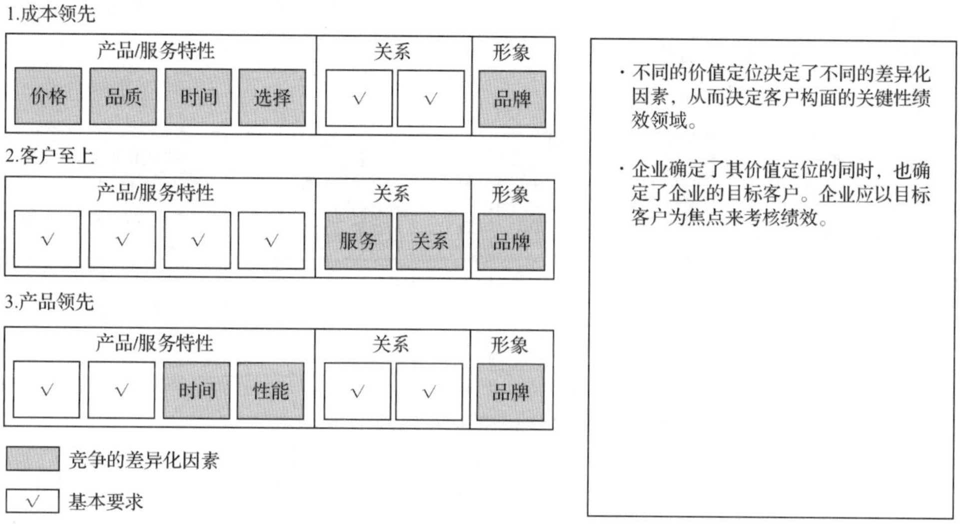

1.成本领先

	产品/服务特性			关系		形象
价格	品质	时间	选择	√	√	品牌

2.客户至上

	产品/服务特性			关系		形象
√	√	√	√	服务	关系	品牌

3.产品领先

	产品/服务特性			关系		形象
√	√	时间	性能	√	√	品牌

▨ 竞争的差异化因素

√ 基本要求

·不同的价值定位决定了不同的差异化因素,从而决定客户构面的关键性绩效领域。

·企业确定了其价值定位的同时,也确定了企业的目标客户。企业应以目标客户为焦点来考核绩效。

图 3-23　客户价值主张

通过图 3-23 可以清晰地看出,企业确定不同的客户价值主张,就需要选择与之相对应的能起到支撑作用的差异化竞争因素,当然,竞争因素不同,就会输出不同的关键举措。一般情况下,客户价值主张与差异化的竞争因素的对应关系如下。

成本领先型客户价值主张:客户更多关注的是产品和服务的特性,如价格、品质、时间、选择等;同时,客户也注重产品形象,如品牌等。

提供全面解决方案(客户至上)型客户价值主张:客户相对比较关注关系特性,如服务、关系等;同时,客户也注重产品形象,如品牌等。

产品领先型客户价值主张:客户关注更多的是产品和服务的特性,如时间、性能等;同时,客户也注重产品形象,如品牌等。

系统锁定型客户价值主张:该类型的客户价值主张是比较特殊的一种,会依照客户类型不同,客户自身的需求不同,产生独特的价值主张。因此,该类型的客户,对产品和服务的差异化竞争要素的需求呈现"因客户不同而不同"的显著特点。因此,客户会从价格、品质、时间、选择、服务、关系、品牌等方面选择满足自身需求的差异化竞争要素,由此,客户也从选择的差异化竞争要素中建立起了系统锁定的决定因素。

4.战略地图的内部流程层面构建

内部流程层面也称为"内部运营层面",主要聚焦四个关键内部流程:运营管理流程、客户管理流程、创新流程、法规和社会流程。

运营管理流程,是关于生产、交付产品和服务的流程,该管理流程以开发供应商关系、提供生产产品和服务、向客户分销、过程的风险管理等四个环节为方向和关键节点,从中输出关键举措。

客户管理流程，是提高客户价值的流程，通过选择目标客户、获取目标客户、保持和维护目标客户、客户增长等环节实现。

创新流程，通过客户需求识别、选择和管理项目组合、产品设计与开发、产品上市（进入市场）管理等环节实现。

法规和社会流程，则是通过聚焦环境、安全与健康、人才引进、社区关系维护等内容和环节实现法规、社会流程管理与维护。

上述四个流程具体内容详见图 3-24。

运营管理流程	客户管理流程	创新流程	法规和社会流程
生产和交付产品、服务的流程	提高客户价值的流程	创造新产品和服务的流程	改善社区和环境的流程
·供应 ·生产 ·分销 ·风险管理	·选择 ·获得 ·保持 ·增长	·机会识别 ·R&D组合 ·设计/开发 ·产品上市	·环境 ·安全和健康 ·招募员工 ·社区

图 3-24　战略地图的内部流程层面构成

运营管理流程、客户管理流程、创新流程、法规和社会流程等四个环节输出关键举措的过程中，有一些关键举措可以作为通用的因素进行参考，更便于关键举措的输出，具体如图 3-25 所示。

业务管理流程	开发供应商关系	生产产品和服务	向客户分销	管理风险
	·更低的获得成本 ·适时送货 ·高质量供应 ·供应商新理念 ·外包成熟的非战略服务	·更低的生产成本 ·持续改进 ·加工周期 ·固定资产利用率 ·营运资本效率	·更低的服务成本 ·反应迅速的送货时间 ·提高质量	·财务风险 ·经营风险 ·技术风险

客户管理流程	客户选择	客户获得	客户保留	客户增长
	·了解细分市场 ·筛掉非盈利客户 ·瞄准高价格客户 ·品牌管理	·宣传客户价值主张 ·客户化大规模营销 ·获得/转化客户线索 ·开发经销网络	·额外客户服务 ·"唯一来源"伙伴关系 ·服务卓越 ·终身客户	·交叉销售 ·解决方案销售 ·伙伴/集成管理 ·客户教育

产品/服务流程	识别机会	资产组合管理	设计和开发	上市
	·客户需求预测 ·发现新机会	·选择和管理项目组合 ·拓展产品的新应用 ·合作	·开发阶段的产品管理 ·减少开发周期 ·减少开发成本	·高速增长时间 ·生产成本、质量、周期 ·实现初始销售目标

政策法规	环境	安全和健康	招聘	社区
	·能源和资源消耗 ·污水和废气排放 ·固体废物处置 ·产品环境影响	·安全 ·健康	·多样性 ·招聘失业者	·社区计划 ·联合非营利组织

图 3-25　内部流程层面构成参考因素

5.战略地图学习与成长层面的构建

企业为了创造最佳的绩效表现,最终必须在员工的学习与成长层面下功夫,加大无形资产开发和利用的力度。企业无形资产分为三类,人力资本、信息资本、组织资本。

人力资本:指工作团队为达成企业战略需具备的战略性技能和知识,如执行战略所需的人员、技能、才干和核心技术等能力。

信息资本:指为实现战略所必要的资讯系统、资料数据库、工具和网络,如数据库、信息系统、网络和技术基础设施、获取和使用信息的能力。

组织资本:指实现企业战略所必需的企业文化转变,以激励、授权及整合工作团队的能力。学习与成长层面具体内容详见图3-26。

企业为了创造最佳的绩效表现,最终必须依赖学习与成长构面的无形资产之开发和利用。学习与成长构面一般包括三个主要项目

学习与成长构面

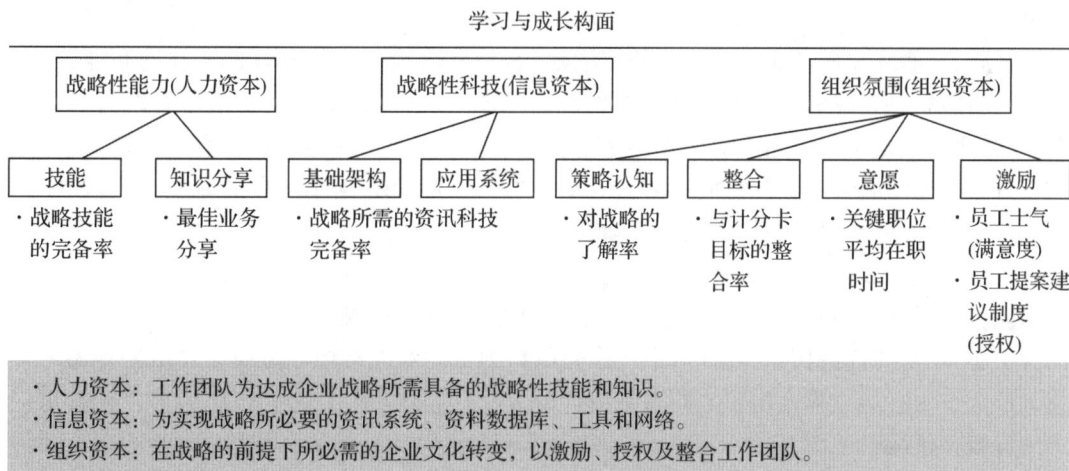

图3-26　学习与成长层面构成

在学习与成长层面,战略地图制定的参与者需要思考:企业如何通过人力资本、信息资本、组织资本建设以及采取哪些具体关键举措,才能够实现员工在学习与成长方面的提升,为企业长期发展打下坚实基础。并以学习与成长层面的构建,支撑内部流程层面、客户层面、财务层面关键举措的实现以及总体财务目标的实现和达成。

总体来讲,通过上述战略地图的构建过程,可知战略地图描述和展示了一个组织为创造长期股东价值和实现经营目标的逻辑关系,清晰地显示了组织创造价值的层次关系、核心步骤、关键内部流程和具体的举措,从而真正地实现了战略的落地,有效地指导组织战略的执行,也为后续通过战略地图输出绩效指标奠定了基础。

(六)战略地图构建的实践经验分享

1.熟读战略地图书籍是战略地图工具应用的基础

自古以来中国人将人们对事物和思想的理解分为三个阶段:看山是山,看山不是山,看山还是山。其实在学习、应用和绘制战略地图的时候也是这样一个循序渐进、峰回路转的过程。当你最初接触战略地图的时候,最大的感受或许就是云里雾里,摸不清门道,理不清思

路。之所以产生这种现象,原因大概可以总结为:①战略地图是一种全新的工具和方法,在没有前期的任何基础知识铺垫的情况下,直接接触时会产生一种突兀的陌生感。②笔者自己的感受和体会是,卡普兰和诺顿等外国学者的思维逻辑与中国人传统的思维逻辑存在一定差异,因此各位读者在阅读《战略地图——化无形资产为有形成果》一书的时候会切身感受到书写逻辑或许真的有些"中西差异"。当然,这里面还有一种因素就是在翻译外国书籍时,可能由于专业化词语的翻译在用词习惯和翻译方法上原著和翻译稿之间存在差异,势必会造成读者阅读和理解的偏差。初读《战略地图——化无形资产为有形成果》的这个阶段就可以看作战略地图认知的"看山是山"阶段。

当前期理解了平衡计分卡的思想和使用方法,再对战略地图进行深入学习研究后,我们会有一种豁然开朗的感觉和冲动,你会深刻领悟并理解战略地图的真正用法和用途。甚至你还会在战略地图原有用法的基础上产生新的想法。这个阶段就可以看作"看山不是山"阶段。

最后,在熟练掌握了战略地图的使用方法后,将战略地图应用到自己所在的企业,并用战略地图的思想和逻辑绘制出自己企业的战略地图,你会深刻地体会到战略地图的精髓所在,战略地图就是用来描述组织如何创造价值,实现战略制定者与执行者有效沟通的载体。当你对战略地图的学习、理解、应用真正达到了"看山还是山"这个阶段的时候,它会深深触动你,让你对战略地图这一伟大创举肃然起敬。

学习和应用战略地图的过程是一个循序渐进、不断丰富和提升的过程。换句话说,在学习和应用战略地图的时候,它会促使你为了透彻地理解和应用战略地图,而不断地以战略地图为中心,反复阅读诸如《平衡计分卡——化战略为行动》《战略中心型组织》《战略地图——化无形资产为有形成果》《组织协同》《平衡计分卡战略实践》等书。只有这样,你才能真正炉火纯青般彻悟战略地图。

2.战略地图绘制可以参考战略地图模板

下面再来看一下如图 3-17 所示的战略地图模板。

战略地图模板是卡普兰和诺顿基于众多企业的管理实践经验,将企业制定战略地图中出现的共性因素进行整合后形成的标准化模板,从笔者的咨询实践来看,这个模板具有很强的普遍适用性、全面性、实用性特点,对于绝大多数企业适用。模板将企业可能出现的情况和影响战略目标实现的关键因素全部整合,现实应用中可以明显地发现该模板比起企业自己思考和总结影响战略目标实现的关键因素更加全面、实用。因此,基于这样一个特点,也让我们有了参照战略地图模板内容高效使用的可能性和可行性。

参照战略地图模板依葫芦画瓢进行战略地图构建的过程如下。

从战略地图"财务层面"讲起,财务层面目标与盈利性相关,如用经营收入和投资报酬率来衡量。基本上财务层面策略制定是简单的,一般来讲大多数公司可以通过两种方式赚到更多的钱:多销售和少开支,美其名曰"开源节流"。其他每件事都是"背景音乐"。因此,公司的财务层面目标可以通过两种基本方式得到完善和确立,第一种方式是卡普兰和诺顿在《战略地图——化无形资产为有形成果》中表述的方式:增加收入和提升效率,这种方式的核心观点是企业实现目标的途径是不断地增加日常营收和提升效率。从笔者的咨询实践来看,浙江区域的企业更关注并倾向第二种方式:营收增长和降本节流,也就是一方面开源,一方面节流。两种方式没有本质的不同，只是创造企业价值的观念、导向、方式不同。以图 3-17 模板为例，企业实现财务层面营收增长和降本节流的关键举措（关键成功因素，KSF）是增加客户价值、扩大销售机会和改善成本结构、提高资产利用率。由于每家企业的性质不同、业务类型不同、产品不同，因此在使用战略地图模板制定本企业的战略地图的时候可以基于战略地图的关键因素，讨论分析出适用自己企业的关键举措，这样既能体现全面性又能针对性地体现企业自身特点，如图 3-27 所示。

图 3-27　财务层面战略地图模板

客户层面战略地图模板的应用首先要做的工作是基于上述战略地图框架，从里面提取出企业自身在战略地图框架里的客户价值主张。即结合企业自身情况和经营需要从总成本最低战略、产品领先战略、全面客户解决方案、系统锁定战略里面选出符合企业自身特点的一种价值主张，如图 3-28 所示。

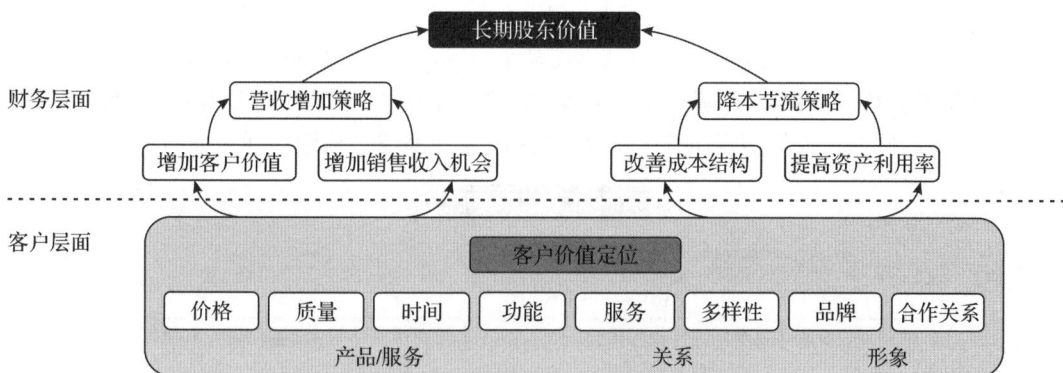

图 3-28　"财务层面＋客户层面"战略地图模板

企业客户层面价值主张确定后，要做的工作则是基于已经选择的客户层面价值主张，参考推动和影响客户价值主张达成的影响因素，如价格、质量、时间、功能、多样性、服务、合作关系、品牌等维度因素，并结合企业自身情况输出企业自身影响客户价值主张达成的关键举措（关键成功因素，KSF）。举例说明本环节的内容，如图 3-29 所示。

图 3-28 的逻辑关系就是：基于客户层面低成本战略的价值主张，企业财务层面要实现降低成本的目标，那么客户层面就要考虑，从诸如价格因素、时间因素、多样性因素等方面满足财务层面实现降低成本的目标，由此，就输出了价格低于竞争对手、交期准确、每月开发一个新品的关键举措（关键成功因素，KSF）。

小智治事、大智治制，企业治理、机杼万端。在战略地图的应用中遵守规则的同时更要开拓创新，如果说遵守规则是为了避免走弯路，那么开拓创新则是为了提升价值。因此，咨询实践中，在战略地图客户层面价值主张选择环节，笔者也多次尝试了跳出固有的四种通用

客户价值主张——低成本战略

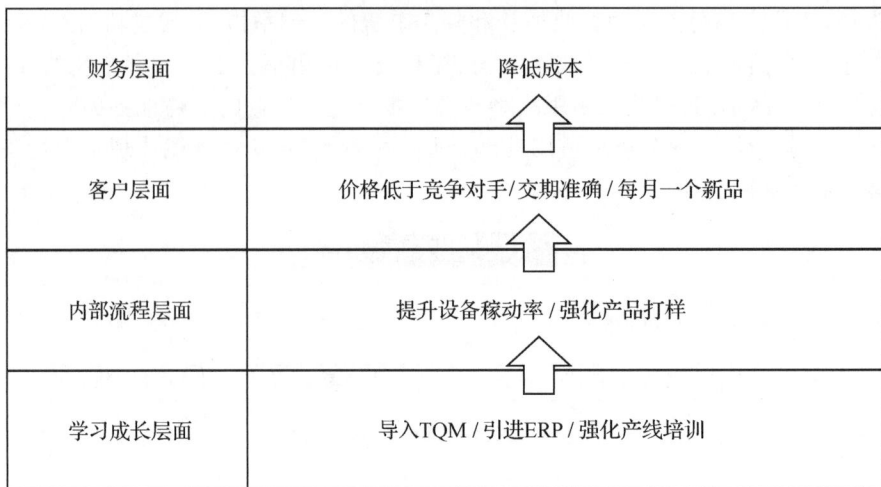

财务层面	降低成本
客户层面	价格低于竞争对手 / 交期准确 / 每月一个新品
内部流程层面	提升设备稼动率 / 强化产品打样
学习成长层面	导入TQM / 引进ERP / 强化产线培训

图 3-29　客户价值主张——低成本战略示例

的价值主张和战略模式,将迈克尔·波特提出的差异化竞争战略和集中化竞争战略也应用到了企业咨询过程中,实践证明取得了很好的效果、扩大了战略地图的应用层面,增加和丰富了企业的客户价值主张选择性。

内部流程层面战略地图的应用相对复杂、多变,但是总的思路、过程和方法与上述客户层面的应用雷同。整体来看,内部流程层面的管理流程可分为四组类型,分别是:业务管理流程、客户管理流程、(产品/服务)创新流程、政策法规和社会事务管理流程。详情如图 3-30 所示。

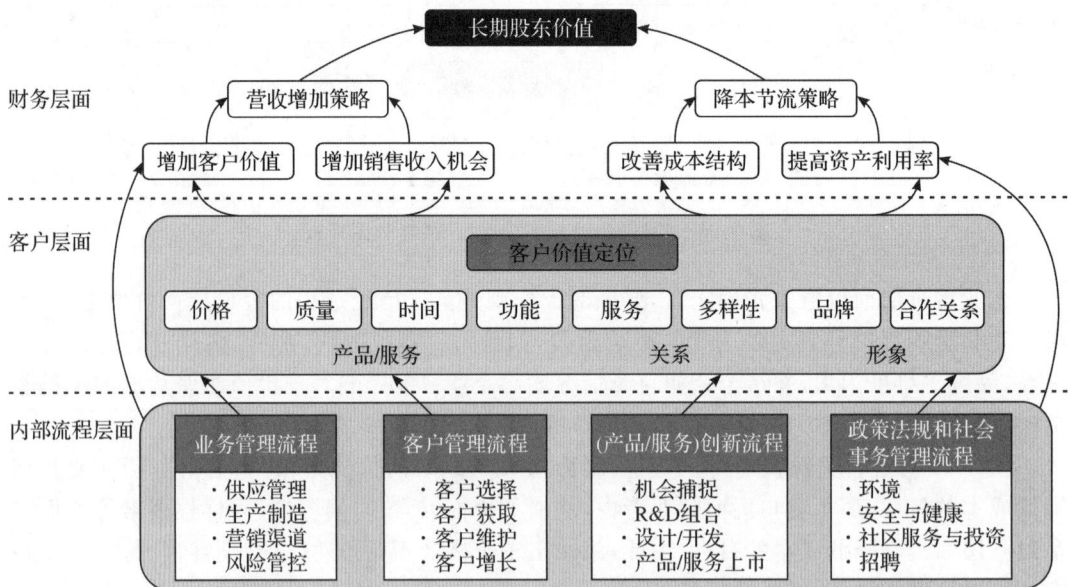

图 3-30　"财务层面+客户层面+内部流程层面"战略地图模板

(1)业务管理流程。业务管理流程是基本的、日常的流程,通过这一流程公司生产产品和提供服务并交付给客户。制造企业的业务管理流程包括下列内容。

- 从供应商获得原材料；

- 将原材料转变为产成品；

- 向客户分销产成品；

- 管理风险。

服务型企业的营运流程是生产并交付客户使用的服务。

（2）客户管理流程。客户管理流程拓展并加深了与目标客户的关系。一般客户管理流程分为四个阶段：①选择目标客户，②获取目标客户，③维护目标客户，④增长客户业务。

（3）（产品服务）创新流程。创新流程开发新产品、方法和服务，常常能使公司渗入新的市场和细分客户。创新管理包括四个流程：①识别新产品和服务的机会，②对研究和开发进行管理，③设计和开发新产品和服务，④将新产品和服务推向市场。

（4）政策法规和社会事务管理流程。政策法规和社会事务管理流程有助于企业在生产和销售所处的区域持续赢得经营的权利。有关环境、员工健康和安全、招募和解雇的国家和地方性法规为公司的实践规定了标准。然而，有些公司不满足仅仅遵守法规确立的最低标准，他们希望表现得优于法规限制，从而建立声望，成为所在社区的最佳雇主。

按照下列几个关键维度，公司管理并报告他们的法规和社会表现：①环境，②安全和健康，③招募实践，④社区投资。

在内部流程层面要做的工作则是依照企业自身运营状况并参考四组内部流程类型中包含的影响因素，输出内部流程层面的关键举措（关键成功因素，KSF）。

战略地图的第四个层面学习与成长，描述了组织的无形资产及其在战略中的作用。学习与成长层面应达到无形资产与企业战略的协调一致目的。可以将无形资产分为三类，详如图 3-31 所示。

①人力资本：支持战略所需技能、才干和知识的可用性。

②信息资本：支持战略所需信息系统、网络和基础设施的可用性。

③组织资本：执行战略所需的发动并持续变革流程的组织能力。

在学习与成长层面要做的工作是依照企业自身运营状况并参考学习与成长层面包含的影响因素，输出学习与成长层面的关键举措（关键成功因素，KSF）。

在咨询实践过程中，基于上述战略地图模板高效的应用方法和步骤，输出适用于企业自身需要的战略地图；从实践来看，无论是方法论、过程还是结果，在很大程度上都非常符合企业的实际情况。事实也证明，应用上述思路输出战略地图，输出基于企业实际需要的关键举措（关键成功因素，KSF）后，依照关键举措分解出的绩效指标与企业的实际需求高度吻合。

3. 战略地图可以"以年度为周期"制定

战略是描述一家企业经营和发展过程的战术和方略，战略有长期战略、中期战略和短期战略之分，在实际运营过程中，企业通常都会制定 3—5 年的中长期战略，从咨询实践来看，企业制定未来 3 年的战略规划和战略目标是常见的做法。企业在经营发展过程中，始终受到外部宏观环境、内部微观环境等多方面因素的影响，也可以理解为企业的战略是一种动态性战略。因此，企业在制定战略计划和战略目标的过程中，最好的方法和做法是在客观分析影响企业发展的外部宏观环境、内部微观环境等多方面因素的前提下，将企业的战略目标和计划进行年度化切割，这样的战略更加具体化、更容易达成和实现。在战略地图的制定过程中也应用和具体实践这一思想，将战略地图进行年度化制定，从咨询实践来看，这一做法的收效和反馈是非常好的。由此可知，战略地图本身最大的作用和优势就是将企业的战略计划和目标具体化、可视化，加上企业战略地图的年度化呈现，因此，企业在实施和达成战略计划和目标的过程中能够更加具体、可视化、年度化地推进，战略地图年度化对企业目标的实现的作用会更加凸显。以年度化为周期进行战略地图制定理论上是可行的，实践证明也是符合企业实际情况的。

对于战略地图知识的理解和绘制需要一个很长的时间过程，由于本书的核心目的不是深层次讲解战略地图，而是通过战略地图这一工具进行绩效指标提取，因此，不再对战略地图进行更细致的讲解。读者可以通过《战略地图——化无形资产为有形成果》一书进行深入学习和研究。需要重点说明的是，战略地图的绘制是战略地图提取绩效指标的前提和过程，所以，只有熟练掌握了战略地图的绘制过程和步骤，才能应用战略地图进行绩效指标提取。

（七）从战略地图输出关键成功因素（KSF）

在本书第三章"鱼骨图法提取绩效指标"中，详细介绍了关键成功因素（KSF）的概念、用法以及导出步骤；在战略地图法提取绩效指标的过程中同样也会导出和使用到关键成功因素（KSF），具体导出的过程和使用方法与鱼骨图法提取绩效指标的过程和用法有异曲同工之处。

现在再来回顾一下关键成功因素的概念：笔者认为关键成功因素这个词从字面上理解起来过于学术化，实则用"关键举措"这个词进行表述，理解起来或许更加通俗易懂。"举措"就是解决一个问题所使用的具体方法、行为或行动。

按照卡普兰和诺顿战略地图绘制的思维逻辑和步骤，从绘制的结果上不难看出，战略地图的绘制过程本身就是输出关键举措（关键成功因素，KSF）的过程。关键举措的输出过程是按照战略地图的财务、客户、内部流程和学习与成长四个层面和顺序分步骤输出的，由于战略地图的输出过程必须遵循财务、客户、内部流程和学习与成长四个层面自上而下的构建顺序，因此，关键举措的输出过程也是伴随着上述四个过程产生的。

从咨询实践来看，因企业的类型、性质、战略、产品、模式、流程、人员结构、人员素质、管理风格等因素不同，输出的战略地图和关键举措内容也是不同的，可以肯定，不可能存在两家企业的战略地图和关键举措是一样的。比如事业单位、医疗机构、商贸类企业、生产型企业、外贸类企业、OEM（原始设备制造商）和ODM（原始设计制造商）生产类企业都会输出基于组织自身特点的战略地图和关键举措。下面以一家客户的实际战略地图为例进行说明，详见图3-31。

从图中可以看到，该企业在追求和实现长期股东价值的过程中，基于以往企业的发展质量和发展速度，并分析未来企业的经营环境和企业内部资源、能力，经过分析、判定和决策，结合企业的实际情况和特色，该企业把年投资回报率（25%）和产值增长率（一年翻一番）两个经营目标即"双目标制"方式作为企业的发展目标。

要实现双目标制的企业发展目标，该企业在财务层面采取了开源和节流的经营策略，在以开源为目的的增长战略中，企业采取的关键举措是增加企业经营收入、加强新型技术研发创新和应用；在以节流为目的的增长战略中，企业采取的关键举措是降低企业运营成本、提高资产利用率、做好企业5S管理。

愿景：持续领跑地下空间开拓与创新，铸就高品质、高素质的百年企业。

财务层面

企业长期股东价值
1.投资回报率(ROI)=25%
2.产值增长率：一年翻一番

效率提升策略(节流)　　　　　营收增加策略(开源)

| 降低企业运营成本 | 提高资产利用率 | 做好企业5S管理 | | 增加企业营业收入 | 加强新型技术研发创新与应用 |

客户层面

品质至上　　　　　追求卓越　　　　　合作共赢

| 提升价格竞争优势 | 确保施工质量及进度，满足客户需求 | 提供切实可行的解决方案 | 做好新技术及新产品推广 | 提升品牌知名度及美誉度 | 建立维护良好的客户伙伴关系 | 建立互利共赢的战略合作伙伴关系 | 提高客户满意度及忠诚度 |

内部流程层面

运营管理流程	客户管理流程	创新流程	法规与社会流程
·做好与客户洽谈前的资料准备 ·确保标书准确与规范 ·做好招投标报价管理 ·确保合同合规与信息准确 ·按合同履约 ·确保项目交底与交接信息准确 ·组织完善的施工评审 ·做好项目施工过程管控 ·做好项目验收结算 ·提高应收款回款率	·开发优质客户及渠道 ·增加客户转介绍 ·维护好现有优质客户资源 ·做好客户新技术推广应用 ·做好战略合作伙伴关系维护	·预测客户需求，把握识别机会 ·提高资产组合管理能力 ·提升设计与开发能力 ·推进新工艺应用	·节能减排 ·加强安全与健康管理 ·提供就业机会 ·参与社会公益活动 ·完善企业流程建设

学习与成长层面

员工持续成长　　　完善信息化建设　　　完善组织资本建设

提高员工品质作业能力	战略性人才引进	提高员工满意度	强化员工在职培训	完善企业自媒体宣传平台	加强及提升钉钉系统应用	完善企业文化建设	提高管理者的领导管理能力
						提升团队执行能力及工作效率	加强及提升部门间协调能力
						提升团队专业知识技能及管理技能	增强员工凝聚力

▧ 战略主题
☐ 关键举措(关键成功因素，KSF)

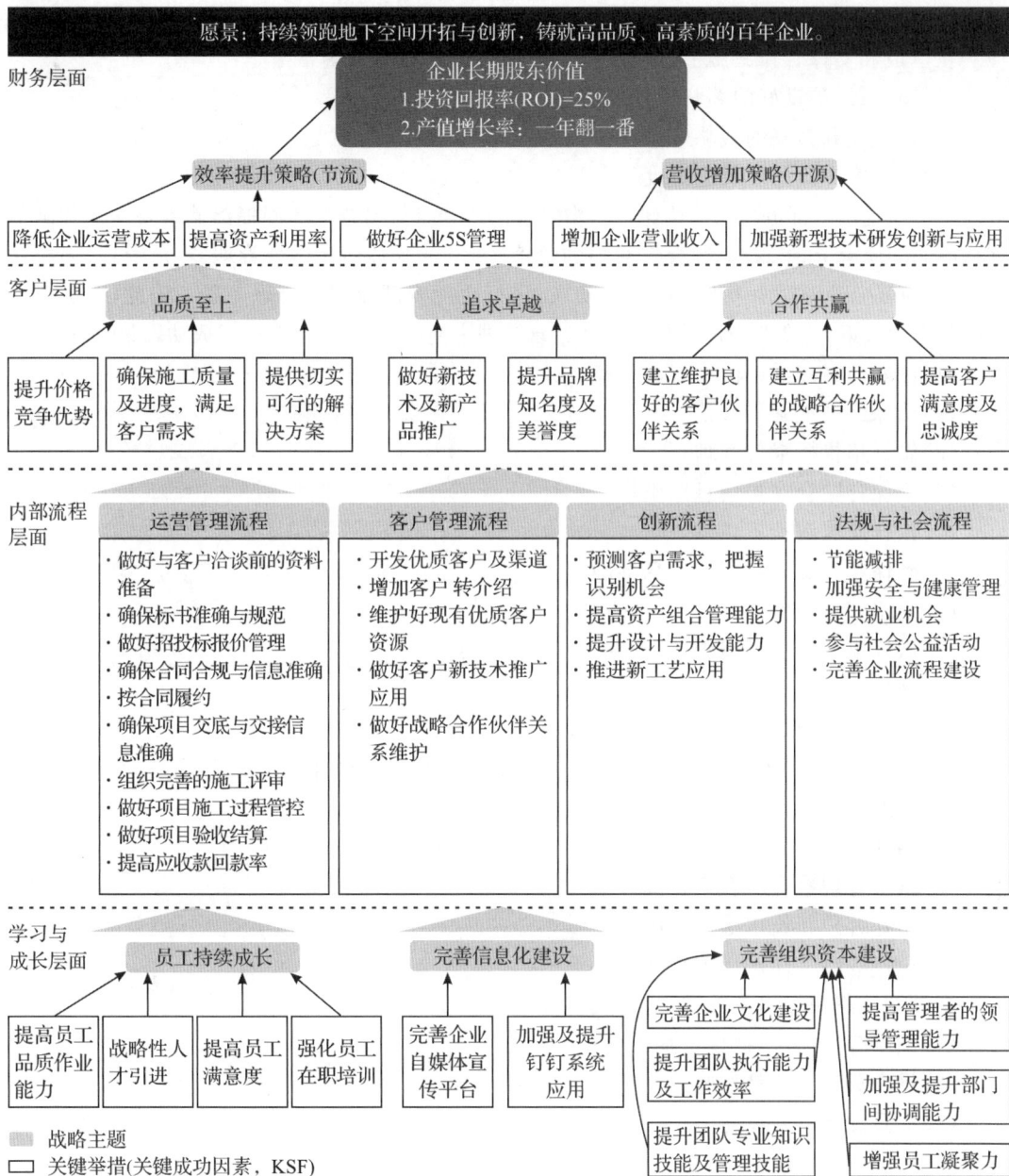

图 3-31　某企业战略地图示例

在客户层面企业追求和崇尚品质至上、追求卓越、合作共赢的客户价值主张，在达成和支撑品质至上的客户价值主张中企业采取的关键举措是：

（1）提升价格竞争优势；

（2）确保施工质量及进度满足客户需求；

（3）提供切实可行的解决方案。

在达成和支撑追求卓越的客户价值主张中企业采取的关键举措是：

（1）做好新技术及新产品推广；

(2)提升品牌知名度及美誉度。

在达成和支撑合作共赢的客户价值主张中企业采取的关键举措是：

(1)建立、维护良好的客户伙伴关系；

(2)建立互利共赢的战略合作伙伴关系；

(3)提高客户满意度及忠诚度。

在战略地图内部流程层面构建过程中，经过分析和讨论，企业明确提出倘若要支撑和满足客户层面品质至上、追求卓越、合作共赢的价值主张，企业必须在运营管理、客户管理、创新管理、法规与社会管理等四个方面同时下功夫，进行企业内部流程及管理完善。因此，基于上述情况和企业决策，该企业内部流程层面在运营管理中输出的关键举措（关键成功因素，KSF）有：

(1)做好与客户洽谈前的资料准备；

(2)确保标书准确与规范；

(3)做好招投标报价管理；

(4)确保合同合规与信息准确；

(5)按合同履约；

(6)确保项目交底与交接信息准确；

(7)组织完善的施工评审；

(8)做好项目施工过程管控；

(9)做好项目验收结算；

(10)提高应收款回款率。

在客户管理流程中输出的关键举措（关键成功因素，KSF）有：

(1)开发优质客户及渠道；

(2)增加客户转介绍；

(3)维护好现有优质客户资源；

(4)做好客户新技术推广应用；

(5)做好战略合作伙伴关系维护。

在创新流程中输出的关键举措（关键成功因素，KSF）有：

(1)预测客户需求，把握识别机会；

(2)提高资产组合管理能力；

(3)提升设计与开发能力；

(4)推进新工艺应用。

在法规与社会流程中输出的关键举措（关键成功因素，KSF）有：

(1)节能减排；

(2)加强安全与健康管理；

(3)提供就业机会；

(4)参与社会公益活动；

(5)完善企业流程建设。

在战略地图的员工学习与成长层面，由于该企业处于业务快速增长期和企业员工管理技能快速转换、提升的双增长期，基于企业的现实需求，企业各级管理者都明确表示，企业员工的学习管理工作和技能提升工作以及企业信息化建设、组织完善和优化工作亟待提升，因此,该企业中高层管理者一致明确表示,无论是企业人力资本建设、信息化提升还是组织资本管理,这三方面的内容都是企业目前必须着手去做的工作,且缺一不可。由此,将员工持续成长、完善信息化建设和完善组织资本建设作为该企业战略地图员工学习与成长层面的重点工作任务和方向。在员工持续成长管理工作中输出的关键举措(关键成功因素,KSF)有:

(1)提高员工品质作业能力;

(2)战略性人才引进;

(3)提高员工满意度;

(4)强化员工在职培训。

在完善信息化建设管理工作中输出的关键举措(关键成功因素,KSF)有:

(1)完善企业自媒体宣传平台;

(2)加强及提升钉钉系统应用。

在完善组织资本建设管理工作中输出的关键举措(关键成功因素,KSF)有:

(1)完善企业文化建设;

(2)提升团队执行能力及工作效率;

(3)提升团队专业知识技能及管理技能;

(4)提高管理者的领导管理能力;

(5)加强及提升部门间协调能力;

(6)增强员工凝聚力。

为了更好地厘清战略地图、战略主题、关键成功因素等要素和概念的逻辑关系,更容易区分和理解上述关键成功因素的输出过程,我们将上述内容通过表格的形式进行归纳和总结,如表 3-24 所示。

表 3-24　企业关键举措输出路径明细情况

战略地图层面	影响因素分类及维度(策略及价值主张)	关键举措(关键成功因素,KSF)
财务层面	营收增加策略(开源)	增加企业营业收入
		加强新型技术研发创新和应用
	效率提升策略(节流)	降低企业运营成本
		提高资产利用率
		做好企业 5S 管理
客户层面	品质至上(价值主张)	提升价格竞争优势
		确保施工质量及进度,满足客户需求
		提供切实可行的解决方案
	追求卓越(价值主张)	做好新技术及新产品推广
		提升品牌知名度及美誉度
	合作共赢(价值主张)	建立维护良好的客户伙伴关系
		建立互利共赢的战略合作伙伴关系
		提高客户满意度及忠诚度

续表

战略地图层面	影响因素分类及维度（策略及价值主张）	关键举措（关键成功因素，KSF）
内部流程层面	运营管理流程	做好与客户洽谈前的资料准备
		确保标书准确与规范
		做好招投标报价管理
		确保合同合规与信息准确
		按合同履约
		确保项目交底与交接信息准确
		组织完善的施工评审
		做好项目施工过程管控
		做好项目验收结算
		提高应收款回款率
	客户管理流程	开发优质客户及渠道
		增加客户转介绍
		维护好现有优质客户资源
		做好客户新技术推广应用
		做好战略合作伙伴关系维护
	创新流程	预测客户需求，把握识别机会
		提高资产组合管理能力
		提升设计与开发能力
		推进新工艺应用
	法规与社会流程	节能减排
		加强安全与健康管理
		提供就业机会
		参与社会公益活动
		完善企业流程建设
学习与成长层面	员工持续成长	提高员工品质作业能力
		战略性人才引进
		提高员工满意度
		强化员工在职培训
	完善信息化建设	完善企业自媒体宣传平台
		加强及提升钉钉系统应用
	完善组织资本建设	完善企业文化建设
		提升团队执行能力及工作效率
		提升团队专业知识技能及管理技能
		提高管理者的领导管理能力
		加强及提升部门间协调能力
		增强员工凝聚力

(八)从关键成功因素(KSF)输出绩效指标

从战略地图关键举措(关键成功因素,KSF)中输出绩效指标是战略地图应用的一个关键环节,同时也是绩效指标输出的核心环节。与本书前面章节讲到的使用鱼骨图法输出绩效指标的过程一样,在这个环节中依然用到从关键举措(关键成功因素,KSF)中输出绩效指标的一个"桥梁"工具,即 QQTC 模型。借助 QQTC 模型,就可以通过战略地图财务、客户、内部流程、学习与成长四个层面生成的关键举措(关键成功因素,KSF)输出绩效指标。

通过战略地图关键举措(关键成功因素,KSF)输出绩效指的过程和"鱼骨图"法中关键举措(关键成功因素,KSF)输出绩效指标的过程一致,基本包括以下四个步骤。

(1)组建绩效指标提取小组;

(2)QQTC 模型培训;

(3)模拟和尝试指标提取;

(4)借助头脑风暴法输出绩效指标。

由于使用战略地图法和鱼骨图法导出关键举措(关键成功因素,KSF),与借助 QQTC 模型导出绩效指标的过程基本一致,并且在本书第三章"鱼骨图法提取纯净指标"中对上述过程、步骤和细节已经有了详细讲述,因此不再对其进行赘述,读者可返回学习和回顾。

为了使读者更直观地感受 QQTC 模型法的成果,表 3-25 详细列出了某企业现场指标提取的过程文件。

表 3-25 某企业 QQTC 模型法指标输出过程文件

KSF 维度	数量(Q)	质量(Q)	时间(T)	成本(C)
KSF 降低企业运营成本	供应商询价数量完整率	出入库账实不符发生次数	设备保养计划达成率	事故发生次数
	每立方刀排损耗额	收发差错发生次数	合同签订延误次数	工程易耗品违规浪费次数
	每立方链条损耗额	设备埋钻事故发生次数	漏保发生次数	设备转场运输车辆超标次数
	每立方螺丝损耗额	质量事故发生次数		客户罚款额度
	每立方柴油消耗量			
	自身因素窝工发生天数			
	办公费用超额发生次数			

八、职位说明书法提取绩效指标的方法、步骤、工具

(一)职位说明书的概念及内容

职位说明书,也称"职务说明书""岗位说明书""岗位描述",职位说明书是对企业各个岗位的任职条件、组织关系、指挥关系、沟通关系、职责范围、工作权限和工作环境等给予的定义性说明。

职位说明书主要包括以下两个部分。

一是岗位基本信息和职位任职资格要求部分,包括该职位的基本信息概述,胜任职位所需的知识、技能、能力、工作经验、业务了解范围、素质、职位晋升关系、组织关系、内外沟通关系、职责范围和权限等内容。

二是职位描述,主要对职位的工作内容进行概括性描述,工作内容是将岗位职责范围内的所有工作,按照全责、协助、阶段性、兼职状态等工作内容的负责等级程度进行罗列。

岗位描述不是描述工作的过程,而是描述工作的结果,职位说明书的每一条工作内容都必须有结果,这是职位说明书撰写的最基本要求。总的来说,职位说明书的这两个部分并非简单地罗列,而是通过客观的内在逻辑形成一个完整的系统。

在现实的应用过程中,会根据不同用途制定出不同形式、标准和内容的职位说明书。在咨询实践中,不同性质、不同时期、不同区域及不同文化底蕴的企业职位说明书的形式、格式、职位说明书内容和质量差异非常大,且不统一。但是,万变不离其宗,职位说明书一般由以下部分构成。

(1)职位名称。例如,人力资源部门的负责人,职位名称应该写为:人力资源部经理。

(2)部门名称。人力资源部的部门名称应该写成:人力资源部。

(3)任职人。要写上任职人的名字。并要有任职人手写签字的地方,以示有效性。

(4)直接主管。人力资源部的直接主管应该写成:副总经理。要提供直接主管手写签字的地方,以示有效性。

(5)任职条件。包括学历要求、工作经验要求、特殊技能等。如人力资源部的技能要求是精通人力资源各模块知识,掌握现代人力资源管理运作模式等。

(6)下属人数。指的是岗位直接和间接管辖的人数。

(7)沟通关系。一般分为外部与内部两个层面。如人力资源部的内部沟通有分管副总经理、部门经理与员工。外部沟通有上级主管部门、所在城市人事劳动部门、各主要媒体或招聘网站、培训机构、相关行业协会等。

(8)行政权限。指的是在公司所拥有的财务权限、考核权限和行政审批权限等。

（9）职位关系。包括直接晋升的职位、相关转换的职位、升迁至此的职位等。

（10）工作职责和内容。这是职位说明书的核心部分，包括了职责范围与负责程度、衡量标准等。如人力资源部经理的工作职责和内容包括组织体系与制度建设、培训管理、招聘管理、绩效管理、薪酬管理、部门管理与建设等。

补充一点笔者的观点：有些书或企业认为将绩效考核指标和标准等内容也涵盖在职位说明书里面，笔者并不认同这样的做法。绩效考核指标和标准是相对动态的内容，员工每个月的绩效指标和标准或许存在很大差异，而职位说明书却是不可能进行月度变动的，至少也是年度才发生变动，由此看来，绩效考核指标和标准写在职位说明书里意义不大，如图 3-32 所示。

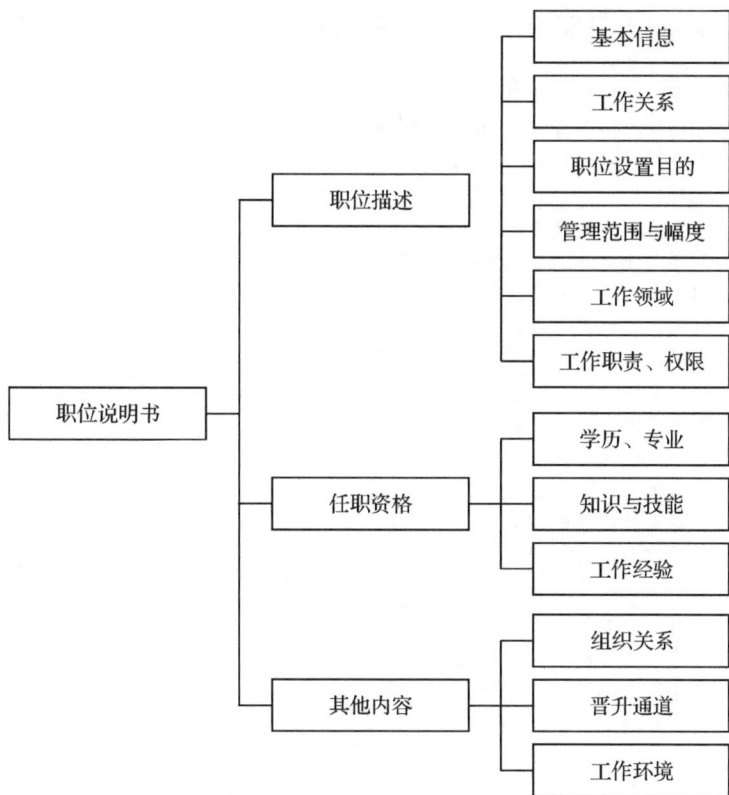

图 3-32　职位说明书内容框架

在众多企业咨询项目案例中，常见的职位说明书样式、结构还有内容大都雷同，并且形式大于实际。主要问题集中表现在职位说明书过于模板化和简单化、形式化，缺少专业性和实用性。由于缺乏专业的职位分析理论及职位说明书撰写方法，很多企业现行的职位说明书无法满足日常管理工作中诸如岗位价值评估或绩效管理指标提取等工作的实际应用需求。为了使读者更直观地认识职位说明书的样式、结构和内容，现将某企业的职位说明书示例分享给各位读者，供读者朋友在后续运用职位说明书法提取绩效考核指标方法时参考，具体内容详见表 3-26。

表 3-26　某企业职位说明书（示例）

职位名称：人力行政专员

公司：浙江××××科技有限公司	职位名称：人力行政专员	编制日期：2022-06-20
	任职人：	任职人签字：
所在部门：人力行政部		本岗位人数：2 人
直接上级：人力行政部经理		直接上级签字：
职位编号：JL-RLXZ-02		批准日期：2022-07-01

职位概要：
　　为了满足公司人力资源及行政管理需求，根据人力行政管理制度，做好员工关系、薪酬、绩效、招聘、培训等人力资源管理相关工作，档案管理、办公用品采购、行政仓库管理、证照资质管理等行政管理相关工作，并协助部门负责人完成临时交办的人力资源及行政类事务性工作。

	年龄	25 周岁以上	性别	不限
任职资格	学历、专业与职称	1.学历要求：本岗位的学历要求为大学专科及以上。 2.专业要求： 　①岗位最适合专业是：人力资源、行政管理专业； 　②岗位可接受专业有：企业管理、建筑类专业。 3.专业知识范围：需要了解本专业较全面的知识，同时需要了解相近专业的一部分知识。 4.职称要求：国家二级企业人力资源管理师。		
	必备知识及技能	1.熟悉企业资质及政府项目申报流程。 2.熟悉企业与政府机关部门的办事流程。 3.熟练使用各种办公设备及 office 软件。 4.熟悉人力资源管理、档案管理、劳动法等相关知识。 5.熟悉国家人力资源相关法律、法规、政策等知识。		
	工作经验	1.3 年以上相关工作经验。 2.2 年以上人力行政工作经验。 3.1 年以上本岗位工作经验。		
	业务了解范围	1.了解本公司运营状况。 2.熟悉本公司各岗位人员配置。 3.熟悉本公司各部门的工作流程。 4.熟悉本公司相关管理制度及流程。		
	能力素质要求	1.具有良好的职业素养。 2.具有较强的沟通、协调、执行能力。 3.工作认真细致、善于发现及解决问题。 4.严谨务实，又不失灵活性，责任心强。 5.具备较强的执行力及高度的团队协作精神。		
	职位晋升	可直接晋升的职位	人力行政部经理	
		可晋升至此的职位	本公司相关岗位或外聘	
		可以降级的职位	调岗至本公司相关岗位	

组织关系图：

对接部门	对接部门涉及主要工作(含企业各部门及对外联络单位)。		
住建局	资质、安全生产许可证维护与变更。		
市场监督管理局	营业执照申请、变更。		
企业资质管理机构	证书报名考试、"三类人员"证书、岗位证书、特种工证书的继续教育。		
人社局	社保缴纳、工伤赔付、生育津贴、驻外员工医保备案、到龄及退休办理。		
公积金中心	公积金办理。		
企业各部门	人力行政、档案、合同、考勤等工作。		
工作环境	工作危险性	工作没有可能对身体造成危害。	
	工作时间特征	按正常时间上下班。	
	工作自然环境	室内工作,工作地点环境舒适。	
主要责任范围	汇报责任	直接上报 1 人	间接上报 1 人
	培育责任	培育下属	无
		专业培训	对公司各部门进行人力行政管理制度培训
	保密责任	对公司文件、商业信息、业务信息、人事档案信息、员工资料、薪酬信息等负有保密责任,对领导交办的工作保密。	
主要权限范围	权限项目	主要内容	
	使用权	对电脑等办公设备、文印室、会议室、企业印章、钉钉系统、招聘平台、车辆有使用权。	
	建议权	对工作中出现的人力资源、行政事务类相关工作有建议权。	
	联络权	对相关政府机关单位、本公司内部各部门有联络权。	
	考核权	无	

工作职责(内容)	工作依据	负责程度
*负责程度选填:全责/协助/阶段性/非常态/兼职状态		
1.规章制度遵守执行 遵守公司的各项规章制度(包括但不限于以下制度):考勤管理制度(及补充条款)、员工手册、奖惩法则汇总(及优化、补充条款)、劳动合同、部门管理规定及制度、岗位说明书、培训制度、行政管理制度、考核制度等相关企业的规章制度。	公司各类规章制度	全责
2.薪酬调整事务办理 根据薪酬管理制度规定,定期编制薪酬调整汇总表,包括试用期转正、调岗人员、返聘人员等,上报部门经理审核,经总经理批准后交财务部,确保薪酬调整数据及时、准确。	薪酬管理制度	全责
3.人事档案管理 根据公司档案管理制度规定,做好企业纸质、电子人事档案的登记、变更、上报、归档、查阅等相关工作、及时完善员工电子档案,规范档案借阅手续,建立人事档案管理台账及档案借阅管理台账,并做好相关管理台账的登记、更新工作,确保员工档案的完整性、准确性。	档案管理制度	全责
4.公司各部门合同管理 根据企业运营管理需要及档案管理规定和流程,收集并整理企业各部门原始档案资料。对各类档案资料逐一扫描后进行电子归档,并将扫描后的红章文件返还至原文件提报部门,确保档案资料准确、无误、无遗失。	档案管理制度	全责

续表

5.月度考勤汇总表编制 　　根据公司考勤管理制度，做好各部门考勤汇总，并就各部门请休假、迟到、早退、补卡等出勤情况进行核对，月初出具考勤汇总表，上报部门经理审批后，递交财务部，确保考勤汇总表数据信息提报的准确性、及时性。	考勤管理制度	全责
6.月度薪酬报表制作及上报 　　根据公司运营管理需要及公司薪酬管理流程，负责依照员工当月出勤情况及员工薪酬福利标准，做好企业各部门员工的薪酬报表制作工作，并经人力行政部经理审核后提报至公司财务部主办会计，确保报表信息准确无误，提报及时。	薪酬管理制度	全责
7.招聘信息撰写及发布，简历筛选，电话邀约 　　根据各部门用人需求，撰写招聘信息，通过现有招聘渠道发布招聘信息，并进行简历初步筛选及人才电话邀约，确保招聘信息符合人才招聘需求。	招聘管理制度	全责
8.员工入职手续办理 　　根据人力资源管理流程及制度要求，提前一周书面通知新员工入职事宜，告知入职所带证照（包括入职需带的身份证、学历证书、原单位离职证明、银行卡、证件照等相关个人资料），并做好入职后的工作安排事宜。	招聘管理制度	全责
9.劳动合同管理 　　根据劳动合同法规定及公司人力资源管理要求，做好新入职员工的劳动合同签订工作，并做好在职员工的合同变更、合同续签及合同终止书面告知等事宜，确保劳动合同签订及时、准确和无遗漏。	人力资源管理制度	全责
10.离职及解聘手续办理 　　根据劳动法和劳动合同法规定，做好离职人员物品交接及离职手续办理工作；针对公司解聘人员，以书面形式报请公司总经理批准后办理相关解聘事宜及劳动赔偿，避免劳动纠纷发生。	人力资源管理制度	全责
11.员工社保和公积金办理 　　根据劳动法和劳动合同法相关规定，经人力行政部经理审核，报公司总经理批准后，及时完成新进员工的社保及公积金缴纳工作，确保信息准确无误。	人力资源管理制度	全责
12.月度培训实施、培训评估 　　根据公司人力资源管理规定和员工培训需求，依照员工培训计划，做好公司培训实施工作（会议参会人员的通知、会议组织、培训评估及会场安排），并在培训后，根据培训计划做好培训后期的培训评估工作。	培训计划	全责
13.绩效数据收集、整合及上报 　　根据公司绩效管理制度，协助人力行政部经理做好各部门绩效数据收集、绩效数据检查、绩效数据整合及上报工作，确保绩效数据的有效性和完整性。	绩效管理制度	全责
14.工伤理赔 　　根据国家工伤保险相关规定，做好员工工伤认定申报、工伤保险待遇申请和职工工伤劳动能力鉴定工作，确保工伤理赔资料提交以及后续工作跟进的及时性。	劳动法	非常态
15.办公用品采购 　　根据企业经营发展需要及各部门办公用品采购申请，依据审批后的物品采购单，采购办公用品以及做好办公用品的发票收集和费用报销工作。	采购管理制度	全责
16.人员证书管理 　　根据公司证书管理规定，做好员工证书的考试报名以及现有持证人员到期、逾期证书的继续教育工作，并确保考试报名的及时性和持证人员证书的有效性。	公司证书管理规定	全责

17.公司证照资质管理及维护 　　根据国家相关证照的管理规定,并结合企业证照管理要求,做好公司各类证照的保管、维护、变更、延续和年检工作,确保证书的有效性,并做好证照的台账登记工作。	行政管理制度	非常态
18.行政办公资产管理 　　根据公司行政办公资产管理需要,做好行政办公资产(含公司自用类车辆)管理的台账登记、铭牌标签粘贴工作,并定期进行核对盘点,确保台账的准确性和完整性,做到账实相符,以及做好行政办公资产的维护、维修、调配、报废、核销等相关工作。	行政管理制度	阶段性
19.行政仓库管理 　　根据公司仓库管理规定,协同行政文员做好仓库的物品现场管理工作、台账登记工作、月度盘库工作,确保物品无丢失、无损坏、账实相符。	行政管理制度	全责
20.其他工作事项 　　完成上级交办的其他临时性任务。	上级临时性工作安排	全责

(二)职位说明书的输出方法和实践经验

输出职位说明书的过程叫作"岗位分析"。岗位分析是输出职位说明书的必经过程,岗位分析就是一个系统地收集和分析岗位信息的过程。通过一系列系统的、有效的方法对岗位进行研究,明确其工作任务和职责、与其他岗位的工作关系以及该岗位的任职资格等信息。

岗位分析通过特定的方式和途径分析企业里面每一个岗位的职、责、权、利等内容,岗位分析的方法通常包括实践法、访谈法、问卷调查法、观察法、日志法等。这些方法的大概含义解释如下。

(1)实践法,通过对目标岗位的实践可以了解工作的实际任务以及该工作对人的体力、环境、社会等方面的要求;观察、记录与核实工作负荷与工作条件;观察、记录、分析工作流程及工作方法,找出不合理之处。实践法适用于短期内可以掌握的工作岗位。

(2)访谈法,分为个别访谈法、集体访谈法、上级主管访谈法。其实是通过这三种途径对目标岗位的工作内容进行了解和记录的方法。

(3)问卷调查法,该方法需要提前对岗位分析涉及的内容制定固定格式的问卷,这是笔者在多年的咨询工作中经常使用的方法。问卷调查法能够从众多员工处迅速得到信息,节省时间和人力,且费用低;员工填写问卷信息的时间较为宽裕,不会影响工作时间,适用于在短时间内对大量人员进行调查的情形。从结果来看,结构化问卷所得到的答案比较系统,利于后续职位说明书的汇编。

这里介绍一种咨询实践中总结出来的高效问卷调查法使用技巧,就是将职位说明书的框架性模板直接当作调查问卷使用,这样在做调查的同时,实际已经呈现了职位说明书的初稿。需要注意的是,用此高效的方法进行问卷调查时,建议设立一个主持人进行填写引导,包括填写方法、内容、注意事项等。这样做,上交上来的调研问卷质量是相对比较高的。

(4)观察法,该方法通常适合语言表达和书写能力比较弱的人员使用。被观察者的工作应相对稳定、工作场所也应相对固定,这样便于观察。同时也适用于工作内容标准化,工作周期较短,并以体力活动为主的工作岗位。

(5)日志法,就是让员工按照既定的要求记录自己日常工作内容的方法。该方法如果运用得好，能够获得大量、准确的岗位信息。但这种方法也存在很大的弊端，比如收集到的信息可能较凌乱、无序，后期整理工作比较复杂和耗时；同时这种方法一定程度上增加了员工的工作负担，也存在夸大自己工作重要性和人为扩大工作内容的倾向。

以上几类方法是笔者所用到过的岗位分析方法，使用最多的是问卷调查法、访谈法和观察法。现结合咨询实践将问卷调查法、访谈法和观察法的实践经验和注意事项进行分享，具体内容如下。

问卷调查法。通常本书咨询团队会依照企业实际情况和需求制定基于该企业职位说明书模板的职位说明书问卷，也可理解为问卷即职位说明书的模板。接下来，咨询团队会以集体会议的形式，将职位说明书问卷投影到大屏幕上，然后由咨询团队成员带领被调研岗位的员工逐项、逐条填写职位说明书问卷。如果在前期企业调研期间发现企业的学历层次相对较低，还会采取让部分岗位人员派出2～3人同时填写的措施，最后选取或者整合为一份职位说明书。从咨询实践来看，该方法速度快、效率高，普遍适用于各类企业。但是该方法最大的不足是职位说明书模板填写的质量很大程度上受到企业员工文化水平的影响，这一点十分明显。具体表现为学历层次高的企业员工培训的速度快、书写的速度快、职位说明书初稿质量高；相反，学历层次低的企业员工书写过程中问题频出，员工理解能力受限，举手提问情况随时出现，需要配备较多的咨询老师进行现场辅导和答疑，另外，即使在咨询老师大量解释和辅导的前提下，上交的职位说明书质量依然堪忧。

访谈法的应用是在职位说明书初稿输出之后，再由咨询老师、岗位当事人、岗位主管领导组成职位说明书修订小组，依照前一阶段上交上来的职位说明书初稿，在三方在场的情况下，将职位说明书初稿投影在屏幕上，然后对职位说明书进行逐项、逐条的审核、修订和编写工作，最终完成职位说明书二稿工作。

观察法在实际工作中应用较少，这里笔者举一个观察法应用的典型案例，该项目是为浙江某大型集团企业进行人力资源咨询，当时由笔者带队，并有几名在读研究生参与。在岗位分析阶段，巧遇"烧饭工"这个岗位，该岗位由几名年纪相对较大的老大爷担任。几位老大爷不会讲普通话，存在语言不通的问题，另外由于文化水平很低，又无法使用问卷法。无奈之下，只能采用观察法对该岗位进行了岗位分析工作。指派团队里面的一位同事用两天的时间形影不离地跟随老大爷，观察其工作内容，最终该同事不但明确、详细地梳理出了这几名老大爷的职位说明书，而且两天的时间里还学会了蒸大米饭，这就是观察法的使用场景和实际案例。

(三)职位说明书法输出绩效指标的必要前提及样板

在职位说明书结构和内容环节提到了一个问题，目前很多企业的职位说明书虽说有，但是缺乏科学性和实用性，因此无法满足指标提取的需要。由于本环节重点梳理和讲解如何通过职位说明书提取绩效指标，在此不再对职位说明书其他内容做过多讲解，重点讲解与指标提取有联系的职位说明书的工作职责部分，工作职责也就是岗位工作内容。在职位说明书岗位工作内容的描述部分要切记：职位说明书工作内容部分描述的是工作的结果而非过程。通常以"三段论"的形式描述岗位工作内容，其形式是"根据什么规定和制度，做好什么方面和内容的工作，结果是什么"。即工作职责的书面表述格式、内容一定要符合"根据（为了）什么，做好什么，结果是什么"的文字叙述结构和表达方式。这样的职位说明书才能满足指标提取的需要,如表 3-27 所示。

表 3-27　某企业人事专员职位说明书职责部分示例

工作范围(内容)	工作依据	负责程度
1.招聘管理 　　根据企业经营发展需要及各部门招聘需求计划,做好以及指导下属岗位做好公司各部门人员的招聘信息发布、应聘人员筛选、初试、复试等相关管理工作;保证人员供给,确保保质保量招聘到位。	招聘计划及招聘需求	全责
2.培训与开发 　　根据企业各部门的培训需求,拟定年度培训计划,上报总经理,并做好外部培训课程价格及培训师的查找,内部培训教师的确认。并根据培训结果,对培训效果进行评估,不断完善培训方案。	培训需求	全责

通过职位说明书工作职责(内容)部分的展示,读者不难发现在该企业人事管理岗位,无论是招聘管理工作还是培训与开发管理工作,工作职责(内容)的描述无论是从行文结构角度还是内容结构角度,大致都符合"根据(为了)什么,做好什么,结果是什么"的文字叙述结构和表达方式。由此,通过上述内容,依照指标提取的经验至少可以提取出"招聘计划达成率"和"培训计划达成率"两个绩效指标。具体使用职位说明书提取绩效指标的方法和经验下面会详细讲解。

(四)职位说明书法输出绩效指标的特点和过程

1.对应用者经验要求很高,尤其是要懂各部门业务

用职位说明书提取绩效指标的方法总体可分为两大操作部分,分别是职位说明书的制定和依照职位说明书进行指标提取。

首先,在职位说明书的制定环节,通常会使用到问卷调查法、访谈法这两种岗位分析方法,从咨询实践来看,应用者若想很好地完成职位说明书的制定,就要熟悉企业的状况和各部门岗位分布。在现实管理中,进行岗位分析之前,还需对企业的组织架构、岗位设置、岗位编制、岗位分工甚至岗位名称予以明确,也就是平时所说的完成企业定架构,部门定岗定编的前期工作。完成上述工作后,依照企业的实际需要制定对应的职位说明书问卷模板,这个过程需要充分沟通、讨论、酝酿和试填写。在职位说明书问卷模板填写过程中,要求主持人在自己理解和熟练掌握职位说明书问卷模板的基础上,以会议形式带领参会人员逐项、逐条完成职位说明书初稿的填写,以及做好问题答疑,才能输出符合企业指标提取需要的职位说明书。

其次,在职位说明书指标提取环节,如何从职位说明书工作职责(内容)当中提取出符合和满足绩效考核需求的绩效指标是一个难点和重点。这个环节大部分是凭借应用者的绩效指标提取经验来进行指标提取的,有些书将其称为"经验法"或"专家评估法"。从现实经验来看,在本环节,咨询老师或者本方法的应用者的经验水平直接决定了指标提取的数量和质量。

为了便于读者普遍使用本方法,笔者从咨询经验中总结出了一个相对普遍适用的方法,暂且把这种方法命名为"三方会谈法"。在对企业内部任何一个岗位通过职位说明书提取绩效指标的过程中,首先将职位说明书投影出来或者一式三份打印出来,然后由咨询老师或企业人力资源部人员、岗位当事人、本岗位的直接上级主管共同参与组成一个三方会谈小组,

指标提取工作由三方人员共同参与，甚至在特殊情况下还可以邀请分管领导或联系比较密切的部门或岗位参与，组成扩大的三方会谈小组。这样做的目的其实很明确，由于人力资源部人员在一定程度上未必能够充分了解企业所有岗位的工作内容、工作核心和考核重点，邀请岗位当事人、本岗位的直接上级主管共同参与组成一个三方会谈小组恰恰解决了这个头等难题。即便如此，企业的人力资源人员在这个过程中仍然要充当主持人、引导者和表述内容总结者的角色。由此可见，在使用职位说明书提取绩效考核指标的过程中，对各个部门的业务非常了解和熟悉是对人力资源人员提出的要求和条件。

2. 职位说明书法输出的指标多数属于事务性指标

本书前面章节已经详细讲解了战略地图法提取绩效指标的内容，战略地图是基于企业战略层面的，提取的是偏向于战略层面和导向的指标。应用职位说明书提取的绩效指标，其最大特点就是绩效指标非常偏向于事务性，与岗位的工作内容十分贴近，可以将其理解为"基于工作职责和内容而提取工作内容相关的绩效指标"。这种指标无关乎企业战略目标，使用该方法进行绩效指标提取和绩效考核，纯粹是对各个岗位的实际工作内容进行的事务性考核，考核的目的和导向直指本岗位工作的完成情况，这是本方法的局限性。因而，这方法对于有战略规划和长短期经营目标的企业并不适用，使用战略地图法和鱼骨图法输出基于企业战略层面的经营性指标后，配合使用本方法，才能满足企业需求，否则就存在缺陷。

3. 方法实用性强，容易掌握

前面讲到了该方法具有一定的局限性，无法覆盖和输出企业战略规划和长短期经营目标的指标，除此之外，不可否认该方法的实用性非常强，而且方法容易掌握。从咨询实践来看，使用职位说明书提取绩效指标的方法具有非常强的普遍适用性，能够被大多数企业接受。

从实际咨询经验来看，通过职位说明书进行绩效指标提取很容易被企业专业的人力资源从业人员和非专业的人力资源部门人员接受，或许刚开始使用该方法进行绩效指标提取的时候好似摸不着头脑、找不到方向和方法，但三方会谈小组成员一旦进行了1—3个岗位的提取工作，灵感似乎如滔滔江水般涌上心头，方法掌握了、思路变宽了、建议变多了、讨论激烈了、争论也有了，指标数量和质量也直线上升了。

4. 员工参与性高，指标与岗位工作吻合度高

在咨询实践中发现一个很有趣的现象，以三方会谈小组形式使用职位说明书法提取绩效指标的过程中，无论是人力资源部人员、岗位当事人，还是本岗位的直接上级主管，随着绩效指标提取工作的开展和方法的熟练，三方人员的积极性会逐渐提高，职位说明书法提取绩效指标的方法不再成为他们的壁垒。他们更加关注自己的工作，更加能够融入指标提取的过程，更加能够提出关乎自己工作的意见和建议，甚至会和上级主管领导讨价还价谈条件，比如：如果把这个工作100%完成，将得到什么样的奖励和回报等。诚然这些都是企业和企业管理者愿意看到的，也是绩效管理工作和绩效指标提取工作发挥到极致的具体体现。

在咨询实践过程中，坦率地讲，在进驻企业提供咨询之前，企业最担心和最大的疑问是：企业的绩效管理能够顺利实施吗？其实，通过绩效指标提取一个小的环节就能够发现，绩效推行过程中方法很重要，如果方法足够科学、足够民主，有足够的实施和操作经验，那么绩效实施的第一个环节就已经将员工"拉"进来了，他们已经参与并接受了绩效管理的推行过程和方法。当整体的绩效管理体系形成的时候，他们不再是旁观者和评判者，他们实际上已经成了参与者和体系的制定者了,你还会担心绩效体系无法推行吗?

九、筛选关键绩效指标

前面对关键绩效指标的定义、用法、特征等进行了详细的讲解和梳理,了解了关键绩效指标(KPI)是从众多的绩效考评指标体系中提取出来的重要性和关键性的指标。关键绩效指标能够体现被考核部门或被考核岗位的核心工作职能,能够解释和展示出被考核部门或被考核岗位80％以上的核心工作。

本书前面也讲解了用鱼骨图法、战略地图法、职位说明书法等提取绩效指标的具体过程、步骤和内容。通过以上方法可以为一个企业、一个部门或者一个岗位提取出适合不同考核对象使用的绩效指标,通常情况下,使用上述方法会提取出非常多的绩效指标。那么,问题来了,以岗位层面考核为例,考核对象的考核指标总数量不可能过多,换句话说,将提取出来的全部绩效指标都应用到考核当中,这是不可能的,也是不科学、不切实际的。在对考核对象进行考核的时候使用的是关键绩效指标,也就是通常津津乐道的 KPI,是针对被考核部门或被考核岗位的核心工作职能,即能够解释和展示出被考核部门或被考核岗位80％以上核心工作内容的考量和评价,因此,这就需要从诸如鱼骨图法、战略地图法、职位说明书提取的众多绩效指标中筛选出关键绩效指标。从绩效指标到关键绩效指标(KPI)的筛选过程中,会用到一个非常知名的管理工具,即 SMART 原则。

(一)SMART 原则的概念

SMART 是 5 个英文单词首字母的缩写。SMART 原则在筛选关键绩效指标的过程中起到了"漏斗"的作用,通过 SMART 原则的筛选就能够分辨出哪些指标是可以当作关键绩效指标使用的,哪些指标是无法当作关键绩效指标用来考核的,因此,SMART 原则就解决了区分关键绩效指标和非关键绩效指标的问题,起到了筛选关键绩效指标的作用。

另外,SMART 是英文单词"聪明"的意思,但在绩效管理环节中所应用的 SMART 和"聪明"没有任何的联系和关系,仅仅是一种巧合。

关于 SMART 原则,通过表 3-28 来理解和学习。

表 3-28　SMART 原则概述

名称	原则	描述
SMART 原则	S 代表具体(specific)	指绩效考核要切中特定的工作指标,不能笼统
	M 代表可度量(measurable)	指绩效指标是数量化或者行为化的,验证这些绩效指标的数据或者信息是可以获得的
	A 代表可实现、可获得(attainable)	观点1:指绩效指标在付出努力的情况下可以实现,避免设立过高或过低的目标 观点2:指衡量绩效指标完成情况的数据可获得
	R 代表关联性(relevant)	指绩效指标与上级目标、本职工作具有明确的关联性,最终与公司目标相结合
	T 代表有时限(time bound)	注重完成绩效指标的特定期限,有时限要求

(二)SMART 的具体内容、使用方法及案例分享

结合管理咨询实践,对 SMART 的具体使用方法和相关咨询经验进行以下讲解和分享,以便于读者在后续的工作中借鉴和使用。

需要说明一点,并非所有的绩效考核指标都适合使用 SMART 原则进行指标筛选,首先要明确一下 SMART 原则的指标筛选对象。绩效指标可以分为态度类、行为类和结果类指标,在此分类基础上又可以将态度类、行为类指标归为不可量化指标,而将通过鱼骨图、战略地图或职位说明书提取的与岗位工作密切联系的具体结果类指标归为量化指标。因此,必须明确说明在使用 SMART 原则进行关键绩效指标筛选的时候,筛选的对象一定是量化类指标,态度类、行为类指标不适合使用 SMART 原则。

1.S 代表具体(specific)

指绩效考核要针对核心的、重点的、时间占比比较多的工作内容进行考核,要切中特定的工作指标,不能笼统。从咨询实践角度分析,意思就是说关键绩效指标首先要符合"具体"这样一个原则和条件,绩效指标的名称要具体、含义也要具体,指标要有具体的应用对象和场景。下面列举两类相反的指标类型,一类是具体的绩效考核指标,一类是非具体的绩效考核指标,以此来说明什么样的指标是具体的,什么样的指标不是具体的。

(1)具体的绩效考核指标举例,如表 3-29 所示。

表 3-29 具体的绩效考核指标示例

指标类型	绩效指标举例	特点
结果类指标	招聘计划达成率、设备稼动率、月度产值、员工工伤发生次数、报表上交逾期次数、缺勤天数、劳动纪律违规次数、产品不良率、客户有效投诉次数、应收款回笼率、坏账发生额等	符合 SMART 原则当中的 S(specific,具体)原则

(2)非具体的绩效考核指标举例,如表 3-30 所示。

表 3-30 非具体的绩效考核指标示例

指标类型	绩效指标举例	特点
结果类指标	工伤事故、人员伤亡、安全效率、员工岗前培训、在岗培训、请假、做好培训工作、改善客户满意度等	不符合 SMART 原则当中的 S(specific,具体)的原则

如何区分哪些指标是具体的,哪些指标不是具体的,除了依照文字含义和经验来区分以外,实际上通过上述举例,读者不难发现,但凡称得上具体的绩效考核指标,一般来讲指标的后缀词都以诸如额度、个数、次数、人数、时数、满意度、达成率、完成率、合格次数、周转次数、完成时间、逾期天数、费用额、预算控制额、费效比、人均效率的形式和含义构成。

2.M 代表可度量(measurable)

可度量或者称为"可衡量",指绩效指标是数量化或者行为化的,最主要的绩效指标是可测的,验证这些绩效指标的数据或者信息是可以获得的。以人力资源部"招聘计划达成率"

举例说明,首先从这个指标设置的初衷和目的来看,招聘计划达成率这个指标是对负责招聘工作的招聘专员岗位进行绩效考核的一个指标,用来考量招聘专员在考核期内招聘工作的完成情况。招聘计划达成率的考核标准即衡量和计算招聘工作是否达成,完成效果的方法是"百分比法",具体的计算公式是:实际招聘到岗人数/计划招聘人数×100%。其中,公式的分子"实际招聘到岗人数"各个企业的认定方式有所不同,有些企业以办理入职手续为准,有些企业以员工报到上岗为准,有些企业以员工工作满3个工作日为准,也有些比较严苛的企业以员工试用期转正为准。此外,公式的分母"计划招聘人数"是人力资源部经理依照企业用工计划、外部劳动力市场供给关系、企业薪酬水平和企业招聘岗位的紧急程度与招聘专员谈判商定后共同制定的。一般来讲,如果企业拟招聘的岗位劳动力市场供大于求、企业给出的薪酬水平富有市场竞争力、企业具有品牌影响力和口碑,那么在人力资源部经理与招聘专员谈判商定的时候,可能这个值就大一些,通俗地讲,就是招聘专员可能会承诺招聘量更大一些,招聘周期更短一些;反之,如果企业地理位置偏僻、薪酬水平较低、拟招聘岗位劳动力市场供小于求,那么招聘的难度就会加大,招聘专员就会对拟招聘岗位的面试人数、到岗时间等工作的完成情况讨价还价或者要求改变招聘条件和薪酬支付水平,甚至拒绝招聘。这种情况下,分母"计划招聘人数"这个值就要小一些。

3. A 代表可实现、可获得(attainable)

笔者查阅了很多学术专著,不同的书对 attainable 有不同的解释。该原则一般来讲有两层含义,其一是可实现的,指绩效指标在员工付出努力的情况下可以实现,避免设立过高或过低的目标。其二是可获得的,准确地说用来衡量绩效考核指标的数据是可以低成本获得的。

首先,讲一下 attainable 的第一种含义"可实现的"。

在本书第三章中已经明确地阐述过,绩效考核的真正目的是激励员工持续提高效率。绩效考核只是一种手段和平台,通过绩效考核这样一个"抓手"不断地发现员工在考核周期内工作的不足和短板,进而通过绩效考核的结果反映出来,然后管理人员帮助员工弥补短板持续提升员工绩效,从而达到和实现激励员工持续提高效率的绩效考核目的。在绩效指标制定环节,绩效指标衡量标准不能设定得过低或过高,以一个业务员岗位举例,"销售额"是业务员岗位经常使用的一个关键绩效指标,销售额的衡量标准和计算方式通常是"实际销售额/销售目标×100%"或者"回款额/销售目标×100%"。在咨询实践中,如果销售员岗位年度、季度或月度的销售目标定得比较低,业务员很容易就能够实现和达成销售目标,那么在一定意义上就失去了制定"销售目标"的作用;反之,如果销售员岗位年度、季度或月度的销售目标定得非常高,即使业务员使出浑身解数全力以赴也无法完成销售目标,那么这样的指标更起不到激励员工的作用,反倒让业务员失去了完成销售目标和挑战销售目标的积极性。因此,绩效考核标准不能制定得过低或过高,最好的方式和标准是基于以往年度或月份某业务员业绩完成情况,并结合目前市场繁荣程度、需求程度、产品竞争力和价格等因素,制定出让业务员"跳一跳能够摘到"的绩效考核标准。

讲到这里,似乎很多读者开始有了疑问,不是在讲绩效指标吗? 不是在讲 SMART 吗? 不是在讲指标只有符合 SMART 原则中的 A 即"可实现性",才有可能认定为关键绩效指标吗? 怎么上述一段文字讲的全是绩效考核标准? 的确,有关 SMART 原则中的"可实现性",

讲到这里，不难发现并得出一个结论，SMART 原则中的 A 即"可实现性"，即绩效考核指标在员工付出努力的情况下可以实现，应避免指标达成的标准设定得过高或过低，以这层意思和这样的解释来理解筛选关键绩效指标是错误的，因为确定一个指标设定得高或低的考核目标是在绩效考核标准设定环节，检验考核目标设定得高或低是在一个完整考核周期之后，并非绩效指标环节就能衡量一个指标设立得过高或过低，这是错误的。准确地说关键绩效指标筛选环节认定绩效考核指标的"可实现性"，实则是将绩效衡量标准的工作前置了，指标筛选环节是无法深入、触及、衡量一个指标设立过高或过低的，也无法解答绩效指标是否具备"可实现性"。因此，可以将 SMART 原则中的 attainable 理解为"可实现"，指绩效指标在员工付出努力的情况下可以实现，避免设立过高或过低的目标。这种学术解释和应用是有局限性的，只有在一种条件下成立，即企业的绩效管理工作已经运行了至少一个周期。

其次，将 SMART 原则中的 attainable 理解为"可获得"，准确地说用来衡量绩效考核指标的数据是可以低成本获得的，似乎更符合逻辑、更讲得通。

从咨询实践来看，在为被考核者提取绩效指标时，凭经验第一眼看到某个绩效指标甚至关键绩效指标似乎是可行的、可用的，但经过 1～2 个考核周期的实践、运行和应用，发现问题出来了。其中一个最典型的问题，就是某个指标看似可以考核、可以执行，但是用来衡量这个指标完成情况的原始数据收集起来有很大难度。比如，出现收集指标考核数据时间太长、需要协同的部门太多、涉及的岗位太多、数据提取时间和考核周期冲突、收集数据花费的人工成本太高等问题。这就造成了某些绩效考核指标看似可以考核，也应该考核，实际却无法考核的情况出现。在本章前面讲过一个咨询案例，现将这个咨询案例再次搬到这里，恰巧也可以用于解释上述问题。

这是一家电池制造企业，电池的类型就是我们平时手电筒、遥控器和儿童玩具上常用到的 5 号或 7 号碱性电池。该企业也是国内老牌的电池生产加工企业，主要是为欧美等国外客户进行 OEM 代工及少部分的国内代工和直销，该企业引进和拥有几十条国内外先进的自动化电池生产线。为了更好解释上述问题，人为抛开企业的一些实际生产状态和自动化程度，在这里做一些数据模拟和假设。假设该企业拥有 30 条生产线，一分钟的产能约是 800节电池，那么，按照实际产能计算，该企业一分钟的产能就是 24000 节电池，按照一天 8 个小时的工作时间计算，这一天的产量将是一个天文数字。假如说要对生产线的车间主管岗位、各条线的班组长岗位进行有关产品质量的考核，那么，可能最先想到和用到的一个绩效考核指标就是"产品合格率"。从指标的专业性、准确性、岗位相关性分析，这个指标简直是太合适不过了，但是，如果仔细考虑或者当真把这个指标应用到考核中去，却发现是不可行的。原因解释如下：假如企业的产品检验不是自动化检验，需要人工检验，可以去分析一下，该企业一天可能需要组织几百名员工对几亿节完工电池的合格情况进行检验，由此看来，检验结果和产品合格率的数据当然是能够拿到的，但是为了一个考核指标，取得一个数据付出的劳动力代价未免也太大了。因此，这个指标就出现了上面提到的情况：指标没问题，看似也能考核，但真的要去考核的时候会发现考核的支撑数据很难取得，就造成了绩效考核指标评分数据难以获取，考评者无法对考评指标进行评分的状况。类似这种情况在日常指标提取过程中会时有发生，因此，在进行指标提取的时候应该遵循"attainable"（可获得）的这个原则，尽可能避免该情况的发生。

再延伸讨论一下上述问题，假设，仍然需要考核产品的品质合格情况，仍然是需要人工检测，那么有没有一种方法或者一个指标能够解决这个问题，实现既能够考核又无须大量人工投入？答案是肯定的。只需要将"产品合格率"改为"百节电池抽检合格率"即可。

4. R 代表关联性（relevant）

绩效指标与本岗位工作有关联，或者理解为与上级要求和部门目标具有明确的关联性，最终与公司目标相联系。

在提取绩效指标时，应该掌握准绳和方向，目标不能偏离。从咨询实践角度，可以将绩效指标的关联性理解为绩效指标首先与本岗位的工作职责、工作范围、工作内容具有强关联性，坚决不能将其他岗位的指标或者与本岗位没有任何关系的指标当作本岗位的绩效指标进行考核。其次，在绩效指标提取过程中还要将眼光放远，兼顾企业战略和发展目标，将部门的、公司的重点工作任务和工作目标分解到本岗位。下面通过一个案例来说明指标关联性的含义和实际应用。该案例在本章前面已经讲过。

有一年，笔者为一家企业进行咨询前期项目诊断，在查阅该企业以往绩效考核原始表单的时候，发现一个很有趣、很震惊的事情，该企业将"销售额""生产产值"这两个指标用来对企业里面所有岗位进行考核。笔者便问该企业的负责人为什么要这样做，当时企业老板是这样回答的："'千斤重担千人挑，人人身上有指标'，我出去培训，培训老师告诉我的。"坦率地讲，企业负责人的出发点是好的，目的导向也能理解，他是想让企业所有人都关注企业的销售额与生产产值，他认为企业销售额和产值的达成有赖于全体员工的努力，但从绩效管理的角度来看这个问题，方法是错误的，而且是绝对不可行的。说得极端点，一个工厂的保洁、保安、食堂的大师傅也来进行"销售额""生产产值"考核有意义吗？能起到激励员工的作用吗？答案是不能的。相反，对员工进行没有针对性且与本职工作没有关联性的指标考核，反倒挫伤员工的积极性，让员工反感和排斥绩效考核工作。

5. T 代表有时限（time bound）

注重完成绩效指标的特定期限，考量指标有无明确的时间要求。关于时限性的原则，在咨询实践中笔者对这一条原则似乎应用得不是很多，该类型指标出现的频率也不是很高，准确地说有时限性要求的指标似乎有大概率和高频率地出现、集中在某几个指标上。比如说人力资源部薪酬管理专员这个岗位，该岗位有一个非常重要的阶段性工作就是制作和上报《月度考勤汇总表》和《工资核算表》，人力资源部经理在对薪酬专员这个岗位进行月度考核的时候提取出了一个关键绩效指标"月报表上交逾期天数"，由于企业员工工资发放时间是固定的，财务部对外报账的时间也是固定的，因此，明确规定每月 3 日前务必上交月度考勤汇总表和工资核算表，每逾期一天扣除 5 分的绩效考核分，直至本项权重分数扣完。那么，从这个案例不难看出，"月报表上交逾期天数"无论是"月报表"还是"逾期天数"等字眼，无不体现和透露出了绩效指标时限性的要求。但笔者认为 SMART 原则中"有时限"（time bound）的原则并不适用于所有指标，也未必是所有指标一定要具备时限性，这个因指标不同而定。

为了更好地说明和理解 SMART 的具体用法，接下来，通过一张表格来统筹和对比一下 SMART 原则这个指标筛选"漏斗"的 5 项衡量标准的作用。

如表 3-31 所示，根据 SMART 原则筛选理想的绩效考核指标。

表 3-31 SMART 原则应用示例

岗位	指标名称	SMART 原则筛选指标					备注
		具体的 (specific)	可度量 (measurable)	可实现、可获得 (attainable)	关联性 (relevant)	时限性 (time bound)	
销售部经理	年度销售额	√	√	√	√	√	采纳
	年度利润率	√	√	√	√	√	采纳
	年度新客户开发个数	√	√	√	√	√	采纳
	年度老客户流失个数(率)	√	√	√	√	√	采纳
	年度应收款回收率	√	√	√	√	√	采纳
	销售管理制度建立				√		排除
	新员工培训				√		排除
	年度生产产值	√	√	√		√	排除
	试用期员工零流失率	√	√		√		排除
	安全事故				√		排除

(三)SMART 原则的应用实践

上述内容是从专业理论的角度对 SMART 原则在关键绩效指标筛选过程中概念和应用的讲解,关于 SMART 原则的实际应用,笔者将实际咨询项目中的体会和观点归纳为以下几点,这些来自咨询实践的体会和观点,很大程度上能够帮助读者深入了解 SMART 原则并将其应用到工作和实践当中。

1. 不符合 SMART 原则的绩效指标原则上不视作关键绩效指标(KPI)

对单个岗位的绩效考核来讲,由于每个岗位日常的工作内容非常多,每项工作花费的时间不同、耗费的工作精力不同、产生的工作结果也不同。有些工作是为了实现和达成企业战略目标而做的,而有些工作仅仅是一些日常辅助类工作、事务性的琐事。所以,每个岗位的工作内容都有主次之分,有重点和非重点之分,由这一系列工作内容输出的绩效指标其本质上仅仅是符合了"指标"的概念,满足了"指标"的定义和要求,但是这些指标在实际绩效考核过程中未必是全部要采用的,未必都能当作关键绩效指标(KPI)考量,只有通过 SMART 原则的筛选和过滤后,才能在真正意义上成为一个可使用的、可衡量的,能够实际运用的关键绩效指标(KPI)。从过程上来说,SMART 原则是绩效指标过渡到关键绩效指标的桥梁。

2. 符合 SMART 原则的绩效指标可以用作考核,但未必考核

无论是通过鱼骨图法提取的绩效指标,还是通过战略地图法提取的绩效指标,或者是通过职位说明书法提取的绩效指标,通过 SMART 原则的筛选和过滤后都会输出很多完全符合要求的关键绩效指标,这种情况在多家企业的咨询过程中都出现过。一般来讲,用于单个岗位考核的关键绩效指标基本上控制在5~8个为宜,但是很多情况下企业通过 SMART 原则筛选和过滤后的指标会超出这个数量,所以,在这个时候就产生了一个新的问题:如何在多个符合考核要求和 SMART 原则的关键绩效指标当中,最终选择5~8个关键绩效指标用

来进行绩效考核？对于这个问题,在实际咨询过程中一般会遵循以下三种原则。

第一种原则:选择和优先考虑与战略目标相一致的指标。从企业层面上来说,这一原则是指关键绩效指标的选取应与企业总体战略、经营目标保持一致,有助于企业战略目标达成的关键绩效指标优先选取。由此将员工的行为和工作结果引向组织目标的方向。

第二种原则:基于本岗位工作内容和职责考虑,在完成日常工作任务的过程中,占用时间较多、花费精力较大、工作难度较大的工作一般会优先认定为最终考核范畴。

第三种原则:以上级负责人的意见优先的原则。以单个部门为例,部门经理属于企业的中层管理者,往上要落实高层管理者下达的战略和经营目标,往下又要将上级的工作任务进行分解、分配和落实。因此,在关键绩效指标选择的时候,一定程度上遵从上级负责人的建议和意见,有助于企业战略目标、经营计划的达成以及部门的有效管理。

3. 除了符合 SMART 原则外,也有其他因素用来选取和确定关键绩效指标

关于关键绩效指标的确定,在咨询实践中经常会碰到一些特殊情况,通常一个绩效指标能否当作关键绩效指标使用,是通过 SMART 原则进行衡量的,但是也会出现绩效指标本身不完全符合 SMART 原则的 5 项衡量标准的情况,企业的分管领导、部门负责人甚至员工自己会提出来某个指标需要作为关键绩效指标进行考核,这种情况会在很多企业出现,大多数情况下这种特殊的意见和建议会被合情合理地采纳。因此,尽管指标不完全符合 SMART 原则的 5 项衡量标准,但最终会被当作关键绩效指标去考核,这种情况是合理的。

4. 并非每一个关键绩效指标认定和使用的时候都会用 SMART 原则来衡量

打一个比方,绝大多数读者或许都去过医院,医院的主治大夫通常会在脖子上挂一个金属的听诊器,可以随时用来听诊患者的心肺情况,这种听诊器的使用频率非常高,不然医生也不会每天将其挂在脖子上。在绩效指标的筛选过程中,SMART 原则就好比医生的听诊器,不同的是,医生会用听诊器为问诊的绝大部分病人"听"一下,这是基础诊断,而 SMART 原则未必会对每一个关键绩效指标进行"基础诊断"。从咨询实践来看,不论是从哪种途径输出的绩效指标,当这些绩效指标通过企业管理者的参与提取出来的时候,参与者已经初步认定和选择好了哪些指标需要考核,哪些指标不需要考核,哪些指标优先考核,哪些指标可以排在后面考核。其奥秘在于工作是他们在做的,指标提取是他们参与提取的,因此,他们对要采纳使用和能够采纳使用的绩效指标很清楚。这实际上就造成了并非每一个要考核的关键绩效指标一定要经过 SMART 原则衡量后才被认定使用或排除。很多情况下,考核者对某个指标进行关键绩效指标考核并产生疑问的时候,才拿起 SMART 原则这个"听诊器"进行诊断和衡量。

十、绩效指标输出路径总结

本章前面已经详细讲解了如何使用不同的工具和方法输出绩效指标和关键绩效指标,并结合咨询实践重点对鱼骨图法、战略地图法和职位说明书法输出绩效指标的步骤、方法进行了详细讲解。细心的读者不难发现,从上述讲解的过程来看,这些工具在输出绩效指标的过程中存在差异化和自身的鲜明特点,但是仔细研究和总结,上述方法也存在着很多的共同点。下面就鱼骨图法和战略地图法提取指标的过程进行总结和归纳。通过归纳,读者能够

更加透彻、清晰地理解清楚这两种方法在使用过程中的异同之处，更有利于读者后续灵活运用。由于职位说明书法和上述两种方法在过程、步骤、指标输出路径上存在的差异较大，因此，在下面的讲解中不再涉及职位说明书法。以关键绩效指标的专业化输出路径为方向进行指标输出路径和步骤的分解，如图3-33所示。

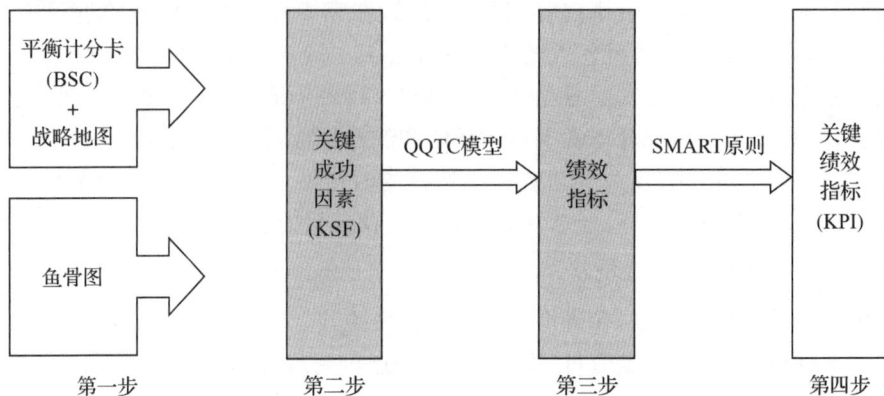

图 3-33　关键绩效指标输出路径和步骤分解

从图3-33中能够清晰地了解到，无论是鱼骨图法还是战略地图法，它们都有异曲同工之处，都是通过上述四个步骤最终输出了关键绩效指标，正所谓"条条大路通罗马"。下面以上述四步骤进行归纳分析。

(一)构建战略地图或鱼骨图

各位读者可以仔细回忆一下前面有关构建战略地图或鱼骨图过程的内容，鱼骨图法是进行横向构建(左右构建)的一种方式，过程包括定鱼头(部门目标)、输出关键举措(关键成功因素,KSF)、输出绩效指标等步骤(详见图3-6)。

与鱼骨图构建方式相反，战略地图则是纵向构建(自上而下构建)的方式，从战略地图最顶端的使命、愿景和价值观确立，到财务层面构建、客户层面构建、内部流程层面构建，最后是员工学习与成长层面构建，最终完成了整个战略地图的纵向"搭积木"工作(详见图3-17)。

(二)输出关键举措(关键成功因素,KSF)

无论是横向构建的鱼骨图还是纵向构建的战略地图，这两种方法在第一步构建时方式、方法、步骤是完全不同的，理念不同、思路不同、出发点也不同。尽管有这么大的差异，但两者最终的目标都是输出关键举措(关键成功因素,KSF)，这一点是完全相同的，因此输出关键举措(关键成功因素,KSF)的环节是两种方法的趋同之处和转折点。

(三)由关键举措(关键成功因素,KSF)输出绩效指标

在这个过程中，QQTC模型起到了至关重要的桥梁作用，正是有了QQTC模型，才使得关键举措(关键成功因素,KSF)转化为绩效指标有了可能。QQTC模型实际上为关键举措(关键成功因素,KSF)转化成绩效指标的过程提供了一种方向，就是指引使用该方法的人员

通过数量维度、质量维度、时间维度和成本维度并结合头脑风暴的方式提取出绩效指标。QQTC模型输出绩效指标的框架模板如表3-32所示。

表 3-32　QQTC 模板

KSF 维度	数量（Q）	质量（Q）	时间（T）	成本（C）
关键举措 KSF				

在工作实践中，还有很多种方法能够实现从关键举措（关键成功因素，KSF）转化成绩效指标。尽管方法不同，但道理确实很相似，最终都能够达到提取指标的目的。这里笔者简单介绍另外一种方法：器术法环导向法，这种方法读者应该见得不多，器术法环导向法中，"器"的意思是工具、"术"的意思是方法、"法"的意思是制度、"环"的意思是流程。也就是说，可以通过与岗位职责和内容相关的工具、方法、制度、流程四个维度和方向提取绩效指标，这里只做介绍不再深入讲解。

（四）从绩效指标输出关键绩效指标（KPI）

绩效指标输出关键绩效指标的过程中，用到的最核心方法和工具就是 SMART 原则，SMART 原则在筛选关键绩效指标的过程中起到了"漏斗"的作用，通过 SMART 原则的筛选，就能够分辨出哪些指标可以当作关键绩效指标使用，哪些指标无法当作关键绩效指标用来考核，因此 SMART 原则就起到了区分关键绩效指标、筛选关键绩效指标的作用。

以上是本书讲解的关键绩效指标提取过程中所用到的理论、工具和方法，并由笔者结合上述工具方法的咨询实践对关键绩效指标提取的知识进行了详细的阐述和说明。

绩效管理的理论和知识应用随着时代的变迁在不断优化，有关绩效指标提取的工具和方法非常多，笔者也仅仅是基于自身的咨询实践和理解进行了讲解，希望能为读者日常绩效管理工作提供借鉴和帮助。

第四章　绩效指标考评标准

一、绩效指标考评标准

(一)绩效指标考评标准的概念

绩效指标考评标准也称作"绩效指标考核标准""绩效指标评价标准"。绩效指标考评标准是一个集合概念,它由"标记"和"标度"两个要素组成,从绩效指标考评表现形式上区分,又可以将它分为量化式考评标准和非量化式考评标准。之所以采用"考评"二字作为标题,原因在于绩效指标分为定性指标和定量指标,从"考评"的字面意思分析,概括性更强一些,因此,考评与考核相比较,使用"考评"二字相对更适合一些;所谓标准就是衡量事物的依据和准则。绩效指标考评标准是指对员工绩效完成情况和结果进行考量、评定、分级的尺度。通俗点讲,绩效指标考评标准的制定就是对员工在考核周期内工作完成的质量、完成的速度等情况,用不同的方式和方法进行评定和衡量的办法和过程。其目的就是针对不同的绩效指标,使用对应的、合适的衡量方式或计算方式评估出指标完成的好坏。

对组织或员工的绩效进行系统全面的考评,只有绩效考评的指标体系是不够的,它仅仅解决了考评项目和内容的具体化问题,只是对考评项目和内容进行了"质化",还没有实现"量化",只有使绩效考评指标具备了确切的衡量尺度即考评标准,才能提高考评的质量,更好地发挥绩效管理的功能和作用。绩效指标考评标准的建立,使组织与组织、员工与员工之间,不但能用自己现在的绩效与过去进行纵向对比,看到自己的进步和不足,还能将自己的绩效与别人进行横向对比,找出自己的优势和差距,以便取长补短,实现持续提升绩效的目的。

(二)绩效指标考评标准的组成要素

绩效指标考评标准常用组成要素:标记、标度。标记和标度是在制定绩效指标考评标准过程中经常会用到的两种常识性概念,这两个概念是后续所有绩效标准制定的基础和必须用到的要素。为了更清楚地解释这两个关键的要素,下面通过一张表格进行初步的直观理解,如表 4-1 所示。

表 4-1 连续型考评标准

考核指标	考评标准(标记)	优秀(A)	良好(B)	合格(C)	需改进(D)
员工满意度	标度	90%≤满意度≤100%	80%≤满意度<90%	60%≤满意度<80%	满意度<60%

资料来源:安鸿章(2014)。

1.标记

标记也称作"标号""标志",是指不同强度和频率的标记符号,通常用字母(如 A、B、C、D 等)、汉字(如甲、乙、丙、丁等)或数字来表示。标记独立使用没有意义,只有在特定的格式下赋予它某种意义时,它才具有意义。

2.标度

所谓标度,就是区分、界定、说明事物和目标对象高低、好坏的尺度,是测量的单位标准。它可以是经典的测量尺度(即类别、顺序、等距和比例尺度),也可以是现代数学的模糊集合、尺度;可以是数量化的单位,也可以是非数量化的标号。总之,可以是定量的,也可以是定性的。标度是评价标准的基础部分,它同评价的计量方法与计量体系有密切的关系。

(三)绩效指标考评标准的类型

绩效指标考评标准按照不同的方式和方法分为很多种类型,这些类型有些在实际绩效考评当中经常用到,有些几乎不用,因此,笔者结合咨询实践分享以下几种绩效指标考评标准的类型。

1.定义型考评标准

定义型考评标准如表 4-2 所示。

表 4-2 定义型考评标准

评价要素	优秀(A)	良好(B)	合格(C)	需改进(D)
部门员工凝聚力	部门人员团结,工作配合好,团队凝聚力强	部门人员较团结,工作配合较好,团队凝聚力较强	部门人员一般团结,工作配合一般,团队凝聚力一般	部门人员不团结,工作配合较差,团队凝聚力较弱

资料来源:安鸿章(2014)。

定义型考评标准主要是用作定性类绩效指标的考核标准制定,包括对态度类指标和行为类指标的考核。从该标准的名称就可以大概理解到它的使用对象和使用方法。通常在绩效考核过程中,由于对态度类指标和行为类指标的评价很难用非常准确的、量化的数据进行衡量,因此,在制定态度类指标和行为类指标的评价标准的时候,只能够"变相地"用分级定义的方式,将本身无法量化的态度类指标和行为类指标进行人为的"分级定义",这种考评标准制定的方式和方法被称为定义型考评标准。

2.离散型考评标准

离散型考评标准如表4-3所示。

表4-3　离散型考评标准

考核指标	指标定义	考核标准(标度)				
计划统筹能力	是否能够有计划、有步骤地完成领导交办的工作,使本岗位的工作能与整个部门或所在工作团队的工作目标相匹配	0分	3分	6分	9分	12分

资料来源:安鸿章(2014)。

离散型考评标准是在绩效考核中最常用的一种考评标准制定和指标衡量方法,之所以称为离散型,原因在于绩效指标考评标准的衡量标度通常使用离散的数据进行衡量,这些数据通常由等差、等距、等比的一些差异化数据组成。该方法的初衷和设置目的是通过标度的不同,区分指标完成的好坏和隶属等级。在一些特殊情况下,该方法的标度未必是数字,也有可能是其他的度量方式,比如:甲等、乙等、丙等,或很好、较好、一般、差、很差等。

3.连续型考评标准

连续型考评标准详见表4-1。

连续型考评标准是在对考核对象依照最终的考核结果进行等级评定和等级归类过程中使用到的方式和方法。从实际咨询经验来看,该方法很少被单独或直接应用于单一指标的考核与衡量,更多的是用在绩效制度制定环节。以表4-1为例,在绩效结果兑现环节,该方法就可以解决什么样的分数区间可以被评定为A级(优秀),什么样的分数区间可以被评定为B级(良好)的问题。不同的得分等级就会对应不同的绩效结果兑现系数,比如,被评定为A级可以享受绩效工资基数×1.2绩效兑现系数,评定为B级可以享受绩效工资基数×1.0绩效兑现系数等,如表4-4所示。

表4-4　绩效结果兑现系数示例

考评结果	优秀(A)	良好(B)	合格(C)	需改进(D)
绩效兑现系数	1.2	1.0	0.8	0.5

(四)绩效指标考评标准的分类

绩效指标考评标准从不同的角度区分可以有不同的分类。随着绩效管理理论的不断发展进步以及实践经验的增加和成果的积累,国内外关于绩效指标考评标准的分类和认定也出现了很多种归类。不同的企业、不同类型和用途的指标会基于绩效标准的概念和基本思想,并依据实际考核和评定的需要,变化和延伸出许许多多的考评标准类型,而且这种变化和延伸会随着绩效标准的持续应用不断地增加和推陈出新。结合学术类书籍、不同行业资深人士观点以及笔者的管理咨询实践经验,现将目前出现过的绩效指标考评标准做以下分类和简单介绍,仅供读者参考使用,具体的使用方法和过程这里不再赘述。

绩效考评标准分类具体详见表4-5。

表 4-5 绩效指标考评标准分类

分类	考评标准类型	内容释义
按照评价的手段分类	1.定量标准	用数量作为标度的标准,如工作能力和工作成果一般用分数作为标度
	2.定性标准	用评语或字符作为标度的标准,如对员工性格的描述
按照评价的尺度分类	1.类别标准	用类别尺度作为标度的标准,它实质上同定性标准中的以数字符号为标度的标准相同
	2.等级标准	用等级尺度作为标度的标准
	3.等距标准	用等距尺度作为标度的标准。与等级标准不同的是,用等距标准测得的分数可以相加,而等级标准测得的分数不能相加
	4.比值标准	用比值作为标度的标准。这类标准所指的对象通常是工作的数量与质量、出勤率等
	5.隶属度标准	用模糊数学中隶属系数作为标度的标准。这类标准基本上适用于所有评价内容,能回答经典标度无法解决的问题
按照标准的形态分类	1.静态标准	A.分段式标准,是将每个要素(评价因子)分为若干个等级,并给各个要素的分数赋予权重,再将每个等级的分值分成若干个小档(幅度) B.评语式标准,是运用文字描述每个要素的不同等级。这是运用最广泛的一种 C.量表式标准,是利用刻度量表的形式,直观地划分等级,在评价了每个要素之后,就可以在量表上形成一条曲线 D.对比式标准,就是将各个要素的最好的一端与最差的一端作为两极,中间分为若干个等级 E.隶属度标准,就是以隶属函数为标度的标准,它一般通过相当于某一等级的"多大程度"来评定
	2.动态标准	A.行为特征标准,就是通过观察分析,选择一例关键行为作为评价的标准 B.目标管理标准,是以目标管理为基础的评价标准,目标管理是一种以绩效为目标,以开发能力为重点的评价方法 C.情景评价标准,是对领导人员进行评价的标准。它是从领导者与被领导者、环境的相互关系出来设计问卷调查表,由下级对上级进行评价,然后按一定的标准转化为分数 D.工作模拟标准,是通过操作表演、文字处理和角色扮演等工作模拟,将测试行为同标准行为进行比较,从中出评定

续表

分类	考评标准类型	内容释义
按照标准的属性分类	1.绝对标准	建立员工工作的行为特质标准,然后将达到该项标准列入评估范围内,而不在员工间做比较。绝对标准的评估重点,在于以固定标准衡量员工,而不是与其他员工的表现做比较
	2.相对标准	将员工间的绩效表现相互比较,以相互比较来评定个人工作的好坏,将被评估者按某种向度做顺序排名,或将被评估者归入先前决定的等级内,再加以排名
	3.客观标准	评估者在判断员工所具有的特质,以及其执行工作的绩效时,对每项特质或绩效表现,在评定量表上每一点的相对基准上予以定位,以帮助评估者做评价

二、定性类绩效指标考评标准

通过对绩效指标考评标准分类的总结和归类内容讲解,读者不难看出,绩效指标考评标准分类的方式、方法非常多,从咨询实践来看,这些分类和具体的绩效指标考评标准有一些会经常用到,有一些几乎是用不到的,还有一些在特定的企业性质和特定的绩效制定过程中才会被使用到。因此,笔者结合企业实际情况和以往的咨询实践经验,对最常用的两种绩效标准评价方式,即指标定性评价标准和指标定量评价标准进行详细讲解,这两种考评标准在绝大多数企业中都适用。

(一)定性类指标评价标准的概念及举例

定性类指标评价标准概念:用评语或字符作为标度的评价标准,而且这种方式的评价标度通常是等级式标度、等比式标度或等差式标度,如表4-6所示。

表4-6　某企业定性指标评价标准示例

类型	指标	等级	评价标准
品质特征绩效评估标准(定性类)	工作执行能力:能够准确理解上级所分配工作的真实意图并高效地完成,达到预期的效果	A级(0分)	对上级分配工作任务的意图一知半解,需要经常性督导,仍然无法完成工作任务和工作计划,工作效率及工作质量低下
		B级(5分)	能够理解上级分配工作的真实意图,但是需要时时督导,才能完成工作任务和相关工作计划,且工作质量一般
		C级(10分)	能理解上级分配工作的真实意图,基本上按时完成工作任务和工作计划,工作任务完成质量尚可
		D级(15分)	能够充分理解上级分配工作的真实意图,积极主动按时完成工作任务和工作计划,并得以赞许
		E级(20分)	能够深层次理解上级分配工作的意图,全面落实工作任务和工作计划,并能够独立解决工作中遇到的困难,经常超越目标和预期达成任务

如表 4-6 所示,某企业普通职员类岗位的品质特征绩效评估标准就是对定性式评估标准的实际应用。其中,执行能力是一个典型的品质特征类指标,而表格里面的 A、B、C、D、E 是比较标准的标记,A、B、C、D、E 所对应的分数和内容则是衡量指标完成好与坏的标度。

(二)定性类指标评价标准制定时常见的问题

在企业绩效考核过程中,对于非量化类指标如品质特征类指标和行为特征类指标的考核是个难点,这个难点的核心是品质特征类指标和行为特征类指标通常情况下很难像结果类指标那样用数据和公式进行指标量化考核。一般情况下,品质特征类指标和行为特征类指标的考核,都是由考评者"拍脑袋"或凭感觉对被考评者进行绩效评分的。在现实考评过程当中,有些企业对于品质特征类指标和行为特征类指标压根就没有评价标准,看到指标就直接打分的情况和现象非常多,这就在一定程度上造成了这类指标的考评结果缺乏依据、主观性强、结果不具备说服力、考核结果容易扯皮等。表 4-7 是常见的没有考评标准的品质特征类指标和行为特征类指标。

表 4-7　某企业品质特征类指标和行为特征类指标

类型	指标	权重占比/%	评估标准	评估得分
品质特征类指标	执行能力	15	A 级(0 分) B 级(5 分) C 级(10 分) D 级(15 分) E 级(20 分)	
	团队精神			
	学习能力			
	沟通协调能力			
	责任感			
行为特征类指标	成本意识	15	A 级(0 分) B 级(5 分) C 级(10 分) D 级(15 分) E 级(20 分)	
	服务协作意识			
	积极性			
	纪律性			
	原则性			

对于定性指标的评价方式和方法,在实际咨询工作中,曾经因无法量化的问题,企业员工对该问题持有不同的看法,出现过很多不同的声音,每种声音都代表不同的理由和观点。有些企业的考核者观点比较直接,做法比较果断,他们认为既然定性指标无法用具体的数据和公式进行量化,那么索性就直接去掉这类指标,全部使用可量化的结果类关键绩效指标进行考核。也有些企业对于定性指标的考核比较武断和纠结,他们认为虽然定性类指标在考评标准上出现了难以量化的问题,但是对于态度和行为等定性类指标的考核还是不能缺少的,全部使用定量类的关键绩效指标是不全面的,因此他们建议仍然要对定性类指标进行考核。

(三)行为锚定等级评价法

如何解决品质特征类指标和行为特征类指标量化的问题,如何建立科学有效的定性指标评价标准,成了很多企业比较头疼的问题。笔者团队参考借鉴了大量绩效管理书的专业理论,结合实际咨询经验,并通过众多企业的咨询管理实践,发现"行为锚定等级评价法"是适用性较强的定性类指标评价标准衡量方法。现将该方法进行具体介绍和举例。

行为锚定等级评价法也称"行为定位法""行为决定性等级量表法""行为定位等级法"等。该方法由美国学者史密斯(P. C. Smith)和肯德尔(L. Kendall)于1963年提出。

行为锚定等级评价法是一种将同一类职务工作可能发生的各种典型行为进行区分、分等级、评分和度量,建立一个锚定评分表,以此为依据,并结合员工考核周期内的表现和"关键事件"对员工工作中的实际行为进行对照评定的考评办法。

关键事件也称作"关键事件法",是由美国学者福莱·诺格(John C. Flanagan)和伯恩斯(Baras)在1954年共同创立的管理思想和方法,它是被考评者上级主管记录员工日常工作中的关键事件:做得特别好的工作事件和做得差的工作事件。利用积累的关键事件记录,由主管与被考评者就关键事件进行讨论和确认,作为绩效指标考评标准的参考信息和评分依据。

行为锚定等级评价法实质上是把关键事件法与评级量表法结合起来,兼具两者之长。行为锚定等级评价法是关键事件法的进一步拓展和应用。它将关键事件和等级评价有效地结合在一起,通过任何一张行为等级评价表都可以发现,在同一个绩效维度中存在一系列的行为,每种行为分别表示这一维度中的一种特定绩效水平,将绩效水平按等级量化,可以使考评的结果更有效、更公平,如表4-8所示。

表4-8 某企业行为锚定等级评价法应用示例

1.工作执行能力:能够准确理解上级分配工作的真实意图并高效地完成,达到预期的效果				
A级(0分)	B级(5分)	C级(10分)	D级(15分)	E级(20分)
对上级分配工作任务的意图一知半解,需要经常性督导,仍然无法完成工作任务和工作计划,工作效率及工作质量低下	能够理解上级分配工作的真实意图,但是需要时时督导,才能完成工作任务和相关工作计划,且工作质量一般	能理解上级分配工作的真实意图,基本上按时完成工作任务和工作计划,工作任务完成质量尚可	能够充分理解上级分配工作的真实意图,积极主动按时完成工作任务和工作计划,并得以赞许	能够深层次理解上级分配工作的意图,全面落实工作任务和工作计划,并能够独立解决工作中遇到的困难,经常超越目标和预期达成任务

2.团队协作精神:具备团队精神,能够为了团队共同目标的实现,积极主动与他人合作,充分发挥自己的特长和能力

A级(0分)	B级(5分)	C级(10分)	D级(15分)	E级(20分)
不能与他人很好合作,缺乏团队精神,独断专行,且对团队任务的完成造成一定的负面影响	不擅长团队合作,缺乏团队合作精神,且对团队任务的完成造成轻微的负面影响	与他人合作较难开展,团队合作意识不强,协作支持的过程中常有不愉快的事情发生,但基本上能保证团队任务的完成	能够与他人较顺畅地合作,有一定的团队合作意识,共事和相互支持,能保证团队任务的完成	善于与他人合作共事,相互支持,有较强的团队合作意识,并且能够充分发挥团队成员各自的优势,保持良好的团队工作氛围,出色完成团队任务

3.主动学习能力:进取心极强,不断充实业务知识,积极参加公司或部门组织的各项培训

A级(0分)	B级(5分)	C级(10分)	D级(15分)	E级(20分)
不思进取、因循守旧、墨守成规,不愿投入精力学习新的业务和知识,缺乏创新精神	业务学习存在应付现象,按部就班,循规蹈矩,很少提出新想法、新措施与新的工作方法	能学习新业务,但思想不够开阔,较少提出新想法、新措施与新的工作方法	工作中能够努力学习,提出新想法、新措施与新的工作方法并有创新意识	工作中能不断提出新想法、新措施,善于学习,注意规避风险,锐意求新,有良好的创新精神

4.沟通协调能力:擅长与人沟通,思维清晰,表达能力强,具备同理心,关心同事,经常能够通过有效的沟通达到目标

A级(0分)	B级(5分)	C级(10分)	D级(15分)	E级(20分)
态度生硬,口气高傲,自以为是,不愿意与人进行沟通和交流	较为自我,不太愿意与人主动沟通,自我封闭的情况较多	能主动与他人进行沟通,但有时表现出不耐烦的情绪	能利用多种机会与他人进行坦诚的沟通,建立较好的工作关系	无论是面对何人何事,都能本着解决问题和对事不对人的原则,坦诚相待、开诚布公、友好相处

　　通过上面内容的讲解不难发现,企业在进行定性类品质特征类指标和行为特征类指标考核的时候,如果没有制定行为锚定等级评价标准,考评者在进行评分的时候就会出现近因效应、晕轮效应等个人主观原因而造成的考核结果偏差情况。由此也会造成定性类指标考核过程中出现严苛误差和宽松误差情况,分数过高或过低的现象发生,在很大程度上影响考核结果的公平性。

　　行为锚定等级评价法标准的建立,将无法量化的定性类绩效考核指标评定标准进行了变相的可量化性转化,使原本没有等级、没有标度、无法量化评分的定性类指标有了度量和区分评价的依据,增强了定性类指标考核结果的客观性、有效性和可信度。因此,行为锚定等级评价法在咨询实践当中被很多企业接受,且使用效果和评分结果都十分理想。

三、定量类绩效指标考评标准

定量类绩效指标考评标准的制定就是借用计算公式或数据对绩效指标进行数量、比例、等差、是否完成等情况的衡量。定量类绩效指标考评标准的制定在企业绩效管理环节是一个重点，也是一个难点。在实际咨询过程中，需要在掌握基本的制定方法和工具的基础上，通过不断地实践和经验总结，才能够制定出切实可行的指标考评标准。

（一）定量类绩效指标考评标准的制定

关于定量类绩效指标考评标准的制定，笔者总结出以下几点经验和心得体会。

1. 定量类绩效指标考评标准的使用对象是关键绩效指标

定量类绩效指标考评标准是相对于定性类指标考评标准而论的，前面章节也详细描述了定性类绩效指标考评标准制定的方法，如行为锚定等级评价法等。相对于定性类指标考评标准的制定过程，定量类绩效指标考评标准的制定过程和方法相对比较复杂和烦琐。从指标分类角度来说，前面章节已经谈到过，定性类绩效指标考评标准是针对态度类和行为类绩效指标而制定的，那么，定量类绩效指标考评标准的使用对象则是结果类关键绩效指标（KPI）。日常考核中结果类关键绩效指标（KPI）的考核，适用定量类绩效指标考评标准进行指标衡量。

2. 定量类绩效指标考评标准的制定在考核过程中是必须使用到的方法

在企业绩效考核过程中，企业的考核指标通常会分为两大类，即定性类绩效指标和定量类绩效指标，且定性类绩效指标和定量类绩效指标的指标权重一般会设置为 20∶80 的比例或者 30∶70 的比例，因此，从指标的比例关系不难看出，定量类绩效指标是绩效考核过程中考量比较多的指标类型，由此就决定了定量类绩效指标考评标准的制定在绩效考核过程中是必须使用到的，否则无法完成绩效指标的衡量工作，也就无法推进和完成企业的绩效考核工作。

3. 定量类绩效指标考评标准针对不同的绩效指标使用不同的指标评价标准

在企业绩效考核过程中，企业类型不同、产品不同、流程不同、岗位职责分工不同就会造成每个企业的考核指标不同，不同的考核指标就会对应使用不同的绩效指标考评标准。从实践来看，针对不同的绩效指标选择合适的绩效指标考评标准的过程是十分关键的，因为评价标准选取得好坏和适合与否决定了绩效指标评价的信度和效度。适合的、适用的、有针对性的评价标准能够准确、科学地衡量出绩效指标的完成情况，且能够激发员工的工作热情，反之，则会妨碍绩效考核工作，出现员工对考核结果不认可、不信服，甚至出现不配合绩效考核的情况。

（二）四种通用的定量类绩效考核指标考评标准

纵览人力资源专业书，结合企业咨询实践经验，发现定量类绩效指标考评标准制定的理论和方法非常多,形式也千差万别,依照咨询实践经验,笔者认为表4-9所列的四种关于定量类关键绩效指标(KPI)的评价标准是比较容易理解和掌握的,且这几种方法通过实践验证了它们的实用性和普遍适用性,尤其在适用性方面,表4-9所列的四类标准能够满足目前绝大多数企业的绩效指标考评标准制定的要求。

表4-9　四种定量类绩效考核指标考评标准

分类	定义	方法	定义
定量类绩效考核指标	是指以数字信息为评价依据的考核指标	非此即彼法	指对考核结果只做两个可供选择的结果认定,要么完成,要么没有完成
		百分比法	考核得分=实际值/标准值×100%
		层差法	根据计分原则按区间划分分数,对应区间设计大致的计算方法
		加减分法	按照事先设定的加减标准对指标进行加减分

在绩效考核过程中一般会依照指标的类型不同、特性不同而选择性使用这些方法。下面结合咨询实践,对这四种方法的具体使用经验进行详细讲解,详情如表4-10所示。

表4-10　四种定量类绩效考核指标考评标准应用示例

指标名称	计算公式	量化方法	评分标准
培训计划完成情况	培训计划完成与否	非此即彼法	完成,得分:100 没完成,得分:0
当年销售利润总额	(实际值/目标值)×100%	百分比法	(实际值/目标值)×100%
员工离职率	当年公司正式员工离职人数/当年公司正式员工平均人数×100%	层差法	0%～5%(含5%),得100分;5%～10%(含10%),得60分;10%以上,得0分
薪酬、福利、绩效考核结果计算及时性、准确性	1.薪酬、福利、绩效考核的计算是否在规定的时间内完成(每月15日之前) 2.计算结果是否准确无误	加减分法	推迟一天扣10分,出现一次错误扣20分

通过表4-10的应用示例,能够清晰了解和对比非此即彼法、百分比法、层差法和加减分法的具体使用情况和含义,在日常绩效管理工作中,对于上述四种方法的使用也有很多的注意事项和技巧,下面就分别将四种方法进行详细讲述。

1.非此即彼法

有些书也称作"0—1法",0就是0分,1就是100分,这种方法只存在两种结果判定标准,即要么完成,要么没有完成。其意思和用法可以通俗地理解为工作没有完成就是0分,100项工作即使完成了99项也是0分;工作完成了就是100分。从咨询实践经验来看,该方法在日常使用过程中常常被认为是非常严格的绩效指标考评标准,因此,在实际使用该方法的过程中,经常出现考核者与被考核者针对是否要使用这个方法考核进行"讨价"的情况。尤其是被考核者,对是否同意启用该方法进行考核存在很大的心理压力,因为被考核者很清楚,一旦同意使用非此即彼法对本职工作进行考核与衡量,也就意味着这个工作就必须完成,否则后果很严重。但对于考核者来说,启用该方法对员工进行考核是因为某一项绩效指标十分重要,比如是关乎安全、消防、客户投诉、事故类的指标。从企业绩效考核实践来看,企业管理层则习惯和喜欢使用非此即彼法,他们认为但凡启用非此即彼法进行衡量的绩效指标都是公司的高压线,是碰不得的,也是必须完成的工作任务。结合企业咨询实践,下面对非此即彼法的使用进行模拟举例,方便读者理解。如表4-11所示。

表 4-11　非此即彼法考评标准应用示例

序号	绩效指标	考评标准	得分
1	安全生产责任事故	以安全生产事故直接经济损失大于 5000 元或出现人员死亡情况为考量标准。未发生本项满分,发生本项 0 分	
2	消防安全事故	消防安全事故直接经济损失大于 2000 元或消防部门到场施救为考量标准。未发生本项满分,发生本项 0 分	
3	质量事故	将违反施工工艺或施工标准造成直接经济损失大于 5000 元视为工艺及质量事故。未发生本项满分,发生本项 0 分	
4	廉政建设	以是否违反公司廉政管理规定为考量标准。未发生本项满分,发生本项 0 分	
5	客户投诉	以是否发生产品质量、客户服务等工作失职原因造成的客户有效投诉为考量标准。未发生本项满分,发生本项 0 分	

2.百分比法

百分比法也称作"百分率法""比率法",通常被认为是最典型的定量类绩效指标标准的衡量方法。在咨询实践中,无论是考核者还是被考核者,都乐于接受该方法,他们认为这种方法相比其他绩效指标衡量方法更加客观、公平和易于计算。百分比法也是在企业绩效考核标准制定和选择中经常会用到的一种方法,尤其在销售、生产等部门使用的频率较高。以销售部门为例,比如销售额、利润率、新客户开发率、老客户流失率、应收款回笼率、死账呆账发生率等考核指标,考核标准制定时都会首选百分比法进行计算和考量,很大原因在于这些考核指标使用百分比法的过程中,用于衡量指标完成情况的分子和分母数据都能够通过财务部门的统计获得,且得到的统计数据都是十分真实和精确的,因此,百分比法在上述这些指标的考量上是十分适合的。

另外,百分比法在使用过程中需要注意一点,即它使用的前提是绩效考核指标一定要符合 SMART 原则中的可实现、可获得(Attainable)原则,用于计算指标完成情况的分子和分母数据必须是可以低成本获得的。避免某个指标看似可以考核、可以执行,但是用来衡量这个指标完成情况的数据收集起来有很大难度,比如收集指标时间太长、涉及的部门太多、涉及的岗位太多、数据提取时间和考核周期冲突、收集数据花费的人工成本太高等问题。结合企业咨询实践,下面对百分比法的使用进行模拟举例,方便读者理解,如图 4-12 所示。

表 4-12 百分比法考评标准应用示例

序号	绩效指标	考评标准	得分
1	订单履约率	实际按期履约订单数量/已下单数量×100%	
2	销售计划达成率	实际销售额/计划销售额×100%	
3	应收款回笼率	已回款金额/应回款金额×100%	
4	利润率	实际利润额/目标利润额×100%	
5	老客户流失率	实际流失量/客户总量×100%	

3. 层差法

层差法也称作"区间赋分法",是按照指标在不同区间、不同标准下完成的情况而给予对应的分值。从咨询实践来看,层差法是在绩效考核过程中应用得比较少的一种绩效考评标准衡量方法。在日常考核中由于工作内容的特性,以及该方法制定的时候需要对不同区间工作完成情况赋予不同的分数,测量工作相对烦琐;因此该方法在实际应用过程中只有很少的指标会选用这种衡量方法。其实在很多情况下,指标要么是没法用其他方法才会使用层差法,要么是恰巧使用层差法发现最合适才会选用。层差法在使用过程中最大的难点在于不同区间的赋分值需要进行反复的测量和实践。就以员工流失率这个指标进行举例和分析,对这个指标进行区间赋分的时候,分值的多少成了一个关键点,假设将区间赋分值设定为0%~5%(含5%)得分100分,5%~10%(含10%)得60分,10%以上得0分,那么在实际操作中,无论是考核者还是被考核者都会关注区间赋分的值是否合适,赋分的度是否过于严苛或宽松,这个问题是区间赋分法在实际应用过程中经常会发生的一个问题,也是一个难题。

笔者在咨询实践中总结发现,对于层差法(区间赋分法)的使用有以下两个注意点,这些注意点会在很大程度上影响到区间赋分法的使用效果,下面分开讲解。

(1)使用层差法(区间赋分法)制定分值区间的时候,分值区间可多可少,通常会分为3~4个分值区间。以员工流失率这个指标进行区间赋分举例,可以将区间赋分值设定为三个分值区间:0%~5%(含5%)得100分,5%~10%(含10%)得60分,10%以上得0分。当然也可以将区间赋分值设定为四个分值区间:0%~5%(含5%)得分100分,5%~10%(含10%)得60分,10%~20%(含20%)得50分,20%以上得0分。上述两种分值区间设置方法不存在对错之分,完全是根据企业实际需要、企业经营与管理现状、考核者与被考核者的主观意见以及绩效指标的特性而制定的,一般来说四个分值区间的赋分方法比三个分值区间的赋分方法精确度高。

(2)使用层差法(区间赋分法)进行分值赋分的时候要给员工预留一定的激励空间。仍然以员工流失率这个指标进行区间赋分举例,可以将区间赋分值设定为三个分值区间:0%~5%(含5%)得100分,5%~10%(含10%)得60分,10%以上得0分。大家不难发现一个细节,将员工的流失率界定在0%~5%(含5%)的时候,被考核部门或责任人就可以得100分,而不是员工的流失率一定是0%的时候才可以得100分,这正是进行分值赋分的时候要给员工预留一定的激励空间的含义。

具有企业管理经历的读者都知道,一定比例的员工流失是一个正常现象,通常情况下任何企业都不存在员工零流失的情况。对于部门员工流失率的考核，尤其是对人数众多、流动频繁的生产部门考核，在运用区间赋分法进行指标考评标准制定的时候更要考虑到预留一定的激励空间。因此，在实际赋分过程中到底分值如何设定，需要结合企业实际运营状况、薪酬水平、管理水平、往年人员流动情况等因素设定适合企业的区间分值。结合企业咨询实践，下面对层差法（区间赋分法）的使用方法进行模拟举例。如表 4-13 所示。

表 4-13　层差法考评标准应用示例

序号	绩效指标	考评标准	得分
1	员工流失率	实际流失人数/期初人员总数×100%；0%～5%（含 5%）得 100 分，5%～10%（含 10%）得 60 分，10%以上得 0 分	
2	销售计划达成率	实际销售额/目标销售额×100%；0%～50%（含 50%）得 0 分，50%～80%（含 80%）得 60 分，80%～99%（含 99%）得 80 分，100%及以上得 100 分	
3	应收款回笼率	实际回笼额/应收总额×100%；0%～50%（含 50%）得 0 分，50%～80%（含 80%）得 60 分，80%～99%（含 99%）得 80 分，100%及以上得 100 分	
4	新客户开发率	实际下单客户数量/新客户开发目标个数×100%；0%～50%（含 50%）得 0 分，50%～80%（含 80%）得 60 分，80%～99%（含 99%）得 80 分，100%及以上得 100 分	
5	老客户流失率	实际流失量/客户总量×100%；0%得 100 分，1%～1.5%（含 1.5%）得 60 分，1.5%以上得 0 分	

4. 加减分法

该方法是在绩效考核过程中使用频率最高的一种绩效考评标准衡量方法，也是经常被员工误解的一种方法。之所以产生误解，原因就在于企业绩效管理过程中，员工大都不了解绩效考核的实质和目的，习惯性认为"考核就是扣分"，尤其是使用加减分法作为考核标准进行指标衡量的时候，更容易让员工误解。因此，在该方法使用的时候一定要讲清楚使用方法和目的。

当然该方法在使用的时候也有一些技巧和注意事项。就以人力资源部薪酬专员为例，薪酬专员需要每月底将公司员工的考勤数据及工资核算表上报至部门经理及财务部，因此，对于报表是否存在错误以及上交是否及时等情况，通常会用报表上交逾期次数和报表错误发生次数进行指标完成情况的考量，针对这两个指标的考核，完全可以采用加减分法进行绩效考评标准的制定，比如考核标准为：每出现一次错误或每出现一次逾期上报扣 2 分。

在使用加减分法制定指标考评标准的时候，根据实际情况和考核需要可以采用"有加也有减"的绩效标准赋分方法。比如某企业有专利申报数量这一考核指标，规定负责专利申报的岗位在考核期内专利目标申报数量为 2 个，每减少一个申报数扣除 5 分。有时候为了激励员工更多、更好地做好和完成专利申报工作，可以将绩效指标考核标准设定为每减少一个申报数扣除 5 分，每增加一个专利申报数奖励 10 分，且奖励的分值最好是大于扣除的分值。由此，将加减分法进行了灵活使用，一定程度上增强了员工工作的积极性，使员工和企业实现了互利和双赢。结合企业咨询实践，下面对加减分法的使用进行模拟举例，方便读者理解，如表 4-14 所示。

表 4-14 加减分法考评标准应用示例

序号	绩效指标	考评标准	得分
1	报表上交逾期次数	每出现一次逾期扣 2 分	
2	报表错误次数	每出现一次错误扣 2 分	
3	员工流失量	本考核周期允许出现 1 个人员流失名额,每增加 1 个流失名额扣除 5 分,本考核周期无流失奖励 10 分	
4	新客户开发个数	本考核周期新客户目标开发个数为 2 个,每减少 1 个扣除 5 分,每增加 1 个奖励 10 分	
5	老客户流失个数	原则上不允许老客户流失,每发生一个客户流失扣除 10 分	

通过上述非此即彼法、百分比法、层差法和加减分法四种方法的讲述,明确了每种绩效考评标准的使用方法,仔细分析上述方法,又会发现一个有趣的现象,就是这些方法之间有时候是可以互换使用的。本来是使用非此即彼法作为考评标准的,也可以换作使用百分比法;本来是使用百分比法的考评标准也可以换作使用加减分法。比如说员工流失率这一指标,可以用实际流失人数/期初人员总数×100%的百分比法,但换作"本考核周期允许出现 1 个人员流失名额,每增加 1 个流失名额扣除 5 分,本考核周期无流失奖励 10 分"的加减分法也同样适用,如表 4-15 所示。

表 4-15 考评方法转换应用示例

指标名称	考评方法	量化公式	得分
员工流失率	百分比法	实际流失人数/期初人员总数×100%	
员工流失率	加减分法	本考核周期允许出现 1 个人员流失名额,每增加 1 个流失名额扣除 5 分,本考核周期无流失奖励 10 分	

其实这不是一种巧合,而是这些方法在条件允许和适用的情况下确实是可以互换使用的。从管理者的角度思考,可以理解为管理及考核的导向不同,用的考评标准就不同,当然起到的作用也不同。一个原本适用百分比法计算和衡量的考核指标,考评者如果认为改用非此即彼法更能够突出指标的重要性,那么,在这种情况下就可以将绩效考评的考评标准进行调整。比如说员工流失率原本的量化标准为"实际流失人数/期初人员总数×100%"的百分比法,则可以根据需要及与被考核者协商改为"出现人员流失 0 分,不发生人员流失 100分"的非此即彼法。

员工流失率考核指标的三种绩效考评标准对比如表 4-16 所示。

表 4-16 绩效考评标准对比应用示例

考核指标	绩效指标衡量方法	计算方法
员工流失率	百分比法	实际流失人数/期初人员总数×100%
	非此即彼法	出现人员流失 0 分,不发生人员流失 100 分
	加减分法	本考核周期允许出现 1 个人员流失名额,每增加 1 个流失名额扣除 5 分,本考核周期无流失奖励 10 分

第五章 绩效指标库

一、绩效指标库的概念和内容

绩效指标库通常又被称为"指标库",准确地说指标库是一种形象的说法,大致意思可以理解为一个企业在完成了绩效指标提取、关键绩效指标筛选、绩效考评标准制定后,将上述内容连带指标库还应该包含的其他内容以固定的格式进行分部门、分岗位归类,形成一套完整的企业绩效考核指标和标准的汇总文件,将这套标准的、成体系的文件形象地称为"指标库"。为了方便后续对指标库进行说明和解释,现将一套模拟制定的指标库模板展现给读者(见表5-1),结合这套指标库模板,将对指标库的内容、格式、用法等内容进行详细讲解。

通用版指标库模板是根据人力资源专业知识理论并结合咨询实践模拟制定的一套较全面和完善的绩效指标库模板,通过模板示例,读者能够直观地对指标库的概念有一个较透彻的理解,并且能够通过对指标库模板的学习和分析学会企业指标库的构建。指标库模板是一套标准格式的指标库,在指标库的实际构建和应用中,由于企业性质不同,考核的方式和方法不同,指标库在表现形式和内容上略有差异。通常是根据企业绩效管理工作的实际需要在上述指标库模板的基础上对指标库进行内容删减、增项、更改和替换等,但大致形式和结构保持不变,比如序号、部门、岗位名称、指标名称、量化公式(考评标准)等内容都是不会有太大变化且必须保留的。

此外,需要说明一个要点,指标库是分部门和分岗位进行制定的,可以理解为一个完善的指标库由企业内部各个部门的指标库组成,而每个部门的指标库又是由部门内各岗位的指标库组成。指标库的组成结构为:单条指标内容集合组成岗位指标库,岗位指标库集合成部门指标库,所有部门的指标库组成企业整体、统一、完整的指标库。

表 5-1　通用版指标库模板

序号	考核部门	岗位	绩效指标	指标定义	量化公式	指标及标准内容详析	数据来源部门	采集表单名称	数据提报人	数据检核人	采集频次	考核周期	数据提交时间
1	人力行政部	人力行政部经理	培训计划达成率	依照"实际培训次数/计划培训次数×100%"的方式计算培训完成情况	实际值/目标值×100%	依照月度实际培训次数与计划培训次数的百分比进行核算。非主观原因造成培训无法实施的情况除外	总经理办公室	关键事件记录	总经理办公室主任	人力行政部经理	每月一次	月度	次月2日
2	人力行政部	人力行政部经理	绩效考核计划达成率	考量绩效考核工作是否按绩效实施计划完成	未完成得分0,完成本项满分	每月应依照绩效管理制度推进绩效管理工作,杜绝人员遗漏,数据错误,确保计划如期完成	总经理办公室	关键事件记录	总经理办公室主任	人力行政部经理	每月一次	月度	次月2日

二、绩效指标库的构成及内容详解

下面将指标库的各项目内容的概念、用法及咨询实践经验进行分享,方便读者学习和应用。

(一)序号

序号就是表明单条指标在指标库的排序先后。一般来讲,每一个岗位在进行绩效考核的时候,关键绩效指标(KPI)的数量控制在5~8个。基于关键绩效指标的数量为5~8个这一前提,那么,在指标库中单个岗位的指标数量也是5~8个,因此,单个岗位在指标库里面的序号数量一般情况下不会超过8条。另外需要说明的是,每个指标在指标库中是不分先后顺序的,也可以理解为,每个指标在指标库中无论是排在1号位还是排在8号位,没有先后和重要程度的区别。

(二)考核部门

这里的考核部门指的是实施考核的部门,也就是考核的主体部门。假设指标库里面的所有指标都用作人力资源部下属各个岗位的考核,那么这里的考核部门就是人力资源部。

(三)岗位名称

岗位名称是指被考核者的岗位名称。在这个环节读者需要注意的是,在这一列里面应该填写的是岗位的标准名称,如人事专员、行政专员、薪酬专员或绩效管理专员等,切记不能填写岗位任职者的名称,如张三、李四等。通俗地讲,被考核者的岗位名称在组织架构和岗位说明书里是什么,这里就填写什么。

(四)绩效指标

绩效指标是指被考核者在绩效考核实施过程中所要考核的关键绩效指标(KPI)。在此需要说明的是,但凡在绩效指标库里面出现的指标都是被确定为要进行考核的关键绩效指标(KPI),都是在考核实施环节要进行评定的指标。在此之前任何一个指标都要经过指标提取、指标筛选、考核者与被考核者进行指标沟通和确定等流程后才能最终纳入指标库。

(五)指标定义

指标定义是指结合企业实际情况对绩效指标进行通俗的解释和说明,目的是使考核者与被考核者都能清晰地明白和理解该指标是什么意思,考核的重点和关键是什么,从咨询经验来看,指标的定义方式通常使用叙述法的表述方式。对于指标定义的解释最好能够结合企业的产品特性、行业术语、企业习惯性叫法等因素,用最简洁、最通俗的方式一句话概括,不求高雅,但求好懂。如表 5-1 中绩效考核计划达成率用的即叙述法的表述方式。咨询实践中发现,对于指标定义的阐述和表述方法除了叙述法之外,有时候还可以用公式法进行表述。发现有些指标定义很难用叙述法解释清楚,即使能够用叙述法进行解释,解释起来也非常复杂,因此改用列公式的方式进行表述或许更加简单、明了。如表 5-1 中,培训计划达成率用的即公式法的表述方式。

(六)量化公式

在指标库里量化公式是一种通俗的叫法,其实质就是绩效指标考评标准的重要组成部分,也称为"绩效指标量化标准"。由于绩效指标库里面的指标均是关键绩效指标(KPI),对于定量类关键绩效指标(KPI)的指标量化方式有非此即彼法、百分比法、层差法和加减分法,因此在绩效指标库中量化公式也是围绕这四种方法进行选择和使用。该环节最核心的工作是根据指标的类型、考评者与被考评者的意见等因素选择合适的指标量化公式。

(七)指标及标准内容详析

该项内容主要是为了说明绩效指标与量化公式在具体绩效实施的时候可能会出现和存在一些特殊情况,以及对这些特殊情况应有哪些处理和界定方法。比如说安全事故发生次数这个考核指标,该指标的定义是:考量在日常生产经营中被考核者的职责和其管辖范围内生产安全、人身安全、消防安全事故的发生次数,量化公式即指标量化标准环节的定义标准是:发生,本项 0 分;不发生,本项满分。怎么样的事故算是安全事故呢?似乎在指标名称、指标定义和量化公式中均没有明确做出解释和界定,因此这类问题需要在指标及标准内容详析里进行明确阐述和界定,为绩效指标和考核工作的顺利实施奠定基础,避免产生误解和无法执行的情况,如表 5-2 所示。

表 5-2　指标及标准内容详析示例

指标名称	指标定义	量化公式	指标及标准内容详析
安全事故发生次数	考量在日常生产经营中被考核者的职责和其管辖范围内生产安全、人身安全、消防安全事故的发生次数	发生,本项 0 分;不发生,本项满分	造成经济损失 2000 元以上的、人身伤亡及消防事故均视为安全事故

在咨询实践中,为了尽可能使指标库简单、明了又具有实用性,在指标库制定环节将指标库进行简化,比如将指标定义项和指标及标准内容详析项进行合并,从实践经验来看也是可行的,相对于上述模板,形式更加简单、更加简洁,且又没有影响绩效考核的推进工作。

(八)数据来源部门

指在绩效考核过程中,向考核部门或考核人员提供被考核岗位关键绩效指标完成情况统计数据的部门。比如品质部经理月度考核过程中对下属 QC 岗位[品质控制岗位包括 IQC(进货检验)、IPQC(过程巡检)、FQC(终检)、OQC(出货检验)岗位]进行月度绩效评分;月度出勤率这个指标是 QC 岗位的一个关键绩效指标,月度出勤率的指标量化评定标准是:实际出勤天数/月度应出勤天数×100%。那么,在实际评分的时候,要想使这个指标的评分具有依据且客观,就需要人力资源部为品质部经理提供本部门每个 QC 岗位的月度考勤原始数据,由人力资源部提供的考勤原始数据具有很强的可信度和权威性。因此,品质部经理月度考核过程中对下属 QC 岗位进行月度绩效评分的数据来源部门就是人力资源部。

通常情况下,数据提供部门都是被考核部门,被考核岗位的上级部门、上级岗位或者平级部门、平级岗位。在考核过程中,为了避免考核作弊以及确保考核结果的公平性、客观性,增强考核结果的信度,考核数据最好来自平行部门,避开由上级部门和本部门提供,这样通过数据的交换环节确保考核结果的真实和有效性。

在咨询实践过程中发现,由于某个部门或岗位情况特殊,存在考核数据无法通过外部(上级或平行部门)提供而只能通过本部门提供的情况。这种情况就需要上级考评者认可这种数据统计和提报渠道,并且在考核实施的过程中,由上级考评者对被考核部门提供的原始数据进行抽检和查验,确保原始数据的有效性。比如,总经理对财务经理岗位的考核指标一般会涉及诸如应收应付账款差错次数、对外报账差错次数、费用报销差错次数、工资发放差错次数、凭证管理差错次数等指标。由于财务部经理岗位的特殊性以及考核者的特殊性,就会产生上述指标的实际完成情况相关数据无法通过外部其他部门提供而只能由财务部提供的现象。

通过与企业的人力资源负责人交流,发现很多企业在绩效管理工作实施过程中,会产生绩效考核的效果不理想或者绩效考核工作实施流于形式的现象,造成上述情况的原因很多,实际上大多是在绩效指标评分环节部门间或岗位间没有进行数据统计和数据交换造成的,缺乏数据统计和交换机制。在咨询实践中总结并发现,企业在实施绩效考核工作过程中,部门间的数据交换是保证绩效考核结果有效性和可信性的基础;很多企业由于没有数据交换,在绩效评分的时候多数是依照感觉和自己对指标的理解进行主观评价的,这就在很大程度上造成了考核结果不科学、缺乏数据支撑、让员工难以信服的情况。

(九)采集表单名称

在绩效考核的过程中,根据绩效指标考核的要求,需要进行绩效考核原始数据的收集和记录,同时又要将绩效数据提供给数据对接部门或岗位使用,因此,将这种日常记录或统计员工绩效完成情况和绩效数据的文件称为"数据采集表单",也称作"采集表单"。从数据采集表单的实际应用情况来看,它记录的可能是一个与考核指标有关的事件,也可能记录的是员工的工作业绩。另外,采集表单有时候需要制定固定的格式,有时候所谓的采集表单仅仅是一张纸片或记录在工作日志上面,但凡能够实现数据记录和传递的载体,广义上均可以称为"采集表单"。

采集表单的格式主要取决于指标的性质和统计的类型,比如,某一个车间主任考核下属班组长班组员工月度违纪次数这个指标,作为车间主任只需要根据每天的工作巡查情况,将各个班组员工违纪情况登记在工作日记当中就可以了,在月末考核的时候,就可以将自己登记的员工违规日记作为考核班组长的原始记录,那么,车间主任的各个班组违纪记录日记就可以称作"数据采集表单"。上述方法有另外一个专有的名词:关键事件记录。部分人力资源书上将这种方法称为关键事件记录法。它是通过对工作中最好或最差的事件进行分析,对造成这一事件的工作行为进行认定,从而作出工作绩效评估的一种方法。这种方法的优点是针对性比较强,对评估优秀和劣等表现十分有效;缺点是对关键事件的把握和分析可能存在某些偏差。从咨询实践来看,关键事件记录法通常情况下是本部门管理者记录本部门员工的日常工作情况的方法,记录结果作为原始数据和事件,用作本部门下属岗位考核,如表5-3所示。

表5-3　关键事件记录法样张

日期	事件名称	内容	备注

与车间主任以日记方式简单记录班组员工月度违纪次数数据的过程相比,大多数情况下,数据采集和输出需要经过数据收集、数据统计和数据整理的过程。比如,人力资源部薪酬专员在为各个部门经理提供员工出勤率或员工迟到次数原始考核数据的时候,制表的过程就比上面讲的关键事件记录法案例复杂得多。从当今企业的考勤工具和考勤系统使用情况来看,薪酬专员首先要通过考勤软件或原始考勤登记表将各个部门员工的月度出勤情况进行整理、分析和核对;其次,需要将核对后的考勤数据分部门、分岗位进行统计、登记和制表;最后才能将反映各个部门员工出勤率或员工迟到次数的原始考核数据提供给数据使用

部门负责人。

(十)数据提报人

数据提报人就是提供原始统计数据的员工。该岗位可以是本部门的负责人或部门内某岗位员工,以关键事件记录的方式或者数据统计的方式,收集、整理、统计部门各岗位的原始考核数据,用于考核周期末本部门员工的考核。

另外,数据提报人也可以是外部门的负责人或外部门某岗位员工,他们根据绩效考核数据对接需要,将原始考核数据提供给对口数据使用部门,通过数据的传递和对口部门数据对接,方便数据接收部门依照原始数据对员工在考核期内的指标完成情况进行评分。

(十一)数据检核人

数据检核人的核心工作是对数据提报人所提供的数据真实性、准确性、有效性进行检查和验证。如发现数据错误或存在伪造情况,就需要将数据退回给提报人,并要求数据提报人重新统计数据。这个过程中还有一种特殊情况,如果恰巧数据检核人是数据提报人的上级主管领导和考核人,那么数据检核人通常会对数据提报人上报的错误次数和逾期次数进行登记,并将登记的结果作为数据提报人工作考核的原始依据和关键事件记录,这种措施和方法势必倒逼数据提报人对数据的真实性、准确性、有效性负责。在咨询实践中发现,数据检核人一般情况下是数据提报人的上级领导,但也不排除由于特殊原因数据检核人有可能是本部门同事、外部门同事、数据提报人的下属甚至数据提报人本人,这些情况在咨询实践中均会出现。

(十二)采集频次

采集频次是指数据采集频次。一般情况下数据采集的频次是根据企业的考核周期而定的。如果某企业的考核周期是季度,那么数据的采集频次就会是季度;如果某企业的考核周期是月度,那么数据的采集频次就会是月度。总体来讲,数据采集频次随考核周期而定。

在咨询实践中,也出现过一些特殊做法。企业的考核周期是季度,但是由于部门工作特点或考核指标的特殊性,就会出现以月度为周期进行数据采集,在季度末对本季度三个月的数据进行算术平均计算后使用的情况。

(十三)考核周期

考核周期是指某企业两次考核的间隔时间。绩效考核周期一般可以分为月度考核、季度考核、半年度考核和年度考核。另外,根据企业行业的不同,某些特殊的情况下还会出现按旬考核、按周考核和按项目节点考核的方式。一般情况下,大多数企业的考核周期是季度或月度。

(十四)数据提交时间

数据提交时间是指将原始考核数据记录或关键事件登记后提报给上级领导或对口数据

使用部门的具体日期。比如人力资源部薪酬专员岗位需要每月在规定的时间内将各个部门的员工出勤情况整理、汇总、制表后提报至各个部门负责人，以便各个部门负责人考核本部门员工月度出勤率。通常情况下数据提交时间是固定的，这样能够形成一种习惯，每个月或每个季度的指定时间准时将对口部门所需要的绩效考核原始数据提供给数据对接部门和岗位。通常情况下数据对接时间会放在次月或次季度首月的2—5日，具体时间依企业的实际情况而定。在以往咨询实践中，数据提交时间通常不会提早至某月的月底或者某季度最后一个月的月底，原因很简单，由于考核周期是月度或者季度，不可能一个考核周期时间还没结束就提前将数据统计出来，这是不可行的，也是不科学的。

此外，数据提供的时间不宜延迟过长，就以月度为周期的考核来说，很多企业的发薪时间会在每月15日前后，在发薪之前财务部需要汇总员工的考勤数据、考核数据、工资核算数据等，如果数据提供时间延后，势必造成财务部无法在短期内完成数据统计、对外报账和工资发放工作，因此，根据经验，多数企业的数据提交时间放在次月或次季度首月的2—5日，这比较合理。

三、绩效指标库的功能

绩效指标库的主要功能包括查询功能和统计功能。

(一)查询功能

将各部门及各岗位的关键绩效指标统一归类在绩效指标库中，分部门、分岗位、单个指标排序后单独显示，并将关键绩效指标按照指标库的规定项目进行内容细化，细化后的每一个关键绩效指标都能够清楚地显示和分辨出指标名称、所属部门、指标解释、指标量化公式、指标及标准内容详析以及数据来源、数据提报人、数据检核人、考核周期、数据提报时间等一系列详细信息，这为后续绩效考核的实施奠定了最翔实的数据基础。企业在后续绩效考核中一旦对某项关键绩效指标的理解和应用出现了疑问，均可以按部门、按岗位进行查询。

(二)统计功能

统计功能在上述章节中被多次提及。制定指标库一般遵循一个岗位考核5～8个关键绩效指标的原则，每5～8个关键绩效指标就组成了单个岗位的指标库内容，单个岗位的指标库汇总后就组成一个部门的指标库内容，公司内部所有部门的指标库合并在一起就组成了一个十分完整、统计有序、清晰明了的企业指标库。咨询实践中，一般会使用Excel表格进行指标库的建立，通过Excel表格建立起来的指标库可以将每个部门独立设置成一个Sheet的单页面表格，每个Sheet里面统计汇总单个部门、单个岗位的关键绩效指标。

四、绩效指标库与绩效考核表的区别

指标库构建环节，对绩效指标库的构成、内容、用法、功能进行了详细的分析和讲述，有些读者或许会产生疑问，绩效指标库在绩效考核中的作用是什么？是不是绩效指标库就是用来进行绩效考核的表格？这个问题需要阐述清楚。

首先，需要厘清一个容易误解的问题，指标库不是在考核过程中用来考核评分的表单。一般来讲，员工的绩效考核分为定性类态度和行为绩效指标考核以及定量类关键绩效指标考核，绩效指标库统计的是定量类关键绩效指标，但是在实际考核当中，指标库并不能用来当作定量类关键绩效指标考核表，原因在于指标库的本质功能是关键绩效指标的查询功能和统计功能，换句话说就是指标库是绩效考核指标的原始档案，这里面包含了每一个关键绩效指标的所有内容。在实际的绩效考核中，未必需要将指标库里面的所有内容全部展现在绩效考核表中，可以理解为绩效指标库里面的内容需要考核者非常熟悉，熟悉每一个绩效指标的"前世今生"，但在实际考评打分的时候，用来评分的绩效考评表可以简化，只体现部门核心内容即可。因此，绩效指标库非常重要，但在实际考核的时候使用的却是指标库的变相简化表格，这或许就是对指标库和绩效考核表最确切和详细的解释。为了使读者能够直观地理解绩效考核表的内容，并区分指标库和绩效考核表的形式，下面模拟一家企业的绩效考核表进行说明，如表 5-4 所示。

表 5-4 绩效考核示例

姓名		部门		职务		考核人		考核时间	
范围	考核指标			绩效评估标准				权重	得分
定量类指标									

建立指标库是企业绩效管理最基础的工作之一。通过上面的讲解，读者能清楚地了解指标库就是根据企业绩效管理的需要而总结出来的各项定量类关键绩效指标、标准、指标定义、量化公式等内容的集合，不同的企业，由于企业性质和考核目的及考核需要不同，指标库内容也不尽相同，存在差异。

企业构建绩效管理体系的步骤可以分为四个环节，分别是提取绩效指标、制定绩效评价标准、构建指标库和制定绩效管理制度，由此可见，指标库的构建工作是绩效管理体系构建的重点核心环节。在很多专业类人力资源文献中，很少专门将指标库单列出来进行讲解，但构建指标库恰恰是绩效管理体系构建过程中非常重要和核心的工作。一个企业如果将绩效指标库建立完成了，实际上绩效管理过程中 80％的制度建设工作已经完成。

第六章 绩效管理制度制定

一、企业绩效管理制度的概念

企业绩效管理制度是依照企业实际运营情况和绩效管理需要对企业绩效运行的流程、步骤、方法、过程进行规定性的说明,是企业绩效管理运行的指导性、纲领性、权威性文件。

很多企业在建立绩效管理体系之初,经常因定式思维而产生一种管理误区,即大多数的人力资源管理者会将企业绩效管理制度建设放在绩效体系构建的第一步。每当问起企业有关人员"为什么构建绩效管理体系的时候先建立绩效管理制度",回答多数都是"制度是根本,只有建好管理制度,才能做其他内容"。从管理咨询实践来看,绩效管理制度的建设是放在绩效计划阶段的最后一步完成的,也就是说在完成企业各个部门、各个岗位的绩效指标提取、绩效考核标准制定、绩效指标库建设之后才会结合企业的实际情况和绩效管理需求制定绩效管理制度。

二、企业绩效管理制度建立的时间

企业绩效管理制度是企业绩效运行的保障和具体实施办法,制度的制定放在绩效计划阶段的最后一个环节进行,其具体原因有以下几种。

(1)绩效管理制度所涵盖的内容决定了绩效管理制度必须放在绩效计划阶段的最后一个环节完成。

通常,一套完整的绩效管理制度其核心内容包括制度制定的目的、制度的适用范围、绩效考核指标的类型和构成、绩效考核实施、绩效考核结果运用、绩效面谈、绩效申诉、绩效改进、制度配套表单、附则以及绩效考核流程等。下面通过实践过程来解析绩效管理制度必须放在绩效计划阶段的最后一个环节完成的原因。

以绩效管理制度的考核指标的类型构成和绩效考核实施两个核心模块举例说明,如果在制定绩效制度的时候不知道企业考核过程中会涉及哪些类型的绩效考核指标,也不知道各个部门和岗位的绩效考核指标具体的构成情况及定性指标与定量指标的构成比例,那么是无法进行绩效制度制定的。

从绩效考核的实施过程分析,如果不知道各部门和各岗位具体的指标内容,就无法从指标特性上判定绩效考核指标原始数据的提取和对接时间,比如,最早或最晚会在什么时间完成,是每月的月底最后一天能得到绩效考评对接数据,还是要等到次月的 10 日之后才能得到绩效考评对接数据?因此,在不知道具体的指标特性、指标考评数据提取和数据对接时间前,就无法在制度中依照制度的需要明确什么时间启动绩效考核,什么时间下发考核表单,什么时间进行数据汇总、数据提取及数据对接,什么时间进行绩效考核和考核数据上报等。由此,绩效管理制度制定者在绩效制度中的绩效考核实施环节就无法对绩效考核的具体实施步骤及时间要求进行明确,就无法完成绩效制度的制定工作。

(2)根据咨询实践得知,企业绩效管理制度通常情况下需要企业高层管理者最终评审确定,如果企业没有完成各个部门和岗位的指标提取、考核标准制定、绩效指标库建设等工作,绩效管理制度里上述内容必定会缺失,高层管理者就无法对具体绩效制度内容进行评审和确认。从制度制定者的角度来看,假如将企业绩效管理制度的制定放在绩效计划阶段的第一步,从现实来看,这时候制度制定者会有种强烈的"巧妇难为无米之炊"的感受,企业的指标是哪些?指标的实际构成有哪些?考核标准是怎么设置的?诸如这些问题都会使制度制定者无从下手。总之,绩效管理制度的制定要放在绩效计划阶段的最后环节进行,否则就会造成本末倒置的情况。

综上所述,无论是从绩效管理的理论角度分析,还是根据管理咨询实践经验总结,都会发现在企业绩效管理体系构建的过程中,绩效管理制度的制定放在绩效计划阶段的最后一个环节进行才是科学、可行的。多次的咨询实践和实际的制度运行也验证了这一观点。因此,绩效管理制度放在绩效计划的最后阶段制定是适合企业绩效管理构建的实际情况的。

三、企业绩效管理制度制定的原则

制度是纲领,制度是规则。企业绩效管理制度就是从企业实际绩效管理需要出发,结合企业实际情况而制定的纲领性、指导性、权威性文件。企业绩效管理制度从企业角度和员工层面具体地明确了在绩效管理过程中,企业方与员工方的责任和义务,并规定了绩效管理的运行流程和内容,从企业制度建设的层面为企业绩效的后期有效运行、平稳运行奠定了基础。

由于每家企业的运营情况、组织架构、文化层次、管理理念不同,企业与企业之间的绩效管理制度也存在非常多的不同之处。具体来讲,制度的制定思路存在差异,制度的制定方法五花八门,制度的模块内容也千差万别,制度的实施效果更是不尽相同。由于每家企业的情况各不相同,因此,绩效管理制度的具体内容没有结构性的规定,结合管理咨询实践,企业绩效管理制度的制定过程及制度内容应该满足和符合以下原则。

(一)适用性原则

企业绩效管理制度没有最好的,只有最适合的。不同企业绩效管理制度制定的形式、方法、内容存在很大的差异。企业推行绩效管理的出发点不同、目的不同,这就决定了企业在制定绩效管理制度时，一定要切合企业自身需求。在绩效制度制定环节切记不能原版照抄其他企业的绩效管理制度。在企业咨询过程中发现，有些企业在制定绩效管理制度环节，没有具体分析企业自身的现实情况，没有分析企业的员工特点和员工对绩效管理的诉求，生搬硬套地按照绩效管理的通用性框架和内容，制定了企业的绩效管理制度，结果就出现了绩效制度水土不服的现象，绩效管理制度不适应企业实际情况，在运行过程中频繁出现为了适应企业的需要，制度一改再改，不断打"补丁"的现象。这些都是因为在制度制定前期没有充分考虑企业实际状况，没有进行充分调研、分析。

从咨询实践来看，在绩效管理制度的众多内容模块中，有关绩效管理结果的计算和应用环节是最讲究适用性的。举个例子，某家企业在绩效考核考评工作结束后，人力资源部会对绩效考核结果进行汇总、整理和分析，绩效结果数据如何进行统计，是算术平均还是加权平均，这些都是要根据企业实际需要进行确定的。另外，不同的考核分数如何进行等级划分，考核结果对应的绩效分配系数如何确定，绩效考核结果是否需要进行强制分布，这些也都是需要在绩效结果应用环节根据企业的现实状况确定的。

（二）实用性原则

实用性原则就是绩效管理制度要符合企业的实际绩效管理需要。在企业制定绩效管理制度的过程中，切记不要盲目追求"高大上"的管理制度，而要制定符合企业需要的绩效管理制度。众所周知，每家企业的状况都是不同的，即使同行业企业，由于企业的发展速度、发展质量、发展阶段不同，企业间也存在很大的管理水平差异。

笔者在进行企业管理咨询时，经常就"什么样的制度更适合企业"这个问题与企业的高层管理者进行深入研讨。记得有一家生产型企业，主要以生产注塑制品和医疗消毒用品为主，这个企业原本的生产规模和产量不大，2020年上半年由于全球暴发新冠疫情，医疗消费需求激增，该企业逆势增长，销售额连续数月直线式增长，企业也因此迅速地征地扩厂，扩大生产规模。在此期间，企业的业绩增长速度明显快于企业自身管理水平的提升速度，企业出现了明显的"管理高原反应"，企业的管理制度、管理水平、管理模式、人员素质、人才队伍建设等完全跟不上企业发展节奏，整个企业的管理工作无法支撑业务增长，企业最高管理者对于企业的运营管理更是力不从心。咨询团队在与企业主探讨如何快速提升企业管理水平的时候，深刻地感受到了企业主的迫切心态和盲目心态，尤其是讨论到绩效管理制度环节，咨询团队与企业主一度产生了严重的分歧。该企业总经理前期通过不同的途径和渠道学习过一些管理理论，他认为企业正处于高速发展期，企业要想快速地提升，就应当在这期间引进和导入最先进和最前沿的管理理念和管理方法，他认为在绩效管理制度制定的环节，其内容和方式更应该遵循先进性且前沿化的管理思想。当时咨询团队的咨询老师一致反对，认为总经理的想法和思维是不符合企业实际情况的。首先，企业目前的繁荣景象只是在疫情的背景下，国外订单短期向国内转移这一单方面因素造成的短期繁荣假象，企业目前的繁荣并不真正是由企业研发、技术、产品、管理等方面的核心竞争优势带来的。其次，企业由于快速增长，管理团队的管理理念和管理技能仍然处于较低水平，目前阶段企业需要的是切合实际地进行管理思维和方法的导入。最后，企业目前没有明确的企业愿景和使命，没有明确的战略目标，因此，咨询团队评估该企业现阶段的绩效管理的核心应该放在不断地激励员工持续提高上面,构建实用性的绩效管理体系。对于企业老板提出的先进性且前沿化的绩效管理思维和方法,在基础的绩效管理体系运行平稳后导入或许更好。因此,在扭转了该企业老板的思维模式后,在后续项目推进过程中,无论是前期的企业组织架构建立、岗位分析及职位说明书的制定、岗位价值评估还是后面的绩效管理体系构建和薪酬体系构建,都扭转了企业老板先进性且前沿化的主导思想,所有制度的制定均以实用性为出发点,事实证明咨询团队的这一坚持和做法是正确的、有效的、适用的。

俗话说"一口吃不成胖子"。笔者始终认为企业管理是一个循序渐进的过程,企业在远景和战略目标的引领下,应该及时地发现问题、解决问题,不断提升管理水平和强化人员队伍建设,才能够使企业的管理能力不断精进,管理水平不断提升。企业必须从基础的管理方法做起,一步一个脚印才能最终实现高水平、高效率的企业运营管理。

(三)制度力求内容简单、格式简单、通俗易懂

最简单的制度才是最好的制度。企业的绩效管理制度不只是给企业管理者看的,企业绩效管理制度更多是给企业员工使用的,只有员工看得懂、看得透、能理解、用得上的制度才称得上是好制度。因此,制定企业绩效管理制度,在遵循科学的方法论和专业技术的前提下,尽可能在绩效制度的每一个环节,都以最简洁、最容易理解的行文方式进行编写,对于一些特定的内容还可以用图表的形式进行展示,以求达到简单易懂的效果。内容简单、格式简单、通俗易懂的绩效管理制度更能受到员工的欢迎,员工看懂了、理解了才有可能使制度得到有效贯彻和执行。

(四)制度内容需满足绩效运行需要,避免内容缺失

绩效管理制度是基于企业的绩效运行需要而制定的,绩效管理制度是一个不断优化、不断改进的过程。制度制定之初,要避免制度内容缺失的情况发生。绩效管理制度在制定过程中内容缺失的情况分为两种形式:

(1)制度模块缺失。前面章节讲过,一套完整的绩效管理制度其核心内容包括制度制定的目的、制度的适用范围、考核指标的类型和构成、绩效考核实施、绩效考核结果运用、绩效面谈、绩效申诉、绩效改进、制度配套表单、附则以及绩效考核流程等。在制定企业绩效管理制度的时候,无论什么性质企业,这些内容都是构成企业绩效管理制度的基本模块,原则上不能缺失。

(2)制度内容衔接不连贯。企业绩效管理制度内容无法形成连贯性,从而造成制度无法执行等情况,都是绩效制度制定环节经常出现的情况。从绩效管理制度执行过程来看,制度内容衔接不连贯的表现形式就是制度经不起模拟推演。绩效管理制度初稿确定后,有必要进行一次模拟推演,通过模拟推演,检验制度初稿的可行性。

下面用一个绩效管理制度制定过程中经常遇到的典型问题举例说明内容的连贯性,如某家企业在绩效管理制度的绩效考核实施模块中规定,企业各个部门在每个考核周期的次月 2 日完成绩效考核原始数据的上报和对接工作,由于企业现行运营流程的原因,出现了诸如生产部、销售部、质检部等部门次月 2 日前无法统计出绩效考核原始数据的情况,因此企业必须分析实际运营情况,要么进行企业运营流程的调整,要么调整绩效考核数据提报时

间。类似这种情况，就是前文提到的绩效制度模块没有缺失，但制度内容衔接不连贯，导致绩效制度无法执行。

(五)先僵化、再优化、后固化的修订原则

企业绩效管理制度一般是按照先僵化、再优化、后固化的过程持续修订和改进。通过阶段性修订，绩效管理制度趋于完善。

(1)制度僵化。其含义是制度在符合适用性、实用性、内容简单易懂且不缺失的前提下，形成完整可行的绩效管理制度试运行版本。进行绩效管理制度模拟推演，确认制度可行的情况下，进行制度的全员化宣传和导入工作。通过会议或专项培训的形式，将企业的绩效管理制度试运行版本准确、完整地传达到各个部门及各个员工，确保员工能够完全理解制度的内容和导向，为后续绩效管理制度的修订和定稿奠定基础。不可否认，在制度进行"僵化"导入的过程中，由于制度仍然处于试运行阶段，不可避免存在一些问题甚至漏洞，因此，在这个阶段，部分员工可能不理解、不认同、不配合甚至不接受。不过从实践经验来看，员工出现这样或那样的问题是很正常的，当经历这个过程之后，迎来的将是一个更加成熟和完善的绩效管理制度。

(2)制度优化。绩效管理制度试运行版本一般需要 2～3 个绩效考核周期的试运行工作，这个过程是一个不断地发现制度的问题和缺陷、不断地有考核者和被考核者提出疑问和建议、不断进行修订和优化的过程。试运行的过程是检验绩效管理制度可行性的试金石，通过试运行，可以从不同渠道、不同口径得到有关绩效制度的修订建议和意见，在这些众多的建议和意见当中有些是有必要采纳的，当然，也会存在一部分建议和意见纯粹是提出者自己的"美好愿望"，因此，这个过程是一个选择性取舍和优化的过程。通过制度的优化和修订，最初的绩效管理试运行稿，经历了一次近乎"浴火重生"的过程，修订后的绩效管理制度无论是可行性、实用性还是专业性都得到了极大的提升，更加满足企业绩效管理运行的需要。

(3)将优化和修订后的绩效管理制度进行固化。绩效管理制度固化的过程从形式上来看，实质是对优化和修订后的绩效管理制度进行再培训、再导入。这个阶段与绩效管理制度僵化阶段相比，最大的不同在于此环节的制度是经过优化和修订后的最终实施版制度，要求全体员工 100％遵循、执行和应用。

四、绩效管理制度制定的步骤

绩效管理制度的制定过程并非一蹴而就，企业倘若想制定一个实用性强又非常贴合企业实际运行需要的绩效管理制度，必须经历一个从理论导入到制度输出，再到模拟实践和制度定稿的过程。绩效管理制度的制定流程包括以下几个步骤。

(一)绩效管理制度初稿拟订

绩效管理制度初稿的制定并非直接进行文字的撰写，要想制定出一个符合企业实际运营需要的绩效管理制度，需要经过诸如制度框架拟定，核心内容商议、制度关键点商议等环节，这些工作是做好绩效管理制度初稿制定的基础和关键。

第一个关键点是拟定绩效管理制度的框架，企业通常的绩效管理制度框架内容包括制度制定的目的、制度的适用范围、考核指标的类型和构成、绩效考核实施、绩效考核结果运用、绩效面谈、绩效申诉、绩效改进、制度配套表单、附则以及绩效考核流程等。从咨询实践经验来看，制定绩效管理制度初稿时大方向可以按照上述框架内容进行布置，但笔者更建议在制定制度框架之初，从专业类书籍、相关咨询专家、有经验的从业人员、网络等渠道搜集更多的绩效管理制度样本，通过各类型企业样本的搜集、分析、总结，结合企业自身实际情况博采众长，吸取样本经验的同时又兼顾企业自身情况，最后制定出满足自身企业特点和需求的绩效制度框架。

在确定了企业绩效管理制度框架后，需要针对制度框架内的核心内容与企业高层管理者进行深入的沟通，分析、筛选、确定适应企业自身需要的制度关键性内容。通过关键性节点内容的确定，制度的具体制定者和实操者能够在高层指导性意见、建议和决策的指引下，制定出更加具体、可行的绩效管理制度初稿。

制度制定的方向、细节和关键性节点内容涉及制度的方方面面，从制度的适用范围到指标的构成，从考核的实施步骤到绩效结果的应用，都是绩效制度的关键性节点，这些关键节点在制定绩效管理制度之前都是需要和企业高层管理者逐项讨论分析和确认的。举例说明，如表 6-1 所示。

表 6-1　绩效制度关键节点内容示例

指标类型	指标内容	权重	适用范围	考核周期
关键绩效指标（定量指标）	每个岗位 5～8 个关键绩效指标。指标内容是岗位关键的、核心的、主要的工作职责	70%	各岗位	月度
品质行为类指标（定性指标）	诸如品德言行、执行能力、沟通协调、服务意识、积极性、纪律性等指标	30%	各岗位	月度

以表 6-1 为例，这是企业在制定绩效管理制度的时候经常会涉及，也必须经过讨论确定的绩效管理制度内容，通过这张表可以概括和总结出来，有以下问题和关键节点需要企业高层领导分析、讨论和确定。

（1）企业关键绩效指标的构成类别；

（2）绩效指标的权重比例；

（3）绩效指标的内容范围；

（4）绩效指标的考核对象；

（5）绩效考核周期。

上述内容和关键性节点都是绩效管理制度的核心内容，从另外一个角度分析，如果企业在制定绩效管理制度初稿之前，没有和企业的高层领导确定上述内容，那么企业绩效管理制度就无法顺利推行。没有关键节点的确认，即使制定出了绩效管理制度初稿，也仅仅是一个框架性制度，缺乏实质性内容。因此，从制度制定的顺序来看，前期先进行制度内容关键节点的确认更加符合制度执行的顺序和逻辑。

根据前文所讲内容，在制度初稿制定前期，需要讨论和确认的关键节点繁多，几乎涉及制度内容的每一个模块，因此，从咨询实践来看，组织一场有企业高层参与的绩效管理制度讨论尤为重要，讨论会议可以由企业人力资源部门组织和发起，邀请企业高层领导者和部分中层管理者参与，将需要讨论的内容以投屏的形式进行呈现并辅以讲解，然后逐项进行分析讨论和确认，并逐项输出绩效管理制度的初稿核心关键节点，这样一来，制度的具体制定者只需要将会议讨论的关键节点和确定后的内容，用专业的人力资源术语进行转换、撰写、整理形成绩效管理初稿文件。这样的过程最大的好处在于，制度起草者有了制度制定的方向和关键节点，可以避免制度输出后的返工情况，即使出现返工现象，也只不过是针对制度初稿的部分小细节问题进行修订，不会出现大返工的情况。

咨询实践当中，咨询团队老师也是使用上述的逻辑顺序和方法为企业完成绩效管理制度构建的，与企业自行制定企业绩效管理制度不同的是，咨询老师前期会根据对企业的了解，凭借咨询经验提前构建出符合企业管理需要的绩效管理制度框架。在制度的关键性节点讨论、制定和决策的过程中，除了听取企业高层管理者的意见和建议之外，咨询老师会给出专业的思路、方法和建议，并且会从专业的角度告诉企业管理者，使用不同的方法有什么样的优点和弊端，这也是专业咨询团队的优势和价值所在。总之，无论是专业咨询老师使用这样的逻辑关系和方法进行企业绩效管理体系构建，还是企业遵照上述理论和要求使用该方法，从使用结果来看确实是非常实用的，能够给企业绩效管理制度初稿的制定提供便利。

（二）绩效管理制度初稿评审

绩效管理制度初稿制定前，绩效制度框架内容研讨的科学性、完善性、实用性以及绩效管理制度关键节点的讨论分析和决策的合理性、有效性，在很大程度上决定了初稿评审工作的复杂程度和工作量。假如绩效管理制度初稿制定前对框架内容进行了详细、全面的分析，然后又组织企业高层管理者对绩效管理制度的关键节点进行了科学、周密的分析决策，必然会提升绩效管理制度初稿的有效性和适用性，减少制度修改的次数；反之，则需要对绩效管理制度初稿进行多次讨论和修改，甚至是推翻重来。

绩效管理制度初稿评审的核心内容，是通过会议的形式对绩效管理制度初稿进行科学性、适用性、专业性的综合评审。从过程上来看，这是一个集思广益、不断纠偏而修订成稿的过程。通常情况下，绩效管理制度初稿评审工作需要半天时间，参加人员一般有企业总经理、副总经理、各部门负责人、人力资源部全部人员，有条件的情况下还可以邀请绩效管理方面的专家和顾问参与。通过会议的形式逐项审定、讨论、排查和表决，听取各类人员的意见和建议，最后结合企业的实际需要进行决议确认。

在绩效管理制度初稿评审过程中，建议将绩效管理制度初稿投影在屏幕上，并专门设立一个主持人，主持人一般由人力资源部经理担任，主要任务是进行制度内容的讲解以及将最终的讨论决议通过人力资源专业术语的加工、转述，转变为制度性文字，并由现场记录人员对文字进行编排和定稿。

绩效管理制度初稿评审环节会出现不同的意见和建议，甚至由于意见分歧太大出现争论，因此，在这种情况下就需要主持人有十分冷静的心态和较强的会议控场能力，协调各位参会者，并且化争议为认同，不断在争议和激烈的讨论过程中推进会议的开展，最终在高层管理者的参与和决策下完成绩效管理制度初稿评审工作。总的来讲，这个会议坚持以"意见大家提、建议慎考虑、高层做决策"的思路和节奏进行。

(三)绩效管理制度综合评审及修订

绩效管理制度综合评审及修订与上一步骤绩效管理制度初稿评审最大的区别就是参会人员不同,绩效管理制度综合评审及修订的参会人员范围更小、层次更高,会议用时更少、内容修改也更少。从实践经验来看,绩效管理制度综合评审及修订的核心内容是对集体评审后的绩效管理制度稿进行最终审定和文字修订。通常情况下该环节由人力资源部对绩效管理制度进行专业性审定,检查内容是否与高层决策相符、文字描述是否有歧义、是否存在错误数字和文字、是否有修订和补充的部分等,确认上述内容均符合要求后,由人力资源部将定稿后的绩效管理制度打印后分发给企业总经理、副总经理等个别领导审阅和批准。

(四)绩效管理制度试运行及修订

企业在正式的绩效管理体系运行前期,会设定 2~3 个考核周期的绩效管理体系试运行期,在制度试运行期内,绩效管理制度试运行的内容是比较宽泛的,除了制度试运行外,还包括绩效指标合理性试运行、绩效数据对接试运行、绩效考核表单试运行等。通过绩效管理体系在企业内部的实际运行,检验和发现绩效管理制度的不足和漏洞,并将试运行过程中发现的问题和漏洞进行修改、补充和删减。通过咨询实践发现,大多数企业实施绩效考核之初缺乏绩效管理的实操经验,即使在绩效管理制度初稿制定之前进行了大量资料的查阅和借鉴,以及进行了绩效管理制度关键节点的集体讨论,也无法避免由于制度制定者以及参与者人力资源专业知识和经验的缺失,造成的制度与实践不符的情况。纵然是资深的人力资源专业咨询师制定出来的绩效管理制度,也需要经过企业实际的试运行,才能最终确认绩效管理制度的可行性和实用性。

绩效管理制度试运行及修订完毕后,企业可以组织全体员工进行正式版的绩效管理制度的发布和培训导入工作,一般情况下由人力资源部组织召开绩效管理制度培训、宣传、贯彻会议,人力资源部经理或者绩效管理专员针对定稿后的绩效管理制度进行系统性、细致化的培训,并在培训过程中或培训完毕后针对参会者提出的问题和疑问参照制度进行解答,由此完成绩效管理制度从制定到导入的最后一个环节。

五、绩效管理制度框架内容(通用版)

为了使读者更加清晰、直观地了解绩效管理制度的框架形式和内容,结合咨询实践,并将多家企业的绩效管理制度进行整合,形成一个通用性更强、更加贴合各类企业实际应用的通用版绩效管理制度框架。下面依照绩效管理制度各模块内容的先后顺序,将通用版绩效管理制度框架内容进行详细讲解。

(一)目的

按照绩效管理专业理论,绩效管理的目的是激励员工持续提高。通过绩效管理的方法、措施和手段不断地发现企业员工在日常工作的短板和不足,从而通过绩效管理的无形抓手找到员工产生短板和不足的原因,并与员工一起采取措施和方法弥补短板和不足,从而实现持续激励员工提升工作技能和工作结果产出的目的。

每家企业在制定本企业的绩效管理制度的时候，都会根据企业的实际情况、企业在管理中遇到的问题，制定不同侧重点的绩效管理制度。比如有些企业想通过绩效管理提升团队竞争力，有些企业则是想通过绩效管理落实和实现企业发展目标，还有些企业则是想通过企业绩效管理规范员工对工作的执行力度等。企业无论侧重于什么样的绩效管理目的，最终的大方向仍然是通过绩效管理激励员工持续提高。为了使读者清晰、明了、直观地了解绩效管理制度目的的描述方法和内容，下面举例说明。

目的：①通过绩效考核促进上下级沟通和各部门间的协作，优化团队、提升效能。②通过客观评价员工的工作结果、态度和行为，帮助员工提高自身工作水平，从而有效提升公司整体绩效。

(二)适用范围

适用范围指的是绩效管理制度的适用对象。企业在进行绩效管理体系构建的时候，会结合实际情况并经过商议确定绩效考核的考核对象，在咨询实践中发现，很多企业的考核对象确实存在很大的差异。比如，有些企业的总经理主观认为企业最核心的是一手抓好销售、一手抓好生产，只要这两个方面的工作做好了，企业的核心工作就抓住了，因此，这类企业的总经理就强烈主张绩效考核对象只针对生产部门或业务部门，其他部门无须涉及。

在与企业接触的过程中，还遇到过这样一个企业，该企业是一家集研发、生产、销售于一体的家居配套设备生产企业，企业的总经理也是该企业的创始人，他是技术出身，特别注重企业的技术研发工作，不可思议的是该企业员工一共有 1300 人左右，其中技术、研发人员合计将近 600 人，刚刚接触这家企业的时候，感觉这家企业研发人员的数量，比以往接触过的类似企业研发人员数量要多得多。当时咨询老师十分不解，在与企业总经理沟通的时候，他的描述是这些人员都是企业的"宝贝"，企业只有强化技术创新和产品创新才能不断地引领市场、赢得市场。这话当时听起来似乎有几分道理，企业总经理还表示，这些人员目前还是不够，还要不断地增加、淘汰，引入全球更加优秀的产品研发人员，甚至在意大利、德国等国家成立境外产品研发团队。与该企业的总经理谈到绩效考核对象环节，他十分坚定和明确地说，他想要的企业绩效考核只是针对技术研发部门的考核，其他部门的考核无须涉足，他认为其他部门的人员只要老老实实做好本职工作就可以了。

从企业咨询实践来讲，一般的企业，考核范围基本上都是企业班组长以上类别的管理人员和非一线生产类员工，通俗讲，就是除了计件工资之外的其他计时工资人员都纳入考核范围。比如车间班组长、车间主任、部门经理、主管、各部门普通员工以及企业副总经理、总监等人员。这类人员基本上都属于非计件工资人员类别，大多数人员要么有管理职能，要么本岗位都有明确的职能分工，在日常工作中需要通过绩效管理的方式进行持续激励。

笔者想特别说明一点，普通一线员工是不适合使用绩效考核的手段和方法进行管理的。企业的一线工作人员大多数拿的是计件工资，通常情况下，对于一线员工的工作成效，只要按照合格品的生产数量来统计员工的工作结果就可以了。对于一线员工的日常管理，更多是使用车间的管理制度和奖惩办法，实在没必要对一线员工进行岗位指标提取、制定考核标准等。另外对于企业少部分使用计时工资制的一线员工，也不建议使用绩效考核方式，因为这些岗位的日常工作通常是常规的操作性工作,只需要规范他们的 SOP(标准作业程序)并辅以检查即可,无须进行绩效考核。

为了使读者清晰、明了、直观地了解适用范围的描述方法和内容,下面举例说明。

适用范围:①本制度适用于××有限公司的计时岗位员工。②试用期员工依照岗位考核指标进行考核,考核结果作为员工转正参考依据。

(三)考核原则

考核原则就是企业在绩效管理体系推行和日常的绩效考核过程中所遵守和倡导的信条和守则。考核原则是一种导向、一种承诺、一种考核文化。在日常绩效管理中,每家企业都会根据企业的实际情况和企业文化制定企业绩效管理制度的考核原则,比如:很多事业单位和政府部门在进行绩效考核的过程中倡导以"德、能、勤、绩、廉"等为导向和原则的工作考评;也有些企业在绩效考核工作中,更加倡导和践行"以事实说话、以数据说话"的导向和原则;还有些企业则是倡导"制度公平、过程公平、结果公平"的导向和原则。由此可以直观地看出,企业的使命、愿景和价值观不同,造就的企业文化也不同;不同的企业文化,会产生各式各样的绩效管理考核原则。

从深层次来讲,不同的企业文化将产生不同的考核原则,如图 6-1 所示。

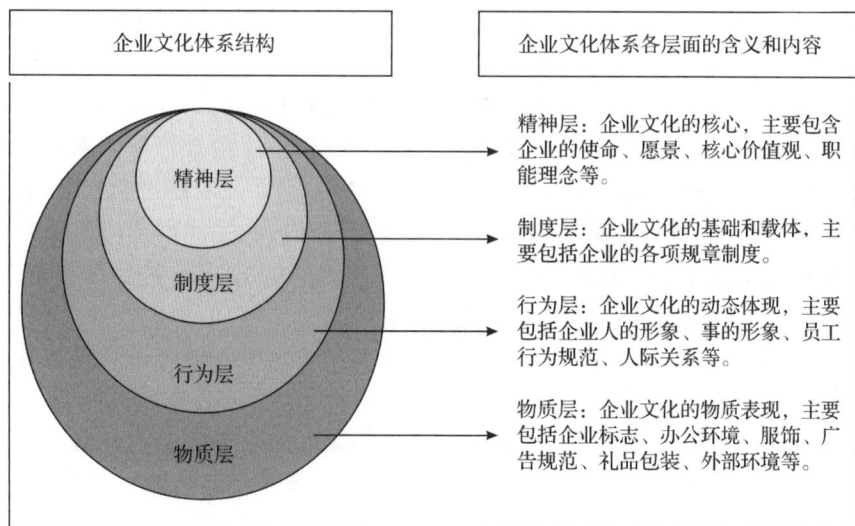

图 6-1　企业文化体系结构

通过上图可以看出,绩效管理制度在很大程度上是企业文化制度层面的具体体现和缩影,绩效管理制度也是企业文化的制度层载体。企业使命、愿景和价值观是企业文化的精神层内容的体现,绩效管理制度的考核原则同样也是企业文化制度层内容的具体体现。通过绩效管理,规范了员工的日常工作行为,这又是企业文化行为层的具体体现,而企业由于绩效管理推行,又在很大程度上激励了员工的工作态度和决心,产生了企业和员工双赢的绩效结果,这恰恰又是企业文化物资层的具体体现。所以,从企业文化的角度分析得知,绩效管理及绩效管理的考核原则在很大程度上承接和体现企业的文化理念和使命愿景,是企业管理工作的一个核心内容。为了使读者清晰、明了、直观地了解考核原则的描述方法和内容,下面举例说明。

考核原则：①提高员工绩效为导向；②定性与定量考核相结合；③公平、公正、公开。

(四)职责与权限

职责与权限指的是在绩效管理的实际运行过程中，企业内部的各个部门或各个岗位人员在绩效管理体系中的角色、任务、职能以及权限。企业为了使绩效管理体系能够在企业内部平稳、高效地运行，通常情况下会设立绩效管理委员会，主要负责有关制度重点内容的修订、修改和绩效管理过程中重大事项的审批工作。该绩效管理委员会是一个临时性决策机构，绩效管理委员会通常由企业的总经理、副总经理等高层管理者兼职组成。

企业还要设立绩效管理执行小组，负责绩效管理体系的具体运行工作。绩效管理执行小组是日常绩效管理过程中具体主导绩效管理体系推进，负责落实、监督和管理绩效管理体系运营的机构。绩效管理执行小组也是一个临时机构，通常情况下由企业人力资源部负责人兼职担任组长，各部门负责人担任组员并协助人力资源部经理完成本部门的绩效管理工作。

除此之外，企业的各部门是企业绩效管理工作的协助和执行部门，企业绩效管理体系的有效落实有赖于企业各个部门负责人和员工的配合，各个部门能否理解绩效管理的目的和制度内容，并由部门经理带领部门员工有效地按照绩效管理制度的要求执行好绩效管理制度，这是绩效管理体系能否有效运行的关键。所以，在绩效管理制度的职责权限模块，有必要对各个部门在绩效管理中的职责进行明确规定。

最后，需要强调一点，人力资源部在绩效管理体系运行中承担的角色是组织部门。人力资源部的核心工作是由人力资源部经理带领本部门人员，依照绩效管理体系及绩效管理制度的要求，进行绩效管理制度的培训导入、绩效计划制定，辅导绩效跟进和监督、组织绩效考核工作和改进绩效。从整个过程不难发现，人力资源部人员在完成本部门的绩效管理工作的同时，主要的角色定位是组织者，发挥人力资源部强大的组织职能，按照绩效管理的计划，组织、协调各个部门完成绩效管理体系的运营工作。

在企业咨询实践过程中，不止一次听到很多企业员工甚至管理者说："绩效管理是人力资源部的事情。"此类观点的产生，很大程度上是由于企业缺乏绩效管理知识、缺少绩效管理实践经验。因此，人力资源部作为绩效管理体系的组织部门，一定要做好绩效管理体系导入的宣传引导工作，通过各种方式为各部门管理者和员工讲清楚绩效管理的目的、职责分工等。这一点十分关键，很大程度上会影响绩效管理的推行和实施效果。为了使读者清晰、明了、直观地了解职责与权限的描述方法和内容，下面举例说明。

职责和权限：

(1)绩效管理委员会成员和职责

成员：总经理、副总经理、生产总监、研发总监、销售总监、财务部经理、人力资源部经理。

职责：①负责审定通过公司整体绩效考核制度、方案(及修订补充方案)；

②负责研究确定与绩效相关的重大事项、问题。

(2)绩效管理执行小组成员和职责

成员：人力资源部经理任组长，各部门负责人为组员，协助组长完成绩效管理运行工作。

职责：①负责拟订、修改绩效管理制度并向绩效管理委员会提报公司绩效考核管理制度、指标；

②组织提取和修改新增岗位的绩效考核指标，汇总各考核指标并按公司绩效管理制度展开绩效考核；

③审核各个岗位的绩效考核指标、标准可行性，以确保绩效工作、任务得以顺利完成；

④参与绩效计划制定的沟通与辅导；

⑤就绩效考核过程中出现的相关问题与员工进行有效沟通和反馈；

⑥为公司绩效管理工作提供培训和辅导，充实各部门绩效考核理论知识和提升操作技能；

⑦接受、处理各部门员工有关绩效考核的申诉；

⑧支持和服务绩效管理委员会；

⑨负责对考核过程中违反考核制度和相关流程的不规范行为进行纠正与处罚；

⑩负责建立公司绩效考核档案和应用考核结果。

（3）各部门职责

学习并掌握公司绩效管理体系内容，根据部门阶段性目标确定本部门员工工作任务、绩效指标与评价标准以及完成绩效面谈工作。

①具体负责本部门员工绩效考核实施和推进工作；

②负责及时准确地向对口部门提供相关考核对接数据；

③支持和服务本单位绩效管理执行小组；

④负责与被考核者确定考核指标、考核标准，并沟通交流，确认签字；

⑤负责对本部门各项考核工作进行培训与指导；

⑥负责组织实施本部门的考核工作和绩效相关资料文件的收集、整理、审核、汇总分析；

⑦负责对本部门在考核过程中违反考核制度和相关流程的行为进行纠正与处罚；

⑧负责协调、处理本部门考核申诉的具体工作；

⑨负责建立（备份）本部门人员绩效考核档案和应用考核结果；

⑩负责并组织本部门绩效面谈工作。

（五）绩效指标类型及构成

绩效指标类型及构成主要是明确企业在绩效考核过程中，将使用什么类别和性质的绩效指标，以及各类指标分别占多少权重。在本书绩效指标分类环节已经对绩效指标的分类进行了详细讲解。通常情况下，最常用的指标分类方法有两种，如表6-2所示。

表 6-2　绩效考核指标常用类型示例

序号	分类依据	指标类别
第一类	依照指标的性质不同	1.品质特征类指标
		2.行为特征类指标
		3.工作结果类指标
第二类	依照指标量化程度不同	1.量化类考核指标
		2.主观类考核指标

因此，在绩效管理制度的绩效指标类型及构成内容部分，需要依照企业实际情况和绩效管理运营需要确定绩效指标的类别。从管理咨询实践来看，大多数企业以"定性类指标＋定量类指标"的指标结构进行绩效考核。其中，定性类指标又具体分为品质特征类指标和行为特征类指标，通俗地讲就是态度类指标和行为类指标。

在本环节，除了要明确绩效指标的指标类型之外，还要进一步确定和描述出这两类或这三类指标的分数和权重。不同的企业性质、不同的企业运行和管理特点、不同的企业经营者管理思路，很大程度上就决定了企业不同类型的绩效考核指标分数和权重。常见的分数权重分类有定性类绩效指标占30％、定量类绩效指标占70％或者定性类绩效指标占20％、定量类绩效指标占80％。根据企业的不同需求，也可以将权重比率定为40％和60％或者各占50％，但绝大多数情况下企业都会遵循"定性指标权重低于定量指标权重"的分配原则。定性指标权重低于定量指标权重的原因，在于大多数的定性指标无法量化，评分的主观性较强；而大多数的定量指标则是可以量化的，数据和指标考评结果是客观的，可信度更强。因此，"定性指标权重低于定量指标权重"的分配原则更加具有科学性、适用性和实用性。

（六）绩效考核实施

绩效考核实施是绩效管理制度的核心内容，在本阶段，企业根据绩效运行需要和企业实际状况，明确企业在绩效管理体系实际运行中的方法、步骤、时间要求、绩效运行流程等内容。具体内容包括以下几个方面。

1.考核周期及考核时间

考核周期及考核时间具体规定企业多久进行一次绩效考核，以及每次考核的具体开始和结束时间。考核周期也可以通俗地理解为上一次考核与本次考核的间隔时长，绩效考核周期和考核时间通常有以下几种方式。

（1）月度考核

这种考核方式被大多数企业采用，由于每个月进行一次绩效考核，因此绩效指标的确认和替换、考核标准的修订和确认、绩效面谈等绩效管理的核心工作也都是一个月进行一次。也正是由于一个月考核一次，管理者更能够及时发现并纠正员工在考核周期内的绩效短板和不足，这种类型的考核周期也恰恰符合了绩效考核的目的：激励员工持续提高。另外，采用月度考核周期的企业，通常情况下是管理平稳、人员流动性小且稳定、绩效管理运行熟练的企业。倘若企业采用月度考核周期，那么绩效考核的时间通常是在次月的2—5日，在此期间完成绩效数据提报和对接、绩效考评实施、绩效面谈和绩效申诉及结果上报工作。

（2）季度考核

以季度为考核周期的企业通常有下面两种情况。

首先是企业已经完成了绩效管理体系的构建，企业尚处在绩效管理制度试运行阶段。由于对新的绩效管理体系内容不熟悉、操作步骤和流程不熟练，在此情况下，企业可以采取季度考核的方式进行绩效管理体系试运行，但采用这种方法最大的弊端就是时间周期长、速度慢、效率低。

其次，企业性质或岗位特殊性要求企业必须以季度为考核周期。以某企业的研发部门为例，众所周知，研发部门情况是十分特殊的，研发团队或者研发工程师研发产品的周期较长,势必造成研发部门大部分岗位的工作无法在月度内进行结果和成效衡量,因此,就需要将考核周期延长,以适应研发类岗位考核的特性。鉴于上述情况,对于研发类部门和岗位的考核周期则可以考虑使用以季度为考核周期的方法。以季度为考核周期的绩效考核启动时间通常在次季度首月的 2—5 日,在此期间完成绩效数据提报和对接、绩效考评实施、绩效面谈和绩效申诉及结果上报工作。

(3)年度或半年度考核

首先需要明确的是,一般性岗位的绩效考核不提倡也不适用以年度或半年度为周期的考核。原因很简单,绩效管理的最终目的是激励员工持续提高,如果以年度或半年度为考核周期,则无法通过绩效考核的方法和手段及时发现员工考核周期内工作的短板和不足,更不能及时地与员工就短板和不足进行方法改进,所以,绩效考核周期时间太长,无法起到及时发现问题、找出方法、及时激励的作用。假如对普通岗位使用以年度或半年度为周期的绩效考核,严格意义上说这已经失去了绩效考核的意义,无特殊情况,普通岗位员工不建议使用年度或半年度考核周期。

年度或半年度的绩效考核周期通常可以用来对职业经理人岗位进行年度工作绩效的衡量,比如年薪制员工岗位,这些岗位的年薪通常是由基础年薪和年度风险效益收入构成,而年度风险效益收入的多少则是由该岗位年初制定的年度经营责任目标的实际完成情况决定的。因此,以年度为考核周期的绩效考核对于企业高层及中层管理岗位等年薪制员工倒是适用的。

为了使读者清晰、明了、直观地了解考核周期及考核时间的描述方法和内容,下面举例说明。

考核周期及考核时间:①考核周期,即绩效考核以月度为考核周期;②考核时间,即每月2—5 日各部门完成绩效考核工作。

(七)考核关系

考核关系即明确考核过程中考核者与被考核者的关系,是确立考核主体(关于考核主体的内容在绩效计划环节会详细讲解)的过程。在绩效考核实践过程中,企业通常有两大类人员需要进行考核,第一类是企业中层管理人员,比如各部门负责人。另一类则是部门内部的普通员工。一般情况下部门内部普通员工是由本部门的负责人进行考核的。但是对于部门经理的考核,很多企业就会存在差异,有些企业由总经理对部门负责人进行直接考核,但也有些企业总经理不对部门负责人进行考核或者不想对部门负责人进行考核,在这种情况下,部门经理的考评则由分管领导进行,比如由企业的副总经理岗位人员进行考评。

在咨询实践中,部分企业的少数岗位也会因为岗位的特殊性,由特定考评人完成绩效考评,或者由特定人员完成部分绩效指标的考评工作。

举一个亲身经历的案例:家里新安装了一台某品牌的抽油烟机,油烟机大概用了不到一个月时间,家人反映每当油烟机用完且关闭电源之后,隐约地会听到"呼噜呼噜"的声音,我就拨打了该品牌电器的售后服务电话,电话接通后,对方亲切地说道:"陈先生,您好!"这让我很吃惊,同时我也为他们的客户管理工作点赞,电话接线人员简单询问了我的问题,然后就在电话拨打后不到 10 分钟时间,售后服务人员就和我确定了上门服务时间,大约在 1 个小时内,售后服务车就开到了我家楼下。维修师傅观察和检修了油烟机之后,告诉我油烟机没有任何问题,只不过中午做饭的时间点,楼上楼下都在使用油烟机,声音是烟道里面传来的,油烟机确定没有问题。售后问题处理完毕后,维修人员又额外给我更换了油烟机过滤油网,最后维修师傅将一张《售后服务满意度确认表》递给我,告诉我今天的上门服务是免费的,新更换的油网也是免费的,让我对今天的服务进行评分,我在"维修服务态度""维修及时性""问题是否解决"等评分指标后面全部选择"非常满意"。转回到考核关系这个话题上来,读者不难发现,这样一张《售后服务满意度确认表》将成为该品牌电器售后服务部评价维修服务人员工作绩效的依据,而作为客户的我,在这里就成了绩效考核关系中的考核者的角色。

由此,不难发现有些特殊的岗位,评价者会有多种类型和身份。为了使读者清晰、明了、直观地了解考核关系的描述方法和内容,下面将一张在管理咨询过程中常用的《考核关系表》进行展示和举例,如表 6-3 所示。

表 6-3 考核关系

序号	部门	被考核岗位	考核关系				
			总经理	总监	经理	主管	其他
1	国内销售中心	总监	△				
2	国内销售中心	总监助理	▼	△			
3	国内销售中心	销售顾问		▼	△		
4	国内销售中心	经理	▼	△			
5	国内销售中心	内销主管		▼	△		
6	国内销售中心	内销业务员			▼	△	
7	国内销售中心	销售计划专员			▼	△	
8	国内销售中心	客服专员			▼	△	
9	国内销售中心	客服文员			▼	△	
10	国际营销中心	单证员			▼	△	
11	研发中心	总监	△				
12	研发中心	技术经理	▼	△			
13	研发中心	产品工程师		▼	△		
14	研发中心	PIE 工程师		▼	△		
15	研发中心	包装资料、BOM 员		▼	△		
16	研发中心	PDM 专员		▼	△		

备注:"△"表示直接考核关系;"▼"表示审核关系。

(八)绩效考核实施步骤与流程

绩效考核实施步骤与流程是指在绩效管理循环体系中绩效计划、绩效辅导、绩效考核、绩效改进这四个阶段的具体工作任务。它包括什么时间启动绩效考核,什么时间进行数据收集,什么阶段进行考评打分,什么时间进行数据上交等。

为了使读者清晰、明了、直观地了解绩效考核实施步骤与流程,下面将一张在管理咨询过程中用到的《考核实施步骤与流程表》进行展示和举例,如表6-4所示。

表6-4　考核实施步骤与流程

步骤	1.数据统计与对接	2.评分及绩效面谈	3.考核结果上报	4.申诉与结果应用
主要活动	1.各部门统计本部门考核数据和记录 2.各部门汇总和提供考核数据给对口部门	1.考评人根据被考评员工考核指标、计划完成情况,进行月度评价 2.进行绩效面谈,向员工出示月度考核结果,提出工作改进意见和方法;确定下一个考核周期指标和标准	部门负责人将员工考核结果上报绩效管理执行小组(人力资源部)	1.如对考核结果有异议,被考评员工提出申诉 2.人力资源部汇总考核结果并予以应用
时间	2日前	3日前	4日前	5日前
负责人	各部门数据提供人	考评人、被考评人	部门负责人	绩效管理执行小组

绩效考核实施阶段的工作,是整个绩效管理工作中一个重点和难点,其主要难题是要在短时间内按照绩效计划要求,完成考核数据统计与对接、绩效申诉与结果应用等一系列工作。从过程来看,时间紧、任务重、牵涉的部门和人员较多、数据整理和统计分析工作烦琐,而且需要大量的沟通工作穿插其中才能圆满地完成该阶段的工作。综上所述,这个阶段的工作具有明显的工作量大、工作任务繁重、时间紧迫的特点。从实践经验来看,本阶段的工作有以下两点注意事项。

首先,由于每家企业的工作流程和管理方式存在较大差异,在确定绩效考核推进时间的时候,尤其要注意根据企业的具体情况进行考核数据统计与对接、评分及绩效面谈、考核结果上报、申诉与结果应用这四个阶段的时间衔接安排。从经验分析,一般事先确定企业的发薪时间,通常企业的财务部门对外报账时间是每月的15日,很多企业也会选择每月的15日作为发薪时间,那么以15日为终止时间往前倒推,需要减去财务做账时间、减去人力资源部数据统计分析时间、减去人力资源部和财务部数据对接和检核时间、减去各部门考勤数据和考核数据提报时间,再减去绩效申诉预留时间等。按照上述在绩效考核中客观需要预留的时间及影响因素,就需要根据企业的实际运营情况,计算出在绩效考核阶段从考核数据统计与对接,再到绩效申诉与结果应用的时间安排。

当然,在考核时间安排的过程中,咨询客户企业由于企业自身运营特点和管理的原因,在考核过程中,会出现已经确定下来的各个节点时间仍然与生产、销售、财务甚至售后部门的工作及数据统计存在冲突的情况。针对这种情况,通常有两种处理方案:要么调整绩效考核各节点的时间安排以适应企业运营的需要,要么调整企业各个部门的工作安排和工作流程以适应绩效管理的时间和流程安排。

绩效实施四个步骤中，常规的实施步骤是考核数据统计与对接、评分及绩效面谈、考核结果上报、绩效申诉与结果应用。但是，咨询过程中也曾经遇到过绩效面谈时间无法集中在某一天或某几天，而是需要将绩效面谈时间拉长并分散的情况。从上面绩效实施步骤的表格来看，这张样表的绩效面谈环节安排在绩效考评后，根据绩效考评结果进行绩效面谈。在众多咨询客户中，曾经遇到过这样一家企业，该企业由于是全国性集团化运营企业，具有业务区域分布广、人员多、总部职能部门总监兼职分公司总经理等特点，最初的绩效面谈工作是放在绩效评分结果出来之后进行的，但是实践中发现，这样的工作推进流程无法在该企业实施，与各区域业务部门及总部职能部门时间冲突。因此，在当时这种情况下，就将绩效面谈工作的时间安排后移，并允许部门总监将绩效面谈的时间分散化，并不一定要在某天集中完成，只要在规定时间内完成即可。调整过后的绩效面谈时间很大程度上适应了该企业运营特点的需要，满足了该企业绩效管理实施的要求。

(九)绩效考核分数及对应等级

绩效考核分数及对应等级是指员工的实际考核分数对应的绩效工资的计发比例或倍数。这是一种最为常见的绩效结果应用的方法，这种方法在各类型企业中具有一种普遍适用性。但是，在此需要说明一点，本项内容并不是绩效制度里面必不可少的环节和模块，企业可以选择性地使用，但未必要包含这个环节和这种应用方法。准确地说这是一种主观的绩效成绩等级划分的方法，该方法以员工的考核分数为参考依据，对员工考核结果强制进行分布。具体的含义和表现形式如表6-5所示。

表6-5　绩效考核分数与绩效等级对照

考核等级	优秀(A级)	良好(B级)	中等(C级)	合格(D级)	不合格(E级)
考核得分	100～91	90～81	80～71	70～61	60 以下

从表6-5中不难发现，100分为满分，并划分为A、B、C、D、E五个分数区间和等级，以员工考核的实际分数为依据，将企业所有员工归类到上述考核等级中。不同的分数区间对应不同的考核等级，比如某个员工考核成绩是85分，那么该员工的最终绩效考核等级就是B级；再比如某个员工考核成绩是95分，那么该员工的最终绩效考核等级就是A级。通过强制分配和分布这样一个人为的、主观的考核等级区间，就能将企业的员工区分"优、良、中、差"。至于员工将得到怎样的绩效奖励和处罚，这是绩效考核结果运用阶段需要解决的问题。在此不做赘述。

需要注意的是，在表6-5的制定过程中会存在一些问题，需要通过试验和经验进行解决，从表格中可以看出100～91分对应的是优秀(A级)，90～81分对应的是良好(B级)，80～71分对应的是中等(C级)，70～61分对应的是合格(D级)，60～0分对应的是不合格(E级)。那么问题来了，这样的分数区间所对应的考核等级是否合理，是否适应企业的实际情况，通常情况下会参考以下因素进行确定和调整。

首先，将绩效试运行阶段的评分结果套入这张表格进行测试和对比分析，检查是否大多数员工的考核等级都处于优秀(A级)、是否大多数员工的考核等级都处于中等(C级)、是否大多数员工的考核等级都处于不合格(E级)。如果大多数员工考核等级都处于优秀(A

级),那么多数是由以下两种因素造成的:要么是评分过于宽松了,要么是表格考核分数区间最小值应该提升。如果大多数员工考核等级都处于中等(C级),那么多数是由以下两种因素造成的:要么是评分者在评分的时候碍于面子或者不够客观造成了岗位间分数差别很小,要么是表格中C级区间分值应该整体平移上调或整体平移下降。如果大多数员工考核等级都处于不合格(E级),说明企业员工的整体绩效普遍完成得不好、业绩差,另外一种可能就是绩效考核评分过于严苛造成大多数人的分数过低,但不存在该区间分值制定过低的情况。

从统计学理论模型角度分析,通常情况下,绩效考核结果应该呈现一种正态分布趋势。所谓正态分布,就是两头小中间大的绩效考核结果,比如有20%的被考核者处于优秀(A级)的区间,10%的被考核者处于不合格(E级)的区间,而绝大多数员工处于良好(B级)和中等(C级)的区间。这种分布结果是最理想化的,也是最科学的,说明了企业的绩效管理是有效的、成熟的、可行的。详见图6-2。

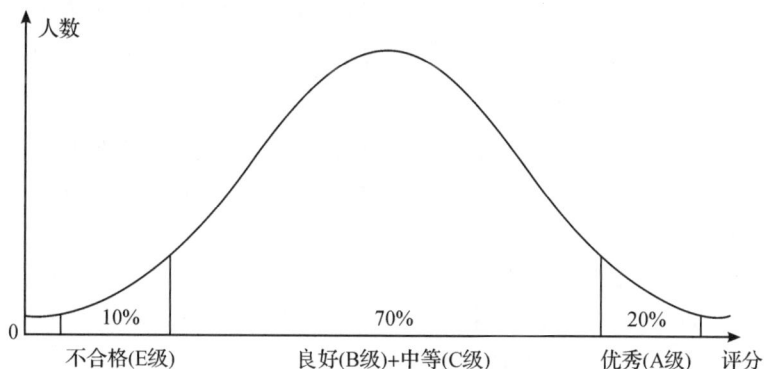

图 6-2　绩效考核结果的正态分布

(十)绩效考核结果运用

绩效考核结果的运用方式非常多。那么,企业绩效管理中,究竟该如何运用绩效考核结果呢? 笔者结合管理咨询实践,总结出以下几种常见的绩效考核结果应用。

1.发现绩效运行过程中存在的问题

发现企业和员工在绩效管理过程中可以改善的问题,这是最基本的绩效结果应用。

对于企业原因造成的绩效管理问题,多数是通过对企业经营环境、管理方式和企业制度等方面的完善和改进,促进绩效管理制度的有效运行。

对于员工绩效问题,多数集中在员工绩效结果不理想的层面,这就需要鉴别是员工能力不强,还是态度不端正等,并有针对性地实施改进措施。针对能力不强的问题,可以通过绩效辅导和针对性的培训,增强技能和增加员工的经验,进而达到提高员工的能力最终改善绩效的目的。针对态度不端正的问题,应通过更多的激励、惩罚措施,改变员工的态度最终改善绩效。

2.引导员工行为、激励员工

绩效考评结果有引导员工行为、激励员工的作用。考评员工行为和结果,并通过最终考评结果的公开和反馈，可以起到引导、激励作用。

比如下面一个案例：国内一家著名的钢铁公司，在某个工程招标当中，由于某项指标过低没有中标，回来之后集团公司向炼钢分厂下达了一道命令，要求他们在一个月之内将失分项指标提高。但是事情过了半年这项指标仍然没有变化。集团公司没有采取简单的行政管理措施，将炼钢分厂的厂长解职，而是派了小组进厂实地考察，看看为什么时隔半年，这项指标还没有提高。小组成员在考察中发现，集团公司对分厂的考核权重70%集中在钢材产量指标上，30%权重是质量指标，这样炼钢分厂就宁愿放弃30%的质量指标，也要追求70%的产量指标。因此调研小组给集团公司写了一个报告，将分厂的考核指标调一下位置，结果只用了一个月，招标失分项指标水平就上来了。

上面的案例通过绩效考评结果发现问题，解决问题，改进绩效。也可从中看出，绩效考评体系的建立以及对考核结果的反馈，可以有效地引导员工的工作行为。考核就像"指挥棒"一样，有什么样的考核内容，就会有什么样的员工行为。反过来讲，如果一家企业想要改变员工的行为，就要改变考核的内容，并公布考核结果，及时向员工进行反馈。绩效考核是引导员工行为目标的有效方法，一定要充分利用好绩效考评结果。

3. 制定员工的绩效改进计划

根据绩效结果反馈的员工问题，除了给出改进意见，还要制定新的绩效改进计划、具体措施和行动方案。重点是帮助员工提高工作能力，为了下一个绩效周期做好准备，同时设立下一个考核周期的改进目标，让员工产生压力，努力去改进自己的绩效。

具体做法是：管理者帮助员工找到工作中存在的不足并达成共识，在对员工考核结果分析的基础上提出改进措施。根据改进措施和员工的实际情况制定针对性的改进计划，最终帮助员工在未来的考核周期内更好地达到工作目标。

在这个过程中，管理者作为员工的绩效合作伙伴，以帮助者和支持者的身份与员工一起制定绩效目标，共同探讨成功的办法，共同分析实现目标的障碍和困难，最终使绩效管理工作落到实处。

4. 岗位调配和职位管理

岗位调配主要针对绩效考评结果不良的员工，其绩效考评不良的原因多数是人岗不匹配。很多企业实行末尾淘汰制，但是业绩不好的员工不一定是能力不行，也可能是与岗位不匹配。企业招聘和培养一个员工是非常不容易的，这部分的成本也很高，因此，对于绩效差的员工，建议企业设置缓冲期，对末尾员工进行再培训或者调整到新的岗位工作，如果最终结果仍然不符合企业岗位任职要求，才终止劳动关系，这样做比较科学、合理，符合以人为本的管理理念。

职位管理包括职位调整、职级调整等，这些主要是针对绩效特别好的员工。因为这部分员工的绩效考评结果出众，可以相信其可以承担更重大的责任，可以将其作为核心员工来培养和激励。通过给予其更多的职业发展机会、职级晋升机会等，实现留住员工、构建企业人才梯队的目的。

5. 利益分配

利益分配主要包括薪酬调整、绩效工资和奖金的确定。

把绩效考评结果同薪酬调整、绩效工资、奖金确定挂钩，实则是要让员工重视绩效考评,使得绩效考评的结果真正引导员工的行为。基本工资调整是绩效结果最直接的运用,奖金一般与员工的日常表现和对企业的贡献相关,而绩效工资则是直接与员工个人业绩相关的,这些都是绩效考核结果的普遍用法。许多企业绩效考核工作流于形式,员工积极性不高,甚至对绩效考评产生抵触情绪,也是因为绩效考核结果没有与薪酬、奖金相挂钩。

6.员工培训

在员工培训方面,绩效考评的结果用于发掘员工培训需求,作为培训开发有效性的判断依据。

现在的企业越来越重视培训,也越来越在培训上下功夫。松下电器创始人松下幸之助曾说,"培训很贵,但不培训更贵"。企业最大的成本是使用没有经过训练的员工,因为他们每天都在用低效率甚至错误的方法工作。换句话说,表面上看培训支出很大,但是如果不培训,所支付的隐性成本可能会更大。因此,企业重视员工的培训,是一个大的趋势,而且这对企业竞争优势的提高具有非常重要的战略意义。当然培训也不是越多越好,因为它是一把双刃剑,盲目地做很多培训,不但不能提升员工个人能力,对企业的发展也无益处。那么,企业对员工到底应该进行哪些培训呢?通过分析绩效考评结果就可以寻找到答案。也就是说通过绩效考核结果,找到员工现有的能力表现和企业所要求的能力表现之间的差距,差什么补什么,知识不足的补知识,能力不足的提高能力,经验不足的积累经验。因此,通过绩效考核结果可以挖掘出员工真实的培训需求,为培训管理体系的建立奠定良好基础。

7.用于招聘和甄选员工

(1)用于新员工的转正、定级

对于新入职的员工,为了规避招聘面试环节的识人风险,企业往往也会建立在岗测试制度。对新员工在岗测试期间的表现同样会进行绩效考评,主要考察其绩效、能力和态度。在岗测试期结束之后,其绩效考评结果往往作为新员工转正、岗位和薪酬定级的依据,同时也是主观了解新员工特长、能力、工作作风的主要依据。

(2)衡量招聘和甄选的有效性

企业通常会有很多招聘活动,不断有新人来应聘,那么招来这些人到底合适不合适,从绩效结果可以得到侧面反映。举一个简单的例子:张三和李四两个人,张三一年的总收入是21万元,他一年能为企业创造200万元的利润;李四一年的总收入是14万元,他一年可以为企业创造150万元的利润。这两个人如果只能留一个,你会选择谁呢?从单位工资所创造的利润来看,用李四要比张三更合算,只要用1.33个李四花18.2万元就能创造200万元的利润。有了这个计算结果,对张三就有了选择,要么将工资降到18万元,要么令其将利润创造提高到220万元。简单来讲,这两个数据在企业中随时可以得到,一个是已支付员工的报酬,一个是员工已创造的效益,通过比较这两个数据,就可以得出结论。如果你是看绝对值,那张三比李四好;如果你看相对值,李四就比张三好。有了这样的比较结果,就可以帮你做出选择,到底留张三还是留李四。

上述几个方面是针对绩效结果应用的全面概述,绩效考核结果的应用面十分广泛,从招聘到培训、从薪酬变动到奖金发放、从岗位晋升到职位调整都会应用到绩效考核的结果,由此可以深刻地感受到绩效考核及绩效结果应用的重要性。

从咨询实践和大多数企业的绩效结果应用范畴、结果来看，一部分企业对上述几项绩效结果的应用都会涉及，但多数企业对绩效结果的应用覆盖面只是涉及上述项目中的几项，甚至只有1～2项。

（十一）绩效考核申诉

绩效考核申诉也称作"绩效申诉"，这里所说的绩效考核申诉特指绩效考核申诉的管理机制，包括绩效考核申诉方式和步骤。

1.绩效申诉的概念

绩效申诉是指被考核人对考核结果不清楚或持有异议时，可以采取书面形式向绩效管理执行小组提起申诉，绩效管理执行小组就申诉问题进行调查，然后就申诉的事项作出说明。如果申诉人对说明不认同或者不满意，绩效管理执行小组则需要将申诉问题连同对问题的处理意见送交绩效管理委员会进行讨论处理，绩效管理委员会在指定的时间内给出合理的解释或最终的处理意见，并由绩效管理执行小组将最终处理意见与申诉人进行面谈沟通。绩效申诉是对员工权利的一种保护，有利于确保绩效考核的公平和绩效改进的实施。

2.员工提起绩效申诉的原因

一般来说，如果出现以下情况，员工可以申请绩效申诉：

①员工对绩效核算结果有异议；

②员工对绩效考评方法应用有异议；

③员工对绩效核算过程有异议。

3.绩效申诉的处理机构

绩效申诉的处理机构主要包括绩效管理执行小组和绩效管理委员会。绩效管理执行小组组长（通常由人力资源部经理担任）是企业绩效申诉的接收、处理和管理者，具体负责公司绩效申诉的协调和处理工作。特殊情况下，对于未能处理的员工申诉可提报至绩效管理委员会处理，绩效管理委员会是绩效申诉的最终处理机构。

4.绩效申诉的处理程序

申诉者进行申诉时必须遵守一定的时间、步骤和方式。科学、合理的程序是绩效申诉有序进行的保障，申诉机构应该按照科学的程序进行申诉处理，以保证绩效申诉后处理结果的公平性、公正性。申诉程序一般包括以下几个步骤。

（1）提出书面申诉申请

当被考核对象对考核的结果、考核标准或流程有异议，向申诉处理机构提出申请时，就意味着进入了申诉程序。绩效申诉依照不申诉不处理原则，即被考核者不提起申请，就不进入申诉程序。

申诉申请人需要填写一份详细的书面申诉报告，在报告中，要写明申诉的原因、事由、争议问题的内容等，如表6-6所示。

表 6-6　绩效申诉样张

申诉人姓名		部门		岗位	
申诉事项					
申诉内容					
接待人			申诉日期		

（2）绩效申诉一级处理

当员工提起申诉时,绩效管理执行小组组长就会扮演员工与主管人员之间的调解者的角色。提交至绩效管理执行小组层面处理的申诉通常被称为一级申诉或 A 级申诉。绩效管理执行小组在收集了必要的事实之后,要么是提请考核者关注这些事实,从而敦促他们重新考虑导致这次申诉事件发生的决策;要么是将这些事实提交给申诉者,向他们解释为什么绩效管理执行小组认为他们的上级不存在偏见或者没有违规的做法。换言之,绩效管理执行小组要么是要求申诉员工的上级采取纠正措施,要么是告知申诉员工他们的上级作出的决策或是绩效考核遵循的程序是正确的。

（3）绩效申诉二级处理

二级申诉的处理机构是绩效管理委员会。如果员工对一级绩效申诉处理结果不服或者存在异议,可依照程序提出二级申诉或称 B 级申诉。在建有工会或职工代表大会的企业,如果员工需要绩效申诉处理方面的帮助,可以随时向企业职工代表大会或者基层工会寻求帮助,基层工会代表应该无条件提供咨询和法律援助。由于员工在劳动关系中属于弱势一方,为了保证绩效申诉调查的真实性和客观性,企业可以规定员工有权选择 2/3 的绩效申诉调查小组成员。绩效管理委员会在调查和收集与绩效申诉相关的数据和资料时,企业内部相关部门必须无条件提供支持,在取证资料收集完毕后,绩效管理委员会召开绩效申诉调解会议,员工有权委托代理人或要求其他人陪同参加绩效申诉调解会议。在绩效申诉调解会议上,员工需要陈述对一级绩效申诉处理结果不满意的原因,并且提供相关的举证材料,绩效管理委员会一般会通过合议或投票方式解决绩效争议。特殊情况下如果各方未能就争议达成共识,绩效管理委员会需要进一步收集资料,约定下一次调解会议时间,直至各方达成绩效申诉处理共识,但这种情况在现实执行过程中发生的概率很小。

（4）通知员工处理结果

绩效管理执行小组应该将最终的事实认定结果和申诉处理意见以书面形式反馈给申诉人,如表 6-7 所示。

表 6-7　员工申诉处理记录样张

申诉人姓名		部门		岗位	
申诉事项					
申诉内容					
面谈时间			接待人		
处理记录	问题简要描述：				
	调查情况：				
	建议解决方案：				
	协调结果：				
经办人：					
备　注：					

（5）资料归档

绩效管理执行小组在绩效申诉结束后，应该审核和整理《绩效考核申诉处理表》，并将相关资料证据存档。

（十二）制度配套表单

绩效管理制度里面的"制度配套表单"特指在绩效管理制度中提及的表单或者是在绩效运行过程中会使用到的表单。绩效管理制度中可能会涉及的表单包括以下几种。

（1）绩效考核表；

（2）品质与行为特征指标评估标准；

（3）绩效考核结果汇总表；

（4）关键事件记录表；

（5）绩效分层审核记录表；

（6）员工申诉表；

（7）员工申诉处理表；

（8）绩效面谈记录表；

（9）考核关系表；

（10）特殊情况绩效考核扣分明细表；

（11）绩效考核指标变更表；

（12）绩效改进计划（PIP）；

（13）绩效改进措施汇总表。

（十三）绩效运行流程图

绩效运行流程图展示绩效管理中的绩效计划、绩效辅导、绩效考核和绩效改进四阶段的具体实施步骤，旨在通过简单、易懂、明了的流程图，向绩效考核实施的推进者和参与者展示流程实施的具体步骤。

六、绩效管理制度示例（模拟版）

（一）目的

（1）通过绩效管理促进上下级沟通和各部门间的协作。

（2）通过客观评价员工的工作态度、工作行为和工作结果，帮助员工提高自身工作水平，从而有效提升公司整体绩效。

（二）适用范围

（1）本制度适用于公司的所有正式员工。

（2）本制度不适用于一线作业员工。

（三）考核原则

（1）以提高员工绩效为导向。

（2）定性与定量考核相结合。

（3）公平、公正、公开。

（四）职责和权限

1.绩效管理委员会成员和职责

公司设绩效管理委员会，由总经理、副总经理、人力资源部负责人、生产部负责人、财务部负责人组成。总经理担任委员会主任，人力资源部负责人任委员会副主任。绩效管理委员会的主要职责如下。

(1)负责审定通过公司整体绩效考核制度、方案；

(2)负责研究确定与绩效相关的重大事项、问题；

(3)对公司绩效考核申诉进行最终处理；

2.绩效管理执行小组成员和职责

绩效管理执行小组是公司绩效考核工作的执行机构，负责日常绩效管理。成员构成为：人力资源部负责人、财务部负责人、生产部负责人、物流部负责人、销售部负责人、工程技术部负责人。人力资源部负责人任执行小组组长。绩效管理执行小组的主要职责如下。

(1)负责拟订和修订公司绩效管理制度、指标体系和操作办法；

(2)负责组织召开绩效管理会议；

(3)绩效管理执行小组组长有权安排绩效数据的抽查；

(4)根据公司总目标组织各部门提取各岗位绩效考核指标；

(5)审核各个岗位绩效考核标准，确保绩效周期内工作任务顺利完成；

(6)就绩效考核过程中出现的问题与员工进行有效沟通和反馈；

(7)为绩效管理工作提供培训和辅导，提高绩效管理理论和操作技能水平；

(8)接受、处理各部门员工提出的绩效申诉；

(9)支持和服务绩效管理委员会；

(10)对绩效管理过程中违反制度和流程的不规范行为进行纠正与处罚；

(12)建立绩效考核档案，完成考核结果的应用。

3.各部门职责

(1)根据部门阶段性目标确定本部门员工绩效指标与评价标准；

(2)具体负责本部门员工绩效管理实施工作；

(3)为对口部门提供绩效考核记录和数据信息；

(4)支持和服务绩效管理执行小组；

(5)负责与被考核者确定考核指标、考核标准，并完成绩效沟通工作；

(6)负责对本部门各项考核工作进行培训与指导；

(7)负责组织实施本部门的考核工作和绩效相关资料文件的收集、整理、审核、汇总分析，并组织部门绩效会议；

(8)负责对本部门在考核过程中违反绩效管理制度和流程的行为进行纠正与处罚；

(9)负责协调、处理本部门考核申诉的具体工作；

(10)负责建立本部门人员绩效考核档案。

(五)绩效指标

1.绩效考核指标的构成

(1)绩效考核指标的构成详见表6-8。

表 6-8　绩效考核指标构成

指标类型	指标提取来源	适用范围	权重
结果类指标	KPI指标：部门指标的分解/岗位的职责	各岗位	70％
行为特征类指标	服务意识、积极性、纪律性等指标	各岗位	15％
品质特征类指标	品德言行、执行能力、沟通协调等指标	各岗位	15％

注：①所有岗位考核指标权重分别为：结果类指标权重（70％）、行为特征类指标权重（15％）、品质特征类指标（15％）。②品质特征类指标分为管理层和普通员工层两个类别。即管理层使用统一的品质特征类指标、普通员工使用统一的品质特征类指标。以上两类指标由公司绩效管理执行小组确定，无须各部门重新拟定和变动。③行为特征类指标公司各岗位标准统一，由绩效管理执行小组确定，无须各部门重新拟定和变动。

（2）组长以上管理岗位品质特征类和行为特征类指标

①品质特征类指标：创新和突破自我能力，规划和统筹能力，决策与执行能力，培训能力，策划、组织、沟通、协调能力，品德言行；

②行为特征类指标：成本意识、服务意识、质量意识、积极性、纪律性、原则性；

（3）普通员工岗位品质特征类和行为特征类指标

①品质特征类指标：执行力、团队精神、学习能力、沟通协调能力、责任感等；

②行为特征类指标：成本意识、服务意识、质量意识、积极性、纪律性、原则性；

③绩效考核中的特殊扣分项目：扣分明细参照附件 12 进行。

（4）各岗位结果类指标

各岗位结果类指标依照岗位不同分别进行制定，具体参照各岗位实际指标设定情况。

2.绩效考核指标制定流程

（1）绩效考核指标制定流程如表 6-9 所示。

表 6-9　绩效考核指标制定流程

指标类型	指标对象层级	指标提报	指标审核及辅导	指标审定
结果类指标（KPI）	部门负责人岗位	部门负责人	人力资源部	绩效管理委员会
	主管、组长及普通员工	员工与管理者合议	部门负责人	绩效管理执行小组
品质特征类和行为特征类指标	管理人员和员工	该类指标公司确定，无须各部门拟定和修订		

（2）绩效考核指标不是一成不变的，需要根据公司发展阶段、岗位工作内容变化等实际情况进行调整。通常情况下，一个考核周期结束后，由绩效管理执行小组提出并组织修订部门层面绩效考核指标。各部门负责人根据本部门绩效考核工作的实际需要变更员工考核指标。指标修订需要填写《指标变更表》，提交相关权责人员审批并进行备案。

（3）部门负责人级别以上的岗位，绩效考核指标由绩效管理委员会审核通过；其他岗位绩效考核指标由绩效管理执行小组审定并在人力资源部报备，否则考核结果无效。

(六)绩效考核实施

1.考核周期及考核时间

(1)本公司绩效考核以月度为考核周期。管理层及普通员工均以月度为考核周期进行考核。

(2)考核时间：次月 2 日前各部门完成数据交换和提报，次月 10 日前完成全部绩效考核工作。

2.考核关系

(1)公司各独立部门负责人的考核(部门级指标的考核)，由绩效管理委员会主任(总经理)进行。

(2)主管级、班组长、员工的考核采取部门负责人制，由部门负责人对本部门所有员工进行绩效考核。各部门可根据各自业务特性及管理幅度逐级授权考核。

(3)在一个考核周期内，考核关系原则上不发生变动，如需变动考核关系，可在新的考核周期前 5 个工作日内(绩效面谈环节)确定。考核关系变动需及时上报人力资源部备案，考核期内如考核人发生人事变动，可根据实际情况临时确定。

3.绩效考核结果关系

部门负责人的绩效考核得分等于部门绩效考核得分，绩效考核结果的对应关系如表 6-10 所示。

表 6-10　绩效考核结果关系

绩效考核内容	级别
部门绩效	部门负责人
个人绩效	员工

4.绩效考核实施

(1)月度考核流程(见表 6-11)

表 6-11　月度考核流程

步骤	员工总结	评价与沟通	结果上报审核	申诉与结果应用
主要活动	1.各部门统计本部门考核数据。 2.各部门汇总和提供考核数据给对口部门。 3.被考评员工进行月度工作总结。	1.考评人根据被考评员工上月考核指标、计划完成情况，进行月度评价。 2.进行绩效面谈、提出改进意见，并确定下月工作计划目标。	部门负责人将部门业绩与员工考核结果上报绩效管理执行小组(人力资源部)。	1.被考评员工提出申诉； 2.人力资源部公布员工考核结果并予以应用。
时间	次月 2 日前	次月 5 日前	次月 6 日前	次月 10 日前
负责人	各部门、被考评员工	被考评员工、考评人	部门负责人	绩效管理执行小组

（2）考核实施过程说明

①绩效管理执行小组组织月度绩效考核工作，并监督各部门绩效考核工作完成情况，对未能按时完成绩效考核工作的考核者和部门，绩效管理执行小组视情况给予处罚；

②考核周期内转正、调动等情况，以新任岗位和原岗位实际在岗时间比例为计算系数，以新任岗位和原岗位实际绩效奖金为基数，以 1.0 的考核系数计发考核工资；

③考核期间请假（非法定假日）的，请假时间不超过 5 个（含）工作日的正常考核；

④请假（非法定假日）超过 5 个工作日的当月参与考核，考核工资按照以下公式计算：实际考核结果×实际出勤天数÷应出勤天数。

5.考核等级的确定

（1）管理人员及普通员工绩效等级分为五级，分别为 A—E 级；

（2）部门绩效考核结果视同部门负责人的考核等级，等级与分值对应关系如表 6-12 所示。

表 6-12　考核等级与分值的对应关系

考核等级	优秀（A 级）	良好（B 级）	中等（C 级）	合格（D 级）	不合格（E 级）
考核得分	100～91	91～81	80～71	70～61	60 以下

（七）绩效奖金分配机制

（1）绩效奖金分配总则：公司原则上在利润高于保本点时会发放月度绩效奖金；公司利润低于保本点，无绩效奖金。公司绩效奖金提取方法与额度计算公式如下：

公司绩效奖金总额＝公司月度销售额×X％

（2）以本岗位工资在工资总额中的占比为绩效奖金基数，以岗位月度考核结果和对应的绩效奖金系数为标准，计发管理人员（指主管及以上管理岗位）绩效资金。管理人员奖金提取方法与额度计算公式如下：

管理人员目标绩效＝$\frac{个人工资}{总工资}$×公司绩效总额（目标绩效：本岗位奖金在全部绩效奖金中的分配比例）

管理人员考核绩效＝管理人员目标绩效×绩效奖金系数（考核绩效：经绩效考核修正过的绩效结果）

管理人员实际绩效＝$\frac{管理人员目标绩效总额}{管理人员考核绩效总额}$×管理人员考核绩效（实际绩效：实际发放的绩效奖金额）

（3）公司绩效奖金总额减去管理层人员已经分配的绩效奖金，剩余部分全部作为普通员工绩效奖金总额。普通员工绩效奖金总额以部门为单位进行切割划分，即把员工绩效奖金分配到部门后，各部门内部再依照单个员工月度考核结果和绩效奖金兑现比例进行分配。部门奖金提取方法与额度计算公式如下：

各部门绩效总额＝公司绩效总额－管理人员实际绩效总额

$$部门目标绩效 = \frac{部门工资（部门普通员工总工资）}{总工资 - 管理人员总工资} \times 部门绩效总额（目标绩效：本部门奖$$

金在员工绩效奖金总额中的分配比例）

部门考核绩效 = 部门目标绩效 × 绩效奖金系数（考核绩效：经绩效考核修正过的绩效结果）

$$部门实际绩效 = \frac{各部门目标绩效总额}{各部门考核绩效总额} \times 部门考核绩效（实际绩效：实际发放的绩效奖$$

金额）

（4）以本岗位工资在部门普通员工工资总额中的占比为绩效奖金基数，以岗位月度考核结果和对应的绩效奖金系数为标准，计发员工月度绩效奖金。员工奖金提取方法与额度计算公式如下：

$$普通员工目标绩效 = \frac{个人工资}{部门工资（本部门普通员工工资总额）} \times 部门实际绩效（目标绩效：$$

本岗位奖金在部门绩效奖金总额中的分配比例）

普通员工考核绩效 = 普通员工目标绩效 × 绩效奖金系数（考核绩效：经绩效考核修正过的绩效结果）

$$普通员工实际绩效 = \frac{部门目标绩效总额}{部门考核绩效总额} \times 普通员工考核绩效（实际绩效：实际发放的绩$$

效奖金额）

（八）绩效沟通

（1）考评人就绩效结果与被考评人沟通，就考评期内被考评人工作中存在的不足与需改进事项进行绩效面谈。绩效沟通后双方需在绩效面谈表上就面谈达成的结果签字确认。

（2）每月5日前组织绩效考核沟通会议，由各部门负责人组织实施。

（3）每月10—15日，绩效管理执行小组组长应组织绩效考核月度总结会，分析考核中出现的问题，并对问题提出改进方案。会议由公司主管级以上员工参加。

（九）绩效考核结果运用

（1）使各级管理者明确所管理团队成员的月度绩效情况。

（2）通过即时有效沟通，为提高公司整体绩效、部门内部绩效及个人技能等提供依据。

（3）绩效奖金的发放：月度绩效奖金同每月的工资一并发放。

考核等级与绩效奖金系数对应关系如表6-13所示。

表6-13 考核等级与绩效奖金系数的对应关系

考核等级	A	B	C	D	E
绩效奖金系数	1.5	1.2	1.0	0.6	0.2

（4）为员工内部竞聘、晋升、岗位调动、优秀员工评定、薪酬调整等提供参考依据（具体应用参照公司对口制度）。

(5)为各部门提供培训需求分析的依据(具体应用参照公司对口制度)。

(十)绩效考核申诉

1.申诉受理机构

被考核人如对考核结果不清楚或者持有异议,可以采取书面形式向公司绩效管理执行小组申诉。绩效管理执行小组是员工考核申诉的处理机构,人力资源部负责人负责具体事务的处理。

2.提交申诉

员工以书面形式向考核管理执行小组提交申诉书,申诉书内容包括申诉人姓名、部门、岗位、申诉事项、申诉理由,详见附件9《员工申诉表》。

3.申诉受理

(1)人力资源部接到员工书面申诉后,应在当日作出是否受理的答复。对于申诉事项无客观事实依据,仅凭主观臆断的申诉不予受理,详见附件10《员工申诉处理记录表》。

(2)受理的申诉事件,首先由人力资源部负责人对员工申诉内容进行调查,然后与员工直接上级进行协调、沟通处理。不能解决的,由公司绩效管理委员会合议处理。

(3)绩效管理委员会是申诉最终处理机构。绩效管理委员会在接到申诉处理记录后,2个工作日内必须就申诉的内容组织审查,并将处理结果通知申诉人。

(十一)绩效改进

(1)绩效管理是一个逐步改进和优化的循环过程,绩效改进是在一个阶段之后对过去一段时间所使用的绩效管理体系进行诊断,使之不断完善的过程。对绩效指标未达标的情况,通过绩效面谈制定绩效改进计划(PIP)。

(2)绩效改进步骤:
①分析工作绩效的差距;
②查明产生差距的原因;
③制定改进工作绩效的策略;
④制定纠正和预防性策略。

(3)绩效改进措施的汇总与跟踪:将绩效考核产生的纠正预防性措施进行统计汇总,并指定专人跟进。

(十二)附则

(1)本制度经公司总经理批准后发布执行,人力资源部负责修改并解释。
(2)本制度未尽事宜,按国家有关法律、法规和公司的有关规定执行。
(3)本制度从下发之日起执行。

(十三)绩效管理流程图

某企业绩效运行流程如图6-3所示。

绩效管理委员会	人力资源部	考核主体	被考核人

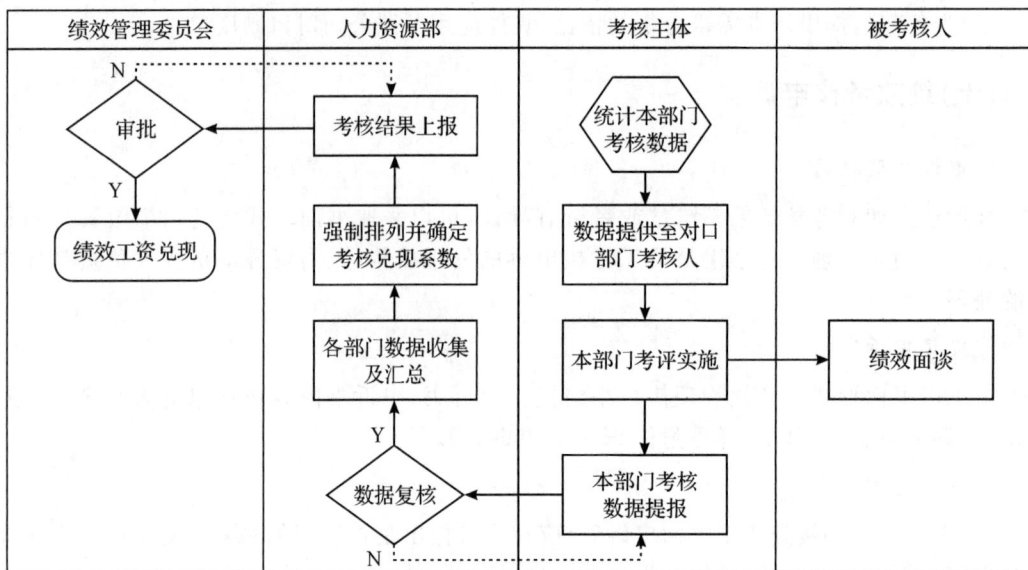

图 6-3　某企业绩效运行流程

(十四)附件:制度配套表单

1.本制度配套表单列表

（1）品质与行为特征考核表(管理人员)；

（2）品质与行为特征考核表(普通职员)；

（3）品质与行为特征绩效评估标准(管理人员)；

（4）品质与行为特征绩效评估标准(普通职员)；

（5）定量类绩效考核表；

（6）绩效考核结果汇总；

（7）关键事件(数据对接)记录表；

（8）绩效考核数据对接表；

（9）员工申诉表；

(10)员工申诉处理记录表；

(11)绩效面谈记录表；

(12)考核关系表；

(13)绩效考核特殊加减分明细表；

(14)绩效考核指标变更表；

(15)绩效改进计划表；

(16)绩效改进措施汇总表；

(17)绩效改进备忘录；

(18)绩效考核初次运行指南。

2.制度配套表单

制度配套表单参见附件 1—18。

附件1：品质与行为特征考核表（管理人员）

(　　)月份品质与行为特征考核表（管理人员）

被评估人：_____　　　职位：_____　　　评估日期：_____

评估要素及分数		权重占比	评估标准 （具体对照评估标准评分）	评估得分
品质特征指标	创新和突破自我能力（20分）	15％	1级（0分） 2级（5分） 3级（10分） 4级（15分） 5级（20分）	
	规划和统筹能力（20分）			
	决策与执行能力（20分）			
	培育下属能力（20分）			
	全局意识与品德言行（20分）			
行为特征指标	成本意识（20分）	15％	1级（0分） 2级（5分） 3级（10分） 4级（15分） 5级（20分）	
	服务协作意识（20分）			
	积极性（20分）			
	纪律性（20分）			
	原则性（20分）			

注：①以上定性类指标原则上由公司统一制定；②品质特征指标得分＝品质特征指标五项指标得分之和×15％（对照岗位类别权重占比）；③行为特征指标得分＝行为特征指标五项指标得分之和×15％（对照岗位类别权重占比）；④考核总得分＝品质特征指标得分＋行为特征指标得分。

1.本考核周期员工品质行为表现总体评价：
2.为提高绩效，应加强以下学习或注意以下几方面不足（若填写空间不够，可另附件）：

评估人（签字）：_____　　　　被评估人（签字）：_____

附件2:品质与行为特征考核表(普通职员)

( )月份品质与行为特征考核表(普通职员)

被评估人:_____   职位:_____   评估日期_____

评估要素及分数		权重占比	评估标准 (具体对照评估标准评分)	评估得分
品质特征指标	执行能力(20分)	15%	1级(0分) 2级(5分) 3级(10分) 4级(15分) 5级(20分)	
	团队精神(20分)			
	学习能力(20分)			
	沟通协调能力(20分)			
	责任感(20分)			
行为特征指标	成本意识(20分)	15%	1级(0分) 2级(5分) 3级(10分) 4级(15分) 5级(20分)	
	服务协作意识(20分)			
	积极性(20分)			
	纪律性(20分)			
	原则性(20分)			

注:①以上定性类指标原则上由公司统一制定;②品质特征指标得分=品质特征指标五项指标得分之和×15%(对照岗位类别权重占比);③行为特征指标得分=行为特征指标五项指标得分之和×15%(对照岗位类别权重占比);④考核总得分=品质特征指标得分+行为特征指标得分。

1.本考核周期员工品质行为表现总体评价:
2.为提高绩效,应加强以下学习或注意以下几方面不足(若填写空间不够,可另附件):

评估人(签字):_____   被评估人(签字):_____

附件3：品质与行为特征绩效评估标准（管理人员）

品质与行为特征绩效评估标准（管理人员）

一、品质特征绩效评估标准

1. 创新与突破自我能力：能够自觉通过各种途径更新补充专业知识，突破自己，并且在工作中能够不断地进行创新。

1级（0分）	2级（5分）	3级（10分）	4级（15分）	5级（20分）
不能自觉学习，对不明白的专业知识不能主动更新、补充，在工作中没有创新意识	能够被动地接受学习，在要求下能自主更新补充专业知识，工作按部就班，有创新意识，但无创新举措	能够主动学习，更新、补充专业知识，但知识不能应用于实践，有强烈的创新意识，在工作中有创新举措	主动学习，主动更新、补充专业知识，有强烈的创新意识，在工作中能够不断地进行创新	善于与团队分享、合作、学以致用，调动团队智慧，有强烈的创新意识，有具体的创新方案

2. 规划和统筹能力：着眼于未来，制定长期策略规划，有远见，能够有效运用部属的智慧和现有资源进行统筹规划，避免人力资源浪费。

1级（0分）	2级（5分）	3级（10分）	4级（15分）	5级（20分）
有短期的规划，对短期内的工作不能区分轻重缓急，目光浅，团队统筹能力不足，造成人员未能人尽其才	有短期的规划，对短期内的工作能区分轻重缓急，部分人员能人尽其才，有较明显的人力资源浪费现象	有长期规划，对短期内的工作能区分轻重缓急，团队统筹能力一般，部分人员能人尽其才，无明显的人力资源浪费现象	有长期规划，工作能区分轻重缓急，团队统筹能力较好，团队智慧能充分发挥，人尽其才，无明显的人力资源浪费现象	有长期规划，有远见，团队区分轻重缓急，工作能区分轻重缓急，团队智慧能充分发挥，人尽其才，团队活力充足，无人力资源浪费现象

3. 决策与执行能力：能够委派工作，人力协调，化解员工纷争，能独立决策，并能有效地执行公司总经理或董事长的工作安排。

1级（0分）	2级（5分）	3级（10分）	4级（15分）	5级（20分）
工作委派经常不到位，人力协调不足，与部属因工作而有的争吵，对派而有的争吵而不了解上级的工作意图	能够简单地执行工作委派，人力协调，与部属间有不能及时化解的工作争吵，对上级的工作意图能区分工作的轻重缓急	能够较好地执行工作委派，人力协调偶尔有不到位现象，与部属的工作争吵，能及时化解，对上级的工作意图能把握，面全面有序地开展工作	能够较好地执行工作委派，与部属协调到位，人力协调无工作争吵，对上级的工作意图能把握，全面有序地开展工作	能有效执行工作委派，人力协调，能及时化解员工纷争，对上级的工作意图能把握，能主动、自发、全面地开展工作

续表

4. 培育下属能力：能够充分了解下属的知识与能力特征以及个人的职业兴趣，并积极寻找可能的途径帮助下属获取知识、锻炼下属能力以及开发技能，从而帮助下属不断进步，为公司梯队建设储备合适人选。

1级（0分）	2级（5分）	3级（10分）	4级（15分）	5级（20分）
对下属漠不关心，只知道要求下属干活，从来没有想到帮助分析下属能力以及工作兴趣、态度，不太注意及更新知识、提高工作能力，下属员工能力不仅没有进步，反而有所退步	不太关心，对下属的工作兴趣、知识能力以及工作态度等了解片面，不太注意帮助下属更新知识、提高工作能力以及管理能力，下属员工工作得不到应有的锻炼、没有什么进步	比较关心下属，对下属的工作兴趣、知识能力以及工作态度有一般性的了解，有时也会帮助下属更新知识、提高工作水平以及管理能力，使下属能够得到一定的锻炼、取得一定的进步	关心下属，对下属的工作兴趣、知识能力以及工作态度比较清楚的了解，注意帮助下属更新知识、提高工作水平以及管理能力，使下属能够得到较好的锻炼、进步明显	非常关心下属，对下属的工作兴趣、知识能力以及工作态度因素精准掌握，并且能够通过言传身教积极地帮助下属不断提高工作水平，同时努力为下属提供更新知识以及强化管理能力的机会，尽可能地为下属做好提升晋升的准备，使其迅速得到晋升的进步

5. 全局意识与品德言行：高度认同本公司企业文化，在工作中能从大局出发，积极服从公司总体战略目标和管理要求，清正廉洁，严于律己，言行诚信。

1级（0分）	2级（5分）	3级（10分）	4级（15分）	5级（20分）
对本公司企业文化认知模糊，不能从大局出发，不能服从公司总体战略目标和管理要求，存在本位主义倾向、官僚作风，导致公司陷入僵局。本人自律性差，周围人对其意见很大，对员工不加以约束，公私不分，引起纠纷，违规事件屡屡发生	对本公司企业文化有基本认识，有时不能从大局出发，不能服从公司总体战略目标和管理要求，存在本位主义倾向、官僚作风，工作有时有时会遇到困难。本人自律性不够，周围人对其有一定意见，对员工也注意不到约束，偶有失公允的现象出现，偶有违规事件发生	对本公司企业文化有一定认识，基本能够从大局出发，服从公司总体战略目标和管理要求，基本上保证总体工作的正常进行。本人对自律性要求也有一定的正常进行，对员工上能够得到大家的认可，对员工工作也注意到公私分明，违规事件较少	对本公司企业文化有深入的了解，能够从大局出发，服从公司总体战略目标和管理要求，从而保证总体工作的正常进行。本人对自己的要求比较高，严于律己，得到的认可比较严格，公私分明，场合之分、言行一致，基本没有违规事件发生	高度认同本公司的企业文化，总是能够服从大局出发，积极服从公司总体战略目标和管理要求。主动自发地配合公司的其他工作，积极地推动总体工作的顺利进行。本人清正廉洁，严于律己，得到上下级共同的赞许，同时能够严格约束下属和员工，言行诚信，从来没有违规事件发生

续表

二、行为特征绩效评估标准

	1级（0分）	2级（5分）	3级（10分）	4级（15分）	5级（20分）
1. 成本意识：在工作过程中具备节约成本和控制成本的观念，工作中建立起降成本的主动性。	无成本意识，在工作中注意节约成本，从不注意节约成本	成本意识薄弱，工作中不主动提倡控制成本	有节约成本和控制成本的意识，偶尔有不注意节约成本的行为，不主动采取措施控制成本	有节约成本和控制成本的意识，经常注意节约成本，主动采取措施控制成本	有节约成本和控制成本的意识，经常注意节约成本，且主动采取措施控制成本。并提倡大家参与成本控制
2. 服务协作意识：从不对个人得失斤斤计较，乐于协助他人达成组织目标，热情诚恳地对待同事。	不太关心他人，对他人的需求毫无感觉，对个人得失斤斤计较	有时能够关心、协助他人，体会他人的苦衷，偶尔想办法协助他人解决问题	能关心他人、体谅他人，有时想办法助他人解决问题	能关心他人、体谅他人，领会他人的请求，能主动帮助他人解决问题	对他人较关心，容易感知别人的想法，体谅他人，善于领会他人的请求，基本能主动帮助他人解决问题
3. 积极性：对工作有热情，主动自发，高效完成工作目标。	工作不主动，缺乏热情，需要上级不断督促，才能够勉强完成工作任务	有一定的工作主动性和热情，偶尔需要督促，很少提出工作改进措施，对交办的临时性工作存在拖延现象	主动性和热情较高，不需要督促，对临时交办的工作基本上能够承担并完成	工作有热情，积极向上，能够出色完成工作任务，并主动提出解决办法和改进措施，积极承担力所能及的临时性工作	对任何工作始终抱有积极持久的工作热情，对分内分外之事都能积极主动去做好，能够主动、自发、高效完成工作任务
4. 纪律性：遵守公司各项制度，维护公司制度的有效实施。	无视公司各项规章制度，且经常违反公司的各项管理制度，目中无"法"	违反公司各项规章制度的情况较多，至少有3次违纪行为，对他人的提醒也不太在乎	多数情况下能遵守各项制度和规定，有2次以上违纪行为，经提醒后仍有发生	能遵守公司的人事、财务、行政等各项制度和规定，纪记录经提醒后不再重复发生	能严格遵守公司的人事、财务、行政等各项制度和规定，行政等各项制度和规定，从不违纪律
5. 原则性：做事坚持原则，按公司政策和行动的准则。	不理会公司政策、制度，不坚持原则，政策和原则性工作，不听指挥，不讲原则	偶尔不按公司政策和原则办事，工作不协调，原则性不强，有时为情面放弃原则	基本上能按公司政策办事，一般情况下能坚持原则，特殊情况会违反原则	政策性与原则性较强，是非分明，能开展批评和自我批评	严格按政策与原则办事，敢于同各种违纪行为做斗争

附件 4：品质与行为特征绩效评估标准（普通职员）

品质与行为特征绩效评估标准（普通职员）

一、品质特征绩效评估标准

	1级（0分）	2级（5分）	3级（10分）	4级（15分）	5级（20分）
1. 执行能力：能够准确理解上级所分配工作的真实意图，并高效地完成，达到预期的效果。	对上级分配工作任务的意图一知半解，需要经常性督导，仍然无法完成工作任务和相关工作计划，工作效率及工作质量低下	能够理解上级分配工作的真实意图，但是需要时时督导，才能完成工作任务和相关工作计划，且工作质量一般	能理解上级分配工作的真实意图，基本上按时完成工作任务和工作计划，工作质量尚可	能够充分理解上级分配工作的真实意图，完成工作任务并得以赞许	能够深层次理解上级分配工作的意图，全面落实工作任务计划，并能够独立解决工作中遇到的困难，经常超越目标和预期达成任务
2. 团队精神：具备团队精神，能够为团队共同目标的实现积极主动与他人合作，充分发挥自己的特长和能力。	不能与他人很好地合作，缺乏团队精神，独断专行，且对团队任务的完成造成一定负面影响	不擅长团队合作，缺乏团队合作精神，且对团队任务的完成造成经微的负面影响	与他人的合作较难开展，团队合作意识不强，协作支持的过程中常有不愉快的事情发生，但基本上能保证团队任务的完成	能够与他人较顺畅地合作，有一定的团队合作意识，能与他人共事和相互支持证团队任务的完成	善于与他人合作共事，相互支持，有较强的团队合作意识，并且能够充分发挥团队成员各自的优势，保持良好的团队工作氛围，出色完成团队任务
3. 学习能力：进取心极强，不断充实专业和业务知识，积极参加公司或部门组织的各项培训。	不思进取，因循守旧，墨守成规，不愿投入精力学习新的业务和知识，缺乏创新精神	业务学习存在应付现象，按部就班、循规蹈矩，很少提出新想法、新措施、新的工作方法	能学习新业务和业务知识，开阔，较少提出新想法、新措施、新想法，新措施、新的工作方法	工作中能够努力学习，能提出新想法、新措施、新想法、新措施、新想法并有创新方法	工作中能不断提出新想法、新措施、善于学习、注意规避风险、锐意求新、有良好的创新精神

续表

4. 沟通协调能力：善于与人沟通，思维清晰，表达能力强，具备同理心，关心同事，经常能够通过有效的沟通达到目标。

1级（0分）	2级（5分）	3级（10分）	4级（15分）	5级（20分）
态度生硬，口气高傲，自以为是，不愿意与人沟通和交流	较为自我，不太愿意主动与人沟通，有时封闭的情况较多	能主动与人沟通，有时表现出不耐烦的情绪	能利用多种机会与他人进行坦诚的沟通，建立较好的工作关系	无论面对何人何事，都能本着解决问题和对事不对人的原则，坦诚相待，开诚布公，友好相处

5. 责任感：对自己的工作负责，承担工作责任，维护团队利益。

1级（0分）	2级（5分）	3级（10分）	4级（15分）	5级（20分）
责任心欠缺，交互工作时让人不太放心，不愿意承担责任，为完成自己的工作不顾团队整体利益	责任心不强，对自己的工作责任有推诿承担责任，偶尔因自己的工作给团队利益造成损失	责任心尚可，能如期完成任务，交互工作时偶尔需要一点提醒，不推诿责任和损害团队利益	具备工作责任心，能顺利完成任务，可以交互工作，勇于承担工作失误责任，不损害团队利益	责任心强，能彻底完成任务，可以放心交互工作，勇于承担工作失误责任，维护团队利益

二、行为特征绩效评估标准

1. 成本意识：在工作过程中具备节约成本和控制成本的观念，工作中建立起降成本的主动性。

1级（0分）	2级（5分）	3级（10分）	4级（15分）	5级（20分）
无成本意识，在工作过程中从不注意节约成本	成本意识薄弱，工作中不主动提倡控制成本	有节约成本和控制成本的意识，偶尔有不注意节约成本的行为，不主动采取措施控制成本	有节约成本和控制成本的意识，经常注意采取措施控制成本	有节约成本和控制成本的意识，且主动采取措施控制成本，并提倡大多数参与成本控制

2. 服务协作意识：从不对个人得失斤斤计较，乐于协助他人达成组织目标，热情诚恳地对待同事。

1级（0分）	2级（5分）	3级（10分）	4级（15分）	5级（20分）
不太关心他人，对他人的需求无感觉，对个人得失斤斤计较	有时能够关心、协助他人，体会他人的苦衷，偶尔想办法协助他人解决问题	能关心他人，体谅他人、领会他人的请求，有时想办法助他人解决问题	能关心他人，体谅他人，领会他人的请求，大多数情况下能主动帮助他人解决问题	对他人较关心，容易感知别人的想法，体谅他人，善于领会他人的请求，基本主动帮助他人解决问题

续表

	1级（0分）	2级（5分）	3级（10分）	4级（15分）	5级（20分）
3. 积极性：对工作有热情，主动自觉，高效完成工作目标。	工作不主动，缺乏热情，需要上级不断督促，才能够勉强完成工作任务	有一定的工作主动性和热情，偶尔需要督促，很少提出工作改进想法和措施，对交办的临时性工作任务存在任务推诿现象	主动性和热情较高，不需要督促，对临时交办的工作基本上能够承担并完成	工作有热情，积极向上，能够出色完成工作任务，并主动提出工作改进措施和改进办法所能及的临时性能及能力所能承担工作	对任何工作始终抱有积极持久的工作热情，对分内分外之事都能积极主动去做好，能够主动、自觉、高效完成工作任务
4. 纪律性：遵守公司制度，维护公司制度的有效实施。	无视公司各项规章制度，且经常违反公司的各项管理制度，目中无"法"	违反公司制度和规定的情况较多，至少有3次违纪行为，对他人的提醒置本无大于不太大	多数情况下能遵守各项制度和规定，有2次以上违纪行为，经提醒后仍有发生	能遵守公司的人事、财务、行政等各项制度和规定，有1次违纪记录，经提醒后不再重复发生	能严格遵守公司的人事、财务、行政等政策和规定，从不违反纪律
5. 原则性：做事坚持原则，按公司利益作为行动的准则。	不理会公司政策、制度，不按公司政策和原则工作，不听指挥，不讲原则	偶尔不按公司政策和原则办事，工作不协调，原则性不强，有时为情面而放弃原则	基本上能按公司政策办事，一般情况下能坚持原则，遇特殊情况会违反原则	政策性与原则性较强，是非分明，能开展批评和自我批评	严格按政策与原则办事，敢于同各种违纪行为做斗争

附件5:定量类绩效考核表

定量类绩效考核表

姓名:		部门:		职务:		考核人:	
指标类型	考核指标	指标定义	量化公式	指标内容详细解析	权重	得分	
结果类 指标							

附件6:绩效考核结果汇总

(　　)部绩效考核结果汇总

序号	姓名	部门	职位	品质特征类 指标得分	行为特征类 指标得分	结果类 指标得分	最终 得分	绩效奖金 兑现系数
1								
2								
3								
4								
5								

附件7:关键事件(数据对接)记录表

关键事件(数据对接)记录表

提供部门及岗位:　　　　　　　　　　　　　　接收部门及岗位:

序号	事件/数据名称	事件/数据内容	备注
1			
2			
3			
4			
5			
6			

提供部门及岗位签字:_____　　　　接收部门及岗位签字:_____

日期:_____

填写说明:关键事件(数据对接)记录表由人力行政部发给各部门负责人,作为部门主管记录员工关键事件的原始凭证和记录工具。

附件8:绩效考核数据对接表

绩效考核数据对接表

序号	部门名称	岗位名称	指标名称	数据提供部门	数据提供人	提供时间
1						
2						
3						
4						
5						
6						
7						
8						
9						
10						

附件9:员工申诉表

员工申诉表

申诉人姓名		部门		岗位	
申诉事项					
申诉理由					
接待人			申诉日期		

附件 10：员工申诉处理记录表

员工申诉处理记录表

申诉人姓名		部门		岗位	
申诉事项					
申诉理由					
面谈时间			接待人		
处理记录	问题简要描述：				
	调查情况：				
	建议解决方案：				
	协调结果：				
经办人：					
备注：					

附件11：绩效面谈记录表

绩效面谈记录表

部门：_____ 面谈双方：_____ 面谈具体时间：___年___月___日___时至___时

1.对员工在本考核期内所完成工作的全面回顾及客观评价（含工作内容、进展与成效、不足与改进意见、工作成果评价、未完成的工作内容及原因分析等）
2.员工在下一个考核期的工作目标、工作计划/工作安排、工作内容或上级期望（本部分可由员工先考虑，面谈中再由双方进行修改确认）
3.为更好地完成本职工作和团队目标，员工在下一阶段需要努力的方面，直接主管的期望、建议、措施等
4.员工对部门（公司）工作的意见/建议、不满/抱怨、工作/生活/学习中的烦恼和困难、希望得到的帮助/支持/指导
5.以上面谈提纲中未涉及的其他面谈内容

员工签字：_____ 直接主管签字：_____

附件 12:考核关系表

考核关系表

序号	部门	被考核岗位	考核关系				
			总经理	总监	经理	主管	其他
1	国内销售中心	总监	△				
2	国内销售中心	总监助理	▼	△			
3	国内销售中心	销售顾问		▼	△		
4	国内销售中心	经理	▼	△			
5	国内销售中心	内销主管		▼	△		
6	国内销售中心	内销业务员			▼	△	
7	国内销售中心	销售计划专员			▼	△	
8	国内销售中心	客服专员			▼	△	
9	国内销售中心	客服文员			▼	△	
10	国际营销中心	单证员			▼	△	
11	研发中心	总监	△				
12	研发中心	技术经理	▼	△			
13	研发中心	产品工程师		▼	△		
14	研发中心	PIE 工程师		▼	△		
15	研发中心	包装资料、BOM 员			▼	△	
16	研发中心	PDM 专员		▼	△		

注:"△"表示直接考核关系;"▼"表示审核关系。

附件 13:绩效考核特殊加减分明细表

绩效考核特殊加减分明细表

序号	加减分项目	加分值	减分值	备注说明
1				
2				
3				
4				
5				
6				
7				
8				
9				
10				

附件14:绩效考核指标变更表

绩效考核指标变更表

序号	项目	指标名称	指标定义	量化公式	指标及标准内容详细解析	备注
第一项	原指标					
	新指标					
	调整原因					
第二项	原指标					
	新指标					
	调整原因					
人力行政部意见与建议						
指标变更确认	指标变更人签名: 日期:			直属上级签名: 日期:		
	绩效管理执行小组组长签名: 日期:			绩效管理委员会主任签名: 日期:		

附件 15：绩效改进计划表

绩效改进计划（PIP）表

尊敬的_____：

在_____年_____月_____日至_____年_____月_____日的考评周期中，你的考评结果未能达到任职岗位的要求。根据公司绩效管理相关规定，并基于你能正确认识到工作表现中存在的不足及有改进的愿望，经公司批准，给予你绩效及行为改进的机会。有关改进计划内容如下：

一、绩效表现中存在的不足：

二、原因分析与改进举措：

三、绩效改进计划

1.绩效改进期：_____个月，自_____年_____月_____日起至_____年_____月_____日止。

2.绩效改进的具体目标汇总表：

目标项	指标	目标值	衡量标准	考核权重
结果类指标				
品质行为类指标				

3.结果应用：若绩效改进期考核合格，则公司继续履行与你的劳动关系；否则，公司将对你的岗位进行调整或解除与你的劳动关系。

员工本人签字：_____ 日期：____年____月____日

直接上级签字：_____ 日期：____年____月____日

人力资源部签字：_____ 日期：____年____月____日

附件16:绩效改进措施汇总表

绩效改进措施汇总表

序号	部门	改进措施	责任人	预计完成日期	实际完成日期	改进效果评估	备注
1							
2							
3							
4							
5							
6							
7							
8							
9							
10							

附件17:绩效改进备忘录

绩效改进备忘录

姓名：	职位名称：	部门：	日期：
问题描述及改进措施：			
责任人签字：	主管领导签字：	人力资源部意见：	

注:本表格适用于各部门,由人力资源部主导,各部门配合完成。

附件18:绩效考核初次运行指南

(1)企业人力资源部负责人首先熟知并仔细阅读公司《绩效管理制度》。

(2)企业各部门负责人组织本部门所有岗位将指标库中本部门所有岗位(包括部门负责人)指标相关内容拷贝到绩效管理制度附件定量类绩效考核表。部门经理组织审核,完善工作。

(3)定量类绩效考核表填写要求:原则上一个岗位填写一份,初次运行期间每个岗位暂定5个指标(见附表1)。

附表1　定量类绩效考核

姓名:		部门:		职务:		考核人:	
指标类型	考核指标	指标定义	量化公式	指标内容详细解析	权重	得分	
结果类指标							

(4)各部门将审核、完善后的定量类绩效考核表交企业人力资源部二次审核确认。人力资源部负责人(考核小组组长)负责二次可行性审核和备档。

(5)根据绩效考核需要,各部门应根据指标库中数据对接及数据提供关系明确本部门各岗位数据提供过程中的职责,确保绩效考核数据能够及时、准确提供。

(6)人力资源部根据指标库中数据对接及数据提供关系核对绩效管理制度附件。

(7)考核数据对接汇总表需填写的内容见附表2。

附表2　考核数据对接汇总

序号	部门名称	岗位名称	指标名称	数据提供部门	数据提供人	提供时间
1						
2						
3						
4						
5						

(8)请各部门于×月×日前完成上述工作。企业人力资源部(绩效管理执行小组)负责监督执行。

(9)公司×月开始为考核试行期,各部门依照公司绩效管理制度进行运作,试运行期间考核数据暂时不做应用,待制度正式运行后考核数据进行应用。

(10)特别声明:各部门于×月×日前完成上述工作。如逾期未达标完成任务(是否达标以企业考核小组审定为准),给予部门负责人负激励罚款,依照逾期一天负激励×元的标准执行。

第七章 绩效计划

一、绩效计划的概念及内容

(一)绩效计划的概念

本书各章都是围绕绩效管理过程中涉及的知识点和概念来讲解;实则,按照绩效管理PDCA循环的理论,在绩效计划、绩效辅导、绩效考核、绩效改进和结果反馈四个环节中,绩效计划是整个绩效管理系统构建和实施的首要环节。绩效计划是绩效管理PDCA循环的起点,是考核者与被考核者双方就考核目标、关键绩效指标、考核标准、绩效结果及其应用等方面进行面谈、确定和签订绩效合同的过程。从绩效管理的全过程来看,实际上绩效计划阶段需要完成所有绩效考核过程中需要准备的内容,如绩效指标制定、考核标准制定、绩效指标库制定、绩效管理制度制定等工作,为后续的整个绩效管理工作的有序开展打下基础。

(二)绩效计划的内容

1.绩效计划是绩效管理工作的开启环节

从绩效管理的整个过程来看,绩效管理是一个从计划到辅导、从考核到改进的过程。这个过程与企业经营管理所用到的PDCA循环高度契合,也称作"戴明环",即计划、执行、检查、改进四个往复循环步骤。绩效管理工作也是一个系统性的工作,包括第一阶段的绩效计划环节,第二阶段的绩效辅导环节,第三阶段的绩效考核环节,第四阶段的绩效改进和结果反馈。要想在企业里面科学、有效地推行和实施绩效管理,需要做好这四个阶段的任何一个阶段的工作。因此,一个企业实施绩效管理,必须经过绩效计划阶段的统筹布置之后才能够实现后面各个阶段的工作,因此可以将绩效计划阶段理解为绩效管理推进工作的开启阶段、基础阶段和必经阶段。

2.绩效计划的核心内容是确定绩效目标、考核指标和考核标准

从绩效计划的内容分析,绩效计划阶段需要完成被考评者绩效目标的制定、关键绩效指

标(KPI)的输出、绩效考核标准(量化公式)的制定和绩效指标及标准的沟通等确认工作,这些内容的制定和确定,为后续绩效辅导工作、绩效考核工作、绩效改进和反馈工作奠定了基础,开启了企业绩效管理 PDCA 循环持续改进提升的大门。

3.绩效计划分名词与动词的理解

从绩效管理的运行过程和结果来讲,绩效计划的具体内容有两个:一是制定绩效目标、指标和签订绩效合同;二是绩效沟通,即在绩效计划环节,管理者需要与员工就工作目标、指标和考核标准的实用性、可行性、认可度进行细致的沟通,通过沟通双方达成一致性的认可,这是绩效计划的核心工作。

结合上述绩效计划的两个具体内容,通过绩效计划环节的工作性质分析,可将绩效计划定义为一个名词或一个动词,两种性质、两种理解。

一种是把绩效计划理解为一个名词,那么绩效计划就是一个关于工作目标、绩效考核指标和绩效指标衡量标准的契约。这恰恰对应了上述绩效计划具体内容的第一点:制定绩效目标、考核指标并最终签订绩效合同。

另一种是把绩效计划看成一个动词,那么绩效计划就是管理者与员工共同沟通和讨论,最后就员工的工作目标、考核指标和考核标准达成一致意见,形成契约的过程。从动词角度理解的绩效计划恰恰呼应了绩效计划具体内容的第二点:绩效计划核心的工作是绩效沟通,管理者与员工就工作目标、指标和考核标准的实用性、可行性、认可度进行充分细致的沟通,通过沟通双方共同确认,达成一致性的认同。

4.绩效计划是一个双向沟通的过程

综上所述,绩效计划的主要内容是确定被考核者的工作目标、考核指标、考核标准以及沟通面谈;但仔细去琢磨这个过程或者亲身经历了这个过程,会发现输出和确定被考评者的绩效指标和标准只是绩效计划过程中的附带品,绩效计划的核心工作是绩效沟通和绩效面谈。

绩效沟通面谈工作做得好不好,关键在于管理者能否做好自身的角色认知,转换管理者与员工原有的管理与被管理的上下级关系,以一种平等的身份和姿态进行双向沟通。绩效目标、指标和标准的确定不是管理者硬塞给员工的,千万不能在员工不理解、不认同,甚至反对的情况下将指标硬压给员工,这样的绩效计划必将以失败告终。管理者一定要以沟通、讨论、商议的方式与员工确定绩效考核指标和绩效考核标准,只有员工变被动执行为完全认可且积极配合状态后,绩效管理工作才能够真正地让员工自觉地配合执行,达到绩效管理的真正目的和效果。

二、绩效计划在绩效管理系统中的作用

绩效管理实施过程中,很多管理者对绩效考核环节工作比较重视,但对绩效计划制定环节重视不够,这是初建绩效管理体系的企业经常走入的误区。绩效计划是管理者和员工就考核期内应该完成哪些工作,以及达到什么样的标准,进行充分讨论,形成契约的过程。绩效计划的作用有以下几个方面。

(一)绩效计划是绩效管理的起点,是进行绩效管理的基础和依据

绩效计划是企业和员工之间在明晰责、权、利的基础上,基于企业的绩效考核周期,对岗位的阶段性工作目标,具体的考核指标、要达到的具体标准以及指标考量方法等内容所制定的一项可行性计划。

就像人们常说的,"如果你没有制定计划,那么你就在计划着走向失败"。同样的道理,成功的绩效管理是从做绩效计划开始的。不少企业往往重视后续的绩效考核,而忽略了前期的绩效计划。事实上,绩效计划这个过程就是让员工明确目标并找到线路的过程,通过绩效计划,可以让员工明确奋斗的目标和前进的方向,并就工作目标达成共识。

绩效计划是绩效管理走向成功的第一步,也是实施绩效管理系统的基础平台和规划手段,通过它可以在公司内部建立起一种科学合理的管理机制,把企业战略和员工的具体目标有机地结合在一起。实际上,绩效计划的过程,就是总结过去、统筹未来的过程。实行绩效计划的过程是企业和员工进行充分沟通、确定绩效计划、推进企业战略目标和规划实现的过程。

成功的绩效管理必须从重视绩效计划开始,因此,企业在推行绩效考核时,要把工作重点放在制定每个岗位的绩效计划上。只有为每个岗位制定了绩效计划,才能为绩效计划的成功推行奠定牢固的基础,绩效管理才有真正的意义。

(二)绩效计划为组织和员工提供了绩效考核的依据

绩效管理是由绩效计划制定、绩效辅导实施、绩效考核评价、绩效考核面谈等环节组成的一个系统,制定切实可行的绩效计划,是绩效管理的第一步,也是最重要的一个环节。制定了绩效计划,考核期末就可以根据由员工本人参与制定并作出承诺的绩效计划进行考核。对于出色完成绩效计划的组织和个人,经过绩效考核就会取得优异评价并会获得奖励;对于没有完成绩效计划的组织和个人,上级领导应帮助下属分析没有完成绩效计划的原因,并帮助下属制定绩效改进计划。

(三)科学合理的绩效计划能保证组织、部门目标的贯彻实施

个人的绩效计划、部门的绩效计划、组织的绩效计划是相互依赖和相互支撑的关系。一方面,个人的绩效计划支撑部门的绩效计划,部门的绩效计划支撑组织整体的绩效计划;另一方面,组织绩效计划的实现依赖于部门绩效计划的实现,部门绩效计划的实现依赖于个人绩效计划的实现。在制定组织、部门和个人绩效计划过程中,需要通过协调各方面的资源,使资源向对组织目标实现起制约作用的地方倾斜,消除组织发展瓶颈,促使部门和个人绩效计划的实现,从而保证组织目标的实现。

(四)绩效计划为员工提供努力的方向和目标

绩效计划包含绩效目标、绩效考核指标及权重、评价标准等内容。这对部门和个人的工

作提出了具体明确的要求和期望,同时明确表达了部门和员工奖励的导向和标准。一般情况下,部门和员工会选择组织期望的方向去努力。在制定绩效计划过程中,确定绩效目标是最核心的步骤,如何科学合理地制定绩效目标对绩效管理的成功实施具有重要的意义。许多公司绩效考核工作难以开展的原因就在于绩效计划制定得不合理。如果有的员工绩效目标定得太高,无论如何努力,都完不成目标;有的员工绩效目标定得比较低,很容易就完成了目标。这种现象会对员工的积极性造成很大的影响。同时,绩效目标定得过高或过低,会降低绩效薪酬部分的激励效应,达不到激发员工积极性的目的。绩效目标制定得合理可行是至关重要的,是绩效管理能够取得成功的关键。

三、绩效目标的概念及内容

(一)绩效目标的概念

员工绩效目标是制定绩效计划过程中,依照绩效考核需要,综合考虑企业组织目标、部门规划和岗位职责等因素,确定绩效考核关键内容的环节。绩效目标确定了考核的重点,关键绩效指标来源于绩效目标,绩效目标是输出关键绩效指标的中间环节。从某种意义上说,绩效目标是从企业组织目标、部门规划和岗位职责输出关键绩效指标的桥梁,是一种过渡性产物。一旦关键绩效指标输出了,绩效目标的使命就此结束。

需要特别说明一下,本来绩效目标的确定是制定绩效计划过程中的一个环节,由于绩效目标需要讲解的内容过多,如果放在绩效计划环节讲述,其内容结构、内容排序与绩效计划环节其他内容差异较大,不太合适。因此,为了便于本书对绩效计划环节内容的讲解,特意将绩效目标的内容前置讲解,望读者知悉。

通常情况下,组织的总体发展战略和经营计划是相对稳定的,绩效目标就是在总战略和发展计划的指导下,组织期望员工完成和实现绩效考核周期内的工作目标。员工绩效目标是组织总体战略目标、团队目标与岗位职责在绩效计划中的具体体现。组织的总体发展战略指引着组织前进的方向,同样,员工的绩效目标也对员工的工作提出行动要求,员工据此在绩效周期内合理分配目标任务。员工的直接上级根据员工在绩效周期内完成工作的质量和进度,对员工的工作绩效进行评估。因此,制定科学、有效的绩效目标,能为后续的绩效管理工作奠定坚实的基础。

(二)设定绩效目标应考虑的因素

(1)绩效目标的设定首先要服从和服务于企业战略规划及企业发展目标和计划。无论企业是否制定长期、中期或短期战略规划和发展计划,至少每个企业都有短期的、一年内的经营计划。因此,在设定岗位绩效目标时,一定要基于企业战略规划和经营计划的角度设立绩效目标,将企业经营计划的目标内容纳入岗位绩效目标和考核指标,并作为一项核心的工作任务去落实。只有这样,才能够使企业的经营规划和发展目标与企业每个岗位的工作目标联系在一起,形成一个整体,让企业的每个员工都承接企业的目标任务,将企业的整体战略规划和经营发展目标分解到各个岗位中去。企业整体经营计划的完成有赖于每个员工绩效目标的完成和每一个员工的努力付出。

(2)绩效目标的设定需要将部门的管理和经营目标分解到本部门的各个岗位中去,形成部门的经营和管理目标由部门内所有岗位共同承担和共同完成的机制。部门管理和经营目标有四层含义:

①部门的经营和管理目标承接企业总战略规划和经营计划目标,是将企业层面的战略规划和经营计划目标分解并下沉到部门层面,因此,部门需要将企业层面的战略规划和经营计划目标分解到部门,再将分配到部门的战略规划和经营计划目标分解到部门内的各个岗位,形成岗位具体的绩效目标及绩效指标和考核标准。

②部门除了承接企业总战略规划和经营计划目标之外,还可能由于部门属性和部门职能的原因,形成一些本部门特有的经营和管理目标,诸如企业人力资源部、行政管理部、财务部等典型的职能部门,会产生一些与企业总体战略规划和经营计划目标联系不是很强的事务性经营和管理目标,这些经营和管理目标大多数具有很强的部门独有特性,每个部门的工作内容不同,就会形成不同部门独有特性的经营和管理目标。因此,在进行岗位绩效目标制定及绩效指标和考核标准制定时,也需要将部门层面的经营和管理目标考虑在内。

③绩效目标的制定过程需要兼顾部门主管领导的主观意见。虽说在绩效目标制定以及绩效指标和考核标准制定的时候需要讲究方法论、讲究科学性和客观性,但是在咨询实践中,在遵循上述方法和理论原则的前提下,有时候在特定的情况下,仍然需要兼顾部门主管领导甚至跨级领导对于绩效目标制定的意见和建议。这种情况不能死板地将其认定为一种主观导向或者一种不科学的绩效目标制定方法,其实这种绩效目标的制定方法和导向也是具有一定现实意义的。尤其是在企业经营管理过程中,每个部门在某个阶段都会产生一些重要性非常强的工作,虽然这些工作与企业的战略规划和经营计划没有太大关系,甚至也不关乎部门的管理目标和经营计划,但这些工作是阶段性的特殊工作,如果处理不好会很大程度上影响企业正常的经营发展,因此,很多时候部门负责人都会将这些阶段性的重要事务形成绩效目标落实到对应的岗位中去,由此形成了所谓"领导导向"的绩效目标和指标。

④岗位的核心工作内容是绩效目标制定的主要来源。在绩效目标制定的过程中,基于岗位职责输出的绩效目标是最常见、最容易输出、输出量最大的。在这个过程中通常会以职位说明书为主要的应用素材,因为企业的职位说明书已经将企业每个岗位的核心工作职能都纳入了,由此,通过职位说明书输出绩效目标也是最直接和最便捷的。从输出的结果来看,绩效目标基本上都能覆盖岗位的核心工作,此外,绩效目标不会产生跑偏的现象,不会脱离岗位的工作职能范围。

(三)绩效目标的确定

绩效目标不能讨论,但考核标准和达成目标所需的资源支持可以讨论。

这里所说的绩效目标不能讨论,特指的是基于企业战略、发展规划、部门管理和经营计划分解到各个岗位的绩效目标,原则上不存在讨价还价的情况。因为这些类型和来源的绩效目标,是企业经营发展中影响企业战略目标能否如期达成的硬性任务,因此,当这些绩效目标分解到岗位之后,各个岗位员工必须无条件且全力以赴执行,没有讨价还价的权利。但是,如何达成绩效目标,达成绩效目标需要什么样的资源以及需要上级主管领导提供什么样的支持,这些问题是需要且完全可以与主管领导进行商议和讨论解决。为了达成企业战略目标和部门经营计划,员工可以就实现这些绩效目标过程中需要的人力、物力、政策、制度等资源与上级主管领导进行协商和确认,以便更有效地达成这些绩效目标。

(四)岗位核心绩效目标和绩效指标数量

通常情况下,设定一个岗位绩效考核关键绩效指标的数量是5~8个,在制定岗位绩效目标的时候也是控制在5~8个为宜。绩效目标和关键绩效指标太多,容易使员工的核心工作不够明确,不能够将主要的工作精力放在岗位的核心职责中;绩效目标和关键绩效指标太少,又容易造成岗位的核心工作内容不能覆盖到,造成在绩效考核的时候,将员工的核心工作遗漏掉,因此,从咨询经验来看,一个岗位确定5~8个绩效目标和关键绩效指标是最合适的。

在咨询实践过程中,一个岗位在岗位说明书中描述的内容可能有十几项甚至二十几项,这些内容包括了岗位的全部工作职责和工作范围,如果仔细分析这些内容可以将这些工作内容分为:全责、协助、阶段性、非常态、兼职类工作,从绩效目标确定的需求和原则角度分析,将岗位的全责类工作作为绩效目标确定和选取的主要来源,因此,原则上诸如上述很多协助类工作、阶段性工作、非常态工作、兼职类工作将排除在外。

在对全责类工作内容进行绩效目标确定的过程中,又有一部分全责类工作是可以合并的,合并后的工作职责用一个绩效目标就能概括,因此,5~8个绩效目标已经能够覆盖岗位的核心工作内容了。下面举例说明该环节的情况,比如一个招聘专员,在日常工作中或职位说明书工作内容中会描述和规定,招聘专员岗位的工作包括招聘信息拟定、招聘信息发布、简历筛选、面试人员邀约、人员初试等工作内容,这五项工作职责和工作内容都是招聘专员岗位的全责类工作任务。在绩效目标制定的过程中,将这五项工作内容进行合并同类项,形成和输出招聘管理这一项绩效目标,由此也将会只输出一个招聘计划达成率的关键绩效指标。从这个绩效目标和指标的合并结果可以明显看出,这五项工作最终的目的和考量结果是看实际招聘到岗了几个人。五个环节的工作只不过是过程性工作,一个招聘管理绩效目标和一个招聘计划达成率关键绩效指标完全能够说明这五个阶段工作完成得好与坏。因此,大多数情况下,经过工作职责和内容的合并同类项之后,输出5~8个绩效目标和关键绩效指标完全能满足企业绩效考核需求,也完全能覆盖被考核岗位的核心职能及工作范围。

(五)绩效目标的来源

绩效目标的设立主要受企业的总体战略目标、部门工作计划、岗位职责和流程等因素的影响。具体来说,员工绩效目标有四种来源渠道。

1.企业战略目标或部门目标

企业战略目标和计划的落实,往往是按照组织架构的层级自上而下层层分解的。因此,在制定绩效目标时，尤其要考虑企业战略目标和部门目标。员工的绩效目标来源于部门或团队的绩效目标，部门或团队的绩效目标来源于组织目标的分解。只有这样，才能保证每个员工会按照企业要求的方向去努力，企业目标才能得到落实。

2.部门及岗位职责

部门和岗位职责具体描述了一个部门、团队或岗位在企业中所发挥的作用与扮演的角色和承担的任务职能，通俗讲就是部门、团队或岗位对组织应该作出怎样的贡献和完成怎样的任务。

3.内外部客户的要求

根据组织内的业务流程关系，可以将企业工作中的各个协同单位分成若干个SBU(strategic business units)，中文意思是战略业务单元或称为职能单元。一个部门或一类岗位都能够成为独立的BU，一个上游的BU为一个下游的BU提供产品或服务，则后面的BU就是前面BU的客户。因此，在现代企业管理的思想和理论中，客户不仅仅是指企业外部的客户，在企业内部，只要不同岗位间构成了交换产品或服务的关系，接受产品或服务的一方就是提供者的客户，这就是所谓的内部客户。客户对这些产品和服务的满意度是衡量部门或岗位绩效的重要标准。因此，在设定绩效目标时，一定要兼顾到内部和外部顾客的需求，只有这样，设定的目标才能实现预期的效果。

4.绩效改进的要求

本书第二章已经讲过，绩效管理是通过绩效计划、绩效辅导、绩效考核、绩效改进和反馈四个环节，并遵循PDCA的逻辑关系不断循环、不断提升和改进的过程。员工上一个考核周期中存在的突出问题以及管理者提出的改进要求，都将成为下一个考核周期绩效目标制定的信息来源。

(六)绩效目标设定的方法和过程

绩效目标是基于企业战略规划、部门工作计划和岗位工作职责等因素制定和输出的，绩效目标确认后，还需要基于绩效目标输出关键绩效指标和考核标准，并与员工确认。在这个过程中，管理者需要结合企业战略规划、部门工作计划和岗位工作职责等因素，与员工共同确认岗位的绩效目标，还需要基于绩效目标确定关键绩效指标。尤其在确定绩效指标之后的考核标准制定过程中，更需要管理者就考核标准的量化方法选取、目标值的制定和确认等内容进行不断的修订和讨论，因此，从实际操作过程来看，绩效目标和关键绩效指标及考核标准确定的过程是一场员工与管理人员的正向博弈过程。通常情况下，绩效目标的制定有三种途径和方法。

1.自上而下制定绩效目标

所谓的自上而下制定绩效目标，是将企业层面的经营发展目标、部门层面的经营和管理计划分解到与企业总目标有承接关系的岗位中，由企业内部的相关岗位共同完成企业及部门的经营计划和目标，这个过程被称为"自上而下"的绩效目标制定。在这个自上而下的绩效目标分解过程中，承接公司和部门层面经营计划和目标的部门多数是销售部门、生产部门和技术研发部门,而人力资源、行政管理、财务管理类部门和岗位也会承接该类型的指标,但相比于销售部门、生产部门和技术研发部门会少很多。

2.自下而上制定绩效目标

自下而上制定绩效目标的过程与自上而下制定绩效目标的过程正好相反,但是自上而下制定的绩效目标可能覆盖岗位的全部绩效目标,而自下而上制定的绩效目标只是绩效目标的一部分;准确地说,自下而上制定的绩效目标只是员工基于岗位职责范围而提报的绩效目标,这类绩效目标大多来源于岗位的核心工作、核心职能,绩效目标的性质也大都是事务性工作目标。

3.双向制定绩效目标

双向制定绩效目标的过程实际上是将上述两种情况进行合并。一方面,企业层面、部门层面的战略目标和经营计划分解到员工岗位;另一方面,员工可以基于本岗位的工作职责提报绩效目标。最后,管理者与员工共同商议后输出最终的绩效目标。

在上述绩效目标内容讲解的时候,讲到过:绩效目标是从企业组织目标、部门规划和岗位职责中输出关键绩效指标的桥梁,是一种过渡性产物。一旦关键绩效指标输出了,绩效目标的使命就此结束。实际上企业输出关键绩效指标的途径有很多种,比如在本书第三章讲到的鱼骨图法、战略地图法、职位说明书法等,都是输出绩效指标和关键绩效指标的有效方法。因此,通过绩效目标的确定输出绩效指标与鱼骨图法、战略地图法、职位说明书法输出绩效指标既不矛盾、也不冲突,只是方法和渠道不同。绩效目标可以理解为输出绩效指标的前置过程,也可以理解为输出绩效指标的一种渠道,绩效目标的确定有时候是涵盖在使用其他工具提取绩效指标的过程之中。

四、绩效计划制定的步骤和内容

(一)绩效管理理念的宣传贯彻和培训

本书第二章已经讲过绩效管理是一个系统性的工作,由绩效计划、绩效辅导、绩效考核、绩效改进和反馈等环节组成。笔者认为,绩效管理工作应该从绩效管理理念的宣传贯彻和培训工作开始,关于这个环节和内容,很多绩效管理类书籍并没有将其纳入绩效计划环节,在启动绩效计划工作之初,将绩效管理理念的宣传贯彻和培训工作作为重点工作进行落实是十分必要的。

曾经遇到过这样一个案例:某企业高层管理者、中层管理者和人力资源部根据公司战略发展需要及公司决议,计划在公司推行和实施绩效管理工作。企业总经理对于绩效管理工作的落实也十分关心,人力资源部更是加紧筹备和推进绩效管理体系建设,各部门管理者也是应绩效管理工作实施的要求,通过书籍、网络等渠道进行绩效管理知识的自我充电,整个公司绩效考核推行的氛围渐浓,呈现出一派马到成功的景象。当经过一段时间紧锣密鼓的准备之后,绩效管理正式启动,按照绩效计划的内容安排和要求,各部门管理者需要与员工就工作目标、绩效指标和考核标准进行沟通面谈。当作为被考评者的员工被叫进会议室进行绩效沟通的时候,绝大多数的员工对此都表现出一脸懵懂,首先不知道被叫进会议室具体任务是什么;其次对于什么是绩效考核,和自己有什么关系,为什么要做绩效面谈,一无所知;更不了解绩效计划、绩效目标、考核标准等人力资源专业术语和专业名词。至此,该企业绩效管理在推行和实施的时候出现了一个很大的漏洞,而且是一个大多数人不会关心、也不大会考虑到的漏洞,这个漏洞就是在绩效计划实施之前,没有进行绩效管理理念的宣传贯彻和培训工作。

结合管理咨询过程中绩效管理理念宣传贯彻和培训的实践经验,以下知识点需要在绩效计划启动之初进行重点培训和宣传导入,企业可根据自身情况选择性应用。

(1)什么是人力资源管理;

(2)什么是绩效管理;

(3)绩效管理的内容是什么;

(4)企业为什么要实施绩效管理;

(5)绩效管理与员工工作的关系;

(6)绩效管理专业知识和术语讲解;

(7)绩效管理实施步骤;

(8)绩效管理制度培训;

(9)绩效管理问题现场解答。

(二)管理者与员工明确绩效考核指标的构成

绩效考核实施和运行的载体是《绩效考核表》,在考核表中明确标明了绩效考核指标的类别、构成以及各类考核指标的权重系数。本书在第三章"指标分类"内容中也详细讲解了常用的指标分类。通常情况下,将绩效考核指标分为定性类指标和定量类指标,其中定性类指标又分为品质特征指标和行为特征指标,也称"态度和行为类指标";而定量类指标特指的是结果类指标,也就是常用的关键绩效指标(KPI)。在实施绩效计划的过程中,首先要将《绩效考核表》展示给被考核者,让员工能够直观地看到和知晓,公司对不同的考核对象,定性类指标和定量类指标的考核数量是如何确定的,定性类指标和定量类指标的权重比例等内容,使员工充分了解本岗位的指标构成及类型。

需要重点说明一点,管理者与员工明确绩效考核指标构成及类型的过程,是对公司已经既定的《绩效考核表》进行展示和解释的过程,员工在这个环节中不需要、也没有权利针对《绩效考核表》的结构、指标类型、权重分配进行调整。原因在于《绩效考核表》是在绩效制度制定环节,由企业的专业制度制定者和企业高层管理者共同确定的,表格的内容、结构都是经过企业管理层深思熟虑和充分讨论后确定的,因此,只需要将《绩效考核表》展示给员工,并将表格的内容、结构进行简单讲解即可。

从咨询实践来看,与员工明确绩效考核指标构成的工作有一个小窍门,该环节的工作也可以在绩效管理理念宣传贯彻和培训环节以某一个岗位举例的形式进行初步培训,让其了解该表格的框架结构。这样,在实际实施环节,员工就能够在较短的时间内就本岗位的《绩效考核表》内容和结构进行快速阅览、确认,如表7-1所示。

表 7-1 某企业绩效考核表示例

部门	销售部	被考核岗位	业务员	姓名		考核时间：	年 月 日
指标类型	权重	考核指标	绩效评估标准		分值		得分
品质特征指标	15%	执行能力	1级(0分) 2级(5分) 3级(10分) 4级(15分) 5级(20分)		20		
		团队精神			20		
		学习能力			20		
		沟通协调能力			20		
		责任感			20		
行为特征指标	15%	成本意识	1级(0分) 2级(5分) 3级(10分) 4级(15分) 5级(20分)		20		
		服务协作意识			20		
		积极性			20		
		纪律性			20		
		原则性			20		
结果类关键绩效指标	70%	销售额	实际值/目标值×100%		30		
		利润率	每降低1%扣除2分		25		
		老客户流失率	出现流失本项0分		20		
		资金回笼率	实际值/目标值×100%		15		
		新客户开发量	新增满分、不增0分		10		

考核人签字：＿＿＿＿＿＿　　被考核人签字：＿＿＿＿＿＿　　考核得分合计：＿＿＿＿＿＿

(三)管理者与员工确定绩效目标和绩效考核指标

管理者与员工确定绩效目标和绩效指标的概念、内容以及绩效目标与绩效指标的关系，下面通过以下几个方面进行解释。

1.确定绩效目标和确定绩效指标是完全不同的工作

确定绩效目标在前，确定绩效指标在后。确定绩效目标实际上是针对被考评岗位的工作内容进行确认，具体包括工作模块、工作任务分工、重点工作任务确认、岗位承接的公司层及部门层任务等，是员工岗位工作内容确定和重点工作认领的过程。而绩效指标确定实际上是在确定了岗位的绩效目标之后，针对已经确定下来的工作内容、工作模块、重点工作任务进行关键绩效指标输出和确定的过程。

从企业绩效管理体系的构建过程来看，绩效目标的确定核心内容是被考评岗位的工作内容、工作模块、重点工作任务的确定。但是，一般情况下，企业每个岗位工作内容确定这项工作很少会安排在绩效计划阶段进行，大都是在企业进行岗位分析之后，在岗位说明书制定环节完成岗位工作内容的确定工作。因此，在实际工作当中，绩效计划环节会应用到职位说明书，并参照职位说明书中职、责、权、利四项核心内容当中的"责"的部分，来确定工作目标，输出绩效指标。这就是为什么作为企业管理咨询师，在为企业进行绩效管理体系构建时，尽管企业明确表示"我们只做绩效管理体系构建这一个模块"，咨询老师仍然需要为企业进行岗位分析、输出职位说明书的真正原因。换言之，企业只有完成各个岗位的职位说明书的编撰，才能解决绩效计划环节大部分绩效目标确定工作（有部分绩效目标来源于组织层面和部门层面）。

需要补充一点，绩效目标确定的过程，大部分工作是确定工作内容和工作重点，但仍有小部分工作是基于企业发展战略、年度计划、部门计划输出少部分的绩效目标；确定绩效目标，绩效指标的提取工作就能够继续进行。如表7-2所示，不同路径输出不同类别的绩效指标。

表7-2　绩效指标输出渠道示例

渠道	内容	绩效目标	绩效指标
岗位说明书	工作内容	岗位职能类绩效目标	岗位职责指标 PCI
部门工作计划	部门重点工作	部门重点工作目标	关键绩效指标 KPI
战略或发展规划	经营目标	经营性绩效目标	关键绩效指标 KPI

2.管理者与员工确定绩效目标和考核指标的过程是绩效计划的核心内容

绩效目标的确定和设立是参考企业的战略目标、企业发展计划、部门管理目标、岗位职责等因素。这些参考内容是岗位的重点工作或岗位的核心任务，是考核指标的来源。

考核指标的确认是在绩效目标之后，需要依据不同来源的绩效目标输出绩效考核指标，这是绩效计划的核心内容。关于绩效指标输出和确定的过程在本书第三章"指标提取方法""步骤和工具""指标输出路径总结"相关内容中都已经讲过，比如通过鱼骨图法或战略地图的方法和路径输出绩效管理指标。关键绩效指标输出的具体步骤，详见图7-1所示。

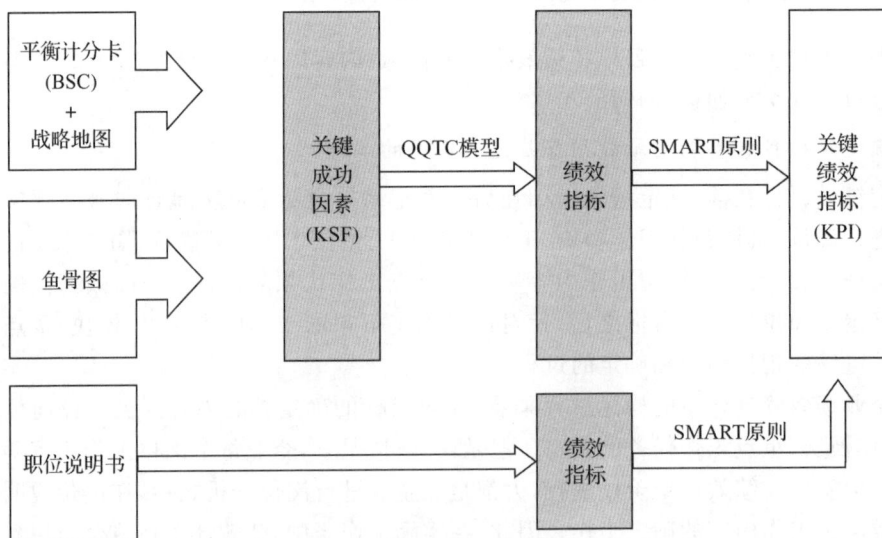

图7-1　关键绩效指标输出路径

3.绩效目标可以细化为具体的考核指标和考核标准

绩效指标和考核标准是绩效目标的具体体现。通过上述内容的讲解,我们可知,绩效目标的确定是输出绩效指标和考核标准的前一步工作,在绩效计划环节,完成各个岗位绩效指标和考核标准的确定才是绩效计划的核心工作内容。在实际的绩效考核过程中,往往不会、也无法针对员工的绩效目标进行直接的考核,而只有把岗位的绩效目标细化为具体的考核指标和考核标准后,绩效考核才具备实施和运行的条件。因此,本环节的最终目的是完成考核指标和考核标准的确定工作。绩效目标细化为具体的绩效指标和考核标准的过程可以参见表7-3。

表 7-3　绩效目标细化为绩效指标和考核标准示例

岗位名称	绩效目标	绩效指标	考核标准
业务员	完成年度销售任务	销售额	实际值/目标值×100%
招聘专员	完成本月招聘工作	招聘计划达成率	实际到岗人数/计划招聘人数×100%

(四)绩效考核标准的制定和确认

在本书第四章中,对考核标准的内容已经作了详细讲解,由此可知,绩效考评标准是指对员工绩效完成情况和结果进行考量、评定、分级、分等的尺度。通俗点讲,绩效考评标准的制定就是对员工在考核周期内工作完成的质量、完成的速度等情况,采用合适的方式和方法进行评定和衡量的办法和过程。目的就是针对不同的绩效指标使用对应的、合适的衡量方式或计算方式评估出指标完成得好与坏。

在本环节中制定以及与员工确定和讨论的考核标准,包括定性类考核标准和定量类考核标准。

1.定性类考核标准的制定

对定性类考核标准的概念、制定方法等内容已在本书第四章中作了详细讲解。总体来讲,企业应根据自身的经营发展阶段和绩效管理需要,选取适合企业自身特点和需要的定性类绩效指标的考评标准。在绩效考核实施过程中,没有最好的方法,只有最适合的方法,企业具体需要什么样的定性指标绩效考评标准,适合什么样的定性指标考评标准,可以参考本书第四章内容进行确定。但从管理咨询实践角度出发,"行为锚定等级评价法"是笔者推荐的一种定性指标评价方法,具有实用性强、操作简易、评分结果客观性强的特点,读者可以在本书第四章中详细了解。

2.定量类考核标准的制定

定量类绩效指标评价标准如何制定,其概念就是借用计算公式或数据,通过百分比、比例、比率、等差、是否完成的方法对绩效指标进行衡量。经常使用到的方法包括非此即彼法、百分比法、层差法和加减分法,这四种方法的具体内容在本书第四章"定量类绩效指标考评标准"中也作了详细的讲解,四种方法的具体应用可详见表4-10。

(五)分配绩效指标权重

在绩效管理中权重也被称作"指标权重"，特指绩效指标的相对重要性。它不同于一般的比重，体现的不仅仅是某一因素或指标所占的百分比，强调的是因素或指标的相对重要程度，倾向于贡献度或重要性。按统计学原理，在绩效管理应用中，将绩效考核对象所有关键绩效指标权重之和视为1(即100%)，而其中每个指标的权重则用小数或百分比表示，称为"权重系数"，简称"权重"。

绩效指标权重分配工作分为两个步骤和两种指标类型：

(1)定性类绩效指标权重和定量类关键绩效指标权重的分配。

(2)定性类和定量类两类指标中各个绩效指标权重的分配。

在完成上述两个步骤工作时，首先是确定定性类绩效指标权重和定量类关键绩效指标权重的分配，通常情况下定性类和定量类指标的权重比例是30/70的比例或20/80的比例；其次是确定定性和定量两个类别的指标中每个指标的权重或分值，具体详表7-4所示。

表7-4　考核指标权重分配

岗位名称	指标性质	权重	KPI指标名称	分值	目标值	量化公式
业务员	定性指标	30%	执行能力	20	/	考评标准详见《品质与行为特征绩效评估标准》
			团队精神	20	/	
			学习能力	20	/	
			沟通协调能力	20	/	
			责任感	20	/	
	定量指标	70%	销售额	30	100万元/月	实际值/目标值×100%
			利润率	25	≥15%	每降低1%扣除2分
			老客户流失率	20	0流失	出现流失本项0分
			资金回笼率	15	100%	实际值/目标值×100%
			新客户开发量	10	1个/月	新增满分、不增0分

(六)绩效考核主体的选择

考核主体是一种书面化的称谓，所谓的考核主体实则就是考核人、考评人或考核者；考核人、考评人或考核者的称呼是同一个意思，即给别人打分的人。就像很多企业对业务员岗位的称呼一样，改革开放前期，管跑业务、跑营销的人叫业务员；后来，业务员的叫法多了起来，诸如业务经理、业务主管、客户经理、业务代表、营销经理等，实则就是承担业务员的职能。考核主体是相对于被考核主体进行理解的，也可以将其理解为考评者与被考评者的关系。

1.绩效考核主体选择的原则

在现实的绩效考核实施过程中，经常见到某岗位的直接上级领导扮演考核主体的情况，这种直接领导作为考评者对下属进行评分的考核关系是最常见、使用最多的。或许，这源自人们的习惯性思维，每每提到对下属的考核，第一反应就是让员工的上级来考核是最合适不过的，当然，这种思路和做法没有任何错误，在现实当中大多数企业也是这样操作的，并且是可行的。但是，这种情况不具备普遍适用性，不是每家企业都可以这样做的。除此之外关于考核主体的选择对象还有很多，笔者在专业类书籍中看到和咨询实践中接触过的考核主体有：直接上级、本部门或跨部门同事、本岗位下属、外部客户、供应商等。什么样的考核主体更加适合呢？关于绩效考核主体选择，有以下两点经验供读者参考。

（1）考核主体要熟悉被考评主体的工作内容

考核主体选择的最主要原则是考评者对被考评岗位的工作内容要非常熟悉，包括但不限于工作职责、工作流程、工作要求、工作核心及关键点、工作容易出错的节点以及被考核岗位的工作目标和考核指标等。只有了解了被考核岗位工作相关的内容，考评者才能够对被考评者进行客观、有效的评分。

（2）被考核主体对考核主体的选择无疑义并认可考评结果

关于考核主体的选择，需要被考核主体对考核主体的选择无疑义并认可考评结果，这样的观点或许很多读者不大理解，其实这个观点和结论是源于咨询实践，而且具有非常强的实用性，非常贴合实际。从心理学的角度分析，大家不要忽略一个细节，无论是什么方式和方法的绩效考核，其实质都是人对人的考核，行为发生的主体是自然人，那么，既然是自然人就不能忽略一个关键点，人是一种感性动物、会思考、有思想，人与人之间的行为会发生默契或排斥。尤其在绩效考核过程中，如果被考核主体认为考核主体不能胜任对其进行考评，或者被考核主体认为考评主体的人选不合适或不适合，势必会直接造成被考评者对考核结果排斥、否定的情况。因此，选择一个让被考评者认可且有能力进行考评的主体就显得尤为重要了。

2.不同的考核主体及其特点

考核主体的选择对象有很多，比如笔者在咨询实践中接触过的考核主体有：直接上级、本部门或跨部门同事、本岗位下属、外部客户、供应商等。那么这些不同的考核主体相对于被考核主体来讲如何选择，如何匹配呢？以及这些不同的考核主体都有什么样的特点，接下来笔者结合咨询实践进行详细阐述。

第一类考核主体：直接上级。

由员工的直接上级领导或分管领导作为考核主体对员工进行绩效考核的方式是企业最常用的一种方式，也是企业优先选用的一种考核关系。这种考核关系的上级领导可以细分为以下几种领导关系：

一是考核主体就是被考评者的直接上级领导，这种考核关系完全符合考核主体选择原则的所有要求，由于直接领导每天都与员工打交道，进行任务分配、绩效辅导等工作，因此考核者对被考核者的工作内容十分熟悉，那么作为考核主体是最适合的。

二是考核主体是被考评者直接上级的分管领导，即上级领导的领导。所谓分管只是对被考核岗位的管辖权和行政审批权，至于非常细的工作任务分派、工作指导、绩效辅导等工作不会过多干涉和直接指挥。可以形象地将其理解为"松散型领导关系"，这种分管形式的管理在大型的集团化企业和国有企业中比较常见。这种分管式的考核关系与直接领导考核最大的区别在于工作管理和指导的紧密程度，由于该领导方式相对松散，因此在绩效考核运行的过程中，对主观类考核指标的评分影响比较大，对量化类考核指标需要提供更加准确的考核信息和数据。上述考核主体的选择及考核关系在实际的企业绩效管理中应用的概率偏小，但这种考核关系依然有部分企业在使用。

第二类考核主体：本部门或跨部门同事。

考核主体由本部门或跨部门同事担任的情况在日常考核当中会存在，但是相对于考核主体由直接上级领导担任的情况要少很多。这种类型的考核要求考核者对被考核岗位的工作内容十分了解，而且有日常的工作往来，具备了这个前提条件才能够启用这种考核关系和考核方式。比如，人力资源部薪酬管理专员需要每月向财务部报送有关员工考勤和薪酬、社保、公积金核算的数据，财务部的统计岗位会接收数据，并与人力资源部的薪酬管理专员岗位产生日常的工作往来，由此，财务部的统计岗位就可以作为人力资源部薪酬管理专员岗位的考核主体。

这种考核主体的选择也会带来一些弊端。因为财务部的统计岗位与人力资源部的薪酬管理专员岗位虽说分属于两个不同的部门，但大家仍然都在一个单位，俗话说"抬头不见低头见"，以中国人的处世习惯来讲，难免会造成财务部的统计岗位在作为考核主体评分时有一定顾虑，势必有可能降低绩效数据的信度和效度。

需要特别说明一点，这种类型的考核并不是从主观类指标到量化类绩效指标都由考核者进行评分，实际上考核者只是对被考核主体所有指标里面的1～2个或部分指标进行评分，最终的评分结果仍然要归集到被考核主体的上级主管领导那里进行汇总。

第三类考核主体：本岗位下属。

由本岗位下属作为考核主体进行考核的情况，只是在部分绩效管理类书籍里面看到过这种提法，在现实咨询过程中没有接触过，也没有因某种特殊需要采用过这种方式。笔者认为这是一种理论上的说法和考核维度，现实当中可行性不强。

笔者揣测这种由本岗位下属担任考核主体的说法或许源自360度考评法，很多做人力资源的读者应该了解这个考评方法，这个考评方法提到过对于考核对象的考核可以通过上级考评、同级考评、下级考评、外部客户考评甚至自我考评的方式。需要说明或纠正的是，所谓360度考评，只是用来评估某个岗位的员工（自然人）与其所担任岗位的匹配度，本质上是通过多维度的考评来评估员工是否胜任岗位的一种方法，而且这种方法评价的结果也仅仅是作为一种参考。360度评估的结果不能用作评价员工的绩效，更不能用它的评价结果进行员工间的绩效对比。换句话说，360度评估法不能用来进行绩效考核。

第四类考核主体：企业外部客户。

由企业外部客户作为绩效主体进行考核的情况往往出现在一些有对外服务业务的企业或部门中，而且这种在实际绩效咨询中是常见的。如家电生产和售后服务企业、汽车4S店、网购平台的售后服务部门、企业服务热线管理部门等。这种考核主体的特点是被考评者与考评者是服务与被服务的关系，外部客户作为考核者其评价的结果信度和效度都很高，对企业来讲是一种十分客观、公正的考核渠道，对被考评者来说也十分乐意接受这样的评分结果。

由外部客户作为考评主体进行考核的结果也会在一定程度上存在营私舞弊的嫌疑，笔者把这种行为形象地称为"引导性评价"或"选择性评价"，比如网购了一件物品，由于某种原因对商品进行了咨询,客服人员接待和处理了你的咨询,如果整个过程你的售后体验是愉快的、那么客服人员就会尝试着让你进行"售后服务满意度"评价,由于你的售后服务体验是愉快的,满意的,很大概率你会在回访调研短信里面选择"1(非常满意)"这一项进行评分;相反,如果你的售后体验是很差的,客服人员很大程度上不会邀请你进行"售后服务满意度"评价。读者有没有发现这里的"售后服务满意度"对售后服务工作人员来讲就是关键绩效指标。

第五类考核主体:供应商。

通常情况下与企业的供应商打交道比较多的部门有两个:采购部和外购产品使用部门。采购部在供应商询价、打样、批量采购、产品入库检验、付款等环节与供应商进行联系;而外购产品使用部门主要是在产品安装调试、产品交付培训、产品使用、产品售后等环节与供应商联系。从实际情况来看,通过 ISO 9001 质量管理体系认证的企业,每年都会组织一次本企业供应商评价;但是,在笔者的咨询过程中,没有发现由供应商作为考核主体对企业客户进行考核评分的情况。因此,由供应商作为考核主体的情况多存在于理论层面,实际应用还有待研究和发掘。

(七)绩效指标和考核标准确认和审批

当完成绩效目标制定、绩效指标制定、考核标准制定、指标权重确定、考核主体选择等工作之后,绩效计划环节的核心工作内容已经基本完成。在最终的绩效合同确认和签订之前,企业考评者和被考评者有必要对已经完成的工作内容进行再次核实及确认。尤其对绩效指标的数量是否符合企业绩效考核的要求,每个关键绩效指标对应的考核标准是否合适,是否需要进行更换和修改,定性类绩效考核指标的权重和定量类关键绩效指标的权重比例是否合适(该内容主要由企业管理层确认),每一项绩效考核指标的权重和分值分配是否合理等一系列内容进行二次核实和确认。

当绩效指标和考核标准的内容经核实并确认无误之后,人力资源部需要将每个人的考评指标和考评标准形成一份可以具体执行的《绩效考评表》,并交各级考评者审批,再由人力资源部与企业各部门将部门负责人或公司高层领导审批后的《绩效考核表》中的内容与员工逐项核实、确认。《绩效考核表》的确认工作也可以由各部门负责人与员工自行完成。

(八)签订绩效合同

这里的绩效合同实际上是一种书面化的叫法,考评者与被考评者签订的绩效合同载体就是《绩效考核表》,而《绩效考核表》就是绩效合同的一种表现形式。实际上在绩效指标和考核标准确认和审批环节,员工对最终经公司高层管理者或部门负责人确认的《绩效考核表》已没有异议,员工在《绩效考核表》上签字的环节即是签订绩效合同。

第八章　绩效辅导

一、绩效辅导的概念

绩效辅导(performance coaching,PC)是绩效管理体系中绩效计划、绩效辅导、绩效考核、绩效改进四个环节中的第二个环节。有些书籍也将这个阶段称为"绩效计划实施""绩效实施与控制""绩效辅导与跟踪""绩效监控"等。

从理论层面上讲,绩效辅导是指管理者与员工在执行绩效计划的过程中讨论,有关达成绩效目标和指标的工作进展情况、对达成工作目标潜在的障碍和问题寻找解决的办法措施、对员工取得的成绩以及存在的问题进行分析、管理者如何做才能帮助员工有效达成绩效目标等事项。

从实际操作层面上讲,绩效辅导不仅仅是绩效管理第二个环节特有的产物,其实它贯穿于绩效计划、绩效辅导、绩效考核、绩效改进等整个绩效管理过程,只不过每个阶段绩效辅导的方式和内容均不相同。

绩效辅导是绩效管理 PDCA 循环四个环节中的第二个环节,很多读者对这个"第二环节"的排序心存疑惑。按理说,在绩效计划环节完成了绩效目标、绩效指标和考核标准的制定后不应该是绩效考核吗?怎么会是绩效辅导环节?甚至还有读者琢磨,考核都没实施,就先进行辅导?诸如此类的问题和疑惑可能会在许多读者心头萦绕。其实,这些疑惑很好解答,之所以将绩效辅导放在绩效计划之后,是因为在绩效计划环节制定了绩效目标、绩效指标和考核标准之后,管理者(即考核者)不能做甩手掌柜,什么也不管不问了,任凭员工在考核周期内进行自由发挥,只管考核周期末对员工进行绩效评分就可以了,这种思想和做法是严重错误的。作为企业管理者、作为考评者,在绩效计划环节完成了部门或岗位的绩效目标、绩效指标和考核标准制定之后,管理者要时刻关注员工、帮助员工解决他们在实现和达成绩效目标过程中遇到的问题和障碍,并协助员工找到解决问题和清除障碍的方法,以及为员工提供必要的帮助和支持,使员工在绩效考核结束时尽可能达成一个较好的绩效结果,这便是将绩效辅导放在绩效计划之后的原因。由此,可以看出,员工完成绩效目标的过程不是孤立无援的,企业管理者从月初到月末、从季度初到季度末,甚至从年初到年末都需要时刻关注员工工作的过程和方法，与员工"风雨同舟、协同作战"方能使员工达成绩效目标，实现部门的工作计划和企业的战略目标。

二、绩效辅导的内容

从绩效辅导的内容层面上讲，绩效辅导环节有两大核心内容：第一个核心内容是管理者与员工持续的绩效沟通；第二个核心内容是绩效信息的收集。这两大核心内容贯穿于绩效辅导的整个过程，绩效辅导的重心全部是围绕上述两大内容展开的。下面就以两大核心为主线进行这两方面内容的详细讲解。

（一）绩效沟通

1.绩效沟通的内容

绩效沟通是在绩效辅导环节管理者就员工的工作态度、工作方法、工作过程和工作中出现的问题和障碍进行跟踪、面谈的过程。绩效沟通是完成绩效辅导的核心方法，是实现和达到绩效辅导目的的过程。绩效沟通可按以下几种方法进行分类。

第一种方法：按照绩效管理的四个阶段对绩效沟通进行分类。

绩效沟通是绩效辅导环节的一项重要内容。但是，从上述有关绩效辅导的概念和内容中已经了解到，绩效沟通不仅仅是绩效辅导阶段独有的产物，从绩效管理的角度分析，它同时贯穿整个绩效管理中绩效计划、绩效辅导、绩效考核、绩效改进和反馈四个阶段。下面在讲解绩效沟通内容的同时，顺带从绩效管理的四个阶段角度对绩效沟通内容进行分类，如表8-1所示。

表 8-1 绩效沟通体现在绩效管理四个阶段的内容

序号	阶段	沟通内容
1	绩效计划阶段	在绩效计划阶段，管理者与员工就以下内容进行沟通、讨论和确认：被考评者绩效目标的制定、员工关键绩效指标（KPI）的输出、员工绩效考核标准的制定（量化公式）和绩效管理制度的宣传等。这些内容的制定和确定，为后续绩效辅导工作、绩效考核工作、绩效改进和反馈工作奠定了基础，并以此开启了企业绩效管理PDCA循环"持续改进提升"的大门。
2	绩效辅导阶段	在绩效辅导阶段，管理者与员工在执行绩效计划的过程中，管理者要通过关注员工、观察员工、辅导员工的方式，与员工沟通并讨论有关达成绩效目标和指标的工作进展情况、对达成工作目标潜在的障碍和问题寻找解决的办法措施、对员工取得的成绩以及存在的问题进行分析、管理者如何做才能帮助员工有效达成绩效目标等事项。绩效辅导阶段的目的十分明确，就是通过持续的绩效沟通，纠正员工行为，帮助员工实现考核周期内的绩效目标。
3	绩效考核阶段	关于绩效考核阶段的绩效沟通存在两种观点：①单从绩效沟通的内容角度来看，在实际的绩效管理过程中，在绩效考核环节，管理者与员工不存在实质内容的单独沟通过程。②绩效面谈工作放在本阶段进行。绩效考核阶段的绩效沟通是向员工出示考核结果、提出工作改进意见和方法；确定下一个考核周期指标和标准。从笔者的咨询实践经验来看，这两种观点都是对的。

续表

序号	阶段	沟通内容
4	绩效改进与反馈阶段	绩效改进与反馈阶段的绩效沟通是在绩效考核结果出来之后,管理者与员工就本次考核的结果、员工目标完成情况、绩效目标未能达成的原因以及下一考核周期绩效改进计划进行交流与沟通;并根据实际情况,对下一考核周期的绩效目标、绩效指标、考核标准进行适当的修正和更改。

第二种方法:按照绩效沟通采用的形式进行分类。

在绩效沟通过程中,管理者与员工的角色定位,谈话的形式和谈话的主导方存在差异,因此按照上述因素的差异,可进行如表8-2所示的分类。

表8-2 绩效沟通形式分类

序号	绩效沟通形式分类	沟通内容
1	单向指导式沟通	又称劝导式面谈,此种沟通方式适用于谈话参与意识不强的员工,对于改进员工行为和表现,效果是十分突出的。此沟通方式由于是单向性面谈,缺乏双向的交流和沟通,没有给下属申诉的机会。从现实应用来看,这种方式主要用于管理者劝说员工改变工作态度和行为。
2	双向倾听式沟通	此种沟通方式可以为员工提供一次与上级管理者进行交流的机会,也可用于管理者鼓励工作中受到挫折和产生不良情绪的员工。这种沟通方式能改进管理者与员工的关系,并通过沟通达成共识,找到改进工作的方法。
3	解决问题式沟通	此种沟通方式可采取单向沟通也可采取双向倾听的沟通形式,无论采用哪种沟通形式,其目的是一样的:通过沟通解决问题。管理者及时对员工工作中遇到的困难、需求、工作满意度等问题进行关注与反馈,并逐一解决。
4	综合式沟通	理论上,此种沟通方式的含义是将上述三种方式组合使用。

第三种方法:按照绩效沟通的方式进行分类。

在管理者与员工进行绩效沟通的过程中,会因各种客观因素的影响,使管理者采用各式各样的沟通方式,以满足沟通需要,并达到有效沟通的目的。结合咨询实践,按照绩效沟通的方式不同,将绩效沟通分为正式沟通和非正式沟通两大类,如表8-3所示。

表8-3 绩效沟通方式分类

类别	方法	内容简述
正式沟通	1.定期书面汇报	按照管理者要求,员工以书面形式,定期向管理者递交工作报告,如工作周报等。
	2.一对一正式会谈	管理者与员工单独就遇到的困难、问题进行面谈,找出解决方法。
	3.定期会议沟通	以周会、月会、季度会或半年度、年度会议的形式进行绩效回顾、汇报和沟通。

续表

类别	方法	内容简述
非正式沟通	1.走动式管理	管理者以走访、调研、检查等形式与员工进行互动,了解员工绩效,发现和解决问题。
	2.开放式办公	管理者与员工当面沟通,把问题、困难和矛盾当面说清楚,直至找到合适的解决方法。
	3.工作间歇沟通	就是在餐前饭后等类似的非上班时间进行沟通的方式。
	4.非正式会议	类似聊天或平时谈话进行的沟通。

纵观上述三种绩效沟通的分类方法,由于第一种方法即按照绩效沟通的不同阶段分类,详细内容在绩效计划、绩效辅导、绩效考核、绩效改进和反馈四个环节中都会专门讲解,因此在此不再赘述。第二种方法即按照绩效沟通采用的形式分类,由于在表格中针对其分类、概念、内容都进行了详细讲解,在后续章节中均不再赘述。对于第三种方法即按照绩效沟通的方式分类,具体内容因其字面意思浅显易懂,分类表格中只作了简述,但是,需要特别说明一点,在实际的绩效辅导过程中,正式沟通和非正式沟通是绩效辅导阶段经常用到的绩效沟通方式,因此,在本章的后续段落"绩效辅导阶段绩效沟通的方法"中会对正式沟通和非正式沟通的使用方法、内容和实践经验进行重点讲解。

2.绩效沟通的目的

(1)管理者需要持续观察员工的工作行为和过程

员工只有用正确的工作态度、工作行为、工作方法才能达成高标准的绩效目标和绩效指标,作为管理者在日常工作中要不断地发现、了解和跟进员工工作过程中存在的问题,才能够确保工作目标和任务的完成。在日常工作中尤其对自主能动性差、工作专业技能差的员工,更应该持续地进行行为观察并与其进行沟通,帮助其完成绩效目标和指标。IBM前总裁郭士纳讲过"你的下属绝对不会做你希望的事情,只会做你要求和监督的事情"。这里所讲的"监督"在绩效沟通环节可以理解为对员工持续的观察和沟通。

(2)在员工完成绩效目标的过程中需要管理者提供帮助

绩效沟通的目的对于员工来说是持续向他们提供帮助,解决他们在达成绩效目标和指标当中遇到的问题和障碍。从咨询实践经验来看,员工在日常工作中,或多或少都有因为方法、技能、沟通、管理等因素造成工作困难和疑惑,员工产生了困难和疑惑,作为管理者如果置之不理,不进行问题的及时沟通与协调,将直接影响员工绩效目标达成的效果,对于管理者自身来说也是一种失职的行为表现。

(3)通过绩效沟通发现考核计划的有效性及需要改进的地方

绩效沟通是检验绩效指标和考核标准的合理性、有效性,以及发现错误的有效途径和方法。在绩效计划阶段制定的绩效指标和绩效考核标准尽管进行了不断的检查和确认,或许绝大部分绩效指标和标准制定得都是合理的、科学的、适用的;但是未必能够100%保证所有的内容都是准确的、正确的、合理的。从绩效沟通的过程中管理者可以发现这些问题和错误,并与员工一起改进这些问题;员工在执行和达成这些绩效目标和指标的过程中也会发现存在的问题和错误,他们会向主管领导报告。因此,管理者与员工通过绩效沟通能够双向发现绩效计划环节的不足和错误，并进行绩效计划改进。

结合咨询实践总结发现，在绩效辅导环节，针对绩效计划环节可能出现的问题和错误按照出现的频率排序，总结如下：

①绩效考核标准需要改良，尤其是标量化公式。比如某个指标的考核标准本来使用的是非此即彼法，但在实际运行过程中发现使用百分比法或许更符合实际操作。这种情况出现的频率很高。

②考核指标错误，主要集中在指标的描述方法和适用性上，比如员工缺勤率这个指标，或许在绩效计划环节制定指标的时候，该指标看似没有任何问题，考核标准的计算公式是：缺勤天数/应出勤天数×100%，但在实际绩效运行过程中员工发现用"员工缺勤次数"来描述更直观、更适用。并且在绩效指标库中对员工缺勤天数这个指标的描述是"员工迟到30分钟以上或一天未出勤均视为缺勤"，由此，更加印证了使用"员工缺勤次数"的适用性。

③错误出现频率相对较低的是有关指标的数据来源、数据提供人、数据检核人、数据提报时间等，这些都是在实际咨询过程中经常碰到的且难以避免的错误。从实践来看，这些内容不经过实际的绩效模拟运行，部分细节问题很难被发现；只有在绩效运行过程中不断地进行绩效沟通，才能够得以有效完善和改善。

（4）绩效沟通也是对员工的一种激励手段

有这样一种说法："你可以买到一个人的时间，你可以雇一个人到固定的工作岗位，你可以买到按时或按日计算的技术操作，但你买不到热情，你买不到创造性，你买不到全身心的投入，你不得不设法争取这些。"按照马斯洛的需求理论分析，人的需求是多层次的，物质需求只是最低层次的需求，因此薪酬的激励作用有限，而危机、荣誉、使命、竞争、沟通、生存、兴趣和空间却能带给员工强大的行动力。实践得知，沟通对员工是有明确的激励效果的，那么，在绩效辅导环节，管理者对员工持续关注、持续进行绩效沟通也是对员工的一种激励手段。在这个过程中员工能够切身感受到自身的价值和工作的价值，他会认为主管之所以不断与自己进行沟通，是因为自己的工作重要性很强，对组织目标的达成非常重要。

3.绩效沟通的方式

绩效沟通是达成和实现绩效目标过程中一个重要的环节，从咨询实践来看，为了实现绩效目标就必须进行绩效沟通，那么，绩效沟通的方式有哪些？什么样的绩效沟通方式是有效的？在上面绩效沟通方式分类中已经详细讲述过，下面针对正式沟通和非正式沟通两类常用的绩效沟通方式进行重点讲解，如表8-4所示。

表8-4　绩效辅导阶段的沟通方式

序号	类别	方式及名称
第一类	正式沟通	定期书面汇报
		一对一正式会谈
		定期会议沟通

续表

序号	类别	方式及名称
第二类	非正式沟通	走动式
		开放式
		工作间歇式
		非正式会议

（1）正式沟通方式

正式沟通有三种方式，即定期书面汇报、一对一正式会谈、定期会议沟通方式。

①定期书面汇报

从字面上解释，定期书面报告是一种以纸质或电子文档或 E-mail 的形式向主管领导依照固定的格式或非固定格式（但必须体现要求的内容）进行工作定期汇报的形式。

在日常工作和绩效沟通中，最常见的定期书面汇报形式是周工作总结和月度工作总结，使用这种形式的汇报，管理者一般要求员工以固定格式或必须体现要求的内容进行书面报告。在通常情况下，部门不同、岗位不同，汇报的内容也存在很大差异；但是，管理者在要求员工汇报的内容中或多或少都会体现员工绩效考核目标的完成情况。比如一个业务员岗位，部门负责人在要求业务员上报的周工作汇报或月度工作汇报内容中，都少不了销售额、利润率、新客户开发情况、老客户维护情况以及客户投诉情况等。再比如人力资源部的招聘专员岗位，人力资源部经理要求招聘专员上报的周工作汇报或者月度工作总结中少不了市场招聘状况、人员招聘供需状态、实际招聘到岗人数、投简历人数等信息。可以看出无论是销售部业务员岗位还是人力资源部专员岗位，工作汇报的内容中都会直接或间接地显示出有关本岗位绩效目标和绩效指标完成情况的内容。

在实际咨询过程中，笔者一般会要求或者建议企业在实施这种工作汇报形式时，尽可能采用统一的模板。统一的模板有很多好处和优势。首先，员工上报的内容就会统一，员工工作完成情况记录统一，在绩效考核过程中对同一岗位的员工来讲都是公平的。其次，统一的模板不会让员工遗漏汇报的内容，能够使管理者全面掌握员工目前工作的实际完成状态和结果，更有利于管理者帮助员工找到问题、提升绩效。

需要说明的是，定期书面汇报虽然是一种很好的形式，但这种形式存在一定的信息滞后性，周工作汇报情况相对还好一些，尤其是月度工作汇报和季度、年度工作汇报，会带来明显的信息滞后性；之所以说会带来信息滞后，原因也不难解释，前面说过，绩效管理的真正目的是激励员工持续提高，再则，进行绩效沟通的目的是通过沟通及时发现员工工作中的不足和短板，并与员工一起找出问题，弥补不足进而持续提升绩效。那么，如果以月度或季度、年度工作汇报的形式进行绩效沟通，势必会造成由于信息的反馈和汇报不及时，管理者就无法在第一时间对员工工作中出现的问题进行纠偏或提供帮助。因此，采用书面汇报这种方式，作为周工作汇报的形式是可行的，作为月度工作汇报的形式可依照岗位选择性使用，作为季度甚至年度工作汇报的形式一般不作为绩效沟通的方式和目的使用。

②一对一正式会谈

一对一正式会谈就是管理者与员工就绩效目标达成过程中出现的问题进行面对面交

谈。管理者与员工可以一起就员工在达成和实现绩效目标过程中遇到的问题、障碍以及寻求帮助进行深入交流，最终找到解决问题的方法，并达成共识。一对一的正式会谈可以是面对面交谈的形式、可以是视频面谈的形式、可以是电话沟通的形式，甚至 QQ 或微信语音短信息的形式。无论哪种形式，沟通和传播渠道虽不同，但最终目的是一样的，通过一对一的形式进行问题的专门沟通和交流。

这种方式最大的优点是可以利用现代互联网和即时通信软件，随时随地进行绩效沟通。比如一个员工在达成绩效目标的过程中遇到了问题，他可以语音或视频的方式即时寻求主管领导的帮助，而且可以不分时间、不分场合，随时沟通、及时解决。另外，作为管理者在工作中如果发现员工在达成绩效目标的过程中存在方法和过程性的错误，也能够随机通过电话、语音或视频的形式联系到员工，及时进行纠正和指导，确保员工以正确的方式和方法达成绩效目标。因此，可以说一对一的绩效沟通方式是最普遍、最常用的一种有效的沟通方式，这种方式效率高、无障碍、无须额外配备硬件设施。

很多人脑海中对一对一的正式会谈形式可能还停留在双方在会议室或办公室面对面正襟危坐式的正式面谈，当然，这种方式更加的正式、沟通效果或许是最好的。会议室面对面正襟危坐式的正式面谈固然是好，但以网络为媒介的现代化通信设备带来的一对一沟通方式可能更加便捷且能够满足跨区域的沟通。

③定期会议沟通

定期会议沟通就是管理者召集部门所有员工或部分员工在会议室或者通过视频开会的形式，定期就部门绩效目标达成过程中出现的问题进行沟通。需要特别指出的是，但凡采用定期会议沟通的方式，大多数情况下管理者会就部门在达成绩效目标的过程中出现的共性问题进行重点探讨和沟通。

在绩效咨询实践过程中得知，很多企业会采用定期会议的形式进行绩效沟通，比如周例会形式、月度工作例会形式、季度工作例会形式，甚至半年度或年度会议形式。在这个过程中，管理者会要求与会者逐一发言，陈述在执行和达成绩效目标过程中存在的问题和障碍以及提出需要提供的帮助等，管理者由此会同与会者共同寻找问题解决方式，制定解决方案并达成共识。建议企业在采用这种方式进行绩效沟通的时候，以固定的会议议程和流程化的沟通方式，并以 PPT 形式将问题投影出来，这样的沟通效果会更好。

结合上述正式沟通的三种方式内容，下面对正式沟通的三种方式的优缺点进行对比，如表 8-5 所示。

表 8-5　正式沟通方法优缺点对比

沟通方式	优点	缺点
定期书面汇报	1.简单易行、信息全面。 2.适用部门人数多的情况，信息传递效率比较高。 3.在无纸化通信的现代社会成本比较低。	1.过程难以控制，报告质量参差不齐。 2.管理者回复工作耗时。 3.缺乏情感交流和员工关怀。

续表

沟通方式	优点	缺点
一对一正式会谈	1.员工积极性高、能够谈得更多、发现更多问题。 2.有利于确保员工工作隐私,尤其是对绩效差的员工是一种合适的面谈方式。 3.可通过网络形式随时随地进行及时交流。	1.如果是面谈,时间成本高。 2.有时可能会打乱对方工作节奏。
定期会议沟通	1.更有利于上下级沟通,信息在部门内互通。 2.有助于管理者掌握更多有关绩效的信息和状态。	1.会议成本高。 2.会议耗时。 3.部门内不同员工对问题可能产生不同意见。

接下来,具体讲述一下非正式沟通的内容。非正式沟通是指通过正式沟通渠道以外的信息交流和传达方式。非正式沟通一方面满足了管理者与员工沟通的诉求,另一方面也补充了正式沟通渠道和内容的不足,是正式沟通的有机补充。在许多组织中,决策时利用的许多舆情信息大部分是由非正式沟通方式获取的。

（2）非正式沟通方式

非正式沟通和正式沟通不同,因为它的沟通对象、时间及内容等各方面都未经提前计划和安排,沟通途径是通过组织内的各种社会关系,这种社会关系超越了部门、单位以及层级的管理束缚。

在许多情况下,来自非正式沟通渠道的信息,反而会获得信息接收者的重视。非正式沟通传递的信息一般以口头方式,不留证据,许多不愿通过正式沟通渠道传递的信息,却有可能在非正式沟通中获得。

举一个非正式沟通的案例:美国通用公司的前总裁杰克·韦尔奇先生被誉为21世纪最伟大的经理人之一。在他上任之初,GE公司内部等级制度森严,结构臃肿。韦尔奇就进行了大刀阔斧的改革,在公司内部引入了这种非正式沟通的管理方式。韦尔奇常给员工留便条和亲自打电话通知员工相关事宜。在这些便条和电话里,他会说些鼓励、鞭策和简单要求的话。他经常说让大家拿出开杂货店的心情来经营公司。杂货店有什么特点呢,顾客至上、店员没架子、待人亲切,也没有那么多的繁文缛节,这也正是杰克·韦尔奇以非正式沟通的角度来经营大公司的精髓所在,在他看来沟通是随心所欲的。他努力使公司的所有员工都保持着一种近乎家庭式的亲友关系,让每个员工都有参与和发展的机会,从而增强了管理者和员工之间的相互理解、相互尊重和感情交流。非正式沟通的方式使得当时的GE内部产生了鲶鱼效应,原本一潭死水的管理氛围逐步活跃了起来,为工作效率提升和企业目标达成提供了有利条件。

常见的非正式沟通方式如表8-6所示。

表8-6　非正式沟通方式分类

序号	方式	说明	备注
1	走动式管理	走到能够观察到员工工作的地方,与员工交流,倾听并解决问题,记录员工的绩效表现	以不打扰员工工作为宜
2	开放式办公	主管人员的办公室随时向员工开放,员工随时可以找主管商量	为员工提供方便,加强沟通

续表

序号	方式	说明	备注
3	工作间歇沟通	吃饭、喝茶时交流	沟通氛围比较轻松
4	非正式会议	聚餐、生日晚会、联欢会等非正式的团体活动	尽可能营造轻松、开放的气氛

下面结合管理咨询实践和经验，对非正式沟通的四种方式即走动式管理、开放式办公、工作间歇沟通、非正式会议进行详细讲解。

①走动式管理

走动式管理是一种较为常见和常用的沟通方式，从字面意思理解，走动式管理就是部门主管领导在工作期间，通过走动的方式到访员工的工作位置，以关心、询问、帮助的角度向员工提供帮助或者询问员工有无需要帮助的事项。比如工作有什么困难，有什么需要帮助的，诸如此类问题。

走动式管理实际上是组织行为学理论的实践和应用。组织行为学是研究在组织中人们从事工作的心理活动和行为反应规律性的学科，并综合运用心理学、社会学、人类学、生理学、经济学和政治学等知识，研究组织中人的心理和行为的规律性，从而提高各级领导者和管理者对人的行为预测和引导能力，以便更有效地实现组织预定的目标。在掌握这些知识后，还要进一步研究评价和分析人的心理与行为的方法，掌握保持积极行为、改变消极行为的具体技术和措施，最终提高员工工作能力，提高组织的工作绩效。

在实践当中，管理者利用走动的方式关注员工并与员工进行交流沟通，从员工的角度理解，他会感受到上级领导对其工作的重视和关心，内心就会产生诸如领导关心我、领导重视我的工作、我的工作很重要等想法，对完成绩效目标、达成工作成果帮助很大。从心理学和行为学理论来讲，人是一种感性动物，人都希望被关注、人都希望被重视，这是一种天性和本性，因此，走动式管理恰恰符合了这一行为学理论。

走动式管理在实际操作中对应用者有很多注意事项和忌讳，如果该方法掌握不得当，不但对员工起不到帮助和激励作用，反倒会打击员工的工作积极性，具体的注意事项如下：

首先，走动式管理不是走动式检查，这一点非常重要。走动式管理的本质是通过走动管理，实现主管人员对员工及时的问候和关心，从而使员工减轻压力、感到鼓舞和激励。如果管理者在操作上不注意方式和方法的话，可能会酿成不好的后果，比如询问员工不是"有什么需要帮助吗"而是"工作完成了吗"。那么，结果就是一种变相工作检查和监督了。

其次，走动式管理禁止对员工的具体工作行为、工作方式、工作内容做过多干涉，除非方式方法是违规的、错误的。始终要相信员工的主观能动性，更要相信员工会以自己的方式和思路将工作做得更好，因为这是人的本性。

从行为学理论角度分析，可以用著名的Y理论学说解释走动式管理不鼓励过多干涉员工的行为。美国行为科学家麦格雷戈于1957年在《企业中人的方面》一文中提出，认为人的本性是喜爱工作，要求工作是人的本性。在一般情况下，人们能主动承担责任，是受内在兴趣自我驱动的；热衷于发挥自己的才能和创造性，大多数人都具有解决组织问题的能力。因而在管理中，为了促使人们努力工作，应考虑工作对于员工的意义，鼓励员工参与绩效目标的制定。以启发和诱导来代替命令和服从，用信任代替控制和监督，重视员工的各种需要和内在激励，并尽可能在实现组织目标过程中予以最大的满足。从工作实践分析，Y理论的主要观点是：一般人本性不是厌恶工作，如果给予适当机会，人们不仅喜欢工作，而且渴望发挥其才能；多数人愿意对工作负责，寻求发挥能力的机会。

②开放式办公

关于开放式办公有两种理解方式。

其一，开放式办公是指管理人员的办公室随时对员工开放。一般情况下，只要管理人员没有会客或开会，员工可随时进入办公室与上级主管讨论问题。现在这种方式已被很多公司采用。这种方法的最大优点就是将员工置于比较主动的位置，使沟通的主动性增强，同时也使整个团队的气氛得到改善。

其二，开放式办公是指管理者与员工可以就问题随时随地当面沟通，以一种开放式的姿态把问题、困难和矛盾当面说清楚，直至找到合适的解决方法。

笔者在实际管理咨询中就遇到过一家企业，该企业的开放式办公文化给笔者留下了很深的印象。这是一家代理日本著名电机品牌的中国区代理商，企业人数200人左右，几个月的驻企咨询让笔者了解到，该企业从创业初期就开启了开放式办公的方式，经过多年积累和沉淀，目前已成为该企业行为层面的一种文化。企业创业初期，企业创始人就规定，所有员工都以平等的方式相处，都是企业的创业者，企业的总经理要求企业所有员工在企业内部都直接称呼他的名字，无须刻意地称呼他某总。在该企业项目咨询期间，笔者发现老员工或许是一起创业的原因，对总经理直呼其名还算叫得习惯；但是新进的员工叫起来就特别别扭，张不开嘴，叫不出口。每次总经理遇到新员工不好意思直呼其名的时候，他都很随意地说，叫我名字，听着习惯。久而久之，该企业就形成了对总经理直呼其名的习惯。由于通过直呼其名的方式模糊了上下级的等级关系，大家对总经理也都没当成外人，每逢有事，就直接跑到他的办公室，直呼其名地进行沟通。这样的文化氛围为建立良好的绩效沟通创造了条件。事实上，该企业的绩效管理工作在日后的执行过程中也是做得有声有色。

③工作间歇沟通

工作间歇沟通是指主管人员可以在各种工作间歇时与员工进行一些较为轻松的话题沟通，从而引入工作中的一些问题。但这种沟通应尽量让员工主动提出一些问题，也许20分钟喝咖啡时间的交谈比其他正式会议得到的沟通效果还满意。

不可否认，这是一种十分有效的沟通方式，在日常工作中也经常碰到。比如男同志在一起喝茶的时候，就是一种很好的工作间歇沟通方式，边喝茶边聊一些工作中的问题，这种情况在很多企业经常看到。再比如女同志在工作间歇时聚集在一起，经常会聊一些化妆品、衣服、鞋包甚至孩子的教育问题，这些都是一些较为轻松的话题，在此期间引入一些工作中的问题，并让员工主动提出这些问题也是恰如其分的。

④非正式会议

非正式会议也是一种比较好的沟通方式，主要包括联欢会、生日晚会、员工聚餐等各种形式的非正式的团队活动。主管人员可以在轻松的气氛下了解员工的工作情况和需要帮助的地方。同时，这种以团队形式举行的聚会也可发现一些团队中出现的问题。

大家都知道，职场中存在着一种面子问题，但是，很多人在酒桌上这种面子问题似乎就容易放下。

举一个实际的案例，记得有一年做咨询项目，一个夏日的晚上，企业管理人员因为工作原因全部加班到凌晨，企业总经理也是借加班的机会，犒劳了大家一下，男女十几号人围成一大圆桌热热闹闹地吃饭喝酒。总经理或许是兴致高涨，完全没有了平日里的严肃劲，几杯酒下肚就和大家伙唠起家常来，说起了自己的创业故事和小时候的趣事，这话题一开，引起了多数人的共鸣，大家似乎一下子敞开了心扉，你一句我一句地畅谈起来，从孩子成长聊到生活感悟，从日常杂事聊到了日常工作，并且与总经理交流起平日里几乎不会说出口的工作困难、管理困难、企业问题、领导问题等。总经理听在耳里，记在心里，这样的非正式会议沟通为日后总经理改进管理、改进绩效起到了非常大的作用。

通过上述对正式沟通和非正式沟通的具体内容讲解，读者对两类方法的使用方法、内容、适用场景都有了深入了解，但是，从正式沟通和非正式沟通两大类别来分析，在实际应用过程中也存在自身的优点与缺点，笔者结合咨询实践，对两者进行了比较分析，如表8-7所示。

表8-7　正式沟通与非正式沟通优缺点对比

沟通方式	优点	缺点
正式沟通	1. 沟通效果较好，交谈相对正式、有仪式感、员工能够正视问题、有利于问题的改进。 2. 正式沟通的形式权威性强。 3. 信息沟通全面、问题能够得到深入分析，有利于作出正确的决策。	1. 相对于非正式沟通比较耗时、耗力。 2. 员工的沟通能力、表达能力、文字书写能力在一定程度上影响沟通的效果。
非正式沟通	1. 形式灵活，能够随时随地地进行，受到的影响因素和限制条件少。 2. 沟通很方便、内容广泛、形式灵活、沟通速度也快，而且还可以传播一些不便于正式交流的信息；能够满足员工心理方面的一些情感需求，还可以部分弥补沟通渠道的不足，和正式沟通相互补充。	1. 缺乏仪式感，可能让员工不够重视沟通的内容。 2. 信息缺少文字记录，不利于后期查阅。 3. 难以控制，传递的信息不确切，易于失真、曲解，而且它还可能导致小集团、小圈子的形成，影响人心稳定和团体的凝聚力。

(二)绩效信息收集

1.绩效信息收集的内容

绩效信息指的是在绩效管理的绩效考核环节考评者在一个考核周期进行绩效评分时，所使用的反映被考评者绩效目标和绩效指标完成情况的数据和信息。这些信息通常是在绩效管理的绩效辅导环节进行整理和采集的。从绩效指标的分类来看，绩效信息收集可以分为以下两种情况和方式。

第一种情况是有关量化类绩效考核指标的绩效信息收集。比如人力资源部招聘专员岗位，这个岗位一个最核心的关键绩效指标是"招聘计划完成率"，考评标准的计算公式是：招聘计划完成率＝实际招聘到岗人数/计划招聘人数×100%，那么，要想真实地反馈出招聘专员"招聘计划完成率"的绩效指标完成情况，就需要人力资源部的负责人在绩效计划环节与员工制定计划招聘人数的目标值，并在绩效辅导环节收集实际招聘到岗人数的信息，由此才能在绩效考核环节真实地计算出"招聘计划完成率"这一关键绩效指标的真实完成情况。

第二种情况是有关非量化类绩效考核指标即主观类绩效指标的绩效信息收集。如执行能力、沟通能力、领导能力等主观类绩效指标信息的收集。对于该类指标在本书第三章"绩效指标体系"中已经作了详细讲述，在实际绩效管理的操作中，使用"关键事件记录法"是收集主观类绩效指标信息的主要方法和有效方法，通俗点讲，是管理者在日常工作中通过观察、记录的方式，对员工在绩效辅导阶段具有代表性的良好工作行为和不良工作行为和结果的记录。这些反映员工工作好与坏的工作行为和结果记录被称为"关键事件记录"，通过收集这些关键事件就为管理者在绩效考核阶段对员工主观类考核指标的评分工作提供了事实依据。

2.绩效信息收集的目的

(1)为绩效考核阶段工作提供事实和依据

绩效考核评分阶段，管理者无论是对员工的主观类非量化绩效指标评分，还是对员工的量化类关键绩效指标评分，若要使考评的结果更具有科学性、客观性，能反映员工工作的真实绩效，就必须在绩效辅导环节针对绩效考核过程中所使用的绩效信息进行收集。从绩效考核实施情况来看，一家企业绩效考核结果的信度和效度的好坏很大程度上是由绩效信息的有效性决定(详见表5-1)。

(2)为改进员工绩效提供了事实依据和参考数据

绩效信息收集的目的除了在绩效考核阶段有需要之外，另外一个目的是为员工绩效改进提供了事实依据和数据参考。在绩效辅导环节，对员工关键绩效指标完成情况的信息数据进行收集和汇总，这些数据要么是通过关键事件法收集的员工工作行为和结果，要么是通过部门间或部门内部进行的数据交换收集的绩效信息，从以上途径收集来的信息，都能够从事实或量化数据的角度反映出员工绩效指标的实际完成情况。由此，管理者就能够通过对这些数据的汇总、分析找出一些影响绩效指标完成情况的原因，进而在后续工作中帮助员工改进工作方式和方法，提升员工绩效水平。

以某企业人力资源部招聘专员岗位为例。招聘专员岗位一个最核心的关键绩效指标是"招聘计划完成率"，考评标准计算公式是：招聘计划完成率＝实际招聘到岗人数/计划招聘人数×100%，假如，员工的"招聘计划完成率"指标绩效考核结果非常不理想，那么，这个时候作为管理者就要查找原因，是什么因素影响了员工这个指标，其实从"招聘计划完成率"的绩效公式不难看出，真正影响这个指标的因素无非是公式分子项实际招聘到岗人数和公式分母项计划招聘人数。在这种情况下绩效信息的收集就为分析和查找"招聘计划完成率"影响因素提供了很好的参考依据。"招聘计划完成率"指标完成得不好具体是什么原因造成的呢，其一，如果上述公式的分子项"实际招聘到岗人数"绩效信息数据很差，有可能的影响因素是招聘市场供小于求，人员供需状况造成或者是企业的招聘渠道过少、薪酬水平低于同行或本地区工资水平、招聘方法和渠道的问题等。其二，作为公式分母项的"计划招聘人数"，其影响因素最大的可能是该指标的指标值制定得是否合理，是否存在目标值定得太高的情况，比如某些岗位外部人力资源市场本身就供小于求，而在制定"计划招聘人数"时目标值过高，也在很大程度上影响指标的完成率。由此，可以很直观地看出绩效信息的收集对分析影响员工绩效结果达成的原因以及为改进员工绩效提供了事实依据和参考数据。

3.绩效信息收集的方法

前面对绩效信息的收集目的从主观类绩效指标和量化类绩效指标两种类型展开讲解，因此，对收集绩效信息的方法也按照主观类指标绩效信息收集方法和量化类指标绩效信息收集方法两种类型进行讲解。

(1)主观类指标绩效信息收集方法

主观类指标是指诸如执行能力、沟通能力、领导及授权能力等非量化类绩效指标。对该类型指标的信息收集通常采用关键事件记录法。在本书第五章"绩效指标库"中对关键事件记录法也作了详细讲解，关键事件记录法是对员工主观类指标绩效信息收集最常用的一种方法，管理者在绩效辅导过程中记录员工优良的工作行为和不良的工作行为，通过这些行为的记录，能够从事实和事件的角度反映员工主观指标的表现情况，以此对员工的执行能力、沟通能力、领导及授权能力等非量化类绩效指标进行评分。从咨询实践来看，关键事件记录法通常情况下适用部门管理者记录本部门员工的日常工作情况，记录结果可作为原始数据和事件对本部门下属岗位的考核。

如表5-3所示，各个企业可以按照企业自身的实际情况对表格的内容进行修订，但表格的用途和结果导向都应是记录员工日常工作中优良的和不良的工作行为。

(2)量化类指标绩效信息收集方法

①工作结果统计法

工作结果统计法是笔者结合绩效信息收集的特点命名的一种方法，其主要是通过员工本岗位、主管领导或第三方部门或岗位，对被考核岗位涉及产品或服务数量和质量等绩效信息进行统计汇总的一种方法。在绩效考核过程中，依照绩效指标库的内容和要求，本部门或岗位的员工需要向对口部门或岗位提供绩效考核的原始信息数据，以便考核者依照数据提供人提供的绩效信息对被考评者进行评分。因此，工作结果统计法就是将涉及被考核对象关键绩效指标的绩效信息和数据依照要求的格式和内容进行统计、汇总和提报给数据使用人。由于每个企业的类型不同、部门不同、岗位不同，所使用的绩效信息也不同，因此，工作结果统计法统计的内容和形式也是不同的，诸如员工考勤信息统计、生产数量统计、合格品数量统计、入库数量统计、客户投诉数量统计等。

②抽查法

该方法是针对一些特殊的工作岗位和工作内容，无法或没必要进行日常统计的工作内容而采用的一种特殊绩效信息记录和采集的方法。在实际的绩效实施过程中，抽查法通常是以定期抽查的形式出现。比如档案管理员这个岗位，该岗位通常所设的绩效考核指标有档案完整率、档案归类合格率、资料归档及时性等，上述指标就非常适用抽查法进行绩效信息收集。通常由该岗位的主管领导或者第三方部门或岗位定期组织人员对该岗位的绩效指标完成情况进行抽查，抽查的结果作为该岗位绩效考核的信息依据。

从咨询实践来看，抽查法在实际应用过程中有两点建议和经验总结。

首先，抽查法在日常绩效信息收集过程中应用非常广泛，尤其对跨地域管理的企业或者不便进行日常工作结果汇总的岗位更加适用。上述情况，要么是主管领导由于跨地域办公的原因无法对工作成效的真实情况进行现场评估；要么是工作内容本身不适合进行日常信息统计上报，比如档案管理岗位的工作。就以跨地域管理这种情况来说，很多跨国企业或集团化运营公司，主管领导的工作地点和被考评者的工作地点不在一个区域，在这种情况下，主管领导就可以采用工作抽查的形式对员工的工作绩效进行评估，以一种以点带面的思路，通过对员工工作的抽查情况来评估员工的整体工作成效。

其次，对于适用抽查法进行绩效信息收集的关键绩效指标，建议增大该类指标的分值权重。原因很简单,由于该类指标绩效信息的收集不是通过日常数据采集和统计的方式进行信息收集的,而是通过随机性抽查方式进行绩效信息收集的,这实际上是一种靠员工的主动性和自觉性才能完成的指标类型,而且从抽查的过程和结果来讲,无非是合格和不合格,因此,加大指标分值权重更能够促使员工主动地完成好这类指标。同时增加该类型指标的权重分值也是向员工传递一种信号,使员工感受到这类指标很重要、领导很重视,如果未能自觉地完成,对员工来讲惩罚力度会很大,后果很严重。因此,对员工来说最好的方法就是每天积极、主动地完成该项工作内容。

③综合评定法

企业对于一些特殊的岗位或者特定的绩效指标的考核,有时候会出现常规绩效信息收集方法不适用的情况,这个时候就应该采用"特殊事情特殊处理的思路"进行解决,比如采用问卷调查的形式、团体商议评定的方式、会议决议的方式等特殊方式进行绩效信息的收集。比如,对行政部的保洁员岗位,该岗位的考核指标通常围绕保洁责任区域的卫生打扫情况,常以清理完成速度和完成质量来进行评定,通常情况下行政部主管领导可以使用关键事件记录法或者员工投诉情况作为考核信息的来源和考评依据,但上述两种情况并不能全面反映员工的真实工作绩效,基于这种情况就可以采用问卷法进行绩效信息的收集,并作为关键事件记录法和员工投诉情况绩效信息的补充。在调研表中可以设计一些有关保洁员岗位卫生打扫清理完成速度和完成质量的问题选项,通过员工的问卷调研,全面了解和评估保洁岗位的实际工作成效。上述问卷法和关键事件记录法的综合应用,就是典型的综合评定法。

4.绩效信息收集过程中需要注意的问题

(1)确定最佳信息提供渠道和对象

在本书第五章"绩效指标库"中已经讲过,要想增加绩效考核结果的信度和效度,最好的办法就是做好绩效数据的收集和对接工作,因此,绩效信息收集得好与坏直接影响到考核结果。在绩效信息收集的过程中,选择最佳的信息提供渠道和提供者是非常重要的环节。在绩效实施过程中,经常会遇到这样一种情况,同样的一个绩效考核指标,绩效数据可以由不同的部门提供或者是由同一个部门的不同岗位提供,那么由谁提供更好,谁提供的数据更加客观真实,成了一个焦点问题,也直接影响考核结果的有效性与可信度。

举例说明,一家企业的生产部门,该生产部门的管理团队由生产部经理、车间主任和班组长组成。按照该企业绩效管理制度和考核关系,假如该生产部经理要考核车间班组长岗位的班组出勤率指标,关于班组出勤率绩效指标的绩效信息和数据来源有两个选择:其一是通过车间主任的日常记录和汇总提报至生产部经理,其二是由人力资源部汇总员工出勤打卡数据和公司安保人员巡检记录数据后将数据提供给生产部经理,那么,哪个数据信息收集途径信度和效度更高呢?毫无疑问,人力资源部是最佳提供渠道和对象,该部提供的数据相对来说更具信度和效度。

(2)需要严格检查绩效信息的准确性和有效性

从企业绩效运行的实际情况来看,在绩效信息收集和数据对接的过程中对绩效信息真实性、准确性和有效性的检查是一个必不可少的重要环节。特别是在企业绩效管理初步推行阶段,由于绩效管理工作的参与者对绩效管理的方法、流程和管理制度相对不熟悉的情况下,在绩效信息的收集和数据对接环节容易发生绩效信息不准确、绩效信息失真等情况,进而影响绩效信息的有效性。

造成绩效信息不准确、绩效信息失真的情况最主要的原因是绩效信息收集者的意识问题，缺少对绩效信息收集的严谨态度，没有把绩效信息收集当成一件重要且严肃的工作对待，甚至将绩效信息的收集和数据对接工作当成了一种工作之外的负担，从而很大程度上影响了绩效考核结果的有效性。其次是绩效信息收集的方法、渠道出现了问题，需要调整。

在企业日常考核过程中，尤其在绩效管理体系试运行阶段，为了确保绩效信息收集的准确性和真实性，企业有必要建立起关于绩效信息收集和数据对接的处罚制度。对于不提供绩效信息、延误提报绩效信息甚至谎报绩效信息的行为进行严肃的处理和通报，为绩效信息的收集和绩效数据的对接创造良好的条件。当然，这样的管理方式和方法并不是管理者愿意看到和长期执行的，管理者更愿意看到员工和管理者都能以严肃、认真的态度进行绩效信息的收集和数据对接。企业只有以正确的态度对待绩效管理工作，并以正确的方式运行绩效管理体系，企业的绩效管理工作才能够真正起到激励员工持续提高的作用，才能够助力企业战略目标的达成。

（3）建立绩效信息提报和对接机制是关键

综上所述，在企业绩效管理体系的运行过程中，绩效信息的收集和数据对接是核心，是关键，是难点。企业绩效管理体系运行得好或坏关键在于绩效信息的收集和数据对接，所以，这个过程需要企业管理者和员工共同参与制定办法，建立绩效信息提报和对接机制，这个机制的建立是绩效管理的关键任务。

在建立绩效信息提报和对接机制的过程中，有三个方面的工作需要重点抓。

（1）建立科学、完善、可实施性强的绩效信息收集方法，依照企业实际情况建立切实可行的绩效指标库，并对数据来源、数据提供人、数据检核人等信息慎重考虑，反复对比后确定最佳的信息来源渠道。

（2）做好人员的思想意识沟通和培训、宣传贯彻工作，从绩效推行之初就要使员工建立认真、负责、严谨的绩效信息收集的理念，为后续的绩效信息收集工作建立良好的氛围，打下坚实的基础。

（3）建立绩效信息的检核机制和处罚管理机制，从流程上严控绩效信息的真实性和有效性，从制度上严明绩效管理的"游戏规则"，由此从制度层面为绩效管理工作营造良好的推行环境和文化氛围，如表 8-8 所示。

表 8-8　某企业考核数据对接汇总

序号	部门名称	岗位名称	指标名称	数据接收部门	数据接收人	数据提供部门	数据提供人	表格名称	提供时间
1									
2									
3									
4									
5									

第九章　绩效考核

一、绩效考核的概念

在日常的绩效管理工作和绩效问题交流过程中,不同的人对绩效考核的理解存在很大差异,也存在歧义和误解。下面,结合绩效管理专业理论和咨询实践经验,从不同维度对绩效考核的概念进行解析,大家可以从以下几个方面来理解。

(一)绩效考核是绩效管理循环过程中的第三个环节

本书不断强调,一个完整的绩效管理过程从顺序上来讲包含了绩效计划制定环节、绩效辅导环节、绩效考核环节、绩效面谈与改进环节;绩效考核是绩效管理循环过程中的第三个环节。但需要说明的是,绩效管理的四个环节是根据绩效管理实施过程中不同节点的任务特点进行划分的,在实际绩效运行当中这四个环节是一个整体,是循环往复、不断改进的过程。

(二)绩效考核的过程是考核评分的组织和实施

从绩效考核这个环节的工作内容来看,考核信息及数据汇总、考核信息提报和对接、考核评分、考核结果的汇总和分析等是本环节的核心工作;由此可知,绩效考核的过程实质是企业组织考核和实施评分的过程。

(三)绩效考核和绩效管理是两个不同的概念

在企业的绩效管理实施过程中,很多人在谈论绩效的时候会将绩效考核与绩效管理混为一谈,在一部分人的认知当中,绩效考核就是绩效管理;也有些人认为绩效管理就是绩效考核,这样理解的人不在少数。究其根源,这是一种习惯性的叫法。在企业日常管理当中也经常会碰到类似问题,比如,有人问:你们企业的法人是谁? 其实这句话是存在很大问题的,原因在于"法人"是一个组织而不是一个自然人,"法人代表"才是一个自然人,严谨和正确的问法应该是：你们企业的法人代表是谁？这就是一种习惯性的说法。

二、绩效考核的实施步骤与内容

绩效考核的实施是一个在规定的时间内完成一系列既定活动的过程，具有任务重、时间紧且需要各个部门和岗位密切配合的特点。从绩效考核环节各个活动节点的特点和作用分析，可以将绩效考核实施的全过程分为三个步骤，按照顺序排列分别是：考核数据统计与数据对接、绩效评分及绩效面谈、考核结果上报及申诉处理。

为了使读者清晰、明了、直观地了解绩效考核的步骤和内容，笔者在表 9-1 中示例说明。

表 9-1　绩效考核步骤及内容示例

序号	步骤	主要活动	完成时间	负责人
第一步	考核数据统计与数据对接	1.各部门统计本部门考核数据和记录。 2.各部门汇总和提供考核数据给对口部门。	2 日前	各部门数据提供人
第二步	绩效评分及绩效面谈	1.考评人根据被考评员工的考核指标、计划完成情况，进行绩效评价。 2.进行绩效面谈，向员工出示月度考核结果，提出工作改进意见和方法；确定下一个考核周期指标和标准。	3 日前	考评人、被考评人
第三步	考核结果上报及申诉处理	部门负责人将员工考核结果上报给绩效考核执行小组（人力行政部）。	4 日前	部门负责人

（一）考核数据统计与数据对接

从表 9-1 中可以看出，在绩效考核环节中，考核数据统计与数据对接是绩效考核的第一步，这个步骤包含各部门统计的考核数据和记录、各部门汇总考核数据并提供给对口部门两方面内容。

1.各部门统计的考核数据和记录

绩效考核的关键是依据考核信息记录对员工的态度、行为和绩效结果进行评价。因此，在绩效考核的开启环节，各个部门依照绩效指标库中的内容要求，收集和整理本部门绩效考核需要的关键事件记录和考核原始数据，以及按照绩效指标库的数据对接要求提供给对口部门，这是本环节的重点工作。

在本环节的数据收集过程中，需要特别说明一点，所有负责收集数据的人员，务必以严谨的态度和"对自己负责、对别人负责、对结果负责"的原则完成数据的收集和统计工作，严格确保绩效考核记录和数据的真实性、正确性、完整性。

考核记录和考核数据是决定整个绩效管理工作效度和信度的根基。真实、准确的考核记录和数据能使整个绩效考核工作向良性态势发展；反之，错误的考核记录和考核数据能让整个绩效考核工作陷入深渊。

考核记录和考核数据的真实性和正确性反映出来的考核结果，能直接影响到员工的工作积极性。在绩效考核结果出来之后,如大部分员工对绩效考核的结果有异议,认为考核结果与工作实际绩效不符,这样会造成大量的员工进行绩效申诉。产生这种结果的主要原因就是考核记录和考核数据的真实性和准确性出了问题。

2.各部门汇总考核数据并提供给对口部门

在完成绩效考核记录和考核数据收集之后,各部门需要将收集来的各类考核记录和原始数据进行汇总、归类和制表,并交给数据审核人。经二次审核后,在确保数据和内容准确无误的情况下,以前期确定的绩效考核《采集表》的形式,将最终的绩效考核记录和数据提报给数据接收部门。

数据接收部门收到绩效考核数据《采集表》后会出现两种情况:

(1)数据接收部门对提报和对接的绩效考核记录和数据无异议,在这种情况下,数据接收部门只要按照既定的程序进行绩效评价即可。

(2)数据接收部门对提报和对接的绩效考核记录和数据存在异议,这种情况下,数据接收部门会就数据对接中存在的问题与数据提报部门进行沟通,或者要求数据提报部门对数据修订后进行二次提报。

(二)绩效评分及绩效面谈

1.绩效评分

绩效评分是各部门考核者结合被考核者在考核周期内的态度和行为表现,以及依照该部门自己收集和整理的考核数据,或者依照考核数据对口部门提供的考核记录和数据,对员工在一个考核周期内的绩效指标进行评价、打分的过程。这里的绩效评分环节,实际就是平时有关绩效管理的沟通交流过程中对绩效考核内容的狭义理解。

需要注意的是,在绩效评分环节,由于《绩效考核表》中绩效考核指标通常分为非量化类(主观类)和量化类两个类别绩效考核指标。因此,绩效评分也分为非量化类(主观类)绩效考核指标评分和量化类绩效考核指标评分。

(1)对于非量化类(主观类)绩效考核指标评分,评分的主要依据是本部门或考核者对被考核者日常关键事件的记录以及来自其他部门提供的考核记录。评分的时候需要客观、公正地依据考核记录,参照绩效考评标准进行分数和等级评定,切忌走入严苛误差和宽松误差的非量化类指标的误区。

(2)对于量化类绩效考核指标评分,考评者只需要按照该部门统计的绩效考评原始数据或者对口部门提供的绩效考评原始数据进行评分即可。通常情况下,只要前期收集和提供的绩效考核原始数据是准确的、真实的,就能保证量化类绩效考核指标评分结果的信度和效度。

2.绩效面谈

绩效面谈也称为绩效考核阶段的绩效沟通,其内容包括考核者向被考核员工出示考核结果、提出工作改进意见和方法,考核者与被考核者一起确定或修订下一个考核周期的考核指标和标准等。

（1）考核者向被考核员工出示考核结果

考核者在经历绩效数据收集、绩效数据对接、绩效考核评分等环节后，绩效考核结果也就随之产生。在绩效面谈环节，绩效考核者首先需要将被考核者的考评结果呈现给被考评者，要求被考核者逐项查看。从咨询实践经验可知，在此过程中，有一部分考核者习惯性地将部分考核指标或全部考核指标的考评原始数据、评分事实依据、评分中考虑的因素告知被考核者；当然，也有一部分考评者在此过程中不会主动告知上述信息。此外，被考核者查看考核结果后，有一部分员工会对部分考核结果提出异议或极少数人对大部分指标的考核结果提出异议。此时，考核者需要做两件事情：首先，告知和再次肯定评分结果的客观性、准确性；其次，对被考核者提出的异议应根据事实依据和原始考核数据跟其进行面谈。

（2）提出工作改进意见和方法

考核者向被考核员工出示并查看考核结果后，考核者会主动地询问被考核者对本次绩效考核结果的看法、意见和下阶段工作计划。一般会出现两种情况：

①被考核者在看到考核结果后，一部分员工会就考核结果说出自己的感受和想法；此外，大部分的被考核者会关注绩效评分相对较差的绩效考核指标，并就造成考核结果差的原因与考核者进行分析及详细沟通。比如，一个销售人员的销售目标达成率指标未能达成预期目标，他会就该项绩效指标在日常工作中遇到的客观问题、事实情况向考核者解释沟通。在咨询实践中发现，绝大部分员工对绩效得分比较差的绩效考核指标似乎都有预知，在看到考核者出示的绩效评分之后，都会胸有成竹地对评分比较差的考核指标给出具体的解决措施和改进计划，这是一件很神奇的事情。其实对于这种现象也不难解释，按照美国行为科学家麦格雷戈提出的 Y 理论观点：通常人本性不是厌恶工作，如果给予适当机会，人们喜欢工作，并渴望发挥其才能。如此解释，就很容易理解了。

②被考核者在看到考核结果后，由于性格问题、沟通习惯或碍于上下级关系，也有部分被考核者不会就各项绩效指标的评分、考核结果、需改进的内容和改进计划等问题主动与考核者进行沟通与交流。遇到这样的情况，考核者就需要主动出击，告知被考核者的绩效考核结果，并就被考核者绩效表现相对较差的部分进行沟通、交流，询问被考核者下一个考核周期的打算、改进计划和具体改进措施。还有一种情况，考核者主动帮助被考核者找出造成绩效指标评分结果不理想的原因，并尝试提出一些可行性的措施和方案供被考核者选择，这对计划性较差、主观意识不强、缺乏工作思路的员工比较有效。

需要注意的是，在绩效考核结果告知员工后，也有部分员工因为对绩效结果期望过高而产生情绪问题，出现情绪低落、信心不足或主观否定考核结果的情况，这时候就需要考核者以更加细心、耐心的态度与被考核者沟通，让其在认清客观事实的基础上，帮助他找出问题，制定改进方法。持续的绩效面谈后，员工会伴随着绩效管理不断的 PDCA 循环，逐步适应考核，理解考核，拥抱考核。

（3）确定或修订下一个考核周期的考核指标和标准

在绩效考核环节绩效面谈的最后阶段，确定或修订下一个考核周期考核指标和标准是一个不可缺失的环节，该环节的工作质量也直接影响和决定着绩效管理工作 PDCA 循环持续改进的效果。结合咨询实践经验，绩效面谈的最后环节对绩效指标进行更改和修订的具体内容包括以下三个方面。

①变更绩效指标

经过一个或数个考核周期的运行,考核者或被考核者发现并提出某一个或某几个绩效考核指标不适合,需要对绩效考核指标进行变更和替换。这种情况几乎在每家企业都会发生,通常情况下,企业里面所有人员的绩效指标在一个绩效考核周期结束后全部需要变更的情况发生概率几乎是0;个别岗位需要变更1~2项绩效考核指标的情况概率较大;个别岗位需要变更2个以上绩效考核指标的概率非常小。

一个考核周期结束后,对于员工变更的绩效指标以量化类绩效考核指标(即结果类关键绩效指标)为主,非量化类(主观类)绩效考评指标变更的情况很少,即使需要变更,也是在半年或一年结束后,组织整体统一变更。

②变更绩效考核标准

相较于绩效考核指标的变更和替换,对于绩效考核标准的变更情况发生概率就大了很多。客观地讲,对于绩效考核标准的变更是在每个考核周期当中经常发生的,也是必定发生的;甚至对于一些特殊岗位,绩效考核标准每个考核周期都会变更。之所以绩效考核标准变更得如此频繁,并不是因为在绩效计划阶段绩效考核标准制定得不科学、不合理,而是因为考核的实际需要,多数情况下是一种主动变更而非被动变更。

以业务员岗位为例,业务员岗位的业绩受到很多因素的影响和制约,比如季节、产能、应用周期、行业淡旺季、行业生命周期、竞争对手数量甚至企业前向/后向一体化战略等诸多因素。在诸多影响因素的干扰下,很多行业和企业业务员岗位的销售业绩都会呈现波浪状的起伏状态。以业务员岗位"销售目标达成率"这一关键绩效指标为例,其绩效考核标准量化公式是:销售目标达成率=实际销售额/目标销售额×100%,由于受到上述诸多因素的影响,或许1月份企业与业务员商定的目标销售额是100万元,那么,2月份有可能是200万元、3月份是300万元,并以100万元的增幅逐月递增;而到了下半年,目标销售额则是逐月递减。由此发现,在这一年当中,业务员岗位目标销售额每个月都是不同的,而且是一种主动变更行为。

③新增或减少考核指标

新增或减少考核指标就是在原有既定的绩效考核指标数量的基础上,进行绩效考核指标的新增或减少。但是需要说明一点,无论是定性类绩效指标的新增或减少,或者是定量类绩效考核指标的新增或减少,其变动的量是十分有限的。以定量类绩效考核指标为例,每个岗位的定量类关键绩效指标的数量通常控制在5~8个,因此,即使新增或减少绩效考核指标,其能够增减的幅度是很小的,也就是说不论增还是减,都应在5~8个标准量的范围内进行。

最后补充一点,依照咨询实践经验,关于绩效面谈的时间安排,并非一定要固定在绩效考核环节进行,由于企业规模、地域分布、行业特点、运营模式、跨地域办公等多种因素影响,企业有可能无法集中在1~2天内完成全部的绩效面谈工作,这就会出现部分企业需要将整个绩效面谈工作时间拉长的情况,将本应集中完成的绩效面谈工作,分散在某半个月或一个月内完成。此外,笔者在咨询过程中也遇到过将绩效面谈工作不放在绩效考核阶段,而是顺延到绩效管理的最后阶段,即绩效结果应用和绩效改进阶段进行。从咨询实践来看这种安排也是可行的,是适合企业实际运营需要的。

通过上述绩效面谈的过程,被考核者已了解在本次考核周期中,自己的绩效考核指标的完成情况。对于考核结果表现优异的绩效指标，被考核者只需要继续保持即可；对于考核结果表现较差的绩效指标，被考核者需要找出问题，制定解决方案，并付诸努力。

（三）绩效考核结果上报及申诉处理

1.考核结果上报

当各部门的绩效评分、绩效面谈等工作结束后，需要将评分结果连同评分过程中使用的考核记录（关键事件记录）和考核数据一并提交至企业绩效管理执行小组，供绩效管理执行小组后续对各部门的考核结果、考核记录和考核数据进行审核与检查。

特别提示，绩效结果上报环节的三个关键点，在实际操作的过程中需要重点关注。

（1）绩效管理执行小组对各部门上交的考核结果、考核记录和考核数据进行审核中，如发现数据缺失、数据失真、数据造假、不提供关键事件记录等情况，则需要对上述问题展开调查，并依据《绩效管理制度》相关规定要求责任人进行改正或对责任人进行处罚。

（2）考核记录（关键事件记录）和考核数据会同考核结果一并上交是非常关键和不可或缺的环节。考核记录（关键事件记录）和考核数据是绩效考核评分的原始依据，同时也是绩效管理执行小组审核评分结果过程中的重要参考资料，因此，如果这些一手信息资料出现缺失，在很大程度上就造成绩效考核失真和失控的情况。

（3）要求各部门完整、真实、准确地提报考核记录（关键事件记录）和考核数据。从某种意义上来说，这也是以倒逼的方法，促使各个部门在绩效考核过程中，严格按照要求，遵照《指标库》规定的内容完成日常绩效考核记录和数据搜集、整理归集工作，以此，确保整个绩效考核工作结果的效度和信度。

2.绩效申诉及申诉处理

在绩效面谈之后或考核结果上报之后，员工仍然有可能因对绩效结果不满进行绩效申诉。造成这一现象的原因多是对于绩效面谈的过程和结果存在异议，另外就是由于员工自身多种因素和原因造成的绩效申诉情况，比如对上级管理者及其管理不满，员工对薪酬的内部公平性不满，员工有离职倾向等原因（包括但不限于上述原因）。

在本书第六章"绩效管理制度制定"中，已经将绩效申诉的概念进行了详细的阐述，绩效申诉及申诉处理的过程如下：在绩效考核阶段，当被考核人对考核结果不清楚或持有异议时，可以采取书面形式向绩效管理执行小组提起申诉，绩效管理执行小组就申诉问题进行调查，然后就申诉的事项作出说明。如果申诉人对说明不认同或者不满意，绩效管理执行小组则需要将申诉问题连同对问题的处理意见送交至绩效管理委员会进行讨论处理，在指定的时间内给出合理的解释或最终的处理意见，并由绩效管理执行小组将最终处理意见与申诉人进行面谈沟通。

三、绩效考核中需要注意的问题

1.企业需要建立正确的绩效管理导向

企业实施绩效管理的目的是，通过绩效管理的过程和方法发现员工工作过程中的不足和绩效短板,并协助员工找出造成绩效结果不理想的原因,制定改进措施和改进计划,持续提升员工业绩,激励员工持续提高。绩效考核的目的不是为了处罚员工,这种常见的错误性理念一定要在绩效考核过程中与员工澄清。

许多企业推行绩效管理不成功,主要是因为管理层与员工都将注意力集中在了绩效考核结果上,而非关注员工绩效改善和能力提升上,绩效结果的应用只是简单地将其与员工收入、奖金挂钩,并没有达到持续改善绩效的目的。

2. 企业管理层应重视绩效考核工作并做好日常绩效考核记录及数据记录

在现实企业管理当中,许多企业虽然建立起了绩效考核体系,但是,绩效管理工作并不能长久坚持下去,这种情况大都与管理层对绩效管理工作缺乏重视有着密切的关系。曾经也遇到过部分企业的管理者口头声称支持和关注绩效管理工作,但在实际的绩效管理运行工作中却毫无作为,比如在绩效考核环节,根本无暇顾及绩效管理工作以及无法做好分管领域的员工关键事件记录、绩效数据搜集和汇总等工作。直到月底或年底才忽然想起绩效考核的相关工作要求,匆忙地进行一些主观性的考评,其考核结果可想而知。

3. 重视绩效考核环节,轻视绩效全过程管理

许多企业习惯性地把绩效考核阶段的工作作为重点,片面关注和聚焦绩效考核的结果。这些企业由于对绩效管理知识的缺乏和对绩效管理理念的错误理解,轻视绩效实现的过程,忽略绩效计划、绩效辅导、绩效结果应用与绩效改进环节的工作。绩效管理是一个遵循PDCA 循环的系统管理过程,绩效考核只是绩效管理中的一个环节。认真做好全面、系统、有效的绩效计划、绩效辅导、绩效考核、绩效改进的全过程管理,才是实施和推动绩效管理走向成功的法宝。

4. 考核指标一成不变,不同部门共享一个指标

在企业咨询管理实践过程中发现,一些企业在进行绩效考核时,存在长时间绩效考核指标一成不变的情况,且存在不同部门共享一个指标的奇怪现象。按理说,不同考核季度、不同考核月份、不同部门的绩效考核指标应该是不一样的。在不同时间段,企业的经营战略目标和经营计划是不同的,因此,绩效考核指标和标准也应及时调整。另外,部门与部门间的工作内容不同、工作重点不同,在实现企业经营计划和目标的过程中承担的责任和角色不同,所以,部门间各岗位的绩效考核指标也理应不同。切记,非特殊原因不要出现不同部门间共享一个指标的现象。

5. 拿绩效考核结果说事,损伤员工士气

企业实施绩效考核的目的不只是为了发工资、发奖金,而是通过绩效管理发现员工的工作短板,进而帮助员工弥补短板,激励员工持续提高工作能力。企业应该将绩效管理的重心放在绩效改进和绩效面谈分析上,同时要根据绩效考核情况,做好后期的人力资源管理改进工作,如岗位分析和职能调整、员工培训、员工思想教育等,而不是以扣工资、扣奖金的方式打击员工士气,做有损员工士气的事情。

第十章　绩效改进与结果应用

一、绩效改进

(一)绩效改进的概念

企业绩效管理是一个遵循 PDCA 循环的管理过程,从绩效计划到绩效辅导、绩效考核,最后是绩效改进和结果应用。从 PDCA 四个过程来看,绩效改进工作是绩效管理考核周期的最后一个环节,同时,又是下一个考核周期的起点。

从绩效管理的内容分析,绩效改进是通过确认员工工作绩效的不足和短板,管理者协助员工找出产生绩效差距的原因,并与员工一起制定有针对性的改进措施和改进计划,通过改进方案的实施,不断提升员工工作技能和绩效结果的过程。

(二)绩效改进的基本步骤

从管理咨询实践过程来看,影响员工绩效改进工作的因素很多,绩效改进的形式也多种多样,总结和分析绩效改进的全过程,大致可以分为以下几个核心内容和实施步骤,概括起来就是找问题、定方案、抓落实。

(1)分析员工的绩效考核结果,找出在绩效考核过程中存在的问题。

想要做好员工绩效改进,一定要从问题点出发。管理者通过绩效面谈和沟通,与员工交流在整个考核周期内,员工在完成绩效目标的过程中存在哪些困惑、困难和不足,这是找出员工工作短板的关键。

在绩效面谈过程中,管理者可以依据自己对员工掌握的情况,依照自己的看法给员工提出一些工作上的建议和意见,并就提出的建议和意见与员工沟通互动、交流意见、确认问题。

在与员工的面谈交流过程中,如果员工是善于表达且愿意主动交流的类型,建议管理者少说,以引导为主,鼓励员工充分表达,主动说得多一些。管理者多发问,员工多表述,为员工提供了吐露心声以及充分表达的机会。这样一来,员工会主动将工作中的困难和疑惑全部讲了出来,同时,这种类型的员工通常也很有主见,他们会同时给出解决问题的答案。因此,这种方式相较于管理者提问式交流,效果更好,更有助于找到问题的症结。

在此,需要特别补充说明一个有关绩效面谈的细节问题。在本书第九章"绩效考核"中也提及过,由于企业的各种原因和情况,可能造成绩效面谈工作无法在绩效考核阶段按时完成,有时候,绩效面谈的时间会顺延或拉长,也有些企业会将绩效面谈工作直接放在绩效改进阶段进行。

(2)制定适合的绩效改进计划,确保改进方案能够有效落实。

在与员工进行完绩效面谈之后,通过管理者的主动发问或者员工的主动交流,管理者与员工能够将影响和阻碍绩效目标达成的短板罗列出来,从咨询实践经验来看,员工绩效考核管理实施过程中存在着各式各样的问题,纵观这些问题,有些是员工自身能力和素养的问题,这需要对员工进行长期的教育、培训和提升;也有些问题是工作方法和工作技巧的问题,这属于短期内可以通过方法改进和优化能够快速提升的问题。因此,管理者与员工需要按照轻重缓急的思路,权衡各种影响因素,制定出一个相对适合员工当前阶段的绩效改进计划。这种情况下制定出来的改进方案,不苛求能找到最佳方案,只追求制定出最实用的方案,这也是这个阶段工作的关键。

(3)在下一个考核周期的绩效辅导过程中,要重点落实已经制定的绩效改进方案。

在绩效改进工作中,完成员工绩效改进方案的制定工作,这为员工在下一个考核周期的工作内容、工作重点尤其是工作方法和工作要求指明了方向。在下一个考核周期的绩效目标达成过程中,员工要做的工作就是全力以赴落实绩效改进方案,这是影响和决定员工下一个考核周期绩效目标达成与否的关键点。

需要注意的是,在下一个考核周期的绩效辅导过程中,管理者针对员工重点需要落实的绩效改进方案,尽可能多地提供知识、技能和资源等方面的帮助和支持,确保员工绩效改进方案的落实和绩效目标的达成。

在员工执行绩效改进方案的过程中,管理者通过一系列的知识、技能和资源等方面的帮助后,倘若员工完成了绩效改进方案并由此达成了绩效目标,取得了优异的绩效考核结果,这对原本绩效表现较差的员工是一种极大的精神鼓舞,也为企业绩效管理工作的实施、企业年度工作计划的达成、公司整体战略目标的实现以及企业绩效文化的提升起到推动作用。

(三)绩效改进的方法

绩效改进工作依照分析差距、查找原因、制定策略的方法和步骤实施。下面对于分析差距、查找原因、制定策略分别给出几种不同类型绩效改进方法,方便读者在实操过程中选择性使用。

1.分析工作绩效差距

(1)目标比较法:将一个考核周期内员工的实际工作表现与绩效目标的实际达成情况进行对比,寻求产生工作绩效不足和短板的方法。

(2)纵向比较法:将一个考核周期内员工的实际工作表现与绩效目标的达成情况与上一个考核周期的绩效情况和绩效结果进行比较,对比和衡量其进步、退步和绩效差距的方法。

(3)横向比较法:将一个考核周期内员工的实际工作表现与绩效目标的达成情况与平行部门、兄弟单位、相同工作岗位进行横向比较。这种方法的应用有其特殊的前提条件,要求与平行部门、兄弟单位和相同工作岗位工作内容具有很强的雷同性，并且绩效目标和绩效指标有很强的可比性。因此，这种方法的应用范围很小，有很强的局限性。

2.查明产生绩效差距的原因

结合咨询实践，综合考虑各种影响绩效结果产生差距的因素和条件，大致可做以下归类。

(1)员工自身条件：性别、年龄、智力、能力、经验、阅历。

(2)心理成熟度条件：个性、态度、兴趣、动机、价值观。

(3)企业外部环境：政策、经济、技术、社会文化、客户、行业及市场、竞争对手。

(4)企业内部环境：资源、能力、组织、文化、品质、QCDMS[quality（品质）、cost（成本）、delivery（交期）、morale（士气）、safety（安全）]、流程及制度。

3.制定改进工作绩效的策略

(1)预防性策略与制止性策略

预防性策略是指在绩效管理各阶段工作执行的前期，与员工进行绩效面谈、辅导，明确告知员工应该如何进行工作实施和改进。

制止性策略主要是指在绩效辅导阶段及时跟踪员工的行为，及时发现问题，并对不恰当的行为及工作方式、方法予以纠偏。

(2)正向激励策略与负向激励策略

正向激励策略主要通过工作肯定、信任、表扬、赋予更大责任以及奖金、提成、带薪休假、期权（或期股）等物质奖励等鼓励措施和方法对员工进行激励的行为。

负向激励策略主要通过告诫、批评、警告、书面警告以及罚款、降职、淘汰等惩罚措施和方法对员工进行负向激励的行为。从其本质和出发点来讲，负向激励的最终目的仍然是激励员工。

(3)组织变革策略与人事调整策略

针对绩效考核过程中存在的问题，运用组织架构调整、作业方式整改、人员配置调整、岗位调整等组织变革策略与人事调整策略实现对员工的绩效促进和改进的目的。原则上，上述各种策略对于企业来讲无异于一场小手术，只有在企业遇到大的绩效管理问题的时候，才会使用上述变革行为和举措。

(四)绩效改进计划的制定

绩效改进计划的制定没有统一的模板，会因人、因企业、因企业发展阶段和管理水平不同，每家企业依据自身情况，制定符合企业和员工现实需要的改进计划。因此，对于绩效计划的制定无法给出具体的步骤和方法。

结合咨询实践，下面总结绩效改进的原则和绩效计划制定过程中的要点，针对绩效计划的制定给出一些思路和参考，供读者在绩效实操过程中参考使用。

1.绩效改进内容选取的原则

(1)重点改进员工绩效不足之处。绩效沟通后，管理者和员工双方能够快速找到需要改进的地方和员工的绩效短板，这些即是重点改进之处。

(2)从员工主动愿意改进之处着手。这可能激发员工改进工作的动机，因为员工通常不会选取他根本不想改进的地方着手。

（3）从容易见成效的方面开始改进。立竿见影的过程和结果总会让人产生很强的成就感，也有助于员工继续在其他方面的工作改进。

（4）衡量绩效改进花费的时间、精力和费用，管理者与员工商议选择最合适的方面进行改进。

2. 绩效改进的四个注意事项和要点

绩效改进计划制定的目的在于通过改变员工的行为、知识和技能，从而完成绩效目标的实现和员工的工作能力提升。为了确保绩效改进计划的实现，在绩效改进计划制定的过程中，以下四个要点尤其要予以关注：

（1）意愿：即激发员工自己想改变和改进的动机和愿望。

（2）知识和技能：要使员工明白自己必须做什么，怎么做，做到什么程度。

（3）营造绩效改进的氛围和环境：在绩效改进过程中，要为员工创造一种鼓励其进行绩效改进的氛围和环境。而营造这种工作氛围和环境最重要的决定因素就是管理者，比如有些员工可能因为害怕失败或对自己没有信心而不敢尝试改变或拒绝绩效改进，这时就需要管理者去帮助他们建立信心，传授其方法，从而实现绩效改进。

（4）制定奖励措施：从心理学的角度，人的本性是趋利避害的。在绩效改进工作中，如果员工绩效改进后能获得奖励，那么他就会更加乐意和主动去改变行为。因此，设立奖励机制是做好绩效改进的有效措施。通常奖励的方式分为物质奖励和精神激励两种类别，物质奖励一般包括加薪、奖金或福利提升；精神奖励则包括信任、表扬，赋予更多责任、更多授权等。企业应根据自身特点和条件，量身定制适合自身需要的奖励措施。

为了方便读者理解绩效改进工作，学习制定绩效改进计划，下面将某企业绩效改进计划（performance improvement plan，PIP）表格展示给各位读者，如表 10-1 所示。

表 10-1　某企业绩效改进计划（PIP）

绩效改进计划（PIP）
尊敬的＿＿＿＿＿＿＿＿＿： 　在＿＿＿＿年＿＿＿＿月＿＿＿＿日至＿＿＿＿年＿＿＿＿月＿＿＿＿日的考评周期中，你的考评结果未能达到任职岗位的要求。根据公司绩效管理相关规定，并基于你能正确认识到工作表现中存在的不足及有改进的愿望，经公司批准，给予你绩效及行为改进的机会。有关改进计划内容如下： 　一、绩效表现中存在的不足：   　二、原因分析与改进举措：

3.绩效改进计划

(1)绩效改进期：___个月，自___年___月___日起至___年___月___日止。

(2)绩效改进的具体目标如表10-2所示。

表 10-2　绩效改进的具体目标汇总

目标项	指标	目标值	衡量标准	考核权重
结果类指标				
品质/行为类指标				

(3)结果应用：若绩效改进期考核合格，则公司继续履行与你的劳动关系；否则，公司将对你的岗位进行调整或解除与你的劳动关系。

二、绩效结果应用

(一)绩效考核结果运用的概念

绩效考核结果运用是依照员工绩效考核的结果，将员工的绩效成绩进行横向对比，对绩效考核结果优秀的员工进行各种形式的激励和奖励；对绩效考核结果较差的员工进行负向激励的过程。以此激励企业员工为达成企业战略目标而共同努力，同时，对企业绩效管理过程中出现的各类问题进行引导和纠偏，从而达到实现企业战略目标和经营计划的目的。

(二)绩效考核结果的应用方式

在企业管理咨询实践过程中，绩效结果一般情况下会运用到以下五个方面，具体包括薪酬管理、奖金分配、岗位调整、培训开发、职业发展。其中，将绩效结果应用在薪酬管理方面是最常见的应用方式。下面首先对绩效结果应用的五个方面进行概述性讲解；其次，结合管理咨询实践经验，重点对绩效结果在薪酬管理方面的应用进行详细讲解。

1.薪酬管理

绩效考核结果应用于薪酬管理，几乎是每一家实施绩效管理的企业都会采用的手段和方法。依照绩效考核结果和绩效兑现办法，对绩效考核结果优秀的员工予以薪级和薪档的上调，以此激励员工持续努力、持续提升；同时对绩效表现较差的员工也进行薪级和薪档的下调，予以警示和负向激励。另外，绩效考核结果也会与员工的绩效工资和管理者的风险效益年薪部分挂钩，以绩效结果决定绩效薪酬的多与少。从薪酬水平的外部公平、内部公平和自我公平的原则角度分析，通过绩效考核进行的薪酬调整，也是企业员工实现薪酬水平自我公平的有效手段。

2.奖金分配

绩效考核结果运用在员工的奖金分配上实际是薪酬管理应用的一个分支应用,总体上依然属于薪酬管理应用的范畴,之所以将其单列出来,原因在于奖金分配的时间相对独立,且奖金分配的资金来源与薪级和薪档调整有所不同,多数企业的奖金分配来源于企业的业绩目标达成,超额经营业绩分配等。

企业依照员工的绩效考核结果如分数区间或部门排名等多种参考维度,并结合总的绩效奖金额度,计算出奖金受益者所分得的奖金比例。这有点像分蛋糕,这里可以将奖金总额当作蛋糕,那么每个有资格享用蛋糕的人具体能分到多少,这就要看员工的绩效考核结果了。

3.岗位调整

依照绩效考核结果,对考核结果连续优秀的员工,当企业某些岗位空缺有晋升机会的情况下,给予岗位的调整和晋升,当然,岗位、职称的晋升也就意味着薪级和薪档的晋升。反之,对于连续绩效考核结果不良的员工,予以调岗、职级调整或薪档调整。

4.培训开发

员工的培训与开发是企业绩效考核结果的深层次应用,是企业培育员工、提升绩效的长久之策。管理者根据员工的绩效考核结果及关键事件记录,发现员工能力与岗位胜任力要求的差距,通过后期对员工持续的、专业的、定向的素质、知识和技能培训,帮助员工提升技能、改善绩效、持续成长。最终通过完善的培训与开发体系,使员工符合岗位胜任能力要求。

5.员工职业发展规划

企业实现战略目标的过程,也是员工实现职业发展目标的过程。优秀的绩效考核结果和绩效结果兑现机制,是支撑员工职业生涯规划和发展的有力保障,通过绩效考核结果的运用,可以使员工实现能者上、庸者下的职业生涯发展路径。员工高绩效前提下的职业生涯发展,很大程度上也促进了企业的同步发展,达到了相辅相成、相得益彰的效果。

(三)绩效结果在薪酬管理中的应用及实践

总体来看,不论企业对绩效结果应用方式多还是少,大多数企业都会将绩效考核的结果应用在薪酬调整和绩效工资发放上。下面结合咨询实践经验,针对绩效考核结果在薪酬调整和绩效工资发放两个方面的应用进行重点和详细讲解。

1.绩效考核结果应用于薪酬调整

员工薪酬调整通常会以两种情况出现:一种情况是由于员工职位晋升或降职,这种方式通常情况下直接调整职级和薪级;另外一种是员工考核成绩优异或考核成绩较差,在不调整岗位的前提下,对员工的薪级和薪档进行调整。但无论上述哪种情况都是基于员工的绩效考核结果而确定的,因此,职位调整、薪酬调整是公司对员工年度绩效考核结果的一种常见应用方式,其目的是激励员工并用于满足员工的职业发展需要。

再具体一些讲,薪酬调整是依据员工年度绩效考核结果调整员工未来的工资标准,一般通过调整薪级或薪档的方式处理,例如有些企业采用年度绩效考核结果为 A 的员工,薪档上调 2 个等级;年度绩效考核结果为 B 的员工,薪档上调 1 个等级。有些企业使用职级职等和薪级薪档制的薪酬机制或"宽带式"薪酬体系，他们会根据年度绩效考核结果在涨薪幅度方面做相关规定，例如年度绩效考核结果为 A 的员工薪酬上调幅度在 20％～30％；年度绩效考核结果为 B 的员工薪酬上调幅度在 5％～10％。一般情况下，1 年内的绩效考核成绩大多用于薪等的调整，一定累加年度周期内的绩效考核成绩作为职级和薪级调整的依据，有的企业也将职级调整与职位晋升配合同步完成。

这里需要说明一点，职位晋升或薪酬调整与绩效管理的联动需要企业职位体系或职业发展通道的支持，才能够让员工能够清晰、明确地看到自己良好的工作表现可以给其带来职业通路的上升和发展。

为了使读者清晰、明了、直观地了解职级职等制薪酬体系及薪酬调整的方法，图 10-1 列举了一张薪酬晋升模拟结果。

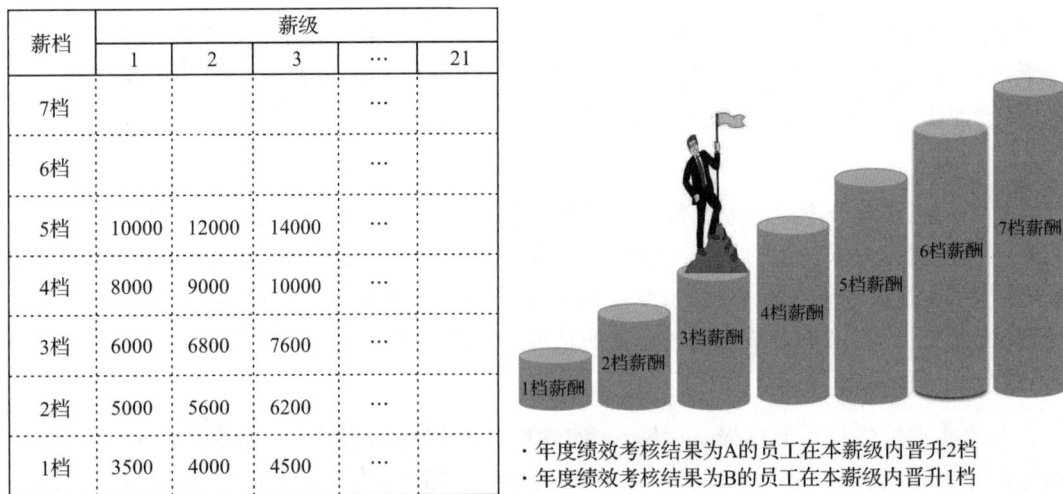

薪档	薪级				
	1	2	3	…	21
7档				…	
6档					
5档	10000	12000	14000		
4档	8000	9000	10000		
3档	6000	6800	7600		
2档	5000	5600	6200		
1档	3500	4000	4500		

· 年度绩效考核结果为A的员工在本薪级内晋升2档
· 年度绩效考核结果为B的员工在本薪级内晋升1档

图 10-1 薪酬晋升模拟

2.绩效考核结果可以应用于绩效工资发放

绩效考核结果应用在绩效工资发放上就是通常所说的"绩效考核结果与绩效工资（奖金）挂钩"，这种应用最常见也最普遍。为了能够讲清楚"绩效考核结果与绩效工资（奖金）挂钩"的具体应用方式和方法，借用上面讲的绩效考核分数及对应等级内容，以及绩效考核分数与绩效等级对照表（详见表 10-3），并将此表进行模拟绩效系数设定。

表 10-3 绩效考核分数与绩效兑现系数对照

考核等级	优秀（A 级）	良好（B 级）	中等（C 级）	合格（D 级）	不合格（E 级）
考核得分	100～91	90～81	80～71	70～61	60 及以下
绩效工资兑现系数	1.2	1.1	1.0	0.8	0.6

从企业薪酬管理的角度来看，多数企业对于绩效考核结果优秀的员工会在月度或季度内兑现绩效工资/奖金，按照考核结果对应的绩效工资系数进行绩效工资/奖金的分配，以达到及时激励作用。其核算方式可以概括为直接计算法或绩效系数法两种。

直接计算法是直接使用员工当期绩效考核评价得分计算其绩效工资金额,计算公式为:绩效工资=绩效工资基数×当期绩效考核分数/100。例如,某家公司的绩效考核得分区间范围是 0 到 120 分,其优秀员工绩效工资部分兑现的上限是员工个人绩效工资基数的120%。人力资源部绩效专员岗位的工资总额是 10000 元/月,绩效考核分数是 110 分;按照公司绩效管理制度规定,该员工属于普通员工类别,绩效工资比例占工资总额的 30%,即 3000 元,则依照上述公式,该员工当期的实际绩效工资为:3000 元×110 分/100 分 = 3300 元。

绩效系数法是将员工的绩效考核分数依照既定绩效兑现系数为标准确定绩效工资发放额度,并且在绩效系数兑现的前期,进行考核结果的强制分布工作,最终通过绩效工资兑现系数核算员工当期的绩效工资金额。计算公式为:绩效工资=绩效工资基数×当期绩效工资兑现系数。借用表 10-3,按照绩效分数的排名,将其分数区间划分为 A、B、C、D、E 五个等级,并对各个分数区间等级分别赋予 1.2、1.1、1.0、0.8、0.6 的绩效系数,具体对应关系如表10-4 所示。

表 10-4 考核得分与绩效工资兑现系数对照

考核得分	考核等级	绩效工资兑现系数	强制分布情况说明
100~91	优秀(A 级)	1.2	绩效分数排名前 20%
90~81	良好(B 级)	1.1	绩效分数排名前 20%~50%
80~71	中等(C 级)	1.0	绩效分数排名前 50%~80%
70~61	合格(D 级)	0.8	绩效分数排名后 10%~20%
60 以下	不合格(E 级)	0.6	绩效分数排名后 10%

如表 10-4 所示,员工当期绩效考核获得了良好(B 级),则其当期绩效工资=绩效工资基数×1.1,也就是额外获得了 10% 的绩效工资。人力资源部绩效专员岗位的工资总额是 10000 元/月,按照公司绩效管理制度规定,该员工属于普通员工类别,绩效工资比例占工资总额的 30%,即 3000 元,则依照上述公式,该员工当期的实际绩效工资=3000 元×1.1=3300 元。

直接计算法与绩效系数法本质上体现了两种不同的应用思路,直接计算法是将员工的个人绩效考核结果以绩效工资兑现比例的方式直接兑现,其绩效工资的高低与员工的绩效考核结果直接挂钩。而绩效系数法是以员工绩效考核结果在组织中的相对水平进行兑现,如果员工想获得更高的绩效工资奖励,需要在组织中尽可能地成为最好的员工。绩效系数法产生了一种竞争氛围,有助于员工将工作绩效提升到更高的水平。上述两种方法各有优劣,企业管理者可根据企业自身实际情况选择使用。

补充一个有关"绩效工资基数"的概念,绩效工资基数=岗位工资总额×绩效工资比例。一般情况下企业的绩效工资比例分为管理人员和普通员工两类,且管理岗位的绩效工资基数比例高于普通员工的绩效工资基数比例,总体呈现职位越高绩效工资基数比例越高的分布趋势。从实际咨询经验来看,企业通常的做法是将绩效工资比例固定分为管理层和普通员工层两类,常见的管理岗位绩效工资基数比例范围是 30%~50%,普通员工岗位绩效工基数比例范围是 20%～40%。比如某企业管理层和普通员工层的绩效工资基数比例分别是：

(1)管理人员绩效工资基数＝月度工资总额×30%；

(2)普通员工绩效工资基数＝月度工资总额×20%。

企业在应用绩效系数法进行考核结果计算的时候，通常会使用到强制分布法，强制分布法也叫强迫分配法或硬性分布法。

(四)强制分布法及其应用

1.强制分布法的概念

强制分布法源于美国通用电气公司(General Electric Company,GE)的前 CEO 杰克·韦尔奇(Jack Welch)的"活力曲线"理论。杰克·韦尔奇按照绩效和能力两个评价维度，将企业的所有员工分成三类：A 类 20%、B 类 70% 和 C 类 10%。这也是通常俗称的"271"比例分布。对于 A 类的员工，杰克·韦尔奇对他们采取的策略是持续奖励的方法，包括岗位晋升、薪酬晋升、股权激励等。甚至有些 A 类员工得到的奖励是 B 类员工的 2～3 倍。对于 B 类员工，杰克·韦尔奇会根据情况，适当给予提升工资水平。对于 C 类员工，不但不会有奖励，还将会面临被淘汰的可能。

强制分布法就是根据员工绩效分数的优劣，将分数纳入强制分布曲线，绩效兑现结果呈现两头小、中间大的正态分布规律。以此划分出公司的绩效等级，并对应员工的数量和占比，参见图 10-2。

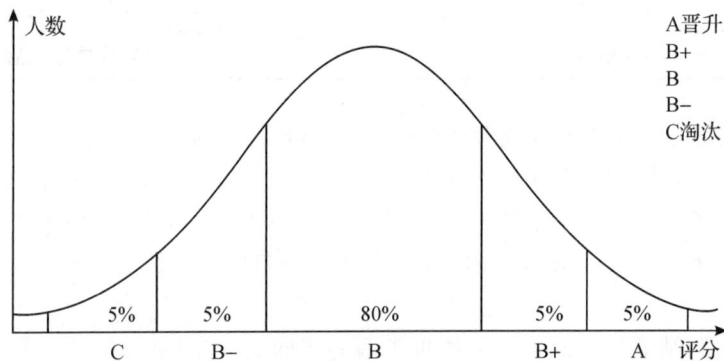

图 10-2　强制分布法的应用

从咨询实践经验来看，正态分布的规律和方法适用于大部分企业，尤其是企业单个部门被评价人员的数量较多时，更适合应用强制分布法。强制分布法是为了防止在绩效考评结果计算中出现趋中趋势，就是常见的扎堆和拉不开差距现象。在企业绩效考核过程中，有一个普遍存在的问题和现象，就是管理者在对下级进行绩效评价时，由于考核标准制定得不够量化，再加上考评者碍于面子等主观因素，造成考核评价标准宽松，最终导致多数员工(如80%)的绩效考核成绩都处于中等偏上水平，解决上述问题最快最果断(但不是最好)的方法就是进行考核结果强制分布。不可否认，在绩效管理不够完善的企业，该方法在一定程度上可以减少和平衡由于考评者主观判断和宽松误差所产生的评分误差问题。在企业绩效管理体系尚未成熟和完善的情况下,它是"治疗"考评者普遍打高分或者普遍打低分的一剂"良药"。但需要说明的是,在这样的状况和前提下使用强制分布法也实属无奈之举。

强制分布法虽然有效,但笔者认为这种方法太过简单粗暴,只能作为一种过渡办法使用。要想提升企业绩效管理水平,根本上还是要从绩效目标制定、指标提取、考核标准的精细化、准确化、定量化着手,以及通过提高考核原始数据的统计、汇总质量等方面下功夫。

2.强制分布法应用案例

下面将绩效考核结果强制分布的用法进行举例说明,如表 10-5 所示。

表 10-5 绩效结果强制分布应用示例

职能部门考核等级	优秀	良好	中等	较差	不合格
强制分布比例	20%	30%	40%	10%	

(1)对企业各职能管理部门,依照绩效考核分数,实行强制分布。

各部门绩效考核结果强制分布按以下原则:

①各部门考核结果符合上面表格强制分布比例的范围时,可将其作为部门考核的最终兑现比例和结果使用。

②特殊情况下,某个部门考核分数对应的达标数量超过上面表格既定比例时,由企业人力资源部门(特殊情况交由绩效考核执行小组)根据部门绩效考核结果,综合评判后,强制将超出的数量分配到下一考核等级,并以调整后的考核结果作为部门最终考核结果使用。

(2)在各职能部门内部,按照部门绩效考核分数(即组织绩效)实行强制分布。

①部门责任人绩效考核等级与其所在部门组织绩效考核等级挂钩。各职能部门责任人考核等级与负责部门考核等级对应关系如表 10-6 所示。

表 10-6 部门绩效考核等级与责任人绩效考核等级对照

职能部门绩效考核等级	职能部门责任人绩效考核等级				
	优秀	良好	中等	较差	不合格
优秀					
良好					
中等					
较差					
不合格					

注:若某职能部门绩效考核等级为优秀,则该职能部门负责人的绩效考核等级为优秀或良好,以绩效考评执行小组最后核定结果为准(现实中会有其他因素影响最终结果)。

②普通员工绩效考核等级与其所在部门绩效考核等级挂钩。若部门参与绩效考核的员工人数超过 15 个(包括 15 个),则该部门员工绩效考核等级强制分布比例如表 10-7 所示。

表 10-7　强制分布比例（15 人以上适用）

部门绩效评定结果（部门员工超过 15 人）	部门内绩效评级比例分布				
	优秀	良好	中等	较差	不合格
优秀	20	30	50		
良好	10	20	65	5	
中等	5	15	70	5	5
较差	0	15	70	10	5
不合格	0	10	65	15	10

如表 10-7 所示，某部门组织绩效考核等级为优秀，依照强制分布比例，则该部门最多可以有 20％的员工评为优秀，可有 30％的员工评为良好，至少 50％的员工可评为中等，允许没有员工被评为不合格（按照四舍五入法计算）。

若部门参与绩效考核的员工人数少于 15 人但不少于 10 人（不包括 15 人，包括 10 人），则该部门员工绩效考核等级人数强制分布如表 10-8 所示。

表 10-8　强制分布比例（10～15 人适用）

部门绩效评定结果（部门员工少于 15 人但不少于 10 人）	部门内绩效评级分布（人数）				
	优秀	良好	中等	较差	不合格
优秀	2	4	剩余人员	0	0
良好	1	2	剩余人员	1	0
中等	1	1	剩余人员	1	1
较差	0	2	剩余人员	2	1
不合格	0	1	剩余人员	2	2

若职能部门参与绩效考核的普通员工人数少于 10 人（不包括 10 人），则该职能部门员工绩效考核等级人数分布如表 10-9 所示。

表 10-9　强制分布比例（10 人以下适用）

部门业绩评定结果（部门员工少于 10 人）	部门内评级分布（人）				
	优秀	良好	中等	较差	不合格
优秀	1	2	剩余人员	0	0
良好	1	1	剩余人员	1	0
中等	0	2	剩余人员	1	0
较差	0	1	剩余人员	1	1
不合格	0	1	剩余人员	2	1

（3）人力资源部最终根据员工绩效考核分数编制《绩效结果强制分布统计表》，报总经理审批后公布。

（4）绩效考核结果与绩效考核兑现对应等级分布详见表10-3。

3. 强制分布法的特点

坦率地讲，绩效管理本身就是一个充满争议的管理工作，强制分布更是颇具争议，企业在绩效管理结果应用过程中是否要实行强制分布，怎样使用强制分布才是最好的，如何才能做到利大于弊？笔者整理了一些有关强制分布的观点及用法，尽管关于强制分布的合理性争议颇多，但是，从目前看来，强制分布在企业实施绩效管理的过程中，尤其在绩效推行初期阶段，仍然具有一定的应用空间，且具有不可替代性。概括其适用性，主要有以下几大特点。

（1）等级清晰、操作简便。可以将公司员工考核结果进行等级划分、清晰明了，不同的等级赋予不同的含义，区别性显著，而且只需要确定各层级比例并进行简单计算即可得出结果。

（2）更具激励作用和鞭策作用。强制分布通常与员工的奖惩挂钩，明确、突出、强烈的正负激励导向，使员工主动、持续提升工作绩效，产生超越别人的正向压力。

4. 强制分布法的缺点与不足

不可否认，很多企业及 HR 管理者在绩效实施过程中看到了强制分布的适用性，但是，在实际操作过程中会发现，这种方法和机制是有很多短板的，实践应用中会碰到诸多问题，使用不当，可能会影响企业的正常经营。综合分析，其问题大致可以归纳为如下几点。

（1）团队合作问题

强制分布需要管理者根据绩效考核结果，并依据强制分布的分数区间比例，在下辖管理的团队里选出一定比例绩效最优和最差的员工，这势必会造成员工之间相互拆台、破坏相互协作关系。从某种意义上讲，这是一种人为地制造内部矛盾的行为。另外，关于强制分布的应用还有一种做法，为了使考核结果的应用更加简单，企业将一些人数比较少的部门和同样也是人数比较少的同类职能部门进行合并考核，按照合并考核总排名计算分数等级和考核结果，这样就导致各部门负责人使出各种方法，采取各种手段来提高本部门员工的考核分数，长此以往，就造成了部门间的"分数斗争"，绩效管理工作的初心就容易从激励员工转移到部门间的"分数斗争"上来，形成了一种不健康的绩效文化。

（2）公正性问题

绩效考核是评价员工实际的工作绩效结果与绩效目标之间的差距，而强制分布实际上是员工与本部门内其他员工进行绩效结果的横向比较。也就是说通过强制分布方法计算和分配后的考评结果，即使某个员工被认定为不合格，也未必说明他不胜任岗位工作，只能说明他的绩效结果在本部门中的表现相对较差。另外，还有一种有失公平的现象，比如某部门员工整体素质与绩效表现都很好，部门内部被评价为一般的员工，其绩效分数拿到其他部门或许可以评为优秀，因此，从整个公司层面分析，在部门内部绩效结果评价优秀的人员，未必就是全公司最优秀的一批人，同理，在部门内部评价不合格的人员，未必就是真正的不胜任工作者，就是全公司最差的一批人。

（3）管理成本问题

实行强制分布进行最终绩效结果评定，会造成部分员工主动离职，这部分员工里面有些是经绩效强制分布处于末尾的员工，也有些是对这种强制排名机制抵触的员工。企业内部一个萝卜一个坑，有员工离职就得有员工入职，新员工招聘进来之后，通常需要一段时间来熟悉企业的业务和适应企业文化，甚至有些岗位还需要进行一系列的培训和培养，这些都会造成较大的成本支出。正如被誉为日本"经营之神"的松下幸之助所说：没有经过训练的员工是公司最大的成本，因此，这笔费用对于企业来讲就是增加了管理成本。

（4）强制分布结果的应用问题

从管理咨询实践来看，强制分布结果的应用也是最容易产生问题和矛盾的地方。

①末位淘汰难以实现。从目前的国内外企业对强制分布的应用来看，不管是在国外的知名企业，还是国内的大多数企业，对于强制分布的应用，大都还是和员工末位淘汰机制联系在一起的。但是在现实当中，企业因末位淘汰主动辞退员工的做法，无疑是管理者和人力资源部门都不愿执行的事情。同时，从政策角度分析，依照绩效考核的结果，进行员工末位淘汰其合规性一直饱受争议，且因此会产生用工投诉和劳动纠纷问题。

②产生强制分布与结果应用本末倒置现象。在现实中，很多企业会将强制分布的结果与员工下一年度的加薪、晋升等事项关联，根据强制分布活力曲线规定，只有处于活力曲线前20％的人员才有加薪和晋升的机会。强制分布结果的这种应用和导向，就会促使管理者在对下属员工进行绩效评分时，提前考虑来年哪个员工更符合加薪和晋升条件，预先主观拟定加薪和晋升人选；并在绩效评分过程中，人为地将优秀评分项留给拟定加薪和晋升的人员。从而也导致那些原本工作优秀，但因为年限问题或者其他原因不符合加薪和晋升条件的员工就得被动让路，其绩效考核结果不能被评定为优秀。

综上所述，强制分布不是一种绩效考核方法，而是一种调整绩效考核结果的手段。如果企业的绩效考核指标和标准制定是科学和完善的，且每个管理者都能够公正、公平、合理地依照绩效考核指标、绩效考核标准客观评价下属的工作绩效，那么，绩效考核结果就能够正确且客观地反映被考核人的真实工作表现，倘若能做到这些，就完全没有必要采用强制分布法。

第十一章　企业人力资源管理现状及问题分析

管理咨询作为一种职业，其魅力在于历经各行各业、跨越南疆北土、踏遍千山万水、尽览企业万象。多年的咨询职业生涯，使笔者对企业的绩效管理和问题有了比较深刻的理解，下面结合部分企业人力资源管理咨询实践经验，以此透视和侧面反映现阶段企业人力资源管理的现状与特点。总而言之，企业人力资源管理的特点可以概括为缺乏专业性、地区差异性、自发性三个特点。

一、缺乏专业性

从多年的咨询经验中发现，人力资源部在企业内部是很微妙的存在。从部门定位上看，很多企业对人力资源部的核心职能定位是不同的，有些企业将其定位为招人的部门，有些企业将其定位为考勤及核算工资的部门，有些企业将其定位为"人事＋行政管理"的部门，还有些企业将其定位为打杂的部门，更有企业将其定位为万能部门，即没人管的事都找它。有趣的是，如果仔细观察和梳理一下人力资源部门人员的来源和背景，不难发现，除了少部分人员具有人力资源专业背景，大部分人员都是非专业的，其中有财务转做人力资源的，有企业高管下放到人力资源部的，也有没地方去的人硬塞到人力资源部的。在很多人看来，人力资源部的工作人人都能干，即使干不好也不会出大问题，更不会给企业捅娄子。于是就出现了现实中部分企业的人力资源部人员专业背景不同、来源不一、缺乏专业性的特点。

分享一个笔者记忆深刻的案例：大概是十年前，受某汽修连锁企业人力资源总监邀请，到该企业进行人力资源体系建设咨询项目前期洽谈，该企业是国内知名度比较高的汽车微修连锁企业，初步判断该企业处于快速上升期，按照职业经验分析和初步判断，企业应该是现阶段管理水平滞后于企业发展速度，人力资源管理水平有待于快速提升。我和同事如约而至，准时到达该企业。一流的办公环境让我感受到了企业较强的硬实力，会议室等待片刻之后，进来一个自称人力资源部绩效主管的员工，告知我们人力资源总监临时外出，暂时由他接待。经过一番交流，当我问到企业目前的管理现状、存在的问题、矛盾点、企业管理咨询诉求等问题时，得到的回答是：我是做人力资源的，不懂业务，这些问题会安排咨询老师和总经理详谈。我感慨：人力资源工作者如果不深入了解企业业务、不熟知企业管理问题，怎么可能做得好人力资源管理呢？对方最后一个问题令我至今记忆犹新,他问道:老师,您做了这么多的人力资源咨询项目,您知道人力资源6大模块吗？坦白地讲,对方这个提问,我真不知道该如何回答是好。从这个案例使我深刻地意识到,部分企业,甚至知名企业,人力资源部门人岗不匹配现象依然比较突出,人力资源从业人员专业知识和技能亟待提升。

再谈一个案例,2017年笔者主持操作某企业流程梳理与流程再造(BPI/BPR)咨询项目;这家企业是老客户了,一年前也是我带队为该企业做了人力资源咨询项目,内容包括组织架构梳理、岗位分析、职位说明书制定、岗位价值评估、绩效体系建设、薪酬体系建设等。企业本次流程管理项目是二次签约的增加项目,前期为该企业提供过管理咨询服务,因此和企业比较熟悉,当时企业原人力资源部经理升职,企业决定招聘一名人力资源科班出身且有一定经验的经理补充岗位空缺。我临时充当了一次企业面试官的角色,一个礼拜的时间面试了41位应聘者,由于当时咨询任务比较重、时间短,我便打破常规,不采用问答式面试方式,选用问卷式面试,即对方先阅读面试题,在规定的时间内进行口头回答。我们先来看一下当时的面试题,再来讲述和分析一下面试的过程与结果。

面试题

请先阅读:

1.请用1分钟时间阅读以下题目,2分钟时间思考回答思路。

2.请阅读完题目后逐项回答,并在每个题目回答完毕后告知面试官"回答完毕"。

3.全部内容在20分钟内完成,即阅读思考3分钟+回答问题17分钟=20分钟。

题目一:

假如需要你面试一个招聘专员,你会用什么方式和思路面试和测评应聘者与岗位的匹配度？(即如何评估面试人员是否胜任人事专员岗位。)

题目二:

你现在是一家公司的培训专员,要拟定2018年年度培训规划,如何实施？步骤是什么？

题目三:

①什么是KPI？SMART是什么？作用是什么？

②你熟知的提取绩效考核指标的工具和方法有哪些？

③什么是绩效面谈？面谈的内容是什么？

题目四:

你在以往的工作中是否设计过薪酬体系？岗位价值评估的方法有哪些？"宽带式"薪酬体系设计思路是什么？

题目五:

员工社保新增、减少如何操作？需要什么资料以及填报哪些信息？

题目六:

你是否了解企业项目申报？请谈谈你的申报经历和经验。

题目七:

请结合职场工作经历,谈谈你如何理解"船到桥头自然直"这句话。

从上面面试题不难看出,试题内容涵盖了该企业人力资源经理岗位应知应会的许多人力资源知识点,包括人力资源经理岗位需要掌握的招聘技能、薪酬管理技能、绩效管理技能以及部分职业态度和心理类测评等内容。面试之前,笔者认为这些内容对应聘人力资源经理级别的面试者来说应该是没问题的,因为这些内容都是作为一个人力资源经理岗位必须熟练掌握的内容,但整个面试结果确实不太乐观。有三位面试者留给笔者的印象比较深刻。

面试者一:一个女孩子,年纪不大,简历显示有某私营企业 5 年工作经验,其中 3 年是做招聘管理工作,后面 2 年转向全面人力资源管理,任企业人力资源部经理岗位。或许是 3 年的招聘工作经历给予了她更多的自信,对于面试类的问题她颇有自己独到见解和看法,但从第二题培训体系建设开始,着实显得力不从心了,对剩余题目更是回答不出重点;尤其在绩效管理问题上严重缺乏系统性、专业性的理论知识和实操经验,以至于到最后阶段,面试者出现了比较焦虑的情绪。

面试者二:一位男士,10 年企业人力资源管理从业背景。他拿到这个试题之后不按常理出牌,凭借我的面试经验和观察,他应该是心里没底的,抑或说专业性方面很欠缺,这点在面试后得到了证实。他第一句话就说道:我实际管理经验很足。随后就完全抛开面试题目大谈自己的管理之道,并且讲企业老板如何赏识他等。面试结束前,我询问是否可以对其工作经历做背景调查时,他表现得很抗拒。以至于最后出门的时候还在说什么纸上谈兵、题目不切实际、面试题难度大等。

面试者三:某知名大学毕业,非人力资源科班出身,后转行从事人力资源管理工作,人力资源一级管理师。说实话,她给我的感觉用两个词概括最为恰当:沉稳和诚实。或许连续 2 年没有工作的原因,她的整个面试过程并不乐观,我没有从她身上采集到想要的人岗匹配样本和特征,整个面试中规中矩。面试接近尾声时她很客气地说:老师,其实面试题上的很多问题,我在考人力资源管理师的时候记得都讲过,时间久了,很多知识点都忘记了。另外您能否允许我把这个试题带走? 我想学习一下。

本次受邀的 41 位应聘者的面试结果大同小异,相差无几,面试者均存在一个明显的短板:人力资源管理专业理论缺乏,实操经验不足。这实际上透露出了很多企业人力资源从业人员的状态和窘境。这次的面试经历使笔者深深地感受到企业的人力资源从业人员仅凭一本人力资源管理师证书或听几堂人力资源培训课程是远远不够的,特别是绩效管理的知识和技能尤为缺乏,这样的状态是不足以支撑和满足企业人力资源管理实际需要的。更有甚者,企业人力资源从业人员还停留在知晓一二个人力资源管理术语和概念,仅仅熟悉人力资源某一模块的知识和技能层面上,缺乏人力资源管理专业性、系统性的学习和实践机会。

二、地区差异性

以笔者接触和咨询过的企业为例,发现企业的人力资源管理水平存在明显的地区差异性;不同的地区,人力资源管理水平参差不齐。

(一)人力资源从业人员的学习能力和专业程度存在地区差异性

笔者在十多年的人力资源管理师考证辅导及教学工作中,结识了许多企业人力资源从业人员,在上课期间或课后与他们的交流中,了解和掌握了部分地区和城市人力资源管理者对专业人力资源知识的学习力度、掌握程度以及人力资源专业类书籍的阅读情况。以此,可以大致判断出他们学习和掌握人力资源专业知识的广度和深度。

(二)通过为企业提供咨询服务的过程能够判断出企业人力资源管理水平的差异性

在多年的企业管理咨询实践中,笔者接触了许多类型的企业,有央企、国企、上市公司、民营企业、生产类企业、专业 OEM 代工企业、OEM 转 ODM 企业、贸易类企业以及其他不同行业类型。通过项目咨询接洽和项目运作过程能够很准确地判断出不同区域企业人力资源管理水平的差异性特点。

从咨询项目服务过程中总结发现,人力资源管理水平相对较高的企业,咨询老师和企业的沟通一般都是顺畅的。从人力资源咨询的技术角度分析,这种顺畅主要体现在如下几点:①企业的人力资源管理现状和诉求顺畅,这些企业人力资源管理者能够用专业的词汇和语言向咨询老师进行正确表达;②在沟通交流中能够感受到企业方人力资源管理人员的专业度及人力资源专业知识广度和深度较高;③企业能够客观地看待企业存在的人力资源管理问题,企业能够理解咨询老师对企业的反馈信息及给出的咨询思路。总体来说,沟通是顺畅的、思路是清晰的、观念是一致的、理念是认同的。

(三)培训现场能够反馈人力资源知识掌握程度的地区差异性

由于笔者的职业属性,在从事管理咨询项目的工作之余,会有很多机会受邀到各地讲授人力资源公开课和分享咨询经验。课讲多了,从课堂的互动和反馈也能够明显地感受到人力资源管理水平的地域差异性。通常情况下,人力资源管理水平相对较好的地区课堂互动氛围较好,举手的人多、互动的人多、回答问题的人多,整个课程下来感觉很轻松,也非常有成就感。有时候还会出现授课现场某个学员提出了一个人力资源管理的共性难题,在课堂上不仅能够集思广益,还可以讨论并给出解决方案,这便是一种很享受的授课体验。这样的授课,笔者有一种竹筒倒豆子般的感受,学员同样也有一种海绵吸水般的感受,授课者和学习者两相宜。通过授课能够明显地感受到,该地区人力资源从业者掌握了相当多的人力资源专业知识,具备一定高度的人力资源管理水平。

当然,源于人力资源知识水平的地区差异性原因,培训课堂永远不会全是淋漓尽致般的通透感,有时候也会出现从头到脚拔凉拔凉的授课感受。记得有一年受某市商贸局邀请,分享"企业绩效管理体系构建"课程,到会的 130 多家企业都是当地的重点企业、龙头企业。分享时间是半天,估算大概 3 个小时。当天学员报到非常准时、没有缺席,课堂上所有的人听课状态都非常好,因此,当天笔者讲课的兴致也高、状态也好。培训期间笔者尝试着提一些专业绩效管理问题与学员进行互动,可是互动结果却不尽如人意;尝试不断降低问题难度,得到的回答仍然很无奈。最让笔者感到意外和吃惊的是,在课程培训完毕后,给现场学员留了一个提问和互动的环节,允许学员就企业遇到的绩效管理问题进行现场提问。让笔者预料不到的是,学员们的问题普遍集中在基础的绩效概念层面上,对于绩效应用环节的问题无人提及。大概率是因为企业没有实施绩效管理,导致人力资源从业人员没有机会接触和实践绩效管理的原因。通过这个案例也从侧面佐证了,区域性的人力资源和绩效管理水平差异是真实存在的,且状况明显和突出。

三、自发性

坦率地讲,管理自发性是比较普遍存在的现象,以笔者咨询服务过的企业为例,人力资源管理现状很多具备自发性的特点。自发性可以理解为,企业的人力资源管理方式和方法是在企业刚建立之初以及发展过程中自然形成的一种方法和方式。这种管理方法和方式通常受到企业主的思维方式、知识水平、同区域企业管理方式、人力资源部管理者的专业能力、企业曾经发生过的重大事件等多种因素影响后自发形成的。这种模式和状态的形成是原生态的,是一种"野生"的模式,这种管理方式带有明显的企业属性和地域性特征,并且因企业的不同而具有差异化的特点。当然这种颇具企业和地域特色的自发性人力资源管理模式也给企业带来了诸多矛盾和问题。

曾几何时,职场上出现了一种说法,叫作"企业的文化就是老板的文化",从中可以看出,企业最高管理者有什么样的管理思维,企业就有什么样的经营理念和行为方式。因此,在不同的企业经营理念和行为方式作用下,企业的人力资源管理模式也随着这种文化理念自然形成,在不触犯法律法规的情况下,企业人力资源管理的自发性状态就这样形成了。以笔者的理解和分析来看,这种自发性的人力资源管理状态在中小企业中普遍存在。下面我分享两个现实案例,通过案例说明企业人力资源管理的自发性特点。

案例 11-1:随着人力资源学科知识和技术日趋完善,对于招聘工作的方式、方法、过程日趋完善,企业在招聘一些核心岗位的时候,都会在面试环节使用一些先进的人员选拔技术,比如人才测评、性格测评、职业锚测评以及背景调查等。这些方式和方法是科学的、有效的,正在被越来越多的企业所使用,在一定程度上能够很好地帮助人力资源招聘者发掘和筛选出优秀的面试者。在一些地区,部分企业的管理者不懂先进的人员招聘和甄选技术,对人员的选拔凭借的是面试的感觉和直觉,甚至有些企业的管理者还使用诸如看相、测八字、看属相等迷信的方法进行人员甄选。

笔者在管理咨询过程中也数次碰到这样的企业管理者。有一年为一家汽车配件企业提供咨询服务,受客户委托陪同该企业总经理面试一位生产部经理。清楚地记得,这位应聘者的工作经历是:5 年仓库管理经验,2 年的产线班组长管理经验,2 年的生产车间经理管理经验,1 年 PMC(production material control,生产及物料控制)管理经验。通过半个多小时的交谈与问题测评,发现该应聘者对仓库管理流程和管理细节比较熟悉,而且比较热衷谈仓库管理的话题,但对生产全面管理的领导和管理内容很少触及。笔者判断应聘者到该企业担任生产部经理是不合适的,原因就是缺少系统性生产管理经验和领导管理知识与技能。面试完毕,企业的总经理说这个人不合适,我当时也点头认同。但是接下来的几句话,让我着实很震惊,总经理说:面试过程中我测了一下他的八字,另外,他属相是虎,整体判断与我属相相冲。老板说完我微笑着朝他点了点头。这种现象或许就是该企业人力资源管理中招聘管理的自发性特点吧!

案例 11-2:很多企业,每逢年底都会出现一个让许多企业高层管理者头疼的问题,这便是年终奖金的发放。老板们之所以为发年终奖头疼,多数原因是他们也不清楚一年下来谁干得好,谁干得差;很多时候,仅凭个人感觉或听取企业其他管理者的建议和意见来发放。

由于企业对员工没有进行绩效考核，年终奖金发放缺乏量化的数据，由此难免会产生不公平问题，部分员工拿到年终奖金之后感觉到失望和不公平，年终奖不但没有对员工起到激励作用，反倒造成了消极后果。

有一年为一家企业提供咨询服务，该企业的负责人讲述，2014 年春节放假前，企业负责人会同领导班子成员商议企业年终奖金发放事宜，由于该年度企业经营效益颇丰，年终奖金较往年也多出许多，领导班子成员参考往年年终奖发放数据并结合各部门经理意见，赶在春节放假前将年终奖金发放到位。该企业负责人认为，这一年比以往任何一年发的金额都多，近百万元奖金发下去，按理说员工应该是皆大欢喜的。年后初八正式上班第一天，该企业负责人的办公室大门几乎被员工踏破，一个接一个、一波接一波的员工进出办公室，原因大都是相同的，感觉年终奖金发少了。原本以为皆大欢喜的事情，最终却落了个怨声载道。

以美国心理学家亚当斯的员工公平理论分析，年终奖这件事，多数员工都会表示：自己一年下来付出了很多，年终奖却拿得比其他员工少。由于缺乏绩效考核数据的支撑，现实中，多数企业的年终奖金成了一种形式，没有真正地起到奖优罚劣、激励员工的作用。

在咨询服务过程中的访谈环节，我们曾经访谈过大量员工，你知道为什么今年发这么多年终奖金吗？员工回答最多的是：以往都是这样发，领导说多少就是多少，我们也不能去讨价还价。从中就能看出，很多企业的年终绩效管理方法是原生态的，而且缺乏科学性，具备自发性特点。

时至今日，各类型的企业都饱受外部经济、政策、技术和社会文化环境等不确定因素的影响，同时，面对全球经济形势不稳定，除了新冠疫情、大宗物资价格变动、进出口受阻等不可规避的因素外，还会时不时地受"黑天鹅""灰犀牛"等不确定因素和事件的影响。在如此动荡的企业经营环境下，作为企业管理者，应该更加重视人力资源管理，通过人力资本建设、员工素质能力提升、人力资源体系完善助推企业健康发展、长久发展。

第十二章 给人力资源从业者的建议

由于长期从事企业管理咨询工作的原因,笔者有机会结识企业不同层级和岗位的人力资源管理者,他们有人力资源中心总经理、人力资源总监、经理,也有负责人力资源某一模块的主管、专员岗位等。项目执行期间,长期的接触及频繁的工作互动使笔者对企业人力资源管理者有了十分深入的了解,通过对多数咨询客户企业人力资源管理者的分析,笔者总结并归纳出了三点给人力资源从业者的建议。在本书出版之前,也曾就下列建议与不同区域和不同性质企业的人力资源管理者做过沟通和交流,以下观点是基于对部分咨询客户企业人力资源管理者的总结分析,仅供读者参考。

一、人力资源管理者需要加强人力资源管理知识系统性学习和应用

总结咨询过的企业,笔者发现一个很有趣的现象,很多企业的人力资源从业者是从招聘工作起家的。多数企业的人力资源从业者擅长招聘,但对其他模块的知识和经验相对缺乏,这种现象普遍存在。究其原因,其实也很好解释:一个刚毕业的学生或者一个想转行做人力资源的员工,从招聘这个环节切入人力资源管理工作相对于操作其他模块是最容易的;另外,企业的招聘工作通常是比较繁忙的,缺少人手,这就造就了很多人力资源的从业者多数是从招聘起家以及擅长招聘的原因。

除了招聘模块,笔者还发现许多企业人力资源管理者缺乏其他模块的专业理论知识,如培训管理、绩效管理、薪酬管理等。由于对这些模块专业知识的缺乏,势必造成很多企业无法建立完善和专业的培训体系、绩效管理体系、薪酬管理体系、人力资源规划体系。

以企业人力资源部经理这个岗位为例,倘若询问如下问题:目前哪个招聘网站好用,哪个岗位外部市场紧缺,某岗位的市场薪酬水平,某岗位大概多久能够招聘到位,甚至本地区有哪些猎头公司等,对这些问题大多数人力资源部经理会如数家珍般逐个道来。但换个话题,你若问他如下问题:培训体系的构建步骤,绩效指标如何提取,SMART 原则是做什么用的,宽带式薪酬体系如何构建,职级职等与薪级薪档的对应关系,岗位分析和岗位评价的区别,岗位价值评估的方法有几种等,能全部且正确回答的人力资源部经理为数不多。

此外,对于人力资源管理者缺乏系统而全面的人力资源管理专业知识的现状,在进行人力

资源知识授课时也能够感受到，并得到验证。曾经多次在授课现场询问人力资源管理者最熟悉和擅长哪一个模块，回答最多的是招聘模块；询问能够进行人力资源2个模块实操的，也会有一大部分人举手；询问具有人力资源3个及以上模块熟练操作经验的，举手的人寥寥无几。由此可以明确地得出结论，企业掌握1~2个模块的人较多，有多模块实操经验的人相对较少。

还有一种渠道，也能佐证上述现象。由于长期从事管理咨询工作，平日里经常接触猎头公司，在与猎头公司工作人员面谈和沟通中发现，通过猎头渠道寻找工作机会的人力资源从业者，最熟悉和擅长的模块是招聘和薪酬模块，但有个细节需要说明，这里说的他们擅长薪酬模块是指掌握狭义的薪酬管理，比如考勤管理、薪资核算等，其实对于专业的、科学的、系统的薪酬体系构建实操经验依然欠缺。从企业实际招聘状况来看，能够全面掌握和正确实操人力资源规划、招聘管理、培训管理、绩效管理、薪酬管理等全模块内容的人员数量不多。

某知名集团企业，人力资源部原总监离职，企业用了2个月时间在本地区也没能找到合适的人选，最终以超百万的薪资从北京某咨询公司引进一位咨询师。在为企业提供咨询服务过程中，也不乏有许多企业负责人请笔者帮忙为企业介绍经验丰富的人力资源负责人，他们表示"薪酬不是问题、关键是能够实操、要专业、要全面"，由此不难看出，具备系统化和全面化专业知识，且具有实操经验的人力资源工作者，依然是稀缺资源。

从当今人力资源市场人员供给情况分析，企业对实操型人力资源专业人才需求量还是比较大的，人力资源专业人才的市场缺口很大。企业人力资源从业人员，只有加强系统而全面的人力资源管理知识学习，提高实际操作技能，才能够增强核心竞争能力和提升市场竞争力，实现个人职业生涯的长久发展。

二、人力资源管理者需要创造和增加人力资源理论知识实践的机会

在从事企业管理咨询工作之余，笔者兼职做了十余年企业人力资源管理师职业资格证书考试辅导工作，粗略算下来，十余年时间培训了近万名企业人力资源管理师学员。这些一级和二级学员完成了书本知识学习和考试之后，真正回到企业将知识进行实践应用的非常少。是什么原因造成这样一种状态？以笔者掌握的信息以及对企业的了解，大概率是由以下两种原因造成的。

(一)企业负责人没能提供实践的机会

长久以来，很多企业形成了自身固有的人力资源管理方法和模式，企业负责人也安于现状，他们有时候也会感觉到目前的模式确实存在问题，需要改善；但是，目前的模式又没有到了非改不可的地步，为安全起见还是维持现状比较好。由此，企业负责人就无法给企业人力资源管理者提供实践和实操的机会。"有力气无处使"或许是多数有心进行人力资源实践和变革者最无奈的感受。

从全国范围来看，不排除有些区域的人力资源从业人员管理实践的机会相对较多。这些区域有个共同点，很多企业的经营模式来源于日本和欧美，许多企业建厂之初就将上述这些区域优秀的、成熟的管理模式引入了企业，其中也包括人力资源管理模式。由此，造就了当地人力资源管理的专业化、先进化、制度化、成熟化等特点。这些企业从员工招聘信息发布到员工入职，从培训调研到培训评估，从绩效计划制定到绩效改进，从薪酬调研到薪酬制度制定等环节专业化、规范化、流程化的人力资源管理机制，都是我国其他地区企业需要借鉴和学习的。

（二）企业负责人对人力资源管理者缺乏信任和信心

企业负责人对企业人力资源管理者存在固有的认知，往往以固有的思维和片面的观点，认为企业的人力资源管理者不具备人力资源各模块专业操作的能力；甚至担忧做不好反倒为企业带来麻烦。这也正是解答了为什么大多数企业的人力资源管理者缺乏将理论应用到实践的另外一个原因。

三、人力资源管理者需要从事务性工作中摆脱出来，转向专业化的人力资源管理工作

企业（尤其是生产类企业）普遍存在一种现象，即人力资源部门的日常事务性工作耗费了部门大部分工作精力和时间，造成了人力资源从业者没有机会将学到的知识、工具、方法应用到实践当中。时至今日，仍有不少企业没有设立专门的人力资源部，企业的人力资源部和行政管理部是合并在一起的，工作职能没有分开。借用很多企业负责人的原话描述"我们企业不大，人力和行政分开，人员浪费"。这就造成了在很多企业中人力资源部大部分岗位都会兼职做一些繁琐的行政性事务，甚至部分岗位的行政性事务远远多于人力资源工作。由于行政事务多，从时间和精力的角度分析，造成无法将精力或心思用在专业的人力资源管理工作上。久而久之，就会导致人力资源部的工作以行政性事务居多，失去了原本的人力资源管理职能，人力资源部真正成了多数人戏称的打杂部门。长此以往，人力资源部的专业化职能会慢慢淡化，专业能力也会慢慢变弱。

客观地讲，在笔者咨询服务过的企业中，很多人力资源部存在上述现象，主要由两个原因造成。

（1）企业负责人的原因，在他们的固有认知中，人力资源部的定位就应该是这样的。

（2）人力资源管理者自身原因。首先，很多企业人力资源从业者为非科班出身，人力资源管理知识和专业技能欠缺。其次，有些人力资源从业者是从企业其他部门转岗到人力资源部门的，由于在企业工作多年，企业固有的文化使他们自己也认为人力资源部的职责定位就应当是企业老板说的那样："我们企业不大，人力和行政分开，人员浪费。"

举个实际案例，曾经有一个客户，在绩效试运行环节我们两位咨询老师赴该企业进行辅导，根据计划，在绩效评分工作完毕后需要完成绩效面谈工作。由于当时企业生产任务重，人员比较忙，企业负责人和人力资源负责人一致认为绩效面谈环节没必要，因为部门负责人没时间安排与员工进行绩效面谈。结果在企业老板和人力资源负责人主观和固有认知的影响和坚持下，企业未能腾出时间完成绩效面谈。取而代之的是以人力资源经理为首的人力资源部员工被安排到包装车间帮忙打包，他们认为交期不能耽误，客户不能得罪。

随着时代的进步、企业管理理论的发展，人力资源管理的专业技术也在不断更新迭代。企业人力资源从业者，只有不断地通过各种渠道更新专业知识和提升实操技能，不断完善自我，才能真正发挥人力资源管理的效能和作用；同时，更要以人力资源专业知识与技能去影响和提升企业的管理水平，将企业人力资源管理的水平从人事行政管理阶段提升到专业的人力资源管理阶段，甚至向更高的战略性人力资源管理阶段迈进。

参考文献

[1] Bernardin H J，Beatty R W. Performance appraisal：Assessing human behavior at work[J]. Boston：Kent Publishing Company，1984.

[2] Borman W C，Motowidlo S J. Expanding the criterion domain to include elements of contextual performance[M]//Schmirt N，Borman W C. Personnel Selection in Organization. San Francisco，CA：Tossey-Bass，1993.

[3] Kane J S. The conceptualization and representation of total performance effectiveness [J]. Human Resource Management Review，1996，6(2)：123-145.

[4] Katz D，Kahn R L. The social psychology of organizations[M]. New York，NY：Wiley，1978.

[5] Murphy K J. Preformance measurement and appraisal：Motivating managers to identify and reward punishment[J]. Papers，1990.

[6] Mwita J I. Performance management model：A systems-based approach to public service quality[J]. International Journal of Public Sector Management，2000，13(1)：19-37.

[7] Otley D. Performance management：A framework for management control systems research[J]. Management Accounting Research，1999，10(4)：363-382.

[8] 安鸿章，时勘. 企业人力资源管理师(一级)[M]. 3版. 北京：中国劳动社会保障出版社，2014.

[9] 安鸿章. 企业人力资源管理师(二级)[M]. 3版. 北京：中国劳动社会保障出版社，2014.

[10] 李浩. 绩效管理[M]. 北京：机械工业出版社，2017.

[11] 罗伯特·S.卡普兰，戴维·P.诺顿. 平衡计分卡：化战略为行动[M]. 广州：广州经济出版社，2004.

[12] 罗伯特·S.卡普兰，戴维·P.诺顿. 战略地图：化无形资产为有形成果[M]. 广州：广州经济出版社，2005.

[13] 王少东，张国霞. 企业绩效管理[M]. 北京：清华大学出版社，2009.